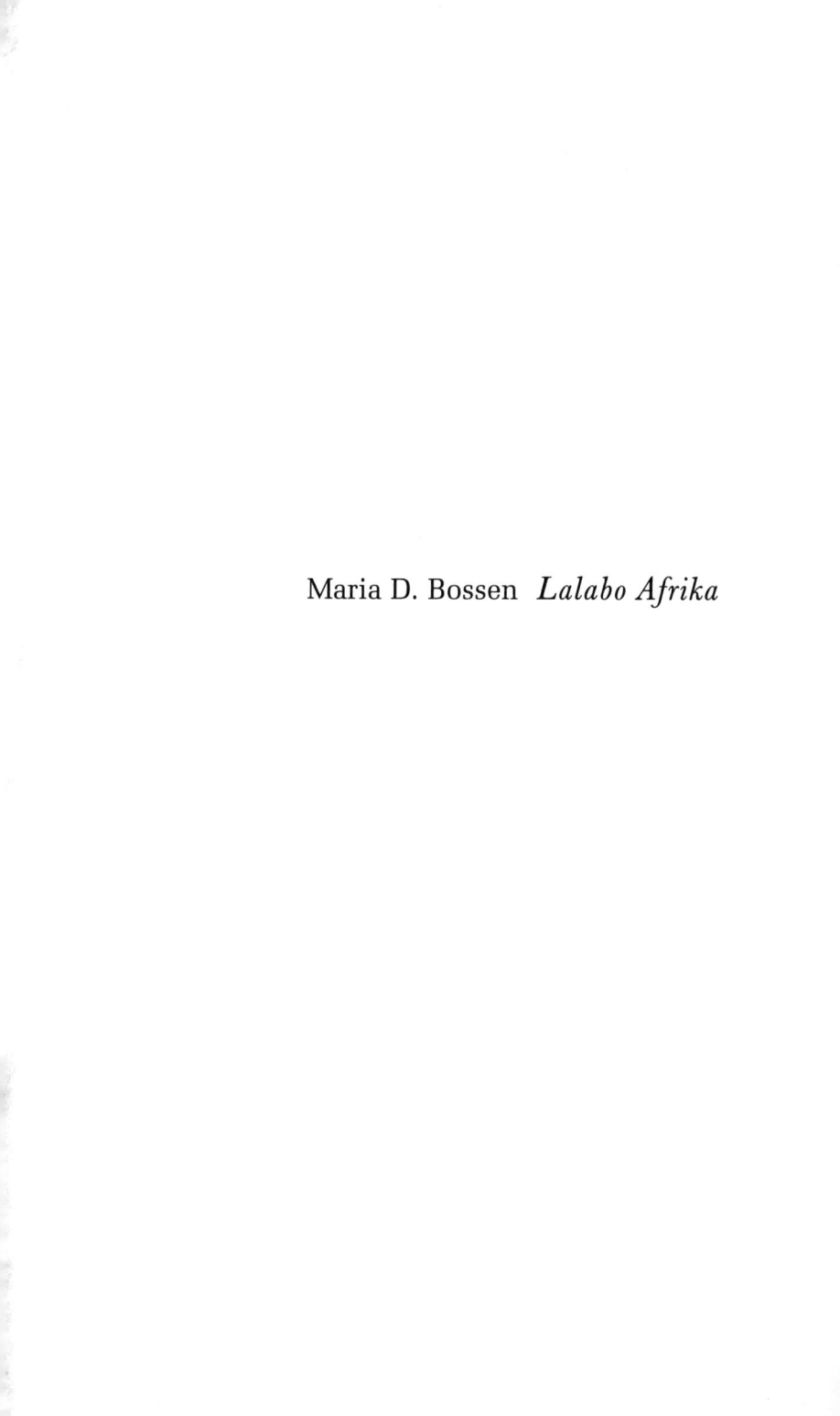

Maria D. Bossen *Lalabo Afrika*

Maria D. Bossen

Lalabo Afrika

Evangelische Verlagsanstalt
Leipzig

Die Deutsche Bibliothek – CIP-Einheitsaufnahme

Bossen, Maria D.:
Lalabo Afrika / Maria D. Bossen. - Leipzig : Evang. Verl.-Anst., 2001
   ISBN 3-374-01897-1

1. Auflage 2001
ISBN 3-374-01897-1
© 2001 by Evangelische Verlagsanstalt GmbH, Leipzig
Printed in Germany • H 6697
Umschlag und Typografie: Ulrike Vetter, Leipzig
Druck und Binden: Messedruck Leipzig GmbH

Einleitung

Als mein Sohn Karl Heinrich (Kaliki) seine Semesterferien bei uns auf der Insel Porto Santo/Madeira verbrachte, wohin es uns nach der Flucht aus Angola zunächst verschlagen hatte, begab es sich eines Abends, daß er beim Betrachten der geretteten Fotos und beim Erzählen, was ich als Kind dort alles erlebt hatte, plötzlich innehielt, mich eindringlich ansah und sagte: »Mama, du mußt ein Buch darüber schreiben, wie es dort einmal war und nie wieder sein wird, bevor es in Vergessenheit fällt.« – »Aber mein Junge«, erwiderte ich, »wie soll ich das, mit meinem altmodischen, ja verbuschten Deutsch?« Er aber ließ meine Bedenken nicht gelten. »Fang nur nicht an, tiefzustapeln!« meinte er aufmunternd. Ich spürte, wieviel ihm daran lag, etwas festzuhalten, woran auch sein Herz hing, und versprach, es zu versuchen.
Als Kalikis Ferien zu Ende waren, begann ich zu schreiben. Nachdem der Anfang gemacht war, merkte ich, daß nicht der Verstand meine schreibende Hand führte, sondern das Gefühl.

Afrika damals

Die Auswanderung

Damals, als der Wind noch aus einer anderen Richtung wehte und der Zeitgeist ein anderer war, als die Europäer davon überzeugt waren, daß es zu den vornehmsten Aufgaben gehöre, das Wilde zu kultivieren, unterentwickelte und rückständige Länder zu zivilisieren, war auch mein Vater Karl Hannwacker von diesem Geist erfüllt und folgte den Pionieren, die bereits Jahrhunderte vor ihm Afrika erschlossen hatten. Schon als Schuljunge hatte er von dem geheimnisvollen schwarzen Erdteil geträumt, der ihn wie ein Magnet anzog.

Als noch recht junger Mann trat er eines Tages vor seinen Vater und legte ihm seine Auswanderungspläne dar. Großvater aber war entschieden dagegen, schließlich war er sein einziger Sohn und Erbe eines großen Bauernhofes in Hohenfeld bei Kitzingen am Main. Die Enttäuschung über Großvaters Ablehnung war so groß, daß sich mein Vater daraufhin sofort freiwillig zur Armee meldete und den Ersten Weltkrieg mitmachte.

Kurz vor Kriegsende verstarb Großvater ganz plötzlich. Nun mußte Vater den Hof viel früher übernehmen, als ihm recht war. Nach dem Trauerjahr heiratete er meine Mutter. Ein Jahr später wurde mein Bruder Georg geboren, und nach weiteren zwei Jahren ich. Man nannte mich Dorothea, rief aber stets nur Thea.

Afrika aber ließ meinen Vater nicht los. Er bot seine ganze Überredungskunst auf, um Mutter für diesen Kontinent zu gewinnen. Sie aber verfügte über endlose Einwände. Ängste vor Löwen und Schlangen standen dabei an erster Stelle. In einer Zeit, als es noch kaum Radio, geschweige denn Fernsehen gab, war Afrika im allgemeinen ein in jeder Hinsicht dunkler, geheimnisumwobener Erdteil, über den unglaubliche Geschichten erzählt wurden. Hinzu kam, daß es nicht darum ging, eine Existenz aufbauen zu müssen, da diese bereits vorhanden war.

Im Jahre 1923 war es dann endlich soweit: Vaters Jugendtraum wurde wahr. Mutter hatte sich überzeugen lassen, als Vater eines Tages einen Herren eingeladen hatte, dem er zufällig in Kitzingen begegnet war und der ihr vom Leben in Afrika erzählte. Er hatte in Deutsch-Ostafrika gelebt, war aber ausgewiesen worden, als Deutschland die Kolonien verlor.

Vater fuhr zunächst allein voraus. Sein Ziel war Angola, das damalige Portugiesisch-Westafrika. Die Familie sollte erst nachkommen, wenn er eine Farm gefunden hätte. Zur Familie gehörten: Mutter, die Großmutter väterlicherseits, Georg und ich sowie unsere Cousine Eva, die als Vollwaise von unseren Eltern erzogen wurde. Ihr Vater war gefallen, und die Mutter, Vaters Schwester, im Wochenbett gestorben. Drei Monate nach Vaters Abfahrt traf ein Telegramm von ihm ein: »Farm gekauft, alles gut, bitte nachkommen.«

Zu der Zeit war ich etwas über ein Jahr alt und weiß daher nur aus den Erzählungen meiner Eltern, daß der

Anfang, im tiefsten Busch von Chicuma, eine echte Robinsonade gewesen sein muß.

Von jeglicher Zivilisation unberührt, war man allein auf sich selbst gestellt. Es gab keine Straßen, keine Brücken, keine Autos, keinen Strom, keine Ärzte – die Missionare ausgenommen – und kein Geschäft in der Nähe, in dem man schnell mal etwas einkaufen konnte. Alle Unternehmungen wurden zu Tagesreisen, die zu Fuß oder in Hängematten bewältigt wurden. Kam man auf solchen »Reisen« durch die Dörfer der Eingeborenen, ergriffen diese beim Anblick eines Weißen die Flucht. Die meisten im Busch lebenden Schwarzen hatten zu dieser Zeit noch nie einen Europäer gesehen.

Vater kaufte die Farm von einem Buren. Sie bestand aus siebenhundert Hektar Land, sechzig Kopf afrikanischem Vieh mit unglaublich langen Hörnern, einem strohgedeckten Wohnhaus, wie man sie in Nordfriesland sieht, und einigen Stallungen. An einem Berghang gelegen, war sie auch mit Wasser gesegnet. Ein Bach schlängelte sich durch die zur Farm gehörenden Täler, er führte auch in der Trockenzeit Wasser.

Von diesen ersten Jahren auf der Farm in Chicuma sind mir drei Ereignisse gegenwärtig. Das erste war die Geburt meines zweiten Bruders. Er bekam Vaters Namen, den die Schwarzen jedoch nicht aussprechen konnten, da es in ihrer Sprache weder das »K« noch das »R« gibt. So machten sie aus Karl »Jola«, auch wir nannten ihn schließlich so. Jola kam in einer Mission in Caconda zur Welt, zu der Mutter in einer Hängematte getragen worden war. Meine Erinnerung an Jolas Geburt ist deswegen so deutlich, weil ich auf dieser zweitägigen Reise von Chicuma nach Caconda – etwa vierzig Kilometer quer über die Berge dem Eingeborenen-Pfad nach – dabei war. Es war mein erstes großes Kindheitserlebnis. Denn mit meinen knapp fünf Jahren war ich noch

Chicuma 1927. Karl Hannwacker und Gamati stoßen mit bayrischen Bierkrügen an; daneben Ganivete mit Jola auf dem Schoß; im Vordergrund Eva zwischen Georg und Thea.

nicht über die Farm hinausgekommen und glaubte, danach höre die Welt auf. Meistens auf der Schulter eines Trägers sitzend, die Hände um dessen Kopf gelegt, zwischendurch, wenn Mutter sich mal wieder die Beine vertreten mußte, auch in der Hängematte liegend, kam mir die Erde unendlich groß vor. Die Träger sangen ununterbrochen und für meine Ohren wunderschön. Einer sang die Strophe vor, und danach setzte der Chor ein. Bald konnte ich diese Lieder mitsingen, ich habe sie bis auf den heutigen Tag nicht vergessen. Überhaupt ist Afrika erfüllt von einem ganz eigenen Rhythmus.

Wir sprachen schon fließend die Umbundu-Sprache der Einheimischen, zumal die Kinder der Arbeiter, die in immer größerer Zahl den Hof füllten, unsere einzigen Spielgefährten waren. Unseren Eltern war das oft nicht recht, wegen der zunehmenden »Verkafferung«, wie man es damals nannte, denn wir hatten schon so Allerlei von unseren Freunden übernommen, ohne uns dessen bewußt zu sein. So spuckten wir z. B. in hohem Bogen aus, wie sie es taten, und schlossen

Wetten ab, wer am weitesten mit der Spucke treffen würde. Freilich bekamen wir öfters einen gewaltigen Rüffel von den Eltern, wenn sie solche Dinge bemerkten.

Das zweite Ereignis war nach weiteren drei Jahren die Geburt meiner Schwester Luise. Sie kam unter den gleichen Umständen zur Welt wie Jola, nur war es statt der Mission von Caconda diesmal die von Caluquembe. Luises Geburt verband sich mit einem traurigen Ereignis: Gleich zwei Tage, nachdem die Eltern nach Caluquembe aufgebrochen waren, bekam mein nun dreijähriger Bruder Jola eine geschwollene Wange und weinte Tag und Nacht. Großmutter und Eva bemühten sich verzweifelt um ihn, aber alles half nichts, es wurde nur noch schlimmer. Nach einem weiteren Tag war sein kleines Gesicht dermaßen geschwollen, daß die Augen nicht mehr zu sehen waren. Großmutter fing an zu jammern: »Wäre es doch nur geschehen, als die Eltern noch hier waren, dann hätten sie ihn gleich mit zur Mission nehmen können.« Sie konnte es nun nicht mehr aushalten, denn was sie anfangs noch für einen Insektenstich gehalten hatte, sah nun gar nicht mehr harmlos aus. In ihrer Verzweiflung schrieb sie an Vater. Eiligst wurde ein etwa vierzig Zentimeter langer Stock gesucht und am oberen Ende etwas gespalten. In diesen Spalt wurde der Brief geklemmt. Das untere Ende nahm der »Briefträger« in die Hand und lief damit los. Es sah aus, als trüge er eine kleine weiße Fahne vor sich her. Diese Stockmethode verhinderte, daß die Briefe durch die schweißnassen Hände des Trägers bis zur Unleserlichkeit durchweicht wurden.

In einem Tages- und Nachtmarsch kam Vater kurz nach Mitternacht an und bekam einen großen Schreck, als er Jola sah, dessen Gesicht aus einer einzigen Geschwulst bestand. Von den Augen sah man nur noch zwei enge Schlitze, aus denen ein paar Wimpern lugten, und aus dem linken floß eine wässerige Flüssigkeit. Zum Weinen hatte er keine Kraft mehr, er gab nur noch ein röchelndes Wimmern von sich.

Jola wurde sofort in eine Hängematte gepackt, und unser todmüder Vater sowie die ebenfalls erschöpften Träger marschierten – diesmal ohne Gesang – in die Nacht hinein. Wir sahen ihnen mit tränenfeuchten Augen nach, bis die Petroleum-Sturmlaterne, die in der Hand des Vorläufers hin und her schwankte, hinter dem Hügel verschwunden war.

In Caluquembe angekommen, fuhr der Missionar – fast jeder von ihnen war zugleich ein halber oder ganzer Arzt – mit einem Wattebausch sacht über das nässende Auge. Dabei blieb die Watte an einem Knochensplitter hängen, der am unteren Augenrand die Haut durchdrungen hatte und verkrustet war. Der Pater zog den Splitter heraus, der nach einem von Eiter zerfressenen Zahn aussah. Aus unerklärlichem Grund war der Zahn nicht normal nach unten gewachsen, sondern hatte sich nach oben durchgebohrt. Was hat der kleine Kerl wohl für Schmerzen ausgehalten. Der Pater vermutete, daß noch ein kleiner Splitter nachkäme, ein Teilchen, das an dem Zahnstück fehlte. So war es dann auch. Schon am nächsten Tag war es da, und die Geschwulst ging zusehends zurück.

Acht Tage später kamen sie mit der neuen Erdenbürgerin Luise froh und glücklich zurück. Jola trug nur noch ein kleines Pflaster unter dem linken Auge, und von der unheimlichen Geschwulst war fast nichts mehr zu sehen. Wie schön war diese Rückkehr. Ein großes Glücksgefühl erfüllte uns, wir waren ganz »aus dem Häuschen« und schafften uns Erleichterung durch Luftsprünge und sonstige Faxen. Solch ein abgeschiedenes Farmleben erzeugt ein starkes Familien- und Zusammengehörigkeitsgefühl.

Das dritte Ereignis geschah etwa ein halbes Jahr nach Luises Geburt und war so furchtbar, daß es sich mir einprägte. Ich sehe alles noch so vor mir, als wäre es gestern gewesen.

Es war an einem Nachmittag in der Zeit der Maisernte. Da es damals wie schon erwähnt weder Strom noch Gas gab, wurde auf Holzfeuer gekocht. Die dürren Deckblätter der Maiskolben eigneten sich gut zum Feuer anmachen und wurden für diesen Zweck auf Haufen geschichtet. Ganivete, der Küchenjunge, brachte einen Sack davon zur Küche. Er kam zurück, um mehr zu holen, half aber erst noch mit, die Maiskolben abzuziehen. Wir alle waren dabei, denn es machte uns Spaß, sie abzublättern und dann auf den großen Haufen zu werfen, wo sie gedroschen wurden. Mitten in dieser fröhlichen Arbeit hörten wir Mutter plötzlich entsetzt ausrufen: »Feuer! Die Küche brennt!«

Alle Augen schauten in die gleiche Richtung. Dort züngelten schon die Flammen aus den Fenstern. Ein Knistern und Knacken war in der Luft, versengte Strohhalme tanzten wie ein Bienenschwarm um die Küche, auch das Strohdach war schon erfaßt. Jeder hatte begriffen, daß keine Rettung mehr möglich war.

Die Küche stand etwa zehn Meter vom Wohnhaus entfernt. Es wurde damals auf allen Farmen so gehalten, daß die Küchengebäude grundsätzlich außerhalb des Wohnhauses gebaut wurden, wegen des Rauches und vieler anderer Überlegungen.

Wir liefen nun in größter Aufregung vom Dreschplatz. Als ich zu Vater schaute, war in seinem braungebrannten Gesicht ein Ausdruck, den ich noch nie gesehen hatte. Er rief mit einer Stimme, die mir fremd war: »Wasser, holt Wasser vom Fluß, das Feuer greift zum Wohnhaus über.«

Hastig übersetzte er den Arbeitern: »Owawa, lubugi gobi owawa.« Alle Eimer und Schüsseln, die zum Maiseinsacken herumstanden, wurden eiligst ergriffen. Jeder, der ein Gefäß hatte, lief den Hügel hinunter zum Bach, aus dem stets das Wasser für den Haushalt geholt wurde. Irgendwie hatten auch wir Kinder Blechdosen, in denen einmal Olivenöl gewesen war, in den Händen und liefen hinterher. Jeder, der sein Gefäß voll hatte, keuchte den Hügel hinauf, so schnell es mit der Wasserlast nur eben ging. Als ich noch nicht halb den Berg oben war, hatte meine Dose schon fast kein Wasser mehr, es war alles rausgeschwappt. Einen Augenblick überlegte ich noch, ob ich umkehren und sie neu füllen sollte, ließ es aber sein und lief den Hügel vollends hinauf. Da sah ich es nun, das grauenvolle Bild. Das Wohnhaus brannte bereits lichterloh. Der Wind hielt an diesem Tag genau darauf zu und trug das Feuer im wahrsten Sinne des Wortes mit Windeseile hinüber. Ich sah Vater ein Taschentuch in den Mund stopfen und ins Haus laufen, das schon von undurchdringlichem Rauch erfüllt war. Er zog Koffer, Betten, Möbel und alles, was er mit seiner Kraft bewältigen konnte, aus dem Haus und ging immer noch einmal hinein. Die Hitze strahlte schon so stark aus, daß ich es nicht mehr aushalten konnte und laut zu schreien begann. Aus irgendeiner Richtung kam Mutter plötzlich auf mich zu. Sie rief, obgleich sie ganz nahe an mich herangekommen war und sogar ihre Hand für einen kurzen Augenblick auf meinen Kopf legte, so als wüßte sie gar nicht, daß sie das tat: »Geh zu den anderen den Hügel hinauf, Thea.« Auch Mutter hatte jetzt eine andere Stimme, und ihr Gesicht sah gleichfalls verändert aus. Ihre Haare, halb versengt, hingen wirr übers Gesicht, das vor Hitze glühte. Im selben Moment war sie auch schon wieder verschwunden. Ich hörte sie noch mit der gleichen, vor

Erregung veränderten Stimme rufen – und in diesem Rufen lag ein Flehen: »Karl, geh nicht mehr ins Haus, Karl bleib hier!« Vor Rauch konnte ich nichts mehr sehen, warf die Blechdose fort und zog einen großen Bogen um das Flammenmeer in Richtung Hügel. Da sah ich sie schon alle, dicht aneinander gedrängt, Eva mit Luise auf dem Arm, Jola klammerte sich an ihrem Rock fest, und Georg kam mir ein paar Schritte entgegen. Alle waren sichtlich erleichtert, als sie mich sahen, denn sie hatten nicht gewußt, wo ich war.

Von hier oben hatte man einen erschreckenden Überblick. Ohnmächtig mußten wir zusehen, wie das Drama dort unten seinen Lauf nahm. Verzweifelt dachte jeder an seine Spielsachen und alles, was ihm lieb war.

Drehte sich zwischendurch der Rauch von der einen zur anderen Seite, konnte man hinter dem Haus Gestalten sehen, die Gegenstände trugen, zogen und schoben. Plötzlich waren Gewehrschüsse zu hören. Erst vereinzelt, dann schneller und lauter. Wir hatten große Angst und zitterten am ganzen Leibe, denn wir wußten nicht, daß es Vaters Patronen waren, die im Feuer explodierten. Vater war ein großer Jäger und hatte sich reichlich mit Munition eingedeckt.

Plötzlich krachte es ganz furchtbar, und wir sahen das Haus, von den Flammen ausgehöhlt, wie ein Gerippe zusammenfallen. Es fiel hauptsächlich nach vorne, auf die von Vater unter Lebensgefahr geretteten Sachen, die nun erneut dem Feuer Nahrung gaben.

Nach einer Weile gewahrten wir, wie sich ein Menschenhaufen den Weg hinunter in Richtung Fluß bewegte. Hin und wieder waren Mutter und Großmutter zu erkennen, die sich immer wieder zwischen die Arbeiter beugten, die etwas zu tragen schienen. »Sie tragen Vater«, schrien wir alle zugleich. Jetzt hielt es uns nicht mehr auf dem Hügel. So schnell es nur ging, kletterten wir hinunter, machten einen großen Bogen um das Feuer, dessen Hitze trotz der weiten Umgehung noch stark zu spüren war, und stürzten hinunter zum Bach.

Als wir endlich ankamen, war Vater soeben wieder zu sich gekommen. Mutter war dabei, ihn mit einem Taschentuch abzuwaschen. Hätten wir nicht gewußt, daß er es war, würden wir ihn nicht erkannt haben. Vater, der am Flußrand lag, war schwärzer als die Arbeiter, die um uns herumstanden. Mutter schöpfte mit der hohlen Hand Wasser und flößte es ihm ein. Daraufhin mußte er sich übergeben und erbrach einen schwärzlichen Schaum, was ihn vor einer Rauchvergiftung rettete. Es kam mir vor, als seien die Eltern in dieser Stunde sehr gealtert. Vater mußte es sehr schlecht gehen, denn er krümmte sich furchtbar.

Allmählich richtete er sich auf. Von Mutter und Gamati, dem Vorarbeiter, gestützt, ging er langsam den Hügel hinauf. Oben angelangt, sah man dort, wo das Haus gestanden hatte, nur noch einen qualmenden Haufen.

Außer der eisernen Geldkassette und dem, was jeder auf dem Leibe trug, konnte nichts gerettet werden. Dabei hatten die Eltern, bevor sie Deutschland verließen, Unmengen eingekauft. Es sollte ja für viele Jahre reichen. Vater mußte sich hinsetzen. Ihm war noch sehr übel. Nach einer Weile rief er Ganivete zu sich und fragte: »Du hast die Maisblätter in die Küche gebracht, du warst also der Letzte, der vor dem Brand dort war?« – »Ja Patrao«, antwortete er. »Brannte das Feuer noch im Herd, als du die Blätter in die Küche brachtest?« – »Ja, und ich habe noch einige Holzscheite draufgelegt, damit es nicht ausgeht.« – »Wohin hast du die Maisblätter getan, die du in die Küche brachtest?« – »Auf den Boden vor dem Herd.« Vater schaute zu Mutter und sagte mit zitternder

Stimme: »Da haben wir die Erklärung. Natürlich, ein brennendes Holzscheit muß aus dem Herd genau in den Blätterhaufen gefallen sein.« Damals fand man bei den Eingeborenen ganz selten logisches Denken. Alles, was die Europäer taten, war ihnen fremd und unbegreiflich. Warum z. B. die Weißen nicht auch auf dem Boden kochten, wie sie es taten, sondern sich dazu einen hohen Herd errichteten, aus dem brennende Holzscheite herausfallen konnten.

Es war für Vater die erste schwere Niederlage, die ihn in dem so heiß ersehnten und geliebten Afrika traf. Als es zu dämmern begann, wurden die Arbeiter angewiesen, die Maisblätter in einen alten leerstehenden Schweinestall zu tragen, um damit eine Unterlage zu schaffen. Als es Nacht wurde, schlief die ganze Familie eng aneinander gekuschelt darauf. Diese erste unvergeßliche Nacht auf den bei jeder Bewegung raschelnden Maisblättern jagte quälende Gedanken durch mein Kinderhirn, das keine Antwort darauf fand, wie es nun weitergehen sollte. Sieben Jahre war ich damals alt.

An diesem Abend bestand unser Abendbrot aus Maiskörnern, die vom Dreschplatz geholt wurden, ohne Salz, denn das war auch verbrannt. Sie wurden in einem Tontopf gekocht, den Gamati schnell aus seiner Hütte geholt hatte. Wir mußten mit den Händen essen, wie es die Schwarzen taten. Dazu gab es Milch. Die Kühe befanden sich auf der Weide. Der Viehstall stand zu weit vom Wohnhaus entfernt, als daß er vom Feuer hätte erfaßt werden können. Auch die Hühner und Hunde lebten.

Gamati war ein Quilenques-Mann, den Vater in Dienst nahm, als er noch in der Quilenques-Gegend nach einer Farm gesucht hatte. Von da ab war Gamati Vaters ständiger Begleiter, zu dem er Vertrauen und eine besondere Beziehung hatte. Gamati war zugleich unser Melker. Fast alle Quilenques-

Leute konnten melken und besaßen meistens selber Vieh in ihrer Heimat.

Als Gamati an diesem Abend mit der Milch vom Stall kam, brachte er zugleich eine Petroleum-Stallaterne mit. Nachdem sie mitten im alten Schweinestall aufgehängt worden war und auf uns niederleuchtete, bemerkte ich die verweinten Augen von Mutter und Großmutter. Wie mag den Eltern damals zumute gewesen sein? Darüber habe ich später noch oft nachdenken müssen. Mit vier Kindern, darunter einem Säugling, Nichte Eva und Großmutter, von einer Stunde zur anderen in eine solche Lage zu kommen, wo es noch keinerlei Brandversicherung oder ähnliches gab.

Im Halbschlaf hörte ich noch Vaters Stimme. Er sprach ruhig, aber sehr langsam: »Morgen schreibe ich an die Mission-Caluquembe und bitte um Hilfe – nur das Notwendigste –, ein paar Decken für die Kinder und einige Windeln für Luise…« Er stockte, weil Mutter ihm auf die Schulter tippte und sagte: »Karl, du kannst doch gar nicht schreiben, wo willst du denn Papier und Schreibzeug hernehmen? Es ist doch nichts mehr da, nichts, nichts, nichts.« Ihre letzten Worte waren schon vom Schluchzen erstickt, und nun brach es aus ihr heraus. Sie erlitt einen regelrechten Weinkrampf. Obgleich Vater seinen Arm um ihre Schultern legte und sie zu beruhigen suchte, überkam mich damals große Angst, daß sie keine Luft mehr bekommen und ersticken würde. Mutter, die bisher alles so tapfer ertragen hatte, was das Leben im abgelegenen Busch auch immer für Opfer forderte. Dieses aber war zuviel. Es ging über ihre Kräfte. Allmählich ebbte ihr Weinen ab, und als sie still war, sagte Vater: »Ich gehe dann eben morgen erst zu Kirsteins und bitte sie um Schreibmaterial. Wenn ich quer über die Berge laufe, schaffe ich es in drei Stunden (Familie Kirstein war unser nächster Nachbar).

Eva war zu der Zeit dreizehn Jahre alt. Sie lag neben mir und barg Luise in ihrer Armbeuge, um sie zu wärmen. Ich drückte mich näher an sie und merkte dabei, daß auch sie noch mit großen Augen ins Leere sah, während Georg und Jola schon fest schliefen. Die Laterne wurde ausgeblasen, und nach einer Weile erlöste der Schlaf auch mich von den vielen Fragen, die gespenstisch und drohend auftauchten und auf die ich keine Antwort fand.

Den nächsten Tag verbrachten wir Kinder damit, mit langen Stöcken in der Asche vom Haus herumzustochern, die an vielen Stellen noch immer rauchte und glühte. Dabei kam so allerlei zum Vorschein, wenn auch schwarz und verbogen: Messer, Gabeln, Löffel, von denen die Holz- und Horngriffe abgebrannt waren, Patronenhülsen, überhaupt alles, was aus Metall war, kam hervor. Die Eßbestecke wurden mit Sand blank gerieben, um die Griffstiele wickelten wir Bast, den wir aus den inneren Fasern einer Baumrinde herstellten, und so brauchten wir schon nicht mehr mit den Händen zu essen.

Am Nachmittag kam Vater mit einem schweren Rucksack auf dem Rücken zurück. Zwei Arbeiter von Kirsteins begleiteten ihn, jeder ein großes Paket auf dem Kopf tragend. So hatten wir in der zweiten Nacht schon Decken und sogar Bettlaken auf den Maisblättern. Für Luise wurden Windeln aus einem Laken gerissen, denn eine Schere war noch nicht in der Asche gefunden worden. Im Rucksack befanden sich Brot, Wurst, Käse und alles, was Kirsteins vorrätig hatten und entbehren konnten. Auch Beil und Säge hatte Vater sich ausgeliehen. Damit wurde sogleich begonnen, Bäume auf dem bewaldeten Hügel zu fällen und für ein Holzhaus zurechtzusägen, das im Eiltempo errichtet wurde. Schon nach einer Woche war es fertig. Es bestand nur aus drei Räumen.

Nachdem wir mit unseren Maisblättern eingezogen waren – es gab noch keine Betten –, machte sich Vater mit Gamati auf nach Ganda. Ganda war der nächstgrößte Ort, durch den die Benguela-Bahn fuhr. Dort wurden die meisten Einkäufe von allen Farmern der weiteren Umgebung getätigt.

Vater schaffte den Fußmarsch nach Ganda, etwa hundertzwanzig Kilometer, meistens in drei Tagen. Es gab eine bestimmte Steinhöhle, in der sie stets die Nacht verbrachten, während ein Lagerfeuer vor dem Eingang brannte, welches anzuzünden und zu unterhalten Gamati ein Meister war. Die Rückkehr dagegen dauerte eine ganze Woche. Sie mußte mit einem der Buren-Ochsen-Wagen zurückgelegt werden, die zu der Zeit sämtliche Getreideernten von den Farmen zur Bahn transportierten. Die Buren schufen sich damals ihre eigenen »Straßen«, indem sie immer in den gleichen Spuren fuhren. Dadurch entstanden die sogenannten »Buren-Pads«. Es waren recht große Wagen, die riesige, mit Eisen beschlagene Holzräder hatten und am vorderen Ende meistens einen aus Zeltplane errichteten Aufbau, der als Kabine und Sonnenschutz diente und aussah wie eine Haube.

Die Zahl der Ochsen variierte entsprechend der Last. Einige spannten bis zu vierundzwanzig Tiere an solch einen Wagen, jeweils zwei unter einem Joch an der langen Deichsel. Die Flüsse wurden nach den breitesten und damit seichtesten Stellen abgesucht, was weite Umwege erforderte, und dann ging es mit Gebrüll hinein und durch das Wasser. Der Ochsentreiber lief mit seiner langen Peitsche nebenher, machte Schleifen in die Luft, konnte damit knallen, daß es sich anhörte wie Pistolenschüsse, und trieb die Ochsen damit an, indem er sie laufend bei deren Namen rief: Wambu, Trecker, Sultan …

Burenochsen-Wagen – die Transportmittel von damals

Zehn Tage nachdem Vater nach Ganda aufgebrochen war, sahen wir am späten Nachmittag einen solchen Burenwagen, der aus der Ferne wie ein langer Wurm aussah, über den hinteren Hügel kommen und sich, wie es uns schien, im Zeitlupentempo ins Tal hinabbewegen. Nach endloser Zeit kam er auf dem vorderen Hügel, der die Grenze von unserer Farm bildete, zum Vorschein. Jetzt erkannten wir auch schon Vater, der neben dem Wagen herlief. Georg, Jola und ich rannten der Karawane entgegen, und Vater schloß uns erfreut in die Arme.

Das Abladen nahm schier kein Ende und wurde gerade noch vor Einbruch der Dunkelheit geschafft. Säcke mit Zucker, Mehl, Reis, Ballen Stoffe in allen Farben, große Behälter mit Petroleum, Seifenkisten und alles, was man zum Leben brauchte. Solche Großeinkäufe wurden alle sechs bis acht Monate getätigt. Durch das Brandunglück waren diesmal nur knapp vier Wochen vergangen.

Gleich am nächsten Tag wurden die Arbeiter ausgezahlt. Es stand den Leuten zur Wahl, ob sie Geld oder Stoff wollten.

Ganz selten wünschte jemand Geld, mit dem die meisten nichts anzufangen wußten. Zu der Zeit gab es, besonders im Inland, kaum einen Schwarzen, der lesen und schreiben konnte. Sie waren also nicht in der Lage, die Zahlen auf dem Geld zu lesen und schauten gleichgültig auf die Scheine, die sie für ein wertloses Stück Papier hielten.

Sie wollten also auch diesmal Stoff, je bunter, desto besser. Dazu gab es noch Salz, das im Busch über alle Maßen begehrt war, Palmöl und bunte Glas- oder Porzellanperlen, wovon die kleinsten stecknadelkopfgroß waren. Davon fertigten die Frauen kunstvolle Stirnbänder oder Schmuck für ihre Hand- und Fußgelenke an.

Seit Vaters Rückkehr aus Ganda, wo er auch Schulmaterial eingekauft hatte, bekamen wir wieder Hausunterricht bei Großmutter. Oft übernahmen es auch Vater oder Mutter, je nachdem, wer gerade Zeit hatte. Meistens aber war es Großmutter. Wir fanden es immer sehr lustig, wenn sie sich über einen von uns ärgerte. Dann verfiel sie in bayerischen Dialekt: »Gall, du hast witter nex galant?« (Gell, du hast wieder nichts gelernt?) Wir liebten Großmutter sehr, brachten sie aber, so oft wir nur konnten, zum Schimpfen, nur um ihr Bayerisch zu hören.

Nach einigen Monaten sprachen die Eltern immer häufiger davon, daß es besser wäre, die Farm wieder zu verkaufen und zur Küste zu ziehen, in die Nähe einer Stadt, wie z. B. Benguela, denn wir Kinder müßten eine ordentliche Schule besuchen, der Hausunterricht genüge ja nicht, außerdem müßte versucht werden, mit täglichen Einnahmen schnell wieder aufzuholen, was das Feuer vernichtet hatte.

Eines Tages war es soweit. Vater ging mit Gamati nach Ganda. Von dort fuhr er allein mit der Bahn nach Benguela weiter, während Gamati in Ganda auf seine Rückkehr warten sollte. Auf der Suche nach einer Pflanzung lernte Vater in Benguela einen Landsmann namens Sauer kennen, der eine kleine Pflanzung am Fluß Cavaco besaß. Dieser Trockenfluß, der nur in der Regenzeit Wasser führt, zieht seinen kurvenreichen Lauf durch ein großes, aus Schwemmlandboden bestehendes Tal, das nach ihm benannt ist. Das Cavaco-Tal beginnt an den Küstenbergen und endet am Meer. Mit den südlichen Ausläufern grenzt es an die nördliche Seite der Stadt Benguela, die zu der Zeit noch eher ein Dorf war.

Sauer war Junggeselle. Nachdem er erfahren hatte, aus welchem Grund Vater nach Benguela kam, war er sofort bereit, ihm bei der Suche nach einer Pflanzung zu helfen. Die Aussicht, einen Landsmann in die Nachbarschaft zu bekommen, freute ihn sehr.

Der Zufall wollte es, daß ein fünfzehn Hektar großes Stück Land – besser gesagt, fünfzehn Hektar Urwald – gleich neben Sauers Pflanzung zum Verkauf stand, dessen Besitzer Sauer kannte. Er wurde sogleich aufgesucht, und sie besichtigten es zu dritt. Um besser durchzukommen, waren hier und dort einige Schneisen geschlagen worden. Es existierte nur ein einziges Wasserloch, an dem eine ziemlich verrostete und quietschende Baggerpumpe angebracht war, die täglich eine Stunde von einem Esel gezogen wurde, um den Tank zu füllen, welcher zur Tränke der Ziegen diente. Vater bestaunte den guten Boden. Er hatte noch nie eine so hohe Humusschicht gesehen. Natürlich mußte Meter für Meter gerodet werden. Aber aus solch jungfräulichem Boden war etwas herauszuholen. Kurz entschlossen kaufte er das Land.

Nach seiner Ankunft erzählte er von Cavaco, Benguela und dem Meer. Gespannt und erregt lauschten wir. Bald würde eine neue Zeit anbrechen, die uns in jeder Hinsicht verheißungsvoll erschien, denn wir Kinder waren inzwischen schon so weit »verbuscht«, daß wir uns versteckten, wenn Besuch kam, den wir nicht kannten. Es war natürlich, bei solchen Entfernungen und Umständen, äußerst selten, Besuch zu bekommen. Wir verkrochen uns dann wie scheue Tiere hinter Türen und sonstigen Deckungen, lugten durch Ritze oder Gardinen nach dem Gast und kamen erst wieder zum Vorschein, nachdem er gegangen war. Nur wenn Kirsteins kamen, liefen wir nicht davon, denn die kannten wir. Wir waren auch öfter auf ihrer Farm. Unsere Welt war die Familie, die Tiere und die Spielgefährten.

Vater war nun viel unterwegs. Er suchte einen Käufer für unsere Farm. Eines Tages kam er mit einem Buren zurück, der sie kaufen wollte. Es war der frühere Besitzer, von dem Vater sie vor sechs Jahren erworben hatte. Er bekam sie jetzt für den halben Preis zurück. Nun wurde ein Bote losgeschickt, um einen Burenwagen für die nächste Woche zu bestellen, der uns nach Ganda zur Bahn bringen sollte. Zu packen gab es nicht viel, es war nach dem Brand nur wenig angeschafft worden.

Schnell war die Woche herum, und der Wagen kam. Gamati, Ganivete und noch acht Feldarbeiter wollten mit uns zur Küste. Nachdem alles verladen worden war, kamen wir an die Reihe und wurden in die »Kabine« verfrachtet, unter die große Zeltplanhaube, wo recht stabile und breite Holzbänke angebracht waren. Vater wollte nicht auf den Wagen. Er ging lieber zu Fuß nebenher, denn er kannte diese Fahrzeuge schon und hatte bereits seine Erfahrung damit gemacht. Ich glaubte nach kurzer Zeit auch zu wissen, warum Vater lieber zu Fuß ging. Der Wagen hatte keine Federn und schlug mit seinen Eisenrädern in jedes Loch, knallte über Stock und Stein, daß es laufend derartig krachte, als würde er auseinanderfliegen. Es wundert mich heute noch, daß nicht jeder, der auf solch einem Wagen gefahren ist, eine Darmverschlingung bekam. Es war einfach grausam. Wenn es die steilen Abhänge hinunter oder hinauf ging – von einer Straße keine Spur –, waren wir vor Angst wie erstarrt und mußten uns laufend übergeben.

Mutter hatte den Wagen längst verlassen und lief neben Vater her, als es die erste Pause zum Ochsenweiden gab. Auch Luise und Jola wurden in einer Hängematte nebenher getragen. Aber Großmutter, Eva, Georg und ich mußten uns weiterhin durchschütteln lassen, da wir nicht so lange zu laufen vermochten. Das Peitschenknallen der Treiber nahm immer gewaltig zu, wenn es einen Berg hinauf oder durch einen Fluß mit großen Steinen ging, wobei die Ochsennamen gebrüllt wurden: Guri, Tschamba, Voortrekker – während die Bremsen mit einer Handkurbel auf oder zugedreht wurden.

Auf den »Burenpads« gab es in gewissen Abständen einen Kraal. So nannte man die Einzäunungen, in denen die Ochsen während der Nacht wegen der Raubtiergefahr untergebracht wurden. Ein Kraal bestand aus einem Platz, um den ein ziemlich hoher und breiter Zaun aus abgeschlagenen Dornbüschen gelegt wurde, mit verschließbarem Eingang aus demselben Material. Wir waren also an solch einem Kraal angekommen. Obgleich es noch früher Nachmittag war und die Karawane bis zum Einbruch der Dunkelheit noch leicht den nächsten erreicht hätte, wies Vater den Buren an, ausspannen zu lassen, um hier zu übernachten. Er blickte dabei immer wieder forschend auf uns, und was er sah, schien ihn nicht zum Weiterfahren zu ermuntern. Wenn ich mir Großmutter, Eva und Georg anschaute, kam es mir so vor, als ob ihre Gesichter grünlich schimmerten. Unser Leid war so groß, daß das anfängliche Gekicher bei der Abfahrt –

wo es noch nach Abenteuer roch – bald verstummte und nur ein dumpfes, qualvolles Stöhnen noch zu hören war, wenn der Wagen wieder einen großen Stein oder ein tiefes Loch erwischt hatte.

Die Ochsen wurden ausgespannt und zum Weiden getrieben. Die Leute begannen, Holz für das nächtliche Lagerfeuer zusammenzutragen, um sich eine Mahlzeit zu kochen. Wir packten ebenfalls den Eßkorb aus. Als das frühe Abendbrot beendet war, gingen wir sofort zum Schlafen in die »Kabine«. Wie die Heringe aneinandergelegt, paßten wir tatsächlich alle hinein. Ich wurde augenblicklich vom Schlaf überwältigt. Am Morgen war ich sehr erstaunt und bekam nachträglich noch heftige Angst, als ich hörte, daß Löwen in der Nacht angegriffen hätten und die Leute große Feuerhaufen um den Kraal und den Burenwagen anzünden mußten. Vater und der Bure hatten mit entsicherten Gewehren Wache gehalten, bis sich die Raubtiere verzogen hatten. Gamati war besonders mutig gewesen, er hatte mit brennenden Holzscheiten nach den Löwen geworfen.

Die folgenden »Reisetage« verliefen ähnlich wie der erste. Entweder hatten wir uns bereits akklimatisiert oder eine von uns entwickelte Methode half, diese Reise lebend zu überstehen. Denn wir hatten uns ausgedacht, daß sich abwechselnd einer von uns auf die vordere Bank der Kabine setzen sollte, von wo aus er den Weg übersehen konnte. Sobald ein Stein oder ein Loch in Aussicht war, rief der Späher: »Obacht!« worauf jeder die Luft anhielt, seine Bauchmuskeln auf das Äußerste anspannte und die Stöße wie ein Fakir über sich ergehen ließ.

Endlich, mit drei Tagen Verspätung, erreichten wir Ganda. Der Bure wurde für den Transport ausgezahlt und unser Gepäck in den Zug verladen, der aus zwei Personen- und einer Menge Güterwagen bestand. Aber auch die Bahnreise war alles andere als ein Vergnügen. Auf jedem kleinen Bahnhof rangierte der Zug oft stundenlang hin und her, stieß jedesmal mit Gewalt und unheimlichem Krachen an einen Waggon, der ab- oder angehängt werden sollte, so daß wir bei solchen Zusammenstößen ständig von den hölzernen Sitzbänken herunterflogen. Damals gab es noch keinerlei Bequemlichkeiten, keinen Luxus. Wir kamen zwar heil, aber keineswegs munter in Benguela an.

Die Stadt lag am Meer. Wir Kleinen sahen zum ersten Mal den Atlantischen Ozean. Ich war davon überwältigt, und es machte mich ganz konfus, daß man nicht sehen konnte, was sich hinter dem Meer befand. Die mitgekommenen Arbeiter standen ebenfalls staunend davor. Auch sie kamen zum ersten Mal an die Küste und sagten immer nur: »Haga, haga, Galunga.« (Je, oh je, das Meer.) Galunga bedeutet gleichzeitig auch: Tiefe, Weite, Größe oder Ferne.

Cavaco

Vater mietete zunächst ein kleines Häuschen am nördlichen Stadtrand von Benguela. Von da ging er jeden Morgen zur Pflanzung, wo die Arbeiter kampierten. Es sollte als erstes in aller Eile ein provisorisches »Baupikhaus« errichtet werden, damit wir schnell einziehen konnten. Bis dahin hatten Georg und ich die Aufgabe, täglich das Mittagessen für Vater zur Pflanzung zu bringen. Die ersten drei Tage schickte Vater Gamati, der uns abholen und zur Pflanzung führen sollte. Das war immerhin eine gute Stunde Fußmarsch durch den dichten Urwald, der von Eingeborenen- oder Ziegenwegen kreuz und quer durchfurcht war.

Es war sehr schwer, sich in diesem Busch zu orientieren. Die schmalen Pfade ähnelten sich sehr, und einige erwiesen sich plötzlich als Sackgassen. Es gab jedoch einen großen Tamarindo-Baum kurz vor unserer Farm. Tamarindo ist eine Wildfrucht, deren Fruchtschoten aussehen wie Riesenbohnen, die im reifen Zustand vom Baum fallen. In den Schoten befinden sich Körner, großen Bohnen ähnlich, die in ein süß-saures, wohlschmeckendes Fruchtfleisch gebettet sind. Wir mochten sie sehr gern und sammelten stets alle auf. Waren nicht genug heruntergefallen, schlug Gamati noch welche mit einen langen Stock herunter. Außerdem war dieser Baum auch unser »Leuchtturm«. Er war schon auf dem halben Weg zur Pflanzung sichtbar. Wir liefen also immer den Pfaden nach, die darauf zusteuerten. Zu der Zeit gab es massenhaft Schlangen im Cavaco-Tal. Wildkatzen, Rieseneidechsen und allerlei Getier, das ständig neben, vor oder hinter uns raschelnd im Gebüsch verschwand. Es war ja noch fast unberührtes Land, das im Urzustand dahinträumte.

Gamati hatte gute Augen und ging nie ohne Pfeil und Bogen und sein Gantiaviti (kleines Beil), das ihm im Gürtel steckte. Besonders gefährlich waren die kurzen, aber dicken Puffotterschlangen, die nicht – wie alle anderen – vor uns flüchteten. Dazu waren sie viel zu schwerfällig und träge. Diese Schlangenart liebte es, zur Mittagszeit aus ihren Schlupfwinkeln zu kommen, um sich zu sonnen. Hatte man das Pech, auf eine solche Schlange zu treten, war man meistens verloren. Ihre Giftzähne haben Widerhaken, so daß sie ihr Opfer nicht wieder loslassen kann. Es muß dann das Teil, in das sie gebissen hat, herausgeschnitten werden. Wir waren von Kind auf daran gewöhnt, den Fuß nur dorthin zu setzen, wo man übersehen konnte, was darunter und daneben war.

Gamati tötete gleich am ersten Tag zwei Puffotterschlangen. Es war ein aufregendes Erlebnis, als er – stets vor uns gehend – den Korb mit Vaters Essen auf dem Kopf tragend, plötzlich stehenblieb und mit der Hand nach hinten ein Zeichen machte, das uns stillstehen hieß. Langsam nahm er den Korb vom Kopf, ohne den Blick von der Stelle zu wenden, wo er die Schlange sah, setzte den Pfeil in den Bogen, zog an und schoß. Er besaß eine unglaubliche Treffsicherheit. Erst jetzt sahen wir die Schlange wild um sich peitschen. Gamati hatte sie genau in den Nacken getroffen. Da sie vor einem großen Baumstamm lag, ging der Pfeil durch den Hals in den Stamm, so daß sie daran festgepflockt war. Die Schlange zeigte sich in ihrer Todesnot nun doch als schnell und wendig, wie man es bei dieser Sorte kaum für möglich gehalten hätte. Sie wand sich hin und her, es krachte das Schilfrohr, an dem sie festsaß, und fiel gleich darauf mit dem zersplitterten Pfeil in den Sand. Der mutige Gamati warf nun sein Gantiaviti und hieb ihr mit einem Wurf den Kopf vom Rumpf. Wir waren kaum hundert Meter weiter, da lag die nächste. Diesmal warf Gamati gleich das Beil. Er verspürte wohl keine Lust, wieder einen Pfeil zu opfern.

Bei der Ankunft fanden wir Vater unter einem Akazienbaum sitzend, es schien, als habe er auf uns gewartet. Die Arbeiter saßen etwas abseits unter dem nächsten Baum um ihren Maisbreitopf, aus dem sie, einer nach dem anderen, mit den Fingern einen Klumpen holten, denselben in die Bohnen- oder Fischtunke tauchten, die mit Piri-Piri dermaßen pikant gewürzt wurde, daß es jedem normalen Menschen Mund und Hals verbrannt hätte.

Wir berichteten Vater, noch immer recht aufgeregt, von den beiden Schlangen, die Gamati unterwegs getötet hatte.

Vater wurde nachdenklich. Er konnte Gamati schlecht entbehren beim neuen Aufbau, er war seine rechte Hand, und es gingen immerhin gute zwei Stunden verloren, um uns abzuholen. Zu den anderen Leuten hatte er aber nicht das gleiche Vertrauen. So beschloß er, trotz der Eile mit dem Hausbau, alles ruhen zu lassen und gleich nach der Mittagspause mit allen Leuten den Pfad an seinen engen und unübersichtlichen Stellen vom Gestrüpp zu säubern, über das wir stellenweise hinüberklettern mußten.

Es sprach sich schnell herum, daß am Cavaco eine Pflanzung aufgebaut wurde. Nach wenigen Tagen schon erschienen Leute, die nach Arbeit fragten. Vater stellte noch einige ein, so daß es nun fünfundzwanzig waren.

Wir blieben den Nachmittag auf der Pflanzung. Kurz vor Feierabend kam unser neuer Nachbar herüber. Georg und ich sahen ihn zum ersten Mal. Er begrüßte Vater und wandte sich dann an uns. »Meine Kinder, Georg und Thea«, sagte Vater mit einer vorstellenden Handbewegung. Wir gingen auf ihn zu und begrüßten ihn, wie es sich gehörte, denn irgendwann mußten wir unsere Chicuma-Schüchternheit ja überwinden. Sauer begrüßte erst mich, dann Georg. Er schaute aber gleich wieder zu mir, so als habe das, was er sah, erst jetzt sein Bewußtsein erreicht, und brach in schallendes Gelächter aus. Er deutete auf mich und sagte in schwäbischem Dialekt: »Dem Mädle hat ein Kautabak kauender Teufel durchs Sieb ins Gesicht gespuckt«, weil ich voller Sommersprossen war. Wie ein Peitschenhieb trafen mich diese Worte. Wenn ich auch damals von der Eitelkeit noch nichts wußte, so haben sie doch einen schmerzhaften Stachel hinterlassen, den ich lange nicht los wurde. Als Vater mein unglückliches Gesicht bemerkte, legte er lachend seine Hand auf meinen Kopf und tröstete: »Was Herr Sauer sagt, ist nur so eine Ausdrucksform, er mag Kinder gern.«

Das stimmte auch, denn wir haben später noch viel Schönes, ja Einmaliges mit Sauer erlebt. Sein Kopf war vollkommen kahl geschoren, und man konnte auch einige Zahnlücken sehen. Die schadhaften Stellen in den übrigen Zähnen hatte er mit einfachem grauen Zement selbst ausgefüllt. Dennoch klagte er laufend über Zahnschmerzen, vertraute aber keinem Zahnarzt. Tatsächlich waren diese damals eher Maurer als Zahntechniker. Sauer war ein netter Kerl. An diesem Tag verspürte ich jedoch einen heftigen Widerwillen gegen ihn und schielte immer wieder heimlich zu ihm hin, obwohl er schon gar keine Notiz mehr von mir nahm, sondern eifrig mit Vater den Aufbau der Pflanzung besprach.

Als wir an diesem Abend zu Hause ankamen, ging ich gleich zum Spiegel und betrachtete zum ersten Mal aufmerksam meine Sommersprossen. Da waren sie, und zwar recht viele und dicke. Es sah wirklich so aus, wie Sauer es ausgedrückt hatte. Die nächsten beiden Tage, an denen Gamati uns noch abholte, verliefen ohne Aufregung. Schlangen begegneten uns nicht mehr, wir fanden nur ihre Spuren auf dem Pfad. Es ging sich jetzt freilich viel besser auf dem gesäuberten Weg, und die Gefahr, sich zu verlaufen, war damit gebannt.

Das Holzhaus nahm unterdessen schon Formen an. Es bestand wieder nur aus drei Räumen und war nur für den Übergang gedacht, derweil ein Steinhaus erbaut werden sollte. Um das vorhandene Wasserloch ließ Vater einige Beete anlegen, die er eigenhändig mit der Wasserwaage und dem Rechen einebnete. Darin ging bereits der erste Salat und so allerlei Gemüse auf, das bei dem Treibhausklima oft nicht länger als zwei bis drei Tage zum Auflaufen brauchte. Vater war in der Tat ein großer Organisator. War der Anfang in Chicuma schon robinsonartig, dieser hier am Cavaco war es noch viel mehr, und ihn habe ich miterlebt, freilich aus der Sicht einer Achtjährigen.

Meter für Meter wurde der Urwald gerodet. Um die großen Bäume herum wurden tiefe Löcher ausgehoben, um die enormen Wurzelstöcke freizulegen und sie ganz tief unten abzusägen. Tat man es nicht in solcher Tiefe, schlugen sie schon nach kurzer Zeit wieder neu aus. Um diese Riesenwurzeln – die meisten wogen einige Tonnen – wurden dicke Sisalstricke angebracht, und dann ging es mit allen Leuten daran, sie aus dem Loch zu ziehen, indem einige oben an den Stricken zogen und die anderen im Loch mit »sunga-malenga, sunga-malenga« (hau ruck, hau ruck) nachschoben. Jedesmal, wenn eine solche Wurzel herausgeholt worden war, verteilte Vater Zigaretten unter die Leute und ließ eine Pause einlegen.

Vater war sehr beliebt bei den Arbeitern, auch wenn er so manches Mal aus der Fassung geraten konnte, wenn Dinge nicht so ausgeführt wurden, wie er es anordnete. Er kam, einem inneren Ruf folgend, nach Afrika und behandelte die zu der Zeit nach europäischen Maßstäben unwissenden Schwarzen wie ein Missionar, immer bestrebt, ihnen das logische Denken beizubringen. Er mußte so manche Enttäuschung hinnehmen, die ihren Ursprung in der so unterschiedlichen Mentalität von Europäern und Afrikanern hatte. Denn oft, wenn ein Arbeiter endlich soweit angelernt war, daß er begriffen hatte, gerade und saubere Beete nach europäischem Muster anzulegen, dann verschwand er plötzlich über Nacht. Ohne Grund und ohne Kündigung. Sie kamen und gingen, wie es ihnen gerade in den Sinn kam, und konnten es nicht verstehen, wenn man ein solches

Verhalten verurteilte. Die europäischen Maßstäbe galten für sie nicht und waren ihnen unbegreiflich. Sie gehorchten nur der Stimme ihres Herzens, und wenn es »Mutima jange muategama« (In meinem Herzen ist es dunkel) war, dann gingen sie, wohin die Herzenssehnsucht sie zog.

Bei aller Geduld, die Vater für die Eingeborenen aufbrachte, gab es doch etwas, womit er nicht fertig wurde. Er entwickelte mit der Zeit geradezu eine Allergie dagegen. Da die Schwarzen keinen Streß kannten, waren sie im Allgemeinen sehr viel langsamer, sowohl in der Arbeit als auch im Denken. Richtete man eine Frage an einen Einheimischen – und es konnte die einfachste sein, wie z. B. »Hast du schon gegessen?« die er spontan mit »Ja« oder »Nein« beantworten könnte, tat er es nicht, sondern fragte statt dessen erst zurück: »Ame?« (Ich?), auch wenn niemand außer dem Gefragten anwesend war. Anfangs bemühte Vater sich noch zu erklären, daß er doch nicht »Ame« zu fragen brauchte, wenn kein anderer zugegen sei, der gemeint sein könne. Mit der Zeit verlor er die Geduld, sobald er bei gleicher Situation die Gegenfrage »Ame?« hörte, und fuhr den Gefragten an: »Wo siehst du denn einen anderen, dem meine Frage gelten könnte?« Aber ändern konnte Vater dennoch nichts, und so ging er dann dazu über, daß er grundsätzlich mehrere rief, sobald er eine Frage an einen zu richten hatte, womit die Gegenfrage »Ame?« zumindest zum Schein gerechtfertigt war.

Was Vater damals nicht wußte, erklärte ihm Sauer eines Tages: Sie fragen »Ame?«, um Zeit für ihre Antwort zu gewinnen. Und ist es eine schwierige Frage, dann wiederholen sie solange »Ame?«, bis sie die Antwort gefunden haben. Auf diese Weise wurden immer wieder neue Erkenntnisse gewonnen. Von da ab verlor sich Vaters Empfindlichkeit.

Das Roden ging sehr langsam voran. Zu der Zeit gab es weder Traktoren noch irgendwelche Geräte, die die Arbeit hätten erleichtern können. Es wurde alles mit Hacken, Beilen und Sägen bewerkstelligt. Sobald ein halbes Dutzend Baumwurzeln aus den Löchern waren, wurden sie zu dem inzwischen schon großen Haufen gerollt. Danach begann sogleich das Zuschaufeln und Einebnen des gerodeten Landstücks, das aussah, als wäre es mit Bombentrichtern übersät. Da am Cavaco die Kulturen künstlich bewässert wurden, begann man anschließend sofort, die Beet- und Wasserleitungen zu legen und danach zu säen und zu pflanzen.

Der letzte Tag, an dem Gamati uns noch abholte, war ein Sonnabend. Am darauffolgenden Sonntag machte sich die ganze Familie zum Ausflug fertig. Die kleine Luise kam in den Rucksack auf Vaters Rücken, und so zogen wir im Gänsemarsch durch den Busch zur Pflanzung »Cavaco«. Mutter und Großmutter staunten nach der Ankunft sehr über das schon Geschaffte und jubelten, als sie das aufgelaufene Gemüse entdeckten. »Höchstens noch eine Woche, dann können wir hier einziehen«, sagte Vater. Auf dem Holzhaus, das neben dem großen Akazienbaum errichtet war, unter dessen Schatten heute gepicknickt wurde, fehlte nur noch das Dach. Nach dem Essen machten sich die Eltern daran, das Gemüse aus den Saatbeeten zu pikieren. Interessiert schaute ich dabei zu. Nach einer Weile bat ich Vater, mir auch ein Beet zu geben, in das ich »mein« Gemüse pflanzen wollte. Mutter war der Meinung, daß ich es noch nicht könne und nur die Pflanzen zerdrücken würde. Sie wies mir dann aber doch ein Beet zu und reichte mir eine Handvoll Blumenkohlpflanzen.

Zu der Zeit entwickelte ich meine erste Beziehung zur Erde und zu Pflanzen. Ein großes Glücksgefühl erfüllte mich, als sie eingepflanzt und angegossen waren. Sie standen in schnurgeraden Reihen und in den gleichen Abständen wie die der Eltern. Ich schaute mit großer Freude auf sie und war stolz, als nach einigen Tagen des Anwurzelns ein Wachsen und Gedeihen zu sehen war, und »mein« Beet genausogut stand, wie die der Eltern.

An dem folgenden Montag gingen Georg und ich zum ersten Mal allein zur Pflanzung. Vater riet uns, auf dem Weg stets laut zu singen oder mit einem Stock an den Eßcontainer zu klopfen, damit die Schlangen und alles andere Getier sich verziehen konnten. Dieser Rat wurde getreulich befolgt. Die wenigen deutschen Lieder, die wir kannten, wie »Hänschen klein« und dergleichen, waren bald gesungen, und so fingen wir mit den Negerliedern an. Zwischendurch wurde an den Container geklopft, und so gelangten wir schließlich an »unseren« Tamarindobaum, der wie eine Hütte gewachsen war. Seine äußeren Zweige hingen fast bis auf den Boden, wenn man darunter stand, sah er wie das Dach eines Riesen-schirmes aus. Georg stellte den Container auf den Boden, und wir suchten alle Fruchtschoten die heruntergefallen waren. Ich hatte schon eine Menge im Rock meines Kleides, den ich wie eine Schürze hochstülpte, als Georg plötzlich einen entsetzten Schrei ausstieß und mir, schon im Laufen, zurief: »Komm vor unter dem Baum, lauf was du kannst, Thea, lauf, lauf!« Ich ließ den Rock los, die aufgesammelten Früchte flogen in alle Richtungen, und lief zu Georg, ohne mich überhaupt umzusehen. Georg kam mir mit schnee-weißem und angstverzerrtem Gesicht ein paar Schritte ent-gegen, ergriff meine Hand und zog mich eiligst mit sich fort. Ich wußte noch immer nicht, was er gesehen hatte, war nur von seiner Angst angesteckt und sagte im Laufen: »Vaters Essen ist unter dem Baum geblieben, wir müssen umkehren und es holen.« Georg blieb daraufhin stehen. Der Abstand zum Baum war schon groß. Vollkommen außer Atem stieß er hervor: »Ein Mensch – ein Toter – er hängt in dem Baum – er hat sich erhängt!« Nun ebenfalls von einem Schaudern geschüttelt, schaute ich zum Baum zurück. Die Vorstellung, daß wir seelenruhig unter einem Toten – wir hatten noch nie einen gesehen – Früchte gesammelt hatten, bis Georg zufällig hinaufsah, ließ mich erzittern. Wir wagten natürlich nicht, Vaters Essen zu holen. Es war nun auch nicht mehr weit bis zur Pflanzung.

Als wir bei Vater auftauchten, mußte er an der Art, wie wir ankamen, gemerkt haben, daß etwas nicht stimmte. Er kam gleich auf uns zu. Georg berichtete, noch immer außer Atem, was er gesehen hatte. »Dein Essen steht noch dort«, fügte er hinzu. Vater rief sogleich Gamati und fragte, ob er von diesem Fall etwas gehört hätte. Gamati berichtete, er sei mit einigen Freunden in der Nacht vom Sonntag auf Montag in das Negerdorf gegangen, welches auf einem der das Cavaco-Tal umsäumenden Hügel lag und daher »Camunda« (Hügel) hieß. Dort wurde jeden Sonntag Maisbier verkauft, das sogenannte »Otschimbombo«. Dabei wurden sie Zeugen einer schaurigen Geschichte: Ein Mann des Dorfes hatte seine Frau mit einem Nebenbuhler erwischt. Da er schon ziemlich viel Otschimbombo getrunken hatte, sperrte er die Treulose, für die er drei Ochsen bezahlte, als er sie von ihrem Vater erworben hatte, in seine Grashütte und steckte dieselbe in Brand. Nachdem Hütte und Weib verbrannt waren, war er in die Nacht hinausgelaufen, indem er fortwährend in lauten Selbstgesprächen gesagt hatte, er werde sich nun auch umbringen. Vermutlich, so meinte Gamati, handele es sich bei dem Erhängten um diesen Mann.

Gamatis Vermutung erwies sich als richtig. Der Mann mußte also schon gehangen haben, als Vater am frühen Morgen zur

Pflanzung gegangen war. Wer aber nicht unter dem Baum stand und hinaufsah, konnte von außen nichts sehen. Vater ging mit Gamati zum Baum. Wir wollten, durch seine Gegenwart ermutigt, hinterher, was er jedoch nicht erlaubte. Nach einer Weile kamen sie zurück, und Vater schickte einen Arbeiter ins Dorf Camunda, mit dem Auftrag, den Toten zu holen.

Am Abend auf dem Nachhauseweg war der Tote bereits weggeschafft. Wir gingen aber trotzdem ganz nahe an Vater heran und umklammerten seine Hände, als wir unter dem Baum durchgingen. Er erklärte uns, daß ein Toter doch nichts mehr tun könne und wir in ein paar Tagen dieses Erlebnis vergessen haben würden. Am nächsten Tag waren wir jedoch sehr froh, als wir uns dem Baum näherten und Vater uns darunter erwartete. Ja, wir hatten den besten Vater der Welt und auch die liebevollste Mutter. Wie sehr ein so abgeschiedenes Farmleben, wie wir es in Chicuma und nun hier auf Cavaco führten, eine Familie verbindet, sollten wir erst viele Jahre später spüren.

Die Woche verlief ohne Zwischenfälle, und schon der kommende Sonnabend war unser Umzugstag. Gamati bekam den Auftrag, am Sonnabendmorgen mit allen Leuten zu uns zu kommen, wo Mutter schon früh mit dem Packen fertig war. Trotz der Last, die jeder Arbeiter auf dem Kopf trug, ging es mit Gesang in einer langen Reihe zur Pflanzung.

Die drei gleichen Räume im Holzhaus wurden aufgeteilt: im Mittel- und Eingangszimmer schliefen Georg und Jola, im rechten die Eltern mit Luise, im linken Großmutter, Eva und ich. Gekocht und gegessen wurde zunächst unter dem Akazienbaum und gebadet in einer kleinen, mit Stroh umbundenen Hütte, die etwas abseits stand und zugleich unsere Toilette war. Die Dusche bestand aus einem Eimer, der, nachdem er mit Wasser gefüllt worden war, durch einen Strick, ähnlich einer Seilbahn, hochgezogen wurde. War der Eimer oben, mußte man an einem zweiten Strick ziehen, der wiederum einen Mechanismus betätigte und das unter dem Eimer angebrachte Sieb öffnete, so daß das Wasser auf uns niederbrauste. Man mußte erst einige Erfahrungen mit dieser Anlage sammeln, denn die ersten Male stand fast jeder noch voller Seifenschaum da, als das Wasser bereits restlos ausgelaufen war. So bescheiden, ja primitiv, war der Anfang auf Cavaco.

Für uns Kinder begann nun die große Zeit der Entdeckungen. Wir machten waghalsige Streifzüge durch den Urwald der Pflanzung und stießen hocherfreut auf drei Tamarindobäume. Damit konnten wir nun gut auf jenen »Todesbaum« – so nannten wir den »Leuchtturm« – verzichten, an dem sich der Mann erhängt hatte und von dem wir seither nie mehr eine Frucht gegessen hatten.

Als Vater uns aber mit so vielen Tamarindos zurückkommen sah, sprach er ein ernstes Wort mit uns: »Nie wieder möchte ich erleben, daß ihr allein im Busch herumstreift. Ihr wißt doch von der Schlangen- und Skorpiongefahr, oder nicht?« Fortan gingen wir nur noch an Sonntagen mit Vater oder Gamati die Früchte holen. Es wäre uns nicht im Traum eingefallen, ein Verbot von Vater außer acht zu lassen.

Der Urwald wurde mehr und mehr gelichtet, und damit erweiterte sich unser Bewegungsfeld. Ich aber verbrachte die meiste Zeit im Gemüsegarten und kannte dort jede Pflanze in- und auswendig.

Vater war unterdessen damit beschäftigt, aus Brettern Formen herzustellen, in denen aus geknetetem Lehm Ziegelsteine für das zukünftige Haus geformt wurden. In langen Reihen lagen sie zum Trocknen aus und wurden dann zu einem großen, einer Pyramide ähnlichen Ofen aufgeschichtet. Durch diesen Ziegelofen führte in der Mitte ein mannshoher Tunnel, worin dann Tag und Nacht ein gewaltiges Feuer unterhalten wurde, bis sich auch die zuoberst liegenden Ziegel rot färbten und damit an Haltbarkeit und Qualität mit anderen konkurrieren konnten.

Die Ligaschule

Nach etwa einem Monat unbeschwerten Herumstrolchens begann für Georg und mich nun der Ernst des Lebens: Wir mußten in die »Escola Liga«, die einzige, die es damals in Benguela gab. Jola und Luise waren noch zu jung, und Eva zu alt. Sie wurde weiter von Großmutter unterrichtet.

Mutter stattete uns mit Kleidung aus. Es gab ja nun alles in Benguela zu kaufen, vom schönsten Chinakrepp bis zur japanischen Seide. Der Schulanfang war qualvoll. Erstens konnten wir die portugiesische Sprache noch nicht und saßen wie zwei Taube, an denen die Worte der Lehrerin abprallten, und zweitens wurden wir getrennt. Georg kam auf die Jungenseite und ich auf die der Mädchen, was zur Folge hatte, daß mich das niederdrückende Gefühl der totalen Verlassenheit überkam.

Die einsamen Jahre in Chicuma hatten bei mir eine extreme Schüchternheit hinterlassen, und sie sollte noch für viele Jahre ein schwerer Hemmschuh sein. Dazu gesellte sich das deprimierende Bewußtsein meiner Sommersprossen. Nach Sauers Bemerkung darüber kam ich mir damit wie ein Kuriosum vor, und in Ermangelung von Vergleichen glaubte ich, die einzige auf der ganzen Welt zu sein, die damit gezeichnet war.

In Angola gab es keine Rassentrennung. Achtzig Prozent der Schüler waren Farbige. Man setzte mich neben ein dickes Negermädchen, das vom ersten Augenblick eine Abneigung gegen mich zu haben schien, denn es rückte demonstrativ so weit wie möglich von mir weg. Nach kurzer Zeit bemerkte ich einen unangenehmen Geruch, der von ihr ausströmte, was nun auch mich veranlaßte, bis auf die äußerste Kante der Sitzbank zu rutschen. Wir kamen uns vor wie zwei weiße Hühner, die in einen Hof gesetzt wurden, in dem es nur schwarzes und braunes Geflügel gab. Genau wie diese ihre Hälse nach den Fremden recken würden, so taten es am ersten Tag auch die Schüler der Ligaschule. Hin und wieder sah ich hilfesuchend zu Georg hinüber, der damit beschäftigt war, den Klassenraum aufs genaueste zu studieren.

Laurita, so hieß die Dicke auf meiner Bank, hatte außerdem etwas an sich, das mich ziemlich aufregte: Sie kratzte sich laufend auf dem Kopf und am ganzen Körper. Nach einigen Tagen juckte es auch mich, besonders auf dem Kopf. Mutter schaute schon öfter argwöhnisch zu mir, als sie mein ständiges Kratzen bemerkte. Am Sonntagmorgen, an dem stets allgemeines Haarewaschen üblich war, untersuchte Mutter meinen Kopf und rief entsetzt nach Vater: »Karl, die Thea hat Läuse in der Schule bekommen.« Mir fuhr ein gewaltiger Schreck in die Glieder, denn Mutters Stimme war unheilschwanger, und ich sah mich schon auf dem Schoß einer schwarzen Frau liegen, die mir die Läuse fing und knackte, wie ich es ständig bei den Einheimischen beobachtete. Vater eilte herbei und vergewisserte sich, wonach auch in seinem Gesicht nichts Fröhliches mehr zu finden war. Obwohl ich mir keiner Schuld bewußt war, kam ich mir doch irgendwie schuldig vor, weil die Eltern meinetwegen so empört waren. Ohne ein Wort zu verlieren, holte Mutter die Haarschneidemaschine, mit der sie immer Vater und meinen Brüdern die Haare schnitt, denn Frisöre gab es auf den abgelegenen Farmen ja nicht, und setzte sie bei mir an. Nach kurzer Zeit lagen meine dicken, blonden Zöpfe auf dem Boden. Mutter hatte mich vollkommen kahl geschoren.

Eiligst wurden die Zöpfe und sämtliche Haare zusammengefegt und sofort verbrannt. Danach brach ein gründliches Reinemachen an. Alles Bettzeug sowie meine Kleidung wurden gekocht. Georg wurde ebenfalls untersucht, aber er hatte keine. Als ich nach dieser Prozedur in den Spiegel schaute, stieß ich einen gräßlichen, lauten Schrei aus – ich erkannte mich nicht mehr wieder. Ein kugelrunder, nackter Kopf sah mir entgegen, dessen Gesicht, wie mir nun schien, nur noch aus Sommersprossen bestand. Oh, wie war ich zerschmettert. Die Tränen liefen in dicken Strömen, und ich versteckte mich viele Stunden hinter einem Busch in der Nähe des Gemüsegartens.

Es wurde zum Mittagessen gerufen. Dazu verspürte ich nicht die geringste Lust. Grenzenloses Selbstmitleid war über mich gekommen, dem ich mich völlig hingab. Aber irgendwann kam ich dann doch wieder hinter dem Busch hervor und ging zu meinem Blumenkohlbeet. Dort sah ich, daß es dringend bewässert werden mußte und machte mich eiligst mit der Gießkanne daran, die Pflanzen zu tränken. Bei dieser Betätigung vergaß ich den geschorenen Kopf und dachte erst wieder daran, als plötzlich Vater, den ich gar nicht kommen sah, neben mir stand. Mit bedauerndem Lächeln schloß er mich in die Arme und sagte: »Armes Theamädchen, sei nicht traurig, deine Haare wachsen schnell wieder nach, und du wirst genauso schöne Zöpfe bekommen wie vorher, aber ohne Läuse. Komm, wir wollen essen gehen.« Er nahm mich bei der Hand, und ich trottete neben ihm her und machte eine wohltuende Feststellung: Vater liebte mich auch ohne Haare, was mich sehr wunderte, denn ich mochte mich nun absolut nicht mehr leiden.

Die Familie war schon unter dem Akazienbaum versammelt und wartete nur noch auf uns. Erst als wir angekommen waren, merkte ich, daß ein Gast anwesend war. Ach, du lieber Himmel. Da saß Sauer. Er war ausgerechnet heute unser Gast. Wie angewurzelt blieb ich stehen, starrte ihn an, und mein erster Impuls war fortzulaufen. Ohne Zweifel wäre es geschehen, wenn Vaters Hand in diesem Moment die meinige nicht festgehalten hätte. Unerklärlicherweise geschah nichts. Sauers Gelächter blieb aus.»Sicherlich haben die Eltern ihn eingeweiht«, dachte ich. Statt dessen sagte er, daß es viel besser sei, keine Haare und keine Läuse zu haben, als Haare mit Läusen. Daß auch er, als er neu ins Land kam, welche bekommen hätte. Seitdem ließ er seine Haare grundsätzlich radikal abrasieren, sobald sie wieder einige Millimeter lang waren.»Das war also der Grund für seinen kahlen Kopf«, mußte ich denken, taute langsam aus meiner Erstarrung auf, und Vater schob mich vollends an meinen Platz am Tisch.

Am Montagmorgen erfuhr ich zu meiner großen Erleichterung, daß Vater mit uns zur Schule wollte. Er müsse etwas mit der Lehrerin besprechen, sagte er. Oh, ich hätte nicht die Kraft gehabt, ohne Vater meinen Kopf der Klasse vorzustellen, denn den Hut durfte man ja nicht aufbehalten.

Wir gingen früh los und kamen vor Schulanfang an. Vater klopfte bei der Lehrerin, die auch gleich öffnete. Ich konnte nicht verstehen, was er mit ihr besprach. Aber daß es um die Läuse und meinen geschorenen Kopf ging, darüber gab es keine Zweifel. Abwechselnd schaute die Lehrerin zu Vater und zu mir. Sie nickte und bejahte immerzu, nahm schließlich meinen Hut vom Kopf, um sich vollends zu vergewissern, was mit mir geschehen war. In diesem Moment überkam mich wieder ein tiefes Selbstmitleid. Die Lehrerin konnte ihr Lachen nicht unterdrücken. Es war jedoch kein Spott darin, sondern eine Mischung von Belustigung und Mitleid, das dadurch unterstrichen wurde, daß sie meine Wange tätschelte, mir sogar über den nackten Kopf strich.

Als Vater sich verabschiedet hatte, führte sie uns in den noch leeren Klassenraum. Zu meiner Überraschung und Erleichterung bekam ich einen neuen Platz zugewiesen, und zwar dort, wo die Mädchenreihe abschloß und die Jungenreihe begann. So konnte ich neben Georg sitzen, und mein Gefühl der Verlassenheit wich. Die Lehrerin erklärte in Zeichensprache, daß ich den Hut vorerst nicht abnehmen sollte.

Inzwischen trafen die Schüler nacheinander ein, und neben mir nahm Noemia Platz. Wieder ein schwarzes Mädchen, mit hellerem Einschlag, das mir von Anfang an als die Schönste der Klasse aufgefallen war. Sie machte einen freundlichen Eindruck. Mit ihr verband mich später eine große Freundschaft.

Die Lehrerin hielt vor der versammelten Klasse eine kurze Ansprache. Dabei sah sie sehr streng aus, besonders, wenn sie ihre Worte an Laurita richtete, die böse Blicke zu uns herüberwarf. Aus ihrem Vortrag ging – nach den Worten, die ich zu verstehen vermochte – hervor, daß sie die Schüler, besonders aber Laurita, zur Sauberkeit ermahnte. Sie muß der Klasse mit Strafarbeiten gedroht haben, wenn sie mich des kahlen Kopfes wegen verspotten würden, denn an diesem Tag hat es keiner gewagt, sich mit mir anzulegen. Ein paar

Tage später ging es dann doch los. Vor allem Laurita entfachte eine regelrechte Hetzpropaganda gegen mich und Georg.

Einmal sollte es zu einem Gefecht kommen. In der Pause ging die Klasse stets in den großen Hinterhof, in dessen Mitte ein enormer Bambusbusch stand, unter dem einige Sitzbänke aufgestellt waren.

Georg und ich waren unzertrennlich, wir setzten uns immer auf die gleiche Bank, wo wir unser Butterbrot aßen, während die anderen Schüler herumliefen, sich gegenseitig fingen und allerlei Spiele trieben. Wir sahen Laurita, die auch einen älteren Bruder in dieser Schule hatte, mit ihm und vielen anderen zusammenstehen, wobei sie immer wieder mit drohenden Gesten und Grimassen zu uns herüberschauten. Langsam kam die ganze Meute auf uns zu. Laurita ging um die Bank, riß mir von hinten blitzschnell den Hut vom Kopf und lief damit weg. Alle, die zu ihrem Haufen gehörten, brüllten nun vor Lachen, daß es sich wie ein Erdbeben anhörte. Georg sprang auf, lief hinter Laurita her, holte sie ein und entriß ihr in einem kurzen Kampf den Hut. Lauritas Bruder eilte nun seiner Schwester zur Hilfe, und ich wiederum rannte hinter ihm her, um Georg beizustehen. Diesem sich anbahnenden Großkampf wurde aber jäh ein Ende bereitet: Die Pause war vorüber, es läutete zum Unterricht.

Die Lehrerin schien von diesem Vorfall nichts bemerkt zu haben, und da unsere portugiesischen Sprachkenntnisse noch gering waren, unternahmen wir nichts. Als wir nach Schulschluß den Heimweg antraten, folgten uns Laurita und der ganze Haufen, der zu ihrer Gruppe gehörte. Sie gingen zunächst mit Abstand hinter uns her und verhielten sich recht harmlos. Erst nachdem wir die Kurve erreichten, die um eine alte Mauer ging, und wir somit von der Schule her nicht mehr zu sehen waren, rannten sie auf uns los. Lauritas Bruder und noch zwei andere stürzten sich auf Georg, warfen ihn zu Boden, knieten sich auf seinen Bauch und schlugen auf ihn ein. Sie zerkratzten sein Gesicht, und Lauritas Bruder begann sogar, Georg zu drosseln. Meine Kraft reichte nicht aus, um ihn von Georg herunterzuziehen. In meiner Not schlug ich meinen Schulranzen mit solcher Wucht und dem Mut der Verzweiflung in seinen Rücken, daß er sogleich von Georg abließ und sich unter »ei-ei-ei« mit schmerzverzerrtem Gesicht halb aufrichtete. Er schien gar nicht mehr ganz hochzukommen, mit beiden Händen rieb er seinen Rücken und wand sich vor Schmerzen wie ein Bauchtänzer. Alle umringten den Jammernden erschrocken, stützten und trösteten ihn, und so zogen sie davon, wobei wir noch eine Weile das »Ei-ei-ei« hörten. Georg klopfte sich den Staub von seiner in Fetzen gerissenen Kleidung. Sein ganzes Gesicht war zerkratzt und blutig. Als ich meinen Schulranzen wieder umhängen wollte, klapperte es sonderbar darin. Ich öffnete ihn, und die Scherben meiner Schiefertafel kamen mir entgegen, auch der dazugehörige Holzrahmen war entzwei.

Zu Hause angekommen, erschraken alle sehr, als sie Georg erblickten. Wir erzählten den Vorfall. In Vaters Gesicht flammte Zorn auf, wie es ganz selten bei ihm zu sehen war. Er schwieg lange und begann, mit einem in Desinfektionsmittel getauchten Wattebausch Georgs Wunden abzutupfen. Als er damit fertig war, sagte er, er würde uns morgen von der Schule abholen. Er wolle hinter der Mauer auf uns warten und hoffe nur, daß sie uns noch einmal verfolgen würden, damit er ihnen einen »Denkzettel« verpassen könne. Es war in diesem Fall ja nicht nur die Grausamkeit, zu der Kinder oft fähig sind, sondern vor allem das Fremde, das sie in uns sahen, wogegen sie instinktiv angingen, so wie es auch bei

Tieren geschieht, die ein neu hinzugekommenes zunächst heftig bekämpfen.

Der nächste Tag begann ganz normal. In der Pause setzten wir uns wie üblich auf unsere Bank. Georg trug einige Pflaster im Gesicht und auf den Armen, und Lauritas Bruder hinkte ein wenig. Sie steckten ihre Köpfe zusammen und tuschelten, schauten dabei drohend zu uns herüber und machten Zeichen mit den Händen, schnitten Grimassen, die ausdrücken sollten: »Wartet nur, bis die Schule zu Ende ist.« Wir konnten spüren, daß etwas Schreckliches geplant war. »Wenn nur Vater rechtzeitig kommt«, sagten wir zueinander, und es war uns doch recht unheimlich zumute.

Kurz vor Schulschluß ging ein Tuscheln durch die Klasse, und alle reckten ihre Köpfe in die gleiche Richtung, dahin wo die Mauer stand. »Der Vater von Georg und Thea!« wurde geflüstert. Vater war größer als die Mauer. Zufällig schaute jemand in diese Richtung und erkannte ihn. Es wurden nun ratlose Blicke unter der Gruppe ausgetauscht.

Nach Schulende wünschten wir sehnlichst, sie würden uns folgen, damit sie ihren Denkzettel bekämen. Während wir auf die Mauer zugingen, blickten wir uns um und stellten fest, daß die ganze Klasse zu uns her starrte. Vater kam hinter der Mauer vor und schaute in seiner imposanten Größe herausfordernd, ja einladend zu ihnen hin. Unser Stolz auf Vater kannte in diesem Moment keine Grenzen.

Es folgte uns jedoch niemand. Nicht an diesem Tag und nie wieder. Nach dieser Geschichte gab es eine Wende in der Schule. Sie fingen an, uns zu respektieren, und nach einiger Zeit suchten sie schon unsere Freundschaft. Mit Noemia lernte ich bald die portugiesische Sprache, und auch Georg freundete sich mit seinem Sitzbankkameraden an. Unsere schulischen Leistungen verbesserten sich, je vertrauter uns die Sprache wurde. Am besten waren wir zunächst im Rechnen. Während die anderen sich noch mit einzelnen Zahlen abquälten, konnten wir schon mit mehrstelligen dividieren und multiplizieren. Wir waren bald sehr begehrt, weil sie bei uns abgucken konnten, was sie nicht wußten.

Inzwischen waren auch meine Haare wieder nachgewachsen, und zwar noch voller und stärker als zuvor. Nachdem die vierte Klassenprüfung hinter uns lag, verließen wir die Ligaschule, um deutschen Unterricht bei Familie Ackermann in Lobito zu bekommen. Ackermann war Vertreter der Woermann-Linie – einer deutschen Schiffsgesellschaft – und hatte zwei Kinder, zu deren Unterrichtung er eine Privatlehrerin aus Deutschland hatte kommen lassen. Die Eltern waren mit Ackermanns befreundet und sprachen sich mit ihnen ab. Wir fuhren nun zweimal wöchentlich mit dem Zug nach Lobito, etwa zwanzig Kilometer von Benguela, und bekamen so viele Hausaufgaben auf, daß die übrigen Wochentage damit reichlich ausgefüllt waren. Im Vergleich mit den Kindern der im Inland lebenden Farmer kamen wir uns nun schon beinahe wie Akademiker vor.

Das Hauseinweihungsfest

Auf Cavaco war unterdessen der Urwald den Kulturen gewichen. Vater, der eine besondere Vorliebe für Viehzucht hatte, ließ sich per Schiff aus Kapstadt reinrassige Friesenkühe kommen, mit denen er einen speziellen Aufwand betrieb. Täglich wurden sie von Gamati, ja sogar von Vater, gestriegelt und gebürstet, wonach sie seidig glänzten. Saftige Luzerne-

und Maisfelder wuchsen als Grünfutter für die Kühe heran. Am neuen Brunnen stand ein Deutz-Motor mit der dazugehörigen Pumpe, der für die tägliche Bewässerung sorgte. Dieser Motor machte im Cavaco-Tal, das sich so allmählich besiedelte, Schule. Wir bekamen immer mehr Nachbarn, und der Urwald verschwand allmählich.

Das Gemüse wurde von schwarzen Frauen aufgekauft, die es in großen Körben auf dem Kopf nach Benguela trugen, wo sie auf dem Markt einen Stand hatten und damit ihr Geschäft machten.

In dieser Zeit wurde in Lobito der Naturhafen ausgebaggert und ausgebaut. Die deutsche Firma Grün & Bilfinger bekam den Auftrag. Die Eltern pflegten allerlei freundschaftliche Beziehungen zu den Ingenieuren dieser Firma, die auch öfter zu uns kamen.

Das große Backsteinhaus war in Bau und stand kurz vor seiner Vollendung. Als wir eingezogen waren, gaben die Eltern das erste große Fest auf Cavaco. Es war für uns Kinder in gesellschaftlicher Hinsicht ein aufregendes, mit Spannung erwartetes Ereignis. Zu der Zeit war ich schon zwölf Jahre alt und fast schon so groß wie Eva. Sauer traf als erster in seinem Sonntagsanzug zur Feier ein. Mit ihm hatte ich mich schon lange ausgesöhnt, weil er meine Blumen – die ich außer dem Gemüse anpflanzte – immer ausgiebig bewunderte und mir das Gefühl vermittelte, als hätte er noch niemals schönere gesehen.

Auch Senhor Ramos, ein Zollbeamter, war unter den Gästen. Da Vater sich vieles aus Deutschland schicken ließ, was durch den Zoll mußte, lernten sie sich näher kennen, und es entstand mit der Zeit eine Freundschaft zwischen beiden. Wir sahen Ramos heute zum ersten Mal, obgleich uns seine Geschichte durch Vaters Erzählungen bekannt war:

Ramos war gezwungen worden, ein farbiges Mädchen zu heiraten, das er geschwängert hatte, als sie noch minderjährig war. Sie war für ihn nur ein flüchtiges Abenteuer gewesen. Die Gesetze waren damals hart. Hätte er sich geweigert, die unerwünschte Ehe einzugehen, wäre ein langjähriger Aufenthalt im Gefängnis unvermeidbar gewesen. Inzwischen waren schon drei Kinder aus dieser Ehe hervorgegangen. Er nahm seine Familie aber zu keiner Einladung mit. Ramos machte einen kultivierten Eindruck, er war groß, schlank, gut gekleidet, hatte dunkles Haar und ebensolche Augen, in denen ständig eine leise Trauer lag, selbst dann, wenn er lächelte.

Es kamen viele Menschen zusammen. Die Ingenieure der Firma Grün & Bilfinger waren mit ihren Familien ebenfalls anwesend. An diesem Abend sahen wir zum ersten Mal die Eltern zusammen und mit anderen tanzen. Ein Grammophon, mit einem großen Trichter nach oben, das nach jeder Platte mit einer Handkurbel aufgezogen werden mußte, lieferte die Musik. Das Grammophon traf schon einige Monate vor dem Fest aus Deutschland ein, und seit wir es hatten, gab es abends nach dem Abendbrot öfter Tanzunterricht für Eva, Georg und mich. Sogar die beiden Kleinen, Jola und Luise, mischten sich mit ulkigen Sprüngen dazwischen. Mal war es Vater, mal Mutter oder beide, die mit uns übten. Es war eine schöne, lustige Zeit, und wir bewegten uns schon bald frei und ungezwungen nach dem Rhythmus der Musik. Aber beim Einweihungsfest war es anders. Nur für mich war es anders. In mir war noch immer eine große Scheu vor fremden Menschen, die mir noch oft schwer zu schaffen machte, wo es am wenigsten angebracht war. So wünschte ich an diesem Abend, daß mich außer Vater und Georg niemand von den anwesenden Herren zum Tanz auffordern würde. Vater tanzte nur einmal mit mir. Er hatte heute andere Verpflichtungen.

Die weiteren Tänze wurden mit Georg gemeistert. Sauer schaute hin und wieder neckisch zu mir herüber, wenn er mit Mutter oder Eva, ja sogar Großmutter, vorbeitanzte. Ich stieß Georg jedesmal an, daß er mit mir tanzen solle, sooft ich bemerkte, daß ein Herr zu mir hersah.

Ramos hatte bis jetzt nur einmal mit Mutter getanzt. Er saß den ganzen Abend neben dem Grammophon, das er ständig bediente. Als er plötzlich vor mir stand und sich verbeugte, wurde mir daher vor Schreck ganz elend. Ich hatte sein Herankommen nicht bemerkt. Automatisch erhob ich mich und war in diesem Moment denkunfähig, einfach überrumpelt. Erst als Ramos seinen Arm um mich legte und mir in seiner Größe und Fremdheit so nah war, überkam es mich mit Macht: Blitzschnell entwand ich mich seinem Arm und war zu seiner Bestürzung gleich darauf in meinem Zimmer verschwunden, wo ich sofort mit wildem Herzklopfen in die Knie ging und durchs Schlüsselloch lugte. Es schien, als hätten die Eltern nichts von diesem Vorfall bemerkt, denn alle tanzten lustig weiter. Ramos bediente wieder das Grammophon und sah – so schien es mir – noch trauriger aus als sonst.

Jetzt war ein großer Zwiespalt in mir. Ich spürte genau, wie unhöflich und falsch ich mich benommen hatte. Es gab aber noch etwas in mir, ein Überbleibsel aus der Chicumazeit, und das war noch immer stärker als Vernunft und Wille. Ach, wie war ich nur verklemmt und verkrampft. Ich hatte eiskalte Hände an diesem Abend. Das erste Fest auf Cavaco – es endete für mich damit, daß ich auf den Knien, mit einem Auge durchs Schlüsselloch schauend, von widerstreitenden Gefühlen geschüttelt, noch lange zusah, bis mich die Müdigkeit ins Bett trieb.

Eine große Niedergeschlagenheit beherrschte mich noch Tage danach. Eva, die diesen Vorfall beobachtet hatte, führte schwere Anklagen gegen mich: Ich hätte mich unmöglich benommen und könne von Glück reden, daß die Eltern es nicht bemerkt hätten. Nach einiger Zeit war dieses Erlebnis Vergangenheit, und ich nahm mir vor, mich nie wieder so zu benehmen. Dieser Vorsatz geriet jedoch sehr ins Schwanken, als eines Tages ein Wagen vorfuhr und Ramos daraus ausstieg. Eva und ich saßen gerade auf der Veranda, wo wir eifrig stickten. Bei Ramos' Anblick war mein erster Gedanke: »Weglaufen, ganz schnell fort von hier!« Jener Tanzabend tauchte plötzlich wieder auf und erfüllte mich mit einem quälenden Schamgefühl. Hastig stand ich auf, um meinem Impuls zu folgen. Eva aber, die sich gleichfalls erhob, muß meine Absicht erraten haben. Sie hielt mich unauffällig fest und zischte mir zu: »Bleib bloß hier und begrüße ihn!« Wie festgewachsen blieb ich stehen, während Ramos auf uns zukam. Eva ging ihm ein paar Schritte entgegen und begrüßte ihn. Ich aber rührte mich nicht vom Fleck, er mußte bis zu mir kommen. Wie hypnotisiert sah ich ihm mit brennendem Gesicht entgegen. Während er mir die Hand gab, schaute er halb belustigt, halb drohend auf mich herab. Seinen Blick konnte ich nun absolut nicht mehr aushalten und schaute auf den Boden. Darauf hob er mit seinem Zeigefinger mein Kinn wieder hoch und zwang mich auf diese Art, ihn weiter anzusehen. Wie qualvolle Ewigkeiten kamen mir diese Sekunden vor, und der Wunsch wegzulaufen wurde immer unwiderstehlicher. Endlich nahm er seinen Finger weg und wandte sich an Eva, die er nach Vater fragte. Eine Sendung aus Deutschland läge für ihn im Zoll, seine Unterschrift sei erforderlich. Eva ging mit ihm zu Vater, der sich bei den Maurern befand, da der Viehstall zu der Zeit vergrößert wurde. Ich stand noch eine Weile am gleichen Fleck und schaute ihnen nach. In chaotischem Durcheinander wechselten die Gefühle: Ein

Gemisch aus Scham, aber auch Stolz war es. Stolz darüber, daß ich nicht weggelaufen war, und Scham, weil ich meinte, daß Ramos die Sommersprossen gezählt hatte, als er mein Kinn hob.

Die Suche nach einer Farm

Inzwischen waren wir Besitzer eines Autos, des ersten im Cavaco-Tal. Es war ein kleiner Lieferwagen, der eine Tonne Ladegewicht faßte. Unsere Pflanzung war jetzt eine der besten in der ganzen Benguela-Gegend.

Im Stall stand unterdessen eine große Anzahl reinrassiger Kühe mit einer hohen Milchleistung. Die Milch wurde täglich in Benguela verkauft. Das Vieh war Vaters ganzer Stolz.

Daß hier einmal Urwald war, konnte man sich nun gar nicht mehr vorstellen. Wir waren glücklich über unser schönes Zuhause, und es schlich sich so ganz allmählich und unmerklich so etwas wie ein Standesbewußtsein bei uns ein. Wir hatten nun einen Wohnkomfort, wie er zu dieser Zeit modern und möglich war. Zusätzlich ließ sich Vater ständig Bücher aus Deutschland schicken, wodurch mit der Zeit eine ansehnliche Bibliothek entstand und wir uns zu eifrigen Leseratten entwickelten. Liebesromane oder dergleichen gab es jedoch nicht. Dieses Kapitel war ein strenges Tabu für uns.

Vater begann nun, nach einer zweiten Farm Ausschau zu halten. Cavaco war aufgebaut und bis zum letzten Quadratmeter ausgenutzt. Es gab für seinen großen Tatendrang keinen

Raum mehr. Er suchte nach einer wasserreichen Gegend, die sich für Viehzucht im großen Stil eignen würde und worauf er hauptsächlich Fleischvieh halten wollte. Die Eltern waren schon verschiedene Male mit dem Wagen unterwegs gewesen auf der Suche nach einer für diesen Zweck geeigneten Farm. Bis jetzt ohne Erfolg. Nun sollte es erneut losgehen. Georg und ich hatten gerade Schulferien und durften daher mitfahren. Diesmal sollte die Coporolo-Gegend untersucht werden. Die wenigen Straßen, die es damals gab, alle noch unbefestigt, waren wie immer in sehr schlechtem Zustand. Wo es keine Löcher gab, gab es Wellblech. Vater konnte nur sehr langsam fahren und mußte oft anhalten, damit Gamati, der bei jeder Fahrt dabei war, jeweils absteigen und ein allzu tiefes Loch notdürftig einebnen konnte. Solche Reisen wurden nie ohne Gewehre, Hacken, Schaufeln und Catanas (Buschmesser) unternommen. Auch Wasserbehälter und Lebensmittel wurden stets mitgeführt.

Wir waren am frühen Morgen abgefahren und erreichten zur Mittagszeit das Plateau, wo der Wagen unter den Schatten einer Schirmakazie gefahren wurde, um das Essen einzunehmen. Während der Mahlzeit entfaltete sich eine lebhafte Unterhaltung zwischen Vater und Gamati. Letzterer sagte, daß es nicht weit von hier ein großes Tal gäbe, durch das der Cubal-Fluß fließe. Er könne sich noch gut daran erinnern, denn er sei mit seinem früheren Patrao einmal durch diese Gegend gekommen. Vater horchte auf. Es wurde beschlossen, gleich nach der Mittagspause dieses Tal zu suchen.

Georg und ich sollten beim Wagen bleiben, weil es dorthin keine Straße, ja nicht einmal einen Weg gab. Es ging mitten durch den Busch, der aus einem dornigen Dickicht bestand. Nach dem Essen holte Vater sein großes Jagdgewehr vom Wagen, hing es sich über die Schulter und schnallte sich den Patronengürtel um. Mutter tat das gleiche mit einer kleinkalibrigen Flinte, und Gamati hängte sich den Rucksack um, in dem er zuvor Wasserkanister, Verbandskasten und eine Catana verstaut hatte, nahm seinen Pfeil und Bogen, und so zogen sie los. Vater rief uns noch zu, wir sollten von der Ladefläche heruntersteigen und uns in die Kabine setzen, was wir sofort befolgten.

Von Vater, Mutter und Gamati war schon nach kurzer Zeit nichts mehr zu hören und zu sehen. Der Busch hatte sie sogleich verschlungen. Es wurde uns nun, wo wir allein waren, doch recht unheimlich. Die Stille war unheimlich und nur schwer zu ertragen mitten im Dschungel. Weit und breit keine Menschenseele. Nicht der geringste Wind regte sich, so daß wir bald nur noch flüsternd miteinander sprachen.

Obgleich es drückend heiß war, drehten wir die Fensterscheiben hoch und ließen nicht einmal einen kleinen Spalt offen, weshalb unsere Kleidung schon nach kurzer Zeit von Schweiß durchtränkt war. Die Zeit schien stehengeblieben zu sein. Stunde um Stunde verstrich, und jede weitere Minute, die verging, legte sich bleiern auf uns. Einmal fuhr Georg auf – er saß hinter dem Steuerrad –, drehte hastig die Fensterscheibe herunter, lauschte und sagte: »Sie kommen. Ich hab' etwas gehört. Es knackte in der Richtung, in die sie gegangen sind.« Angespannt lauschten wir eine Weile, aber es war nichts mehr zu hören. Eiligst wurde die Fensterscheibe wieder hochgedreht.

Ein leiser Wind kam nun auf. Wir spürten ihn nicht, sondern sahen nur durch die Scheiben, daß sich die Blätter und Zweige etwas bewegten. Langsam verspürten wir Hunger und vor allem Durst. Die Lebensmittel aber waren auf der Ladefläche in der Bank – einer Kiste mit Deckel, die an der Kabine festgeschraubt war und gleichzeitig als Sitzbank diente. Ich fragte Georg: »Traust du dich, das Wasser aus der Bank zu holen?« Er sagte: »Laß uns noch ein Weilchen warten. Wenn sie in einer halben Stunde nicht zurück sind, hole ich es.«

Kurz nach diesen Worten hörten wir ein Geräusch auf dem Kabinendach. Es war wie ein Kratzen und Schaben. Mit angehaltenem Atem klammerten wir uns aneinander. Es begann bereits zu dämmern. Lähmende Angst überkam uns. »Bald wird es Nacht werden«, dachte ich voller Grauen. »Wenn die Eltern sich nun verlaufen haben und uns nicht mehr finden, wie es schon so vielen ergangen ist, die dann qualvoll verdursten mußten oder, wenn sie keine Munition mehr besaßen, von den Raubtieren zerrissen wurden?« Alle diese grausigen Geschichten, von denen man im Laufe der Zeit hörte, kamen mir in den Sinn.

Diese Gedanken müssen sich auf Georg übertragen haben, denn er flüsterte: »Vielleicht haben sie sich verlaufen?« Im selben Augenblick kratzte es wieder auf dem Dach, und gleichzeitig erfolgte ein Knacken, wie Georg es vorhin schon einmal gehört hatte. Jetzt nahm auch ich es wahr. Das Geräusch kam diesmal von meiner Seite. Wir schauten angestrengt dorthin, und jetzt konnten wir es auch sehen. Ein gelbbrauner Hundekopf reckte sich aus dem schon gelben Gras, hinter ihm noch einer und daneben noch einer. Es waren wilde Hunde. Wir fühlten uns verloren und stellten unter Zähneklappern fest, daß wir vollkommen eingekreist waren von den gefürchteten Mabecos, die wie die Wölfe in Rudeln auftauchten.

Sie wagten sich vorerst nicht näher heran, es war noch nicht dunkel genug. Vermutlich scheuten sie auch das Auto. Georg drückte in seiner Angst auf die Hupe. Die Mabecos sprangen einige Sätze erschrocken zurück, dabei merkten wir erst, wie viele es waren. Rund um uns wackelten Gras und Büsche. Sichtbar waren die wenigsten. Sie zogen sich einige Schritte zurück und blieben weiterhin auf der Lauer.

Sie warten auf die Nacht. Wir schauten uns voller Entsetzen an und hatten beide den gleichen Gedanken: Sie fallen die Eltern an, wenn sie zurückkommen. Ich sprach diese Befürchtung aus, und Georg erwiderte, daß er dasselbe auch gerade gedacht habe. »Gott im Himmel steh uns bei!« flehte ich und konnte das Weinen nicht mehr unterdrücken. »Hör bloß auf zu heulen«, fauchte Georg, der selber nahe daran war.

Jetzt kratzte es wieder auf dem Dach, und diesmal kamen wir dahinter, was es verursachte: Es war ein Ast, der auf das Dach herunterhing und, vom Wind bewegt, dieses Geräusch hervorrief. Ein Nebenzweig dieses Astes hing etwas über die Windschutzscheibe, und jedesmal wenn dieser sich bewegte, kratzte es auch auf dem Dach. Wenigstens war dieses Geräusch in unserer unmittelbaren Nähe nicht gefährlich.

Plötzlich erschallte ein Gewehrschuß – dann noch einer und noch einer –, dazwischen die leichteren Schüsse aus Mutters Gewehr. »Sie kommen, jetzt kommen sie!« schrien wir uns an. Instinktiv drückte Georg auf die Hupe, und ich kurbelte die Fensterscheibe herunter und schlug mit der flachen Hand auf das Autodach, wobei ich aus Leibeskräften schrie: »Tschaaa, tschaaa, tschaaa«, um die Mabecos zu verwirren und den Eltern das Herankommen zu erleichtern. Es fielen wieder Schüsse, diesmal waren sie schon näher. Georg drückte nochmals die Hupe, und ich schrie »Tschaaa!« Eine Weile später brachen die Eltern und Gamati aus dem Gebüsch und stürzten auf uns zu. »Ist euch nichts passiert?« rief Mutter. »Nein«, schrien wir, vor Freude fast hysterisch. Auf ihren Gesichtern lag noch ein Ausdruck von Spannung und Sorge, als sie bei uns anlangten. Gamati, der einige Worte

Deutsch sprach, sagte fortwährend: »Verdammich, verdammichter Mabecos!« Vater drängte zum Einsteigen. Nachdem er den Starter einige Male vergeblich betätigte, mußten wir wieder raus und den Wagen anschieben. Durch das viele Hupen war die Batterie schwach geworden. Außerdem waren die Autos von damals noch keineswegs so perfekt wie die heutigen. Von den Mabecos war jetzt nichts zu sehen. Zum Glück war das Gelände etwas abfällig, so daß der Wagen gleich ansprang.

Es war schon spät, als wir in Cubal ankamen. Dort kehrten wir in einer ziemlich verwahrlosten Gaststätte ein, die einzige, die es damals an diesem Ort gab, wo wir das Abendessen einnahmen und die Nacht verbrachten. Erst als wir bei Tisch saßen, sprachen die Eltern von dem Erlebnis mit den Mabecos. Daß es wieder einmal Gamati war, der sie zuerst erblickt hatte und auch gleich mit seinem Pfeil den ihm am nächsten stehenden tödlich getroffen hatte. Daraufhin hatten die Eltern von zwei Seiten her das Feuer eröffnet. Vater legte seine Hand auf Georgs Arm und sagte: »Wir hatten uns einige Male verlaufen. Wenn wir die Autohupe nicht zur Orientierung gehört hätten, wer weiß wie lange wir noch hätten suchen müssen, obgleich wir schon recht nahe waren.« Abschließend sagte er: »Es wäre wohl alles anders verlaufen, wenn die Nacht hereingebrochen wäre. Dann hätten wir die abgeschlagenen Zweige, die wir als Wegmarkierung verteilt hatten, nicht mehr gesehen.« Mir gruselte bei der Vorstellung, wie anders alles hätte verlaufen können. Unter dem Tisch faltete ich die Hände ganz fest und schickte im stillen meinen tief empfundenen Dank zu Gott. Die Eltern waren überzeugte Christen, und wir wurden in diesem Glauben erzogen. Jeden Sonntag morgen wurde aus dem Evangelium vorgelesen und danach fromme Lieder gesungen.

Am Morgen, als wir beim Frühstück saßen, fragte Vater den Gastwirt nach der Coporolo-Gegend aus, denn das Tal, welches Gamati den Eltern gezeigt hatte, entsprach nicht seinen Vorstellungen. Der Wirt wußte von einer Farm zu berichten, die einem Freund von ihm gehörte und verkauft werden sollte. Es stünde ein Haus und eine Menge afrikanisches Vieh darauf, das im Kaufpreis eingeschlossen sei.

Vater hörte interessiert zu, zog seinen Notizblock und machte Eintragungen. Wie man dort hingelangte, wollte er wissen. Da kratzte sich der Wirt hinterm Ohr und meinte zögernd, auf Mutter und uns sehend: »Tja, mit dem Auto könne man nicht ganz hinkommen, weil es über den Coporolo-Fluß, dort wo die Farm liege, keine Brücke gäbe und der zukünftige Käufer erst eine bauen müßte. Der eigentliche Zugang zu dieser Farm sei auf der Quilengues-Seite. Dort gäbe es keinen so großen Fluß zu überqueren wie den Coporolo. Die Farm aber sei hervorragend, und Vater würde sicherlich keine bessere finden. Er konnte gar nicht mehr aufhören, diese Farm zu preisen.

Wie weit es noch wäre zu Fuß vom Fluß zur Farm, fragte Vater. Der Wirt überlegte angestrengt und war der Ansicht, daß vom Coporolo zur Farm zwei Stunden reichen würden, vielleicht auch drei. Es gäbe aber nur eine Stelle, wo man den Fluß gefahrlos überqueren könne, denn der Coporolo habe Krokodile. Diese Stelle sei mit großen, hohen Steinen besetzt, die sich über das ganze Flußbett verteilen, so daß man mit etwas Geschick gut hinüberkäme.

Mutter schaute uns prüfend an und meinte, es sei vielleicht besser, wenn Georg und ich in dieser Gaststätte blieben und hier auf die Rückkehr der Eltern warteten, die sich zunächst allein die Farm ansehen würden. »Oh nein«, bettelten wir wie aus einem Munde. »Zwei Stunden hin, zwei zurück, sind vier Stunden Fußmarsch. Traut ihr euch das zu?« fragte Vater. »Jaaa!« kam es begeistert von uns, denn alles, was die Eltern unternahmen, interessierte uns mächtig. Sie waren ja der Mittelpunkt unserer Welt. »Sie sind ja gewohnt zu laufen«, sagte Vater zu Mutter, und danach, sich an uns wendend, fuhr er fort: »Wir wollen dann aber kein Gejammer hören!« Erfreut gaben wir zurück: »Wir jammern nicht.«

Der Wirt bot sich an, einen seiner Jungen mitzugeben, der uns den Weg zur besagten Stelle am Fluß zeigen sollte. Nun wurden die Wassergefäße neu gefüllt und das Auto mit Benzin aufgefüllt, das stets in großen Behältern mitgeführt wurde. Es gab damals noch kaum Autos und daher so gut wie keine Tankstellen. Mutter kaufte noch Brot, Apfelsinen und Bananen beim Wirt, der den üblichen Kaufladen gleich neben der Gaststätte hatte, dann fuhren wir los.

Die Straße war von Anfang an in einem unbeschreiblich schlechten Zustand. Bei jeder Weggabelung schlug der mitgeschickte Gastwirtsjunge auf das Autodach und machte Vater auf diese Weise darauf aufmerksam, daß es entweder nach rechts oder nach links ging. So nach und nach verdichtete sich das Gebüsch und wurde schließlich stellenweise undurchdringlicher Urwald. Wir mußten auf der Ladefläche ständig in Deckung gehen vor den Ästen, die quer über den Weg hingen und überwiegend von Katzendornbäumen mit furchtbar spitzen Stacheln stammten. Obwohl wir ihnen immer wieder auswichen, konnten wir es doch nicht verhindern, ziemlich von ihnen zerkratzt zu werden. Gamati sagte hin und wieder »verdammich«, wenn auch er von einem Dornzweig erwischt wurde. Schließlich konnten wir es nicht mehr aushalten und zogen die ständig mitgeführte Zeltplane über die Köpfe. Sie nahm uns jegliche Sicht und, was noch schlimmer war, auch den Fahrtwind, so daß wir nach wenigen Minuten schweißgebadet waren.

Endlich kamen wir an der besagten Stelle des Coporolo an. Vater nahm das Gewehr und ging zunächst allein über den Fluß, um den sichersten Weg über die Steine auszukundschaften. Mit gemischten Gefühlen schauten wir auf die brodelnden Wassermassen, die sich reißend durch die Steine zwängten. Es ging jedoch besser, als wir gedacht hatten. Nach kurzer Zeit waren wir schon auf der anderen Seite. Der Gastwirtsjunge war beim Auto geblieben, er kannte den Weg zur Farm ohnehin nicht.

Vater schlug nun die Richtung ein, welche ihm der Wirt erklärt hatte. Er sollte auf einen Berg zusteuern, der einen Kamelhöcker hatte, und der lag unverkennbar vor uns und war auch der einzige in dieser Gegend. Aber, wie es mir schien, in sehr großer Entfernung. Im Gänsemarsch, Vater vorneweg, ging es durchs Gestrüpp, mal einem Wildwechsel nach, mal in einem Bogen um einen stattlichen Felsen oder um undurchdringlichen Busch. Es wurde kaum gesprochen. Einmal hörten wir Vater zu Mutter sagen: »Hierdurch eine Straße zu schlagen, würde eine große Summe Geld verschlingen und eine harte Arbeit werden.« Damals bauten sich die Pflanzer alle selber die Wege und Brücken, die ihre Farmen mit der Hauptstraße verbanden.

Die damaligen Brücken wurden aus Holzbalken hergestellt, die schon nach kurzer Zeit morsch oder von Termiten zerfressen waren. Über solch eine Brücke zu fahren, war fast immer ein selbstmörderisches Unterfangen. Nur der Fahrer blieb im Fahrzeug. Alle andern gingen zu Fuß und wie Seiltänzer hinüber. Nach etwa einer Stunde Weg begegneten wir einer Herde Hundsaffen, die uns kaum beachteten. Nur das große Männchen richtete sich auf und machte drohende

Gesten zu uns herüber. Kurz danach schnaubte ein Wildschweineber mit langen Hauern über den Weg und verschwand raschelnd im Busch. Unterdessen gelangten wir an eine freie Stelle, von der aus man die Farm am Berghang liegen sah. Das Haus war weiß gekalkt, dahinter gab es einen kleinen Eukalyptuswald, wie man ihn meistens auf Farmen antraf, auf denen einmal Buren gelebt hatten. Es ging weiter, immer weiter. Zum Umfallen müde schien mir, die Farm rücke überhaupt nicht näher, und auch Georg machte einen erschöpften Eindruck. Aber gejammert wurde nicht. Wir hatten es ja versprochen. Wer solche Strapazen nicht aushalten konnte, der mußte eben zu Hause bleiben, das wußten wir.

Endlich hatten wir die Farm erreicht. Das Haus erwies sich als Ruine. Von der Vorderfront ragte nur noch die weiße Mauer zum Himmel, der hintere Teil war eingestürzt. Keine Menschenseele war zu sehen. Kein Hund, kein Huhn, weder Ziege noch Schwein. Diese Tiere konnte man sonst überall antreffen, auch in den abgelegensten Winkeln und unter den ärmsten Farmern. Wir liefen hinter Vater her, der zum leeren Kraal ging. Der Mist darin war nicht mehr frisch, es war ausgetrockneter Dung. »Sonderbar«, sagte Vater und fügte nach einer Weile hinzu: »Hier stimmt doch etwas nicht.« Unsere Augen hingen gespannt an seinen Lippen. Er sagte aber nichts mehr, sondern schickte Gamati ins Dorf, das am linken Berghang sichtbar war. Er sollte dort den »Capatasch« (Aufseher) oder irgendeinen Arbeiter dieser Farm holen.

Wir setzten uns in den Schatten der Eukalyptusbäume und holten die Eßwaren aus dem Rucksack. Das Wasser war lauwarm und wurde trotzdem literweise getrunken. Die Bananen, welche Mutter in Cubal eingekauft hatte, waren zu Brei zerdrückt und sahen aus, als wären sie gekocht worden.

Es wurde Brot mit Hartwurst gegessen. Auch für Gamati machten wir einen Imbiß zurecht, damit er gleich essen konnte, wenn er zurückkam.

Vater war sehr nachdenklich geworden. Diese Farm hatte ihn enttäuscht. Das konnte man sehen. Er erhob sich und ging Gamati entgegen, den wir nun anrücken sahen. Er kam allein und lief, als sei der leibhaftige Teufel hinter ihm her. Bei Vater angekommen, gestikulierte er sehr aufgeregt und deutete immer wieder in die Richtung des Dorfes. Durch die Entfernung konnten wir nicht verstehen, was er so erregt berichtete. Nun sprach Vater auf ihn ein und zeigte dabei auf uns, hielt die Hand auf den Mund, wie zum Schweigezeichen. Er holte das Fernglas aus der Ledertasche und untersuchte damit aufmerksam die Umgebung.

Schließlich kamen sie eiligst zurück. Gamati war grau im Gesicht, so, als hätte er sich mit Asche gepudert, und auch Vater sah besorgt drein. »Was ist denn los?« wollte Mutter wissen. »Das Dorf ist vollkommen menschenleer«, sagte Vater und fuhr fort: »Packt die Sachen ein, wir wollen gleich zurück.«

Mutter reichte Gamati das Wurstbrot. Er nahm es, aß es aber nicht, sondern steckte es in seine Hosentasche. Nur den Wasserkanister trank er leer. Während wir die Sachen im Rucksack verstauten, schaute Vater erneut angespannt durchs Fernglas rund um uns herum. Wir spürten etwas Unheimliches in der Luft liegen. Der Rückweg wurde angetreten. Vater ging wieder vorweg, und zwar ziemlich schnell. Das Gewehr hatte er von der Schulter genommen und trug es entsichert in der Hand. Aber achje, wie waren wir müde. Die Mittagspause war zu kurz gewesen und der weite, weite Weg zum Auto machte uns Sorge.

Gamati, der wieder den Abschluß unserer kleinen Karawane bildete, schaute sich immer wieder nach rückwärts um und verhielt sich recht sonderbar. Nachdem wir schon ein großes Stück gegangen waren, blieb Vater plötzlich stehen und lauschte. Der Busch war hier schon wieder undurchdringlich. Wir konnten nicht weiterkommen. Vater meinte, es sähe ganz danach aus, als ob wir uns verlaufen hätten.

Es war auf dem Hinweg viel leichter gewesen, als stets der Kamelberg vor uns lag und wir darauf zusteuern konnten. Jetzt aber gab es keinen Anhaltspunkt. Die Landschaft war sich überall gleich, überall nur Busch und Urwald. Wir kehrten um und suchten nach einer Stelle, die weniger dicht war. »Wenn wir doch nur das Auto vor Einbruch der Dunkelheit finden«, sagte Mutter besorgt, denn es war inzwischen schon später Nachmittag. Wenn in Afrika die Dämmerung beginnt, wird es innerhalb einer Stunde Nacht. Die Vorstellung, wir könnten das Auto nicht mehr entdecken und müßten gar die Nacht in dieser gruseligen Wildnis verbringen, machte mich vollends elend. Hoch und heilig nahm ich mir vor, nie wieder bei der Suche nach einer Farm mitzugehen.

Es ging jetzt wieder rückwärts, denn der Kamelberg lag erneut vor uns. Dies geschah jedoch mit Absicht. Vater wollte den kleinen Hügel wieder erreichen, an dem wir vor kurzem vorbeigekommen waren, um von dort oben nach dem Fluß Ausschau zu halten.

Kaum begannen wir, den Hügel zu ersteigen, setzte ich mich einfach auf den Boden. Nun ging es wirklich nicht mehr. Georg ließ sich sofort neben mir nieder. Mutter, die selber todmüde war, schaute uns mitleidsvoll an. Vater blieb stehen, als er merkte, daß wir nicht weiterkamen. Da sagte Mutter zu ihm: »Laß sie hier ein Weilchen ausruhen, wir gehen allein nach oben.« – »Nein, das geht nicht«, erwiderte er, kam die paar Schritte zu uns herab, sah prüfend in unsere

Gesichter und sagte: »Heute geht das nicht. Ihr müßt euch noch etwas zusammenreißen. Habt euch bis jetzt recht tapfer gehalten, da werdet ihr doch das letzte Stückchen nicht schlapp machen?« Vaters Worte spornten uns erneut an, und wir krochen vollends den Hügel hinauf. Tatsächlich sah man den Fluß von hier oben, dort, wo er seine Schleife zog, war er sogar recht nahe. Vom Auto aber war nichts zu erspähen und auch nichts vom Übergang mit den großen Steinen. Das Flußufer war zu dicht bewachsen.

Vater suchte mit dem Fernglas den Coporolo ab, und Gamati kletterte auf den höchsten Baum in unserer Nähe. Er bemühte sich, die Zweige auseinander zu bekommen und hackte mit seinem Gantiaviti einige Äste ab. Er mußte lange arbeiten, bis er einen Durchblick geschaffen hatte. Gleichzeitig mit dem Herunterkrachen des Astes rief Gamati ganz außer sich: »Verdammich, Auto daaa, verdammich!« und zeigte nach rechts.

Wir fühlten uns von seinen Worten wie elektrisiert. Nur Vater blieb unverändert ernst. Mir aber war zumute wie einem, der zum Tode verurteilt war und dem man plötzlich Leben und Freiheit schenkte.

Als Gamati heruntergeklettert war, stieg Vater selber auf den Baum. Er wollte sich den Zugang zum Auto einprägen, sich markante Stellen merken, an denen wir vorbei mußten, wozu sich die Termitenhügel gut eigneten, die oft über den Busch hinausragten. Ist man erst wieder im Dickicht, sieht es überall gleich aus, und kaum eine Orientierung ist möglich. Dann ging es weiter. Die Aussicht, den Wagen bald zu erreichen, trieb uns vorwärts.

Am liebsten wäre ich barfuß gelaufen, denn die Spange meiner Sandale hatte inzwischen an meiner Ferse eine schmerzhafte Wunde gerieben. Es war nicht mehr auszuhalten. Der

Weg aber war im Sinne des Wortes ein Dornenweg. Barfuß wäre es noch schlimmer gewesen. Ich hinkte immer ärger und blieb mehr und mehr zurück. Gamati, der hinter mir ging, rief plötzlich: »Patrao, Menina (Mädchen) kaputt.« Ich ließ mich auf den Boden fallen und schob die Spange von der schmerzhaften Stelle. Die Eltern kamen zurück und besahen sich die Wunde. Mutter holte den Verbandskasten aus dem Rucksack, ein Wattebausch wurde mit Heftpflaster darüber geklebt, dann ging es gleich weiter. Gesprochen wurde nicht. Nur Mutter sagte kurz und wie zum Trost: »Wir sind nun auch bald am Auto.«

»Was mag heute nur los sein«, dachte ich immer wieder. Vater hatte sich doch noch nie so rücksichtslos benommen. Immer ließ er Pausen einlegen und wartete auf uns, wenn wir nicht mehr konnten. Irgendwie war heute alles anders. Vaters Gesicht war nach wie vor angespannt. Auch Gamati, der stets vergnügt und spaßig aufgelegt war, schaute ständig um sich und schien verängstigt. Dabei hatten wir bei ihm noch nie Angst bemerkten können.

Meine Erschöpfung war so groß, daß ich kaum noch wahrnahm, wie wir am Fluß ankamen. Beim Balancieren über die Steine rutschte ich aus und fiel ins Wasser, das an dieser Stelle nur knietief war. Im selben Moment fiel ein Schuß aus Vaters Gewehr, und wir sahen, wie das Wasser vom Schwanz eines getroffenen Krokodils aufgepeitscht wurde. Gamati legte sich sofort auf seinem Stein flach und ergriff meine Hand. Unterdessen war Vater zurückgekehrt und zog mich hoch. Er geleitete mich dann hinüber. Wie ich später erfuhr, hatte sich das Krokodil in dem Augenblick ins Wasser begeben, als ich hineingefallen war. Hätte sich der Sturz in der Flußmitte ereignet, wo das Wasser tief und reißend war, wäre sicherlich alles anders verlaufen.

Endlich am Auto, zog Vater sein Oberhemd aus, gab es Mutter und sagte: »Zieh ihr das solange an!« Mutter ging mit mir hinter einen Busch, wo die nasse Kleidung abgestreift und Vaters Hemd übergezogen wurde. Es hing mir bis unter die Knie und war viel zu weit. Im Auto wurde ich zwischen die Eltern gesetzt. Georg wollte nicht nach vorn, er stieg hinten auf und legte sich gleich ausgestreckt unter die Zeltplane. Auch er war unsagbar erschöpft. Den Gastwirtsjungen fanden wir nicht mehr am Wagen vor. Vater meinte, es habe ihm wohl zu lange gedauert, und er sei vielleicht schon nach Cubal gelaufen.

Es war schon finstere Nacht, als wir die Gaststätte erreichten. Mutter holte meine hinten am Autogitter befestigte Kleidung, die unterdessen getrocknet war, Vater schlüpfte wieder in sein Hemd, und wir betraten das Restaurant. Kaum bemerkte uns der Wirt, stürzte er auf die Eltern zu und erklärte in größter Aufregung, daß er heute morgen, kurz nachdem wir abgefahren waren, eine furchtbare Nachricht bekommen hatte. Ein Arbeiter der Farm, die wir besichtigen wollten, war mit der Hiobsbotschaft eingetroffen, daß die Mucubais[1] das gesamte Vieh seines Freundes, der sich derzeit geschäftlich in Luanda aufhalte, abgetrieben und dem Dorfältesten und noch anderen den Kopf abgeschlagen und vor deren Hütten aufgespießt hatten. Der Wirt fuhr fort, daß er auf diese Nachricht hin einen Läufer hinter uns her geschickt habe, der uns natürlich nicht mehr einholte und nach einigen Stunden mit dem Jungen, der am Auto geblieben war, zurückgekommen sei.

Nun war auf einmal klar, warum es heute so anders gewesen war. Diese aufgespießten Köpfe hatte Gamati also gesehen, als er im Dorf war. Jetzt sagte Vater zu Mutter, die von dieser Geschichte zutiefst entsetzt war, er habe Gamati verboten, mit keiner Geste und mit keinem Wort, so schwer es auch sei, in unserer Gegenwart darüber zu sprechen, weil wir auf solche Nachricht hin sicherlich in große Bestürzung geraten wären, was uns nur geschadet hätte, zumal wir nicht wissen konnten, ob sich die Mucubais noch in diesem Gebiet aufhielten. Nach der Aussage des entkommenen Arbeiters sollte sich der Überfall vor fünf Tagen ereignet haben. Wie schauderhaft das alles war. In dieser Nacht konnte ich trotz meiner Müdigkeit lange nicht einschlafen und mußte an die fürchterlichen Geschichten denken, die Gamati uns hin und wieder von den Gangelas erzählte, einem Kannibalenstamm. Obgleich Kannibalismus von der Regierung bei schwerer Strafe verboten worden war, gab es ihn noch. Gamati erzählte, daß den Gangelas die Hände und Ohren am besten schmecken würden. Er spuckte jedesmal kräftig aus, wenn er darüber sprach, und erklärte, daß alle anderen Stämme die Gangelas, die man sogleich an ihren spitzgefeilten Zähnen und auch am Dialekt erkennen könne, verachten würden und kein anderer Stamm mit ihnen etwas zu tun haben wolle.

Erst als wir mit einem gräßlichen Muskelkater in den Beinen wieder auf Cavaco waren, wurde uns die Gefahr so recht bewußt, in der wir geschwebt hatten, auch was die wilden Hunde betraf. Die Überfälle der Mucubais hatten sich bis dahin nur in Südangola ereignet. Es war das erste Mal, daß sie sich bis in die Coporolo-Gegend vorgewagt hatten. Später, als ihre Raubzüge häufiger und dreister wurden, setzte die Regierung zum Gegenschlag an und verfolgte sie bis in die tiefsten Winkel ihrer Verstecke, wobei es allerlei Tote gegeben haben soll. Seitdem hörten diese Überfälle fast ganz auf.

Kreuzer »Karlsruhe«

Nach einiger Zeit verblaßte das Kamelberg-Erlebnis, und das Leben nahm seinen Lauf. Eines Tages erhielt Vater ein Schreiben von Herrn Ackermann aus Lobito, in dem dieser mitteilte, daß der deutsche Kreuzer »Karlsruhe« auf seiner Weltreise in drei Wochen auch Lobito anlaufen und bei dieser Gelegenheit Lebensmittel, wie Obst und Gemüse, laden würde. Dem Schreiben war eine Bestelliste beigefügt. Ein glücklicher Zufall war es, daß wir fast alle Sorten hatten, die gewünscht wurden, und zwar in ausreichender Menge und guter Qualität. Vater übernahm die gesamte Lieferung.

Die drei Wochen waren im Nu vergangen. Der Kreuzer lag bereits in Lobito, wo er drei Tage bleiben sollte. Obst und Gemüse wurden geliefert, und die Eltern bekamen die Einladung, mit ihrer Familie zum Abschiedsessen mit anschließendem Ball auf den Kreuzer zu kommen. Welchen Aufruhr diese Nachricht unter uns Kindern auslöste, davon kann sich nur derjenige eine Vorstellung machen, der aufwuchs wie wir.

Eva und ich berieten nun fieberhaft, welche Garderobe wir für dieses so ungewöhnliche Ereignis wählen sollten. Das Schönste schien uns nicht gut genug. Bei dem Klima in Angola trugen wir nie Strümpfe. Unsere Beine waren daher entsprechend braungebrannt, und wir wurden von jedem beneidet, der gerade blaß aus Europa kam. Wir gelangten jedoch zu dem Schluß, daß wir für dieses Fest unbedingt Strümpfe anziehen müßten. Mutter trug hin und wieder welche, wenn sie abends mit Vater ausging, sie besaß auch den dazugehörigen Strumpfhalter. So hauchdünne und elegante Strumpfhosen, wie man sie heute kennt, gab es damals natürlich nicht. Es waren recht dicke, mit einer noch dickeren Naht hinten, die meistens schief saß, abgesehen von den – aus heutiger Sicht – unschönen Farben. Damals aber fand man sie schön und elegant. Wir liehen uns also welche von Mutter aus. Zuerst sagte sie: »Das ist doch nicht nötig, bei dieser Hitze und euren braunen Beinen.« Wir wiesen jedoch auf das großartige Ereignis hin, zu dem man doch keinesfalls mit nackten Beinen gehen könne. Da Mutter in Eile war, gab sie ihre Zustimmung und sagte schon halb im Gehen: »Macht, was ihr wollt, und sucht euch welche in der Strumpfschublade.« Daraufhin rannten wir in Mutters Zimmer und durchwühlten die Schublade. Eva wählte rostbraune und ich lachsfarbene Strümpfe. Die Strumpfhalter wurden improvisiert. Aus dem Nähkasten holten wir schnell Gummiband, nahmen an unseren Oberschenkeln Maß und nähten die Ringe zusammen. Das Gummi reichte aber nur für drei Ringe. Zwei für Eva und einen für mich. Es war keine Zeit mehr, um in Benguela neues Gummi zu besorgen. »Warte mal«, sagte Eva, »in der Küchenschublade sind Weckringe, es sieht ja keiner, von was die Strümpfe gehalten werden.« Rasch lief ich zur Küche und holte einen Weckring.

Nun wurde alles, was wir am nächsten Tag anziehen wollten, anprobiert, auch die Strümpfe. Es ging ganz gut mit dem Weckring. Aber die Strümpfe waren viel zu lang, sie mußten am Oberschenkel zu einer dicken Wulst gerollt werden. »Macht ja nichts«, sagte Eva wieder, »dein Kleid hat ja einen Glockenrock, und damit fällt es nicht auf.«

Dreizehn Jahre war ich damals alt. Eva, die angezogen vor mir posierte, gefiel mir gut in ihrer Aufmachung. Überhaupt war ich sehr stolz auf meine Cousine, die für mich wie eine Schwester war. Mit der kleinen Luise konnte ich noch nicht viel anfangen. Eva sah in ihrem weißen Kleid und dem dunklen, vollen Haar sehr gut aus. Sie besaß mit ihren achtzehn Jahren einen vollen, straffen Busen, während bei mir noch nichts zu sehen war – und sie hatte keine Sommersprossen. Wenn davon auch nur noch wenige übrig waren, so saß der Schock, den Sauers Worte damals verursacht hatten, noch immer tief in mir.

Wir stellten uns nebeneinander vor den großen Spiegel. Da wurde der Unterschied so deutlich, daß ich schon wieder Komplexe bekam und mich angesichts des bevorstehenden Festes sehr unsicher fühlte. Eva war sehr feinfühlig, sie spürte immer gleich, wenn mich etwas bedrückte. So auch jetzt. Sie nahm mich in die Arme und sagte spaßig: »Warte nur, wenn du erstmal erwachsen bist, dann bin ich schon auf dem Weg, ein alterndes Weiblein zu werden.« Damit war die trübselige Anwandlung wieder verflogen.

Es muß nochmals darauf hingewiesen werden, daß es damals nicht üblich war, heranwachsende junge Menschen aufzuklären. Alles, was mit Liebe und Sexualität zusammenhing, war ein undurchdringliches, von Sünde umwittertes Geheimnis. Es gab für uns weder Filme noch Literatur darüber, so daß wir auf diesem Gebiet samt und sonders Spätentwickler waren.

Mit rostbraunen und lachsfarbenen Strümpfen an den Beinen und einer himmelschreienden Aufregung im Herzen fuhren wir also am nächsten Tag nach Lobito. Dort begegneten wir auf der Hauptstraße der Landzunge einem Zug Marinesoldaten vom Kreuzer »Karlsruhe«, die im zackigen Gleichschritt durch die Stadt marschierten, vorweg die Militärkapelle, die schneidige Marschmusik spielte. Die Matrosen trugen weiße Uniformen, und es schien, als seien sie alle nach Maß und Größe ausgesucht worden.

Die Straße war auf beiden Seiten von Menschen gesäumt. Schwarze, Weiße und Braune, alle bestaunten den Vorbeimarsch. Vater hielt den Wagen an, und als der Zug vorbei war, hörten wir Georgs Stimme wie im Selbstgespräch: »Wenn ich groß bin, gehe ich zur Marine.« Alle mußten darüber lachen, weil er diese Worte mit soviel Andacht aussprach, daß sie sich wie ein Gebet anhörten.

Langsam fuhr Vater zum Hafen. Dort sahen wir die »Karlsruhe« draußen vor Anker liegen. Mit einem zum Kreuzer gehörenden Motorboot wurden wir übergesetzt.

Hintereinander ging es die Treppe hoch. Oben wurden wir von einem Offizier empfangen, von einem anderen zum Eßsalon weitergeleitet und an unseren Tisch gebracht. Es war alles gut organisiert.

Im bereits vollbesetzten Speisesaal begrüßten die Eltern allerlei Freunde und Bekannte. Sämtliche Ingenieure der Firma Grün & Bilfinger waren anwesend, und sogar Sauer saß an Ackermanns Tisch und nickte lebhaft mit seinem geschorenen Kopf zu uns herüber.

Jedem Tisch war ein junger Offizier zur Unterhaltung der Gäste zugeteilt. Die meisten waren blond, blauäugig und gut gewachsen, auch sie trugen weiße Uniformen. Ich hielt aber den an unserem Tisch sitzenden für den allerschönsten und konnte kaum noch woanders hinsehen als in sein sonnengebräuntes Gesicht. Oh, er war himmlisch – wie charmant er sich mit den Eltern unterhielt –, seine Hände waren ein Gedicht, und wenn er lachte, waren gleichmäßige Zähne zu sehen. Rückblickend kann meine damalige Verzauberung zum Teil damit erklärt werden, daß ich bis dahin noch nie so viele blondhaarige und blauäugige junge Männer in Uniform gesehen hatte. Es war überwältigend. Ich erinnere mich an Vaters Worte, die er so feierlich aussprach, als wir die »Karlsruhe« betraten: »Kinder, wir stehen jetzt auf deutschem Boden.« Ja, es war einfach alles märchenhaft und wie verzaubert. Außerdem war unser Tischoffizier wirklich ein ungewöhnlich schöner Mann.

Das Essen wurde nun aufgetragen. Ich kann mich beim besten Willen nicht mehr daran erinnern, was und ob ich überhaupt gegessen habe. Ich weiß nur noch, daß der »Himmlische« – so empfand ich ihn – auch beim Essen jede Bewegung mit Eleganz und Charme ausführte. Hin und wieder schaute er zu Eva hin. Von mir nahm er kaum Notiz, so daß ich ihn weiterhin ungestört über alle Maßen bewundern konnte.

Nach der Mahlzeit ging die ganze Gesellschaft hinüber zum Rauchsalon, wo der Kaffee gereicht wurde. Dort spielte die Kapelle bereits Unterhaltungsmusik. Unser Offizier blieb bei uns. Bald darauf wurde Tanzmusik gespielt, und die ersten Paare drehten sich schon auf der Fläche. Vater führte Mutter zum Tanz, und der schöne Offizier verbeugte sich vor Eva. Georg stieß mich an und wollte tanzen. Ich wehrte jedoch heftig ab. Das wäre heute nicht für Kinder, sagte ich, denn ich wollte nur den Himmlischen nicht aus den Augen verlieren. Oh, wie gut er tanzen konnte. Und – nun sah ich es – auch Eva war von ihm verzaubert, so wie sie ihn anstrahlte und wie sie sich unterhielten. Beim zweiten Tanz forderte Vater Frau Ackermann auf, und Sauer holte Eva, auf die er schon lange ein Auge geworfen hatte. Sie aber machte sich nichts aus ihm. Unser Offizier führte Mutter zur Fläche. Beim dritten Tanz verbeugte sich der »Himmlische« wahrhaftig vor mir. Ich erhob mich wie vom Donner gerührt und stieß dabei gleich meine Kaffeetasse um, die glücklicherweise schon leer war. Dieses Mißgeschick hatte zur Folge, daß meine Hände, die vorher schon kalt waren, noch kälter wurden. Die Musik spielte einen Walzer. Wir tanzten. Nun, wo er mir so nahe war, wagte ich es nicht mehr, ihn anzusehen. Ein angenehmer, diskreter Duft ging von ihm aus. Gleich nach den ersten Schritten spürte ich plötzlich ein Platzen oberhalb meines linken Schenkels, und gleich darauf fiel etwas zu Boden. Da lag er nun, der Weckring, allen sichtbar. Vom langen Liegen in der Küchenschublade war er porös geworden. Gleich darauf rutschte mein Strumpf herunter und hing schlackernd um meine Fessel. Ich muß den »Himmlischen« mit einem Todesblick angesehen haben und war wie erstarrt. Er bückte sich, hob den Weckring auf und führte mich an unseren Tisch zurück. Daß mir ein solches Desaster vor seinen Augen passieren mußte, ging über meine Kräfte. Mir wurde dermaßen übel, daß ich meinte, mich sogleich übergeben zu müssen. Die Eltern, die wieder zusammen tanzten, bemerkten mein Unglück, brachen den Tanz ab und kamen an den Tisch. Der Offizier sagte: »Das kleine Fräulein hatte Pech mit dem Strumpfband.« Flackernd zuckte es in meinem blockierten Gehirn: »Wenn es doch nur ein Strumpfband gewesen wäre und kein schändlicher Weckring.« Die Eltern sahen mich besorgt an, denn ich hatte ein schneeweißes Gesicht. Mutter bückte sich unter den Tisch, zog meinen Schuh und den darum verschlungenen Strumpf aus, und den Schuh wieder an. Ich war nicht in der Lage, es selbst zu tun. Sie zog mich nun vom Sitz hoch, hakte mich ein und sagte: »Wir gehen schnell zur Toilette, dort ziehst du den anderen Strumpf auch aus.« So trippelte ich, von Mutter untergehakt, mit einem bestrumpften und einem nackten Bein durch den Saal dem Ausgang zu.

Mutter verstaute die Strümpfe in ihrer Handtasche und sagte vorwurfsvoll: »Ihr mußtet ja unbedingt Strümpfe anziehen.« Als wir die Toilette wieder verlassen wollten, kam Eva hereingestürzt und zog hastig ihre Strümpfe aus. Sie war nun nicht mehr sicher, ob die Gummiringe auch gut und fest zusammengenäht waren.

Nur sehr widerstrebend ging ich mit Mutter und Eva in den Saal zurück. Diese Blamage hatte mir vollends den Boden unter den Füßen weggezogen. Es war mir jetzt nicht mehr möglich, den Offizier anzusehen. Nicht um alles in der Welt hätte ich das gewagt.

Die Musik begann wieder. Fassungslos und total verwirrt hörte ich seine Stimme: »Darf ich bitten kleines Fräulein, wir waren vorhin ja nicht zum Ende gekommen.« Wie eine mondsüchtige Nachtwandlerin ging ich mit ihm zur Tanzfläche. Diesmal war es ein Tango. »Ich küsse ihre Hand, Madame« wurde gespielt, und Tango konnte ich damals schon recht gut.

Wir tanzten schon eine Weile, bevor mein Verstand wieder funktionierte. Es war unfaßbar für mich, daß er es wagte, wieder mit mir zu tanzen, wo doch die Schande so groß war. Eine Flut von Gefühlen stürzte auf mich ein, ein Gemisch aus Dankbarkeit, Bewunderung und Zuneigung. Freilich empfand ich den Offizier nun noch um einige Grade himmlischer, und – so viel ich in meinem späteren Leben auch noch getanzt habe – einen solchen Tango gab es nie wieder. Wir verließen als erste den Kreuzer, weil wir einen weiten Weg hatten und die Milchwirtschaft ein frühes Aufstehen erforderte. Die Eltern verabschiedeten sich bereits von Ackermanns und den anderen Bekannten. Auch Sauer tat das gleiche. Er wollte die Gelegenheit nutzen, mit uns nach Hause zu fahren.

Der Offizier bedauerte, mit einem Blick auf Eva, den frühen Aufbruch und begleitete uns zum Ausgang. Der Reihe nach reichten wir ihm die Hand und stiegen die Treppe hinunter in das bereitliegende Motorboot. Die Entfernung zwischen uns und der »Karlsruhe« vergrößerte sich. Noch lange sahen wir die einsame Gestalt in weißer Uniform an der gleichen

Stelle stehen, an der wir uns von ihr verabschiedet hatten. Wie sich zeigte, hatte sich Eva hoffnungslos verliebt. Im Vergleich zu diesem Offizier war Sauer mit seinem ewig geschorenen Kopf und den Zahnlücken bei ihr nun vollends chancenlos. Wenn es auch eine aussichtslose Liebe war, blieb ihr doch das Träumen, bis die Zeit ihr Werk tat und die Erinnerung mehr und mehr verblaßte.

Tschasi

Es hatte sich unterdessen herumgesprochen, daß Vater eine Farm suchte. So besuchte uns einige Tage später ein Bure namens Biereck, der eine anbot. Die Farm sei dreitausend Hektar groß, bestehe aus hervorragendem Weideland und eigne sich auch gut für eine Kaffeeplantage. Sie sei außerordentlich wasserreich, da der Fluß Tschasi mitten durch die Farm flösse, wo er sogar einen zweihundert Meter hohen Wasserfall bilde, aus dem man Strom für allerlei fortschrittliche Dinge gewinnen könne. »Fazenda Tschasi« liege zwischen Caluquembe und Quilenques. Eine verhältnismäßig gute Straße führe bis ans Haus.

Es hörte sich alles wunderbar an. Aber Vater, der schon so viele Enttäuschungen erlebt hatte, verhielt sich zurückhaltend. Auf jeden Fall aber wollte er sich »Fazenda Tschasi« ansehen, und der Abfahrtstag wurde für den kommenden Montag verabredet. Biereck logierte sich in Benguela ein, wo ihn Vater abholen sollte.

Bierecks Schilderung der Farm geschah an der gemeinsamen Kaffeetafel. Ich hörte neugierig zu und verspürte große Lust mitzufahren, obgleich ich mir bei der Fahrt zum Kamelberg hoch und heilig vorgenommen hatte, keinesfalls wieder auf eine solche Reise zu gehen.

Maßgeblich für mein Interesse war, daß mir damals schon der Wunsch zur fixen Idee geworden war, einmal selber eine Farm zu besitzen und darauf alles so zu gestalten, wie es mir vorschwebte. Ich besaß ein fertiges Bild von meiner Traumfarm, auf der es vor allem viele Blumen gab und auf der ich in meiner Phantasie schon lebte. Sie war mein ureigenes Reich, in das ich mich jeden Abend vor dem Einschlafen begab, im imaginären Haus verweilte, allerlei Veränderungen vornahm, Treppen und Wandelgänge anlegte oder Lauben errichtete, zu denen mit Blumen umsäumte Wege führten. Kurz, sie war mein Paradiesgarten, in dem ich in Tages- und Nachtträumen viele genußreiche Stunden verlebte.

Eva dagegen hatte eine Vorliebe fürs Kochen. Sie brachte die tollsten Zauberspeisen zustande, oft nach selbst erfundenem Rezept, und war unermüdlich dabei, Ganivete zum Meisterkoch auszubilden.

Hin und wieder erteilte mir Vater ein Lob, wenn er sah, mit welcher Begeisterung ich mich dem Gemüse- und Blumengarten hingab. Ohne daß es je angeordnet worden war, waren diese beiden Arbeitsgebiete wie von selbst so nach und nach unter meine Regie geraten, so daß ich darin vollkommen freie Hand hatte und diese beiden Gebiete als meine alleinigen Reviere betrachtete.

Jedesmal, wenn die neuen Gemüse- und Blumenkataloge eintrafen, konnte ich mich nicht satt sehen an den herrlichen Sachen, die darin zur Wahl standen. Einige Tage, nachdem ich die Kataloge gründlich durchstudiert hatte, ging ich mit einer langen Bestelliste zu Vater. Manchmal strich er etwas und erklärte dann, daß diese Sorten in Afrika nicht gedeihen, weil sie den Frost bräuchten, wie z. B. Tulpen.

Die Freude war jedesmal groß, wenn nach einigen Monaten das Samenpaket eintraf. Damals wurde noch alles per Schiff befördert. Später, als das erste kleine Propellerflugzeug in Benguela landete, wurde es zum Ereignis des Jahres. Die Menschen kamen aus Lobito, Catumbela, ja sogar aus dem Hochland und begaben sich zum kleinen Flugplatz, wo sie stundenlang unter glühender Sonne, jeder in seinem besten Anzug, auf die Ankunft und Landung des Flugzeuges warteten. Wir waren natürlich auch alle dabei. Die Eingeborenen hielten danach die Weißen für die größten aller Zauberer, weil sie eine so schwere Maschine durch die Luft fliegen lassen konnten, und gaben staunende Kommentare, die kein Ende mehr nahmen.

Meine gärtnerische Neigung war so intensiv, daß ich die Pflanzen personifizierte und in jeder ein Lebewesen sah. Es ging soweit, daß sie mir sogar schlaflose Nächte verursachten. Das war immer dann der Fall, wenn z. B. ein Päckchen Löwenmaulsaat aufgelaufen, die Pflänzchen dann herangewachsen und auspflanzreif waren und es für so viele keinen Platz mehr im Garten gab. Sollten sie ausgerissen und auf den Komposthaufen geworfen werden, ohne daß sie in ihrer ganzen Herrlichkeit erblühen und die Bienen, den Tau, die Sonne und den Wind spüren konnten? Es belastete mein Gewissen sehr zu wissen, daß Leben und Tod dieser Pflanzen in meinen Händen lagen. Später ging ich dazu über, nur soviel auszusäen, wie im Garten unterzubringen war.

An jenem Tag verspürte ich also große Lust, bei der Besichtigung der Farm »Fazenda Tschasi« dabei zu sein. Auch alle Geschwister wollten mit. Doch Luise war noch zu jung für eventuelle Strapazen, mit denen stets gerechnet werden mußte, und Eva wollte bei Großmutter bleiben.

Jola, der unterdessen zehn Jahre alt war, hatte sich zu einem leidenschaftlichen und guten Jäger entwickelt. Er besaß eine Menge Pfeile und Bögen, die bei einer Ausstellung große Beachtung gefunden hätten, und war im Besitz einer großen Kollektion von Tierfellen- und Schlangenhäuten in den verschiedensten Größen. Alles war sauber auf seinen Borten im Schuppen aufgereiht. Er unternahm schon regelrechte Kleinsafaris mit Gamati. Sie kehrten jedesmal schwerbeladen mit allerlei Jagdbeute zurück. Vater ließ Jola in Gamatis Begleitung unbesorgt jagen, begann aber, ihn darauf hinzuweisen, daß auch die Tiere eine Lebensberechtigung hätten und er außer Schlangen nur dann Wild erlegen sollte, wenn wieder Fleisch gebraucht würde. Da es noch keine Kühlschränke gab, wurde aus dem Wildfleisch Trockenfleisch hergestellt, das sogenannte »Biltong«, das, bei der Trocknung richtig zubereitet, eine Delikatesse war. Man konnte daraus unzählige Gerichte herstellen.

Georg dagegen machte sich nichts aus der Jagd, sein Interesse galt der Technik. Er kannte das Auto schon besser als Vater. Oft, wenn es eine Panne gab, fand er nach kurzer Zeit die Ursache.

Wir fuhren also los. Gamati war auch diesmal dabei, und in Benguela stieg Biereck dazu. Es war die Zeit der Buschbrände, die die Eingeborenen alljährlich entfachten. Wir fuhren an grandiosen Feuerszenen vorbei, die bei Nacht ein erregendes Schauspiel boten, wenn es loderte, rauschte, knisterte. Für mich aber waren diese Brände zum Alptraum geworden, seit wir an einer Unterhaltung zwischen Vater und Sauer teilgenommen hatten. Vater hatte gesagt: »Stellen Sie sich das einmal vor, Herr Sauer, wenn bei uns in Deutschland oder anderswo in Europa jeder Bauer, der ein paar Kühe oder Ziegen besitzt, alle Jahre endlose Wälder abbrennen würde, um auf diese Weise neue Weide für seine Tiere zu schaffen. 'Damit wieder neues Gras für das Vieh nachwachsen kann', sagen die Eingeborenen. Ist es nur ein Zufall, wenn der afrikanische Kontinent die größten Wüsten der Erde aufweist? Und wie viele große und kleine Tiere dabei verbrennen müssen. Der natürliche Einklang wird doch dadurch total zerstört und der Regen immer seltener. Wenn das so weitergeht, wird sich in einigen Jahrhunderten nicht einmal mehr eine Wüstenratte in Afrika ernähren können.«

Die Fahrt nach »Fazenda Tschasi« verlief ohne Zwischenfälle und war eine der schönsten Reisen, die ich bis dahin erlebt hatte. Es roch ständig nach Rauch, ja, es schmeckte sogar danach. Soweit das Auge reichte, erstreckte sich unberührtes Land, dessen Weite grenzenlos zu sein schien. Jedesmal, wenn wir uns einer Ortschaft näherten, saßen Eingeborene am Wegrand, die geschnitzte Holzfiguren zum Kauf anboten. Auch schöne, von den Frauen geflochtene Bastkörbchen oder Teller in sehr geschmackvollen Farben und Motiven waren zu haben.

Zu der Zeit waren die Schwarzen schon zutraulicher. So oft wir einer Gruppe begegneten, winkten sie uns, bis sich die Staubwolke, die der Wagen erzeugte, dazwischenschob. Unterdessen erreichten wir Caluquembe und übernachteten in der Mission. Zwischen den Eltern und den Missionaren gab es ein frohes Wiedersehen, und am nächsten Morgen ging es der letzten Strecke entgegen.

Es ist nun schwer zu sagen, ob es nur meine Einbildung oder Wirklichkeit war, wenn es mir vorkam, als würde die Gegend immer schöner, je näher wir der Farm kamen. Bald stießen wir auf eine Abzweigung. Ein Holzschild mit der Aufschrift: »Fazenda Tschasi« stand am Weg, in den wir nun einbogen. Noch achtzig Kilometer sollten es von hier aus sein. Es ging durch einen Wald, in dem nur vereinzelt Schirmakazien standen. Man konnte wunderschöne Wildblumen, sogar Orchideen zwischen den Gräsern und auf den Bäumen sehen.

Eine Hügelkette wurde sichtbar. Von der Kuppe des ersten Hügels aus konnte man die Farm sehen. Sie lag am Hang eines Berges. Für mich war es Liebe auf den ersten Blick. »Fazenda Tschasi« war schöner als all meine Vorstellungen, und ich hoffte inbrünstig, Vater möge sie kaufen. Tatsächlich war auch die Straße gut bis vor das Haus, wo wir von Frau Biereck begrüßt wurden, die gleich zum Händewaschen und anschließendem Mittagessen einlud. Ich warf noch schnell einen Blick zu Vater und bemerkte ein Leuchten in seinen Augen, als er in das große grüne Tal blickte, in das der Tschasi stürzte und durch das er seinen Lauf nahm. Den Wasserfall konnte man vom Haus aus sehen, und auch sein Rauschen war zu hören – eine Symphonie der Natur. Diese Farm war unvergleichlich schön.

Das Essen wurde auf der Veranda eingenommen, von wo man den herrlichen Ausblick genoß. Danach ging es zur Besichtigung der Farm. Auch dreißig afrikanische Kühe waren vorhanden, die auf dem gegenüberliegenden Hügel weideten. Soweit befahrbar, wurden die weiten Strecken, die zu den dreitausend Hektar gehörten, mit dem Wagen zurückgelegt. Immer wieder mußte angehalten und ausgestiegen werden, und Biereck zeigte dann mit ausgestrecktem Arm den Verlauf der Grenzen. Unendlich groß schien mir diese Farm, und sie versprach unerschöpfliche Möglichkeiten.

Wir schliefen diese Nacht auf Tschasi. Ich lauschte im Bett noch lange dem Rauschen des Wassersturzes, das bei Nacht noch lauter war, und bat beim Nachtgebet darum,

Vater möge um Himmels willen die Farm kaufen. Am Frühstückstisch des nächsten Morgens erfuhren wir, daß Tschasi
uns bereits gehörte. Vater hatte den Kauf noch am gleichen
Abend abgeschlossen. Auf diese Nachricht hin hätte ich am
liebsten hohe Freudensprünge vollführt und konnte mich
nur schwer beherrschen, artig und ruhig am Tisch sitzenzu-
bleiben. Erst als wir abgefahren waren, boxte ich meine
Brüder auf der Ladefläche und wollte von ihnen wissen, was
sie über Tschasi dachten. Jola sagte spontan: »Hier kann ich
unglaublich gut auf Jagd gehen.« Georg meinte, er würde am
Wasserfall eine Turbine anbringen, um Strom für elektrisches Licht zu gewinnen, damit wir keine Petroleumlampe
mehr bräuchten. Auch Gamatis Meinung wollte ich erfahren, so als wäre es mein Verdienst, daß Tschasi so herrlich
war. Gamati war ebenfalls begeistert und meinte, es gäbe auf
Tschasi Platz für viel, viel Vieh.

Glücklich wieder auf Cavaco, teilte Vater Großmutter mit,
daß er nun endlich die Farm gefunden und gekauft habe,
nach der er schon so lange suchte.

Nach einiger Zeit wurde ein Portugiese eingestellt. Er hieß
Manuel Silva und sollte Cavaco weiterführen, während wir –
einschließlich unserer Hauslehrerin, Frau Enenkel, die Vater
unter Vertrag genommen hatte, als ihr Mann bei einem Unfall
ums Leben gekommen war – nach Tschasi zogen.

Nach den anfangs guten Jahren mit der Milchwirtschaft
kam nun stets mehr Konkurrenz auf. Die Preise fielen immer
tiefer, es wurde schließlich unrentabel. Daher entschloß sich
Vater, das gesamte Vieh mit nach Tschasi zu nehmen, wo es
zur Aufkreuzung mit afrikanischen Tieren sehr nützlich und
wichtig sein würde. Dabei war das größte Problem für Vater
der Viehtransport. Er konnte mit der Bahn nur bis Cubal er-
folgen. Von da ab mußten die Tiere quer durch eine Gegend

getrieben werden, die voller Löwen und anderer gefähr-
licher Raubtiere war. Tschasi lag südlich der Bahnlinie, und
Lastwagen für Viehtransporte gab es noch nicht.

Vater stand nun fast jeden Tag nach Feierabend mit Gamati
zusammen und ritzte mit einem Stock Zeichen in den
Boden, womit er ihm erklärte, daß das Vieh von Cubal, wo
es die Bahn verließ, zunächst ein Stück nach Westen, also in
die Richtung, aus der es gekommen war, geführt werden
müsse, um die große Cubal-Flußschleife zu umgehen.

Interessiert hörten wir Kinder uns alles mit an. Gamati
kannte sich in der zu durchquerenden Gegend erstaunlich
gut aus, da Quilenques, seine Heimat, nur etwa hundert
Kilometer von Tschasi entfernt war. Er war der Meinung,
daß es mindestens drei Wochen dauern würde, bis das Vieh
von Cubal nach Tschasi gelangt sei. Vater wollte den Transport begleiten.

Einige Wochen später war Manuel Silva soweit angelernt, daß Vater die erste Ladung Umzugsgut nach Tschasi
fahren konnte. Mit ihm fuhren sechs Arbeiter, die schon die
Stallungen in Ordnung bringen sollten, in denen das Vieh
nach der Ankunft untergebracht werden mußte, und die
gleichzeitig die Aufgabe hatten, das Umzugsgut zu bewa-
chen.

Die zweite Fuhre, eine Woche später, bestand nahezu aus
der gesamten Familie. Nur Mutter und Georg blieben auf
Cavaco. Mutter, die schon den Führerschein besaß, sollte
zusammen mit Georg den Wagen nach Tschasi fahren, während Vater das Vieh begleiten wollte. Georg war auch schon
ein guter Autofahrer, für den Führerschein jedoch noch zu
jung.

Großmutter, Eva und Luise, die Tschasi noch nicht kannten, waren begeistert. Vor allem über den Anblick des

Wasserfalls, der wirklich grandios war. Vater schaute sich den Viehstall an, gab weitere Anordnungen und fuhr schon am nächsten Morgen nach Cavaco zurück. Nachdem das Nötigste eingeräumt war, unternahmen wir den ersten Spaziergang zum Wasserfall. Nur Großmutter blieb mit Frau Enenkel am Haus. Je näher wir dem Gefälle kamen, desto lauter mußten wir miteinander sprechen. Das Rauschen wurde zum Donnergepolter. Am Wasserfall angelangt, machten wir eine wunderbare Entdeckung: Das Wasser stürzte in ein natürliches Felsbecken, das recht tief und ziemlich groß war. Wir konnten alle gut schwimmen.

Nun ging es am Flußufer entlang zu weiteren Erkundungen. Hier gab es einen ausgetretenen Pfad, welcher noch aus Bierecks Zeit stammte. Er endete vor einem zweiten Wasserbecken. Dieses war nicht aus Fels. Dort machte der Fluß eine so enge Kurve, daß er von weitem wie ein See aussah. Wir warfen Steine hinein und konnten dabei hören, daß das Wasser sehr tief war. Bei genauerem Hinsehen waren im Schutze des überhängenden Grases am Uferrand kleine Fische zu erkennen. Jola sagte: »Wo es kleine gibt, muß es auch große geben. Ich mache gleich eine Angel.«

Neben dieser Flußkurve gab es Felder und einen Gemüsegarten. Darin waren noch Büsche, an denen taubeneigroße Tomaten hingen. Es gab auch Mais, der gerade eßreife Kolben trug. Wir bekamen Verlangen nach gerösteten Maiskolben und machten uns daran, einige zu pflücken. Mitten beim Ernten hörten wir plötzlich einen durchdringenden Schrei. Er kam von einem Wildhasen, das war deutlich zu hören. Die Schreie wiederholten sich noch einige Male und wurden immer schwächer. Es waren Todesschreie, sie kamen vom Flußufer herüber, unterhalb der Kurve. Eva sagte: »Laßt uns nach Hause gehen, wir wissen ja nicht, was für ein Raubtier dort einen Hasen geschlagen hat. Vielleicht war es ein Leopard?« Jola war der Ansicht, daß es eher eine Riesenschlange gewesen sein könnte, weil die sich gern an den Flußufern aufhalten würden.

Auf dem Nachhauseweg wurde beschlossen, daß niemals einer von uns allein ins Tal gehen dürfe und auch jedesmal Waffen mitgeführt werden müßten, wenn wir schwimmen oder angeln wollten.

Jola konnte bei der Herstellung einer Angel gut improvisieren. Anstelle von Blei nahm er eine alte Schraube, den Angelhaken hämmerte er aus einem Nagel und Draht zusammen, und für die Schnur wurde Zwirngarn genommen. Nylonschnur kannte man damals noch nicht. Als Köder schnitt er Trockenfleisch in kleine, wurmähnliche Streifen, und so gingen wir – Jola mit Pfeil und Bogen bewaffnet – zum Tal hinunter. Auch Ganivete wurde mitgenommen, er sollte noch Tomaten und Maiskolben pflücken und, falls es Fische geben sollte, diese gleich säubern.

Tatsächlich hatte Jola die Angel kaum ausgeworfen, da zog es schon fest daran. Als er sie herauszog, hing ein etwa zwanzig Zentimeter großer Fisch mit langen Barthaaren daran, eine Art Wels. Ganivete, der durch das Freudengeschrei über den Fischfang aufhorchte, rannte zu uns herüber und rief, als er den Fisch sah: »Tschipepa, Ombissi jatscho ej.« (Schmeckt gut, dieser Fisch.)

Schon nach kurzer Zeit waren sechs Stück geangelt. Und wäre die Schnur nicht abgerissen, hätte sich diese Zahl gewiß noch erhöht. Wir ließen uns die Fische gut schmecken und beschlossen, in Zukunft zweimal wöchentlich zu angeln, um für Abwechslung in der Küche zu sorgen.

Die ersten Tage auf Tschasi waren voll von Entdeckungen. Wir kundschafteten die ganze Umgebung aus und kletterten auf die Kuppe des gleichmäßig runden Hügels, der etwa dreihundert Meter rechts vom Haus lag. Von hier oben konnte man über das weite Land und auf die Straße sehen, auf der wir gekommen waren. Auf diesem Hügel wollte Vater später das Wohnhaus bauen. Das hatte er gleich zu Mutter gesagt, als er die Farm gekauft hatte. Ich malte mir schon aus, wie wunderbar das sein würde in dem Haus dort oben, bei diesem überwältigenden Ausblick rundherum, und wie man terrassenförmig die Blumen und Sträucher anlegen könnte.

Im Nu war die erste Woche vergangen. Für den Sonntag erwarteten wir Mutter und Georg zurück. So hatte es Vater gesagt, auch, daß er selbst erst in drei bis vier Wochen mit dem Vieh ankommen würde.

Nach dem Frühstück am Sonntagmorgen gingen wir flugs den Hügel hinauf, um Ausschau nach dem Auto zu halten. Es war jedoch weit und breit weder zu sehen noch zu hören, obgleich sich die Straße auf eine große Entfernung hin übersehen ließ. Stunde um Stunde verging. Wir kletterten zwischendurch auf Bäume oder spielten »Fang mich«, um uns die Zeit zu vertreiben. Schließlich kam Eva herauf und holte uns zum Mittagessen. Bevor wir den Hügel verließen, wurde nochmals die Straße aufmerksam nach einem Fahrzeug abgesucht, doch nichts war zu sehen.

Nach dem Mittagessen trotteten wir wieder zu unserem Ausschauposten hinauf, und diesmal begleitete uns auch Eva. Nach wie vor war kein Wagen zu sehen. Nach Stunden vergeblichen Wartens sagte Eva: »Laßt uns zum Haus zurückgehen.« Es begann schon zu dämmern. Zögernd machten wir uns auf den Rückweg. Ein ungutes Gefühl schlich sich bei jedem ein. Großmutter wartete auf der Veranda und rief uns entgegen: »Ist noch nichts zu sehen?« – »Nein«, kam es kleinlaut von uns. Es wurde kaum noch gesprochen. Nur

Jola und Luise stritten sich um eine belanglose Sache. Auch das war ein Zeichen, wie enttäuscht sie vom langen, vergeblichen Warten waren, denn wir zankten uns eigentlich sehr selten, weil es auf einer Farm keine Enge gab und jeder ein fast unbegrenztes Betätigungsfeld hatte.

Inzwischen war Abendbrotszeit, es dunkelte bereits. Schweigend wurde das Essen eingenommen. Hin und wieder sagte einer: »Horcht!« Alles hielt mit angehaltenem Atem inne und lauschte gespannt. Aber es war kein Auto zu hören. An diesem Abend gingen wir sehr spät ins Bett, und selbst dort lauschte ich noch lange auf ein Motorgeräusch. Damals waren die Autos noch nicht so leise und schon von weitem zu hören, zumal es sie noch selten gab und die Nächte im Busch sehr still waren.

Irgendwann schlief ich dann doch ein. Als ich am Morgen erwachte, trat ich sofort ans Fenster, um nach dem Wagen zu schauen. Er war auch über Nacht nicht gekommen. Die Sorge legte sich wie ein dunkler Schatten auf mein Gemüt. Von tausend schlimmen Vorstellungen verfolgt, sah ich den Wagen einen steilen Abhang hinabstürzen, zumal Mutter noch wenig Fahrpraxis besaß, dann wieder in einen Fluß fallen, da doch die meisten Brücken aus wackeligen Holzbalken bestanden. Oder war es nur eine einfache Panne, ein Federbruch vielleicht, wie er schon öfter vorgekommen war bei diesen Straßen? Dieses Warten war ganz einfach schrecklich. Was sollten wir bei diesen Entfernungen ohne Fahrzeug tun? Es blieb uns nichts anderes übrig, als weiterhin wartend auszuharren, was von Tag zu Tag unerträglicher wurde, denn inzwischen hatten wir schon eine ganze, unendlich lange Woche mit dem gleichen, kaum noch auszuhaltenden Lauschen verbracht. Wie oft wir in dieser Zeit den Hügel voller neuer Hoffnung hinauf- und über alle Maßen enttäuscht wieder hinuntergestiegen sind, läßt sich schwer aufzählen. So manche Tränen wurden vergossen nach einem erfolglos verlaufenen Tag. Großmutter, die uns in der ersten Zeit noch zu beruhigen suchte, sagte jetzt gar nichts mehr. Es sah sogar so aus, als ob sie uns mied.

Am Montag nach dieser endlosen Woche hörten wir beim Mittagessen ein fernes, noch undeutliches Brummen. Jeder hielt inne. Das Geräusch kam mit Unterbrechungen, je nachdem, wie der Wind es zu uns trieb. Blitzschnell sprangen wir vom Tisch auf, wobei einige Stühle umflogen, und liefen den Hügel so schnell hinauf, wie wir es uns nie zugetraut hätten. Oben angekommen, waren wir dermaßen außer Atem, daß keiner in der Lage war, auch nur ein Wort zu sprechen. Nur die Arme streckten wir nach der fernen Staubwolke aus, vor der sich ein kleiner dunkler Punkt bewegte.

Allmählich wurde unser Atem ruhiger, und dann begannen die Freudensprünge – es sah aus, wie in einem Kasperletheater. Wir wußten vor Freude nicht mehr ein noch aus und waren wie von Sinnen. »Laßt uns dem Auto entgegenlaufen«, stieß Eva hervor. Sogleich ging es den Hügel hinunter, wo wir Großmutter die frohe Nachricht zuriefen, und hinaus auf die Straße. In der Kurve, von der aus man den Weg weithin übersehen konnte, hielten wir an. Die Staubwolke war inzwischen nähergekommen, und das Geräusch war deutlich zu hören. Es schien, als ob das Auto sehr langsam fahre. Oder war es nur unsere freudige Ungeduld?

Nachdem es endlich herangekommen war, bemerkten wir, daß auch Vater darin war. Er saß in der Mitte, zwischen Mutter und Georg, der den Wagen fuhr, lehnte sich an Mutter, die ihren Arm um ihn schlang, und sah sehr schlecht aus. Was war mit Vater geschehen? Wir hatten ihn noch nie krank gesehen. Das freudige Strahlen auf unseren Gesichtern erlosch sogleich und machte einem erschrockenen Ausdruck Platz. Georg stoppte und Mutter, die ebenfalls blaß und bedrückt aussah, sagte kurz: »Steigt schnell hinten drauf, Kinder.« Rasch waren wir hinaufgeklettert, und Georg fuhr langsam zum Haus, wo Großmutter wartend auf der Veranda stand. Sie eilte erschrocken zu Mutter, die schon dabei war, Vater beim Aussteigen zu helfen. Von beiden gestützt, wurde er zum Haus und ins Bett geleitet. Vater holte fortwährend tief Luft, als bekäme er nicht genug davon. Verängstigt schauten wir einander an. Mutter bat uns, das Schlafzimmer zu verlassen und Vater eine Weile ruhen zu lassen. Traurig gingen wir aus dem Raum.

Draußen umringten wir Georg, der mit erschöpfter Miene dabei war, Gamati beim Wagenausladen zu helfen. Von ihm erfuhren wir, was geschehen war: Als Vater auf Cavaco eingetroffen war, hatte er seinen Angestellten Manuel Silva schwer an Schwarzwasserfieber erkrankt vorgefunden. Mutter hatte bereits einen Arzt rufen lassen, und Manuel war schon durch eine Spritze mit Serum versorgt worden. Schwarzwasserfieber war damals, als es noch kein Resochin und all die heutigen Medikamente gab, die Ursache für neunzig Prozent aller Todesfälle. Der Erkrankte urinierte Blut, und der Tod trat entweder durch Verbluten oder durch eine Nierenverstopfung infolge eines Blutgerinsels ein.

Georg fuhr fort, Vater habe sogleich Tee aus Maiskolbenhaaren kochen lassen, der sehr wassertreibend wirkte, damit die Nieren ständig durchspült würden. Mit nur kurzen Unterbrechungen habe er Tag und Nacht an Manuels Krankenbett gesessen und ihm mit einem Löffel laufend von dem Tee eingeflößt. Nach einigen Tagen begann das Fieber zu fallen, der Urin wurde heller, und die Todesgefahr war vorüber. Dann aber sei etwas mit Vater geschehen. Er habe einen

Herzanfall erlitten, es soll ganz furchtbar gewesen sein. Er habe mit aufgerissenen Augen, in denen die Todesnot stand, nach Luft gerungen. Der Arzt, der sofort gerufen wurde, sprach von Herzerweiterung, verschrieb einige Mittel, verordnete strenge Bettruhe und verbot für die Zukunft jede körperliche Anstrengung.

Damit war es für Vater unmöglich geworden, die wochenlangen Strapazen einer Viehbegleitung auf sich zu nehmen. Er mußte sich dazu durchringen, die Kühe Gamati und weiteren acht Arbeitern anzuvertrauen. Es konnte nicht mehr gezögert werden, weil den Milchkunden zum Monatsende schon die Lieferung angesagt worden war. Mutter und Georg mußten sich darum kümmern. Sie begleiteten das Vieh von Cavaco nach Benguela und waren bei der Bahnverladung dabei. Von da ab trug Gamati die Verantwortung für den Transport der wertvollen Tiere. Vater ließ ihn vor dem Aufbruch an sein Bett rufen, um ihm noch einmal genaue Anweisungen zu geben: Daß die Kühe, die nicht tragend waren, auch unterwegs zweimal täglich gemolken werden mußten, daß die Milch von Gamati und seinen Begleitern getrunken und die restliche den Kälbern gegeben werden sollte.

Nach ärztlicher Verordnung mußte Vater noch mindestens eine Woche Bettruhe halten, berichtete Georg weiter, aber schon einen Tag, nachdem das Vieh weggetrieben worden war, wollte er unter allen Umständen nach Tschasi zurück. Mutter hatte vergeblich auf ihn eingeredet, noch einige Tage zu ruhen. Seine Antwort sei immer die gleiche gewesen: »Es geht mir schon besser, wir können die auf Tschasi nicht länger allein lassen, es kann da allerlei passieren.« Georg fuhr fort: »So sind wir also losgefahren. Kaum waren wir über Ganda hinaus, bekam Vater einen neuen

Herzanfall, und diesem folgten weitere. Mit Mühe und Not erreichten wir die Mission in Caluquembe, die Vater unbedingt noch erlangen wollte, da er vom Pater Spritzen bekommen mußte, denn es zeigte sich schon eine bläuliche Farbe in seinem Gesicht.«

Georg konnte kaum weitersprechen. Seine Stimme zitterte, und die Augen waren ihm feucht geworden. Zu sehr hatte ihn all das mitgenommen, dazu kam die lange Autofahrt. Ganz allein hatte er den Wagen bei den schlechten Straßen gesteuert. Abschließend sagte er noch mühsam und stockend: »Es sah wirklich nicht danach aus, als ob Vater – ich meine –, als ob Vater noch lebend hier ankommen würde. In Caluquembe mußten wir drei Tage warten, bevor er wieder normal atmen konnte, und jetzt fing es wieder an, ehe wir hier eintrafen.« Georg schwieg nun, beendete das Abladen und verzog sich in sein Zimmer.

Ich ging ebenfalls in meins und setzte mich aufs Bett, wo mich beklemmende Vorstellungen überfielen. Eine Dunkelheit legte sich über alles, denn daß Vater sterben könne, war ein ungeheuerlicher, noch nie gedachter Gedanke, der mein kindliches Weltbild ins Schwanken brachte. Tschasi hatte plötzlich seine ganze Herrlichkeit verloren. Es drehte sich alles nur noch um Vater. Und ich tat wie immer, wenn ich in Not war, und flehte mit all meiner Glaubenskraft zu Gott.

Nach einer Weile wurde die Tür geöffnet, und Mutter kam herein. Wir fielen uns in die Arme, und sie sagte mit müder Stimme: »Vater ist nach der Beruhigungsspritze eingenickt, der Schlaf wird ihm guttun. Sobald er aufwacht, könnt ihr ihn begrüßen.« Mutter war inzwischen sehr geübt im Spritzengeben. Damals mußten die Nadeln und Spritzen noch vor jedem Gebrauch ausgekocht werden.

Wir gingen nun zu Georgs Zimmer, wo Mutter leise die

Tür öffnete. Georg lag völlig bekleidet in tiefem Schlaf auf seinem Bett und hatte sogar die Schuhe noch an. »Oh, du armer Junge, hast soviel mitmachen müssen«, sagte sie wie im Selbstgespräch, schloß sacht die Tür, und wir begaben uns ins Wohnzimmer, wo alle versammelt waren. Großmutter richtete unentwegt Fragen an Mutter, die Vaters Krankheit betrafen, und meinte, daß er sich in Zukunft aber gehörig schonen müsse, denn er habe sich schon immer zuviel zuge-mutet. Schleppend verstrich der Nachmittag. Es begann zu dämmern. Zur Abendbrotszeit schliefen Vater und Georg immer noch. Letzterer wurde auch nicht geweckt. Mutter zog ihm nur vorsichtig die Schuhe aus, und er schlief durch bis zum Morgen.

Etwas später ging Mutter leise zu Vater, kam gleich wieder heraus und sagte: »Er ist jetzt wach und möchte euch sehen.« Sogleich gingen wir hinein. Vater lächelte uns schwach ent-gegen. »Diesmal hab ich euch aber kein schönes Wieder-sehen bereitet«, sagte er, als täte es ihm leid, daß er uns so erschreckt hatte. Nun wollte er von uns wissen, was wir in all den Tagen auf Tschasi so »getrieben« hätten. Wir erzählten vom Fischen, den beiden Wasserbecken, dem Todesschrei des Hasen und dem langen, bangen Warten auf dem Hügel. »Nun, ab nächste Woche könnt ihr wieder jeden Tag hinauf-klettern und nach dem Vieh Ausschau halten«, sagte er und wünschte uns gute Nacht. Er durfte noch nicht lange sprechen und mußte jede Anstrengung vermeiden.

In dieser Nacht konnte ich wieder lange nicht einschlafen. Die Frage, ob Vater wieder gesund werden würde, beherrschte mein Denken und verursachte ein Gefühl von Angst und großer Unsicherheit. Meine Gedanken gingen zurück zu dem Hausbrand in Chicuma, und die Bilder tauchten auf, wie Vater am Bach gelegen und sich gekrümmt hatte, schwarz wie die Eingeborenen. Ob er damals schon einen Herzknacks bekommen hatte?

Am folgenden Morgen schien Vater sich wohler zu fühlen. Er ließ sich im Liegestuhl auf der Veranda nieder, von wo er den Blick ins Tal und auf den Wasserfall genoß. Nach einigen Tagen ging er in Mutters Begleitung schon ein wenig spazieren, und so nach und nach fing er wieder an, Pläne zu schmieden. Körperliche Arbeit unterließ er jedoch. Nach seiner Anweisung wurden nun Saatbeete für Kaffee angelegt, die ein Schattendach haben mußten. Jedes Beet bekam ein Gerüst aus etwa einen Meter hohen Stangen. Darauf wurde Stroh gebunden, dann wurden Tausende von Kaffeebohnen hineingesät. Anschließend ging es daran, die Löcher für die kommenden Pflanzen auszuheben. Auch die Schattenbäume wurden schon gepflanzt, da Kaffee ein Halbschattengewächs ist. Diese bestanden überwiegend aus Jakaranda, die zu gewissen Jahreszeiten mit wunderschönen blauen Blüten prunkten.

Allmählich begann Vater, zum Fernglas zu greifen und über den Wasserfall hinweg die fernen Hügel nach dem Vieh abzusuchen, das nach seiner Rechnung eigentlich schon hätte eintreffen müssen. Auch wir kletterten immer öfter den Hügel hinauf, in der Hoffnung, mit der frohen Botschaft zurückkommen zu können, die Kühe gesichtet zu haben.

Die Woche verstrich jedoch, ohne daß etwas geschah. Uns Kindern ging das Warten auf die Kühe bei weitem nicht so sehr auf die Nerven wie zuvor das auf Mutter und Georg. Es bedrückte uns nur deswegen, weil wir spürten, wie sehr das Ausbleiben des Viehs Vater beunruhigte. Er ging schon nicht mehr von der Veranda weg und war selten ohne Fernglas zu sehen. Es erweckte den Eindruck, als würde er gar nicht mehr wahrnehmen, was um ihn herum geschah. Mit jedem weiteren Tag wurde er schweigsamer. Keiner von

uns wagte mehr, ihn anzusprechen. Nur Mutter und Großmutter taten es.

Endlich, es war am Ende der fünften Woche, hörte ich
morgens, als ich noch im Bett lag, Mutters Stimme: »Karl,
das Vieh kommt.« In wenigen Minuten war die ganze Familie
auf der Veranda versammelt und blickte in die gleiche Richtung. Mit bloßem Auge waren winzige Pünktchen über einem
der fernen Hügel jenseits des Flusses zu erkennen. Vater
schaute durchs Fernglas. Nach einer Weile reichte er es
Mutter und sagte mit tief enttäuschter Stimme: »Schau durchs
Glas, da wirst du was sehen.« Mutter sah lange hindurch,
und auch in ihrem Gesicht drückte sich Entsetzen aus. Sie
legte das Glas auf den Verandatisch und sagte: »Ich hole das
Auto.« Unterdessen sahen wir nacheinander durchs Glas,
und als ich an der Reihe war, da konnte auch ich es deutlich
sehen. Von dem ganzen Vieh waren nur noch elf Stück zu
zählen, und diese hinkten alle ganz furchtbar und kamen
kaum noch vorwärts. Gamati war aus dieser Entfernung nicht
zu erkennen. Aber jeder der acht Arbeiter trug eine Last auf
dem Kopf.

Inzwischen war der Wagen vor die Veranda gefahren,
und Mutter rief nach Ganivete, der gleich aufsteigen mußte.
Uns erfaßte ebenfalls eine große Aufregung, und wir kletterten eiligst auf die Ladefläche. Nachdem auch Vater eingestiegen war, ging es los, dem Vieh entgegen, so weit es mit
dem Wagen möglich war, nämlich bis zum Tschasi, über den
von dieser Seite keine Brücke führte. Wir wußten jedoch
eine Stelle, wo der Fluß eine ziemliche Breite besaß und
daher weniger tief war. Dort konnte man hinüberwaten. An
dieser Stelle angekommen, gab uns Vater den Auftrag, mit
Ganivete dem Vieh entgegenzulaufen und Gamati zu ihm zu
schicken.

Das Vieh sollte zunächst bleiben, wo es sich befand, und ausruhen. Wir zogen die Schuhe aus und wateten mit Ganivete durchs Wasser. Krokodile gab es im Tschasi keine. Nachdem wir auf der anderen Seite die Sandalen wieder angezogen hatten, liefen wir los. Mutter blieb bei Vater im Wagen. Sie wagte nicht, ihn nach dieser Viehkatastrophe allein zu lassen.

Als wir den ersten Hügel erklommen hatten, erblickten wir das Vieh noch an der gleichen Stelle, an der wir es von der Veranda aus gesichtet hatten. Wir sahen, wie einige von den Leuten um eine Kuh herumstanden, die sich hingelegt hatte, und auf sie einschlugen, um sie zum Aufstehen zu bewegen. Nun riefen wir aus Leibeskräften nach Gamati, und Ganivete steckte zwei Finger in den Mund und pfiff so durchdringend, daß es uns in den Ohren schmerzte. Sie hatten es aber gehört, schauten zu uns her, ließen von der liegenden Kuh ab und schlugen nicht mehr auf sie ein.

Gamati kam uns entgegen – aber wie sah der arme Kerl aus, fast hätten wir ihn nicht erkannt. Er war so abgemagert, daß er uns nun sehr alt vorkam. »Vieh kaputt, verdammich, alles Vieh kaputt.« Das waren seine Begrüßungsworte. Georg meldete ihm, er solle zu Vater gehen, der auf ihn warte. Der Wagen sei vom Hügel aus gut zu sehen.

Wir gingen nun bis zum Vieh, und dort schossen mir die Tränen in die Augen: Alle hatten dick geschwollene Läufe, hinkten erbärmlich, waren total abgemagert und hingen voller Zecken. Sie waren nicht im entferntesten mehr mit jenen auf Cavaco zu vergleichen, die so seidig geglänzt hatten. Das Vieh kam auf uns zu gehumpelt, und einige leckten an unseren Händen. Tatsächlich waren nur noch elf Rinder übrig, und die Last, welche die Leute trugen, bestand aus Fellen von den verendeten Tieren. Das Vieh mußte unterwegs notgeschlachtet werden. Es war kein Laufen gewöhnt, bekam gleich an den ersten Tagen geschwollene Füße, konnte dann vor Schmerzen nicht mehr aufstehen und blieb liegen. Der erste, der getötet werden mußte, war der schwere Bulle »Sultan« gewesen. Man wollte ihn nicht den Löwen zum Fraß vorwerfen oder verdursten lassen. Wir erfuhren nun die ganze Geschichte von den Leuten. Auch, daß sie oft von Löwen angegriffen worden waren, die das Vieh tagelang verfolgten, und daß sie darum in all den Nächten nicht hätten schlafen können.

Jetzt begaben wir uns zu der liegenden Kuh, aus deren geschwollenen Füßen der Eiter lief. Sie hatte ihre Läufe von sich gestreckt, es sah aus, als ob sie jeden Augenblick verenden würde. Sie mußte schlimme Schmerzen haben, denn sie stöhnte sehr, und ihr Atem ging stoßweise.

Nach einiger Zeit hörten wir plötzlich die Leute wie aus einem Mund ausrufen: »Patrao la Senhora« und sahen zum Hügel hinauf, von dem Vater, Mutter und Gamati herunterschauten. Das Vieh wurde unruhig, spitzte die Ohren dem Hügel zu und hinkte, so schnell es nur noch konnte, hinauf, den Eltern entgegen. Es mußte Witterung bekommen haben – auch die liegende Kuh versuchte, sich aufzurichten, schaffte es jedoch nicht und brach wieder zusammen. Bis dahin hatte ich solch treue Anhänglichkeit nur bei Hunden, Katzen und Pferden erlebt.

Bis auf zwei Arbeiter, die zunächst bei der liegenden Kuh bleiben sollten, gingen wir hinter dem Vieh her. Sobald die Tiere bei Vater und Mutter angelangt und alle von beiden getätschelt worden waren, gingen die Eltern langsam vorweg, und das Vieh hinkte hinterher.

Am Fluß angekommen, stürzten sich die armen Tiere ins Wasser und begannen, endlos zu saufen. Auch die Leute legten sich auf den Bauch und tranken ohne Unterlaß. Sie hatten auf der letzten Strecke kein Wasser mehr gehabt. Sofort mußte ich an die zurückgelassene Kuh denken. Was mochte sie mit ihrem Fieber für Durst haben. Ich teilte meine Gedanken Mutter mit. Auch sie hatte daran gedacht.

Das Vieh überquerte nun den Fluß, und Vater setzte sich auf einen flachen Stein, während die Tiere hastig das saftige Gras am Flußrand fraßen. Mutter wendete den Wagen und fuhr zum Haus, um notwendige Dinge für den Transport der kranken Kuh zu holen. Schon nach kurzer Zeit kam sie zurück und brachte soviele Arbeiter mit, wie auf dem Wagen Platz fanden. Schnell kletterten sie herunter und luden zugleich die Zeltplane, Stricke, Balken und Bretter ab sowie zwei Wasserkanister und einen Eimer. Die Gefäße wurden mit Wasser gefüllt und zu der kranken Kuh gebracht. Georg blieb bei Vater, der sich, aus Schutz vor der Mittagssonne, in den Wagen gesetzt hatte.

Die Kuh lag noch an derselben Stelle. Mutter schob ihr den Eimer Wasser unter den Kopf. Das bedauernswerte Tier war so gierig, daß es den Eimer beinah umgeworfen hätte, wäre er nicht mit aller Kraft von Mutter festgehalten worden. Aus den Kanistern wurde nachgefüllt, und nach wenigen Minuten war alles leer. Es war ihr nicht genug, das konnte man sehen. Aber fürs erste mußte es reichen.

Nun wurde die Zeltplane ausgebreitet und so tief wie möglich unter den Rücken der Kuh geschoben, das Tier darauf gerollt, die Plane zusammengeschlagen und die Stricke angebracht. Aus den Brettern und Balken wurde eine Art Schlitten hergestellt, darauf band man die Kuh fest.

Jetzt ging es den Hügel hinauf, einige zogen vorne, und die anderen schoben von hinten nach. Die Kuh war so verängstigt und leidend, daß sie ihr anfängliches Strampeln in der Zeltplane, aus der nur ihr Kopf heraussah, bald aufgab und alles über sich ergehen ließ. Am Fluß wurde die Kuh wieder ausgepackt und vom Schlitten heruntergezogen. Vater hatte unterdessen einen Bund Gras für sie schneiden lassen, der ihr nun vor den Kopf gelegt wurde und den sie gleich zu fressen begann.

Es war unmöglich, die Kuh auf solch einem Schlitten durch den Fluß zu ziehen. Sie mußte zunächst auf der anderen Seite bleiben, bis sie soweit wiederhergestellt war, daß sie den Fluß selbst überqueren konnte. Von den anderen Tieren hatten sich die meisten schon wieder hingelegt, die Füße mußten ihnen starke Schmerzen bereitet haben.

Vater ordnete an, daß acht von den Tschasi-Leuten beim Vieh bleiben und auch nachts dort kampieren sollten, bis die kranke Kuh sich erholt hatte. Gamati und seine Begleiter mußten sich nun erst eine Zeitlang ausruhen. Sie stiegen aufs Auto, auch die großen Bündel Viehhäute wurden aufgeladen, und als ich die Haut meiner Lieblingskuh Blessi darunter entdeckte, wurden mir wieder die Augen feucht. Wir waren alle sehr erschüttert. Vater verhielt sich erstaunlich ruhig, und Mutter schaute oft forschend zu ihm hin. Zu Hause begab er sich gleich ins Schlafzimmer und legte sich ins Bett. Mutter suchte sofort die Küche auf, kochte die Spritze aus und gab ihm eine Injektion. Jeder wußte, wie sehr Vater an dem Vieh hing und was dieser Verlust für ihn bedeutete.

Unterdessen war es Zeit zum Mittagessen. Vater erschien nicht bei Tisch, und Mutter brachte ihm sein Essen ins Zimmer. Wir gaben uns die größte Mühe, die Mahlzeit so geräuschlos wie nur möglich hinter uns zu bringen. Es gab kein Klappern mit dem Geschirr, und wir sprachen auch nur flüsternd miteinander. Kurze Zeit später holte Mutter die Viehmedikamente und bat Großmutter, solange auf Vater zu achten, denn sie müsse die Füße der kranken Kuh mit Salbe einreiben. Auch wir sprangen wieder auf den Wagen.

Die acht Wächter kochten sich gerade ihr Essen, als wir ankamen. Das Vieh verursachte keine Arbeit, denn keines versuchte fortzulaufen und erhob sich nur auf die schmerzenden Beine, wenn es saufen oder fressen wollte. Wieder ging es durchs Wasser zu der kranken Kuh, und während Mutter ihre Füße mit einer schwarzen Salbe bestrich, pflückten wir die Zecken von ihr und warfen sie in einen Eimer, den wir zuvor halb mit Wasser gefüllt hatten. Zum Schluß gingen wir zurück, sammelten die Viecher aus dem Eimer, an dessen Rand sie schon wieder hochkletterten, und warfen sie ins Feuer, wo sie knackend verbrannten.

Mutter gab den Wächtern Anweisung, daß auch sie nach ihrer Mittagspause die Zecken von den übrigen Tieren absammeln und verbrennen sollten, weil sie sonst die ganze Gegend verseuchen würden. Eine Viehdippe mußte erst gebaut werden, und bis dahin wurden diese Viecher mit der Hand abgesammelt.

Am sechsten Tag nach der Ankunft der Kühe war es wieder Mutter, die frühmorgens mit dem Fernglas in der Hand eiligst zu Vater lief und rief: »Die Kuh steht, Karl!« Alle stürmten wieder auf die Veranda, tatsächlich konnten wir sie am jenseitigen Ufer stehen sehen.

Vater, der seit der Ankunft der noch verbliebenen Tiere zwar keinen weiteren Anfall erlitten hatte, war in all den Tagen kaum zu sehen gewesen. Er hielt sich hauptsächlich im Schlafzimmer auf, kam selten auf die Veranda und war beängstigend still geworden. Er nahm so gut wie keinen Anteil an dem, was um ihn herum geschah. Jetzt aber kam er, schaute durchs Glas und sagte: »Sie müßte gleich durch den Fluß zu den anderen getrieben werden, dann könnte

man das Vieh in zwei bis drei Tagen in den Stall bringen.«
Gamati hatte sich unterdessen erholt. Als er die stehende
Kuh sah, lachte er erfreut. Ich dachte: »Hätte diese Kuh nur
einen Tag vorher das Laufen aufgegeben, wäre auch sie notgeschlachtet worden.«

Vater rief nach Ganivete und schickte ihn in den Schuppen,
um einen Eimer Viehsalz zu holen und damit aufs Auto zu
steigen. Schnell saßen auch wir wieder auf der Ladefläche.
Vater fuhr diesmal den Wagen selbst. Bei unserer Ankunft
kamen die meisten Tiere nahe ans Auto heran. Ihre Füße
waren kaum noch geschwollen. Auch die Kranke spitzte
ihre Ohren, und als Vater anfing, kleine Salzhäufchen im
Abstand von etwa zwei Metern auf den Boden zu schütten
und das Vieh hinter ihm herlief, um das Salz zu lecken, da
kam auch sie, noch stark hinkend, durch den Fluß und
schaffte es tatsächlich allein.

Drei Tage später waren die Tiere, vier Kühe und sieben
Jungfersen, von denen drei tragend waren, in den Stallungen. Vater hoffte nun, daß es Bullkälber würden, mit denen
er später das afrikanische Vieh aufkreuzen könnte, welches
er von Biereck gekauft hatte. Es wurde vorerst getrennt von
den Rassetieren gehalten, um Kämpfe zu vermeiden, bei
denen das Rassevieh, das keine so langen Hörner hatte, im
Nachteil war.

So nach und nach nahm das Leben auf Tschasi wieder
seinen normalen Lauf. Die Kaffeesaat war längst aufgelaufen
und auch schon einige Quadrate von je einem Hektar ausge-
pflanzt.

Eines Tages, etwa drei Monate nach der Ankunft des Viehs,
nahmen wir wie üblich den Nachmittagskaffee auf der Veranda
ein. Ganivete, der zum Tischabräumen kam, blieb stehen
und schaute angestrengt in jene Richtung, in der damals das

ankommende Vieh gesichtet wurde. »Otala nje?« (Was schaust du?) fragte Mutter. »Olohuma« (Heuschrecken), antwortete er und deutete auf eine Wolke – die einzige am Himmel –, die ziemlich niedrig und von brauner Farbe war. Vater holte das Fernglas und sah sich die Wolke an. »Wenn die sich bei uns niederlassen, dann gnade uns Gott«, sagte er.

Mit Vaters Gesundheit ging es bis dahin so einigermaßen. Aber es war doch eine große Veränderung mit ihm vorgegangen. Es schien, als würde er ständig in sich hineinlauschen. Er war auch nicht mehr so fröhlich wie früher.

Alle schauten sich jetzt die Wolke an. Wir sahen zwar ständig große braune oder grüne Grashüpfer, aber Heuschrecken als Wolke – das hatten wir noch nicht erlebt. Die Wolke rückte mit einer erstaunlichen Geschwindigkeit näher. Sie war jetzt nicht mehr rund, sondern länglich, und steuerte auf das grüne Tal zu, in dem Mais und Luzerne als zusätzliches Grünfutter für das Vieh wuchsen. Das saftige Grün muß wie ein Magnet auf sie gewirkt haben.

Vater ließ alle Arbeiter vom Kaffeepflanzen rufen. Jedes verfügbare Buschmesser, Sicheln und sogar Küchenmesser wurden mit ins Tal genommen, um zu retten, was zu retten war. Wir rannten ebenfalls hinterher. Großmutter blieb bei Vater. Mutter hatte ihn gebeten, sich dieser Anstrengung nicht auszusetzen. Als wir unten ankamen, fielen bereits die ersten Heuschrecken über die Felder her. In aller Eile wurden der mannshohe Mais und die Luzerne abgeschnitten und auf Haufen geschichtet. Inzwischen war die Wolke ganz angekommen und ließ sich um, ja sogar auf uns nieder. Es war wie eine Sonnenfinsternis. Wer so etwas noch nie erlebt hat, kann sich davon kaum eine Vorstellung machen. Nichts Grünes war mehr zu sehen. Es sah aus, als wäre ein brauner Riesenteppich über das ganze Tal ausgebreitet worden.

Von den nahestehenden Büschen schnitten wir in aller Eile Zweige ab und schlugen damit auf die Mais- und Luzernehaufen ein, die vor Heuschrecken wie lebendig waren. Unsere Hände bekamen bald Blasen, und wir standen innerhalb kurzer Zeit bis zu den Fußfesseln in toten Heuschrecken, die von den Maishaufen heruntergeschlagen worden waren. Aber je mehr getötet wurden, desto mehr ließen sich erneut darauf nieder. Die Heuschrecken hatten ziemlich scharfe Sägebeine, sie knallten in ihrer Freßgier ständig gegen uns, was recht schmerzhaft war. Zuerst schrien wir jedesmal laut auf, wenn wir von einem der Tiere getroffen worden waren, die wie Raketen auf uns niedersausten oder uns beim Vorüberfliegen streiften. Unsere Gesichter, Arme und Beine waren schon vollkommen zerkratzt. Wir erlebten später noch öfter Heuschrecken. Aber niemals wieder in solcher Menge und mit einer derartigen Freßgier.

Alle waren schon schweißgebadet und völlig erschöpft. In unserem Kampf um das Viehfutter bemerkten wir lange nicht, daß Vater und Großmutter ans Ende des Plateaus gekommen waren, von wo der Abstieg ins Tal begann, und uns zurückwinkten. Vater hatte von oben längst erkannt, daß es vergebliche Mühe war, noch länger gegen die Heuschrecken anzukämpfen.

Mutter, die ebenfalls außer Atem war, gebot den Leuten, jeder solle einen Bund des durch unsere Zweige in Fetzen gehauenen Maises mit nach Hause nehmen. So ging es den Hügel hoch, jeder mit einem Mais- oder Luzernebund, auf dem die Heuschrecken dicht nebeneinander saßen und weiterfraßen. Die Bündel wurden dann in den Schuppen gelegt, wo sie lagerten, bevor man sie den Kühen vorwarf, sobald diese von der Weide zurück waren.

Jetzt aber geschah etwas, das uns Kinder in große Begeisterung versetzte. Die Hühner entdeckten die Heuschrecken, die noch immer in blinder Gier im Schuppen weiterfraßen. Sie versammelten sich um die Haufen, pickten sich je eine Heuschrecke heraus, schlugen sie mit ihren Schnäbeln auf dem Boden hin und her, bis sie in Stücke zerfielen, und verschlangen sie. Man konnte sehen, wie die Teile durch ihre Hälse rutschten und im Kropf landeten. Dann holten sie sich die nächste, und so ging es fort. Schon nach kurzer Zeit waren die Bunde von den Viechern befreit, und die Hühner hatten vollgepreßte Kröpfe, die so weit abstanden, daß es schien, als ob sie beim Laufen kaum noch das Gleichgewicht halten konnten. Wir blieben solange dabei, bis die Hühner, nun völlig überfressen, den Schuppen verließen. Dann wendeten wir die Haufen, und da kamen noch immer welche zum Vorschein, wenn auch die meisten erstickt oder zerquetscht worden waren. Wir sammelten sie in Säcke, damit die Hühner am nächsten Tag noch einmal einen solchen Leckerbissen erhalten konnten.

Unterdessen läutete Mutter den Gong, der jeden Tag für die Leute den Feierabend ankündigte. Es fiel uns auf, daß die Arbeiter, statt zu ihren Hütten zu gehen, wie sie es alle Tage taten, den Weg ins Tal einschlugen. Wir liefen hinterher und fragten: »Was wollt ihr tun?« – »Olohuma wipepa« (Heuschrecken schmecken gut), antworteten einige. »Laßt uns auch mitgehen und noch mehr für die Hühner sammeln«, schlug Georg vor. Rasch liefen wir zum Schuppen und holten leere Säcke.

Als wir das Tal erreicht hatten, brannte dort schon ein Feuer, und einige verspeisten bereits die ersten gerösteten Heuschrecken. Fasziniert schauten wir zu. Die Heuschrecken wurden ganz ins Feuer geworfen und einige Male umgedreht. Ihre Flügel verbrannten sogleich. Nach kurzer Zeit holte man sie mit der Hand oder einem kleinen Stock heraus, riss Beine, Rumpf und Kopf ab und aß nur die Brust. Es knackte recht laut und hörte sich sehr knusperig an, wenn sie zerbissen wurden. Georg brachte den Mut auf, eine zu probieren. Er spuckte sie gleich wieder aus und sagte: »Schmeckt ähnlich wie eine Krabbe, nur etwas süßer.« Nachdenklich fügte er nach einer Weile hinzu: »Es steht ja in der Bibel, daß Johannes der Täufer sich von Honig und Heuschrecken ernährte.«

Nun eilten wir zu der Stelle, wo der Maishaufen lag, und sammelten die Heuschrecken ein. Es dämmerte bereits, und Mutter schickte schon Ganivete, der uns holen sollte. Der Sack war fast voll. Er wurde mit einer Baumrinde zugebunden und von Ganivete auf den Kopf genommen.

Damit die Heuschrecken nicht verfaulten, wurden sie zum Trocknen auf die Dächer der Kaffeebeete gelegt, wobei wir abwechselnd Wache standen, damit die Hühner sie nicht sofort herunterholten, sondern wochenlang davon leben konnten.

Das zuvor grüne Tal war vollkommen kahl, als die Heuschrecken es am folgenden Morgen verließen. Nichts Grünes war mehr zu sehen. Sie erhoben sich im Laufe des Vormittags, bildeten wieder eine Wolke und zogen gen Osten. »Wer mag der nächste Farmer sein, den sie mit ihrem Besuch beehren?« fragte sich Vater nachdenklich. Er sah heute wieder gar nicht gut aus und erlitt am späten Nachmittag einen Anfall, wenn auch diesmal keinen so schweren. Das änderte aber nichts daran, daß wir wieder um sein Leben fürchteten.

Die Kühe, die sich von den Reisestrapazen längst erholt hatten, mußten sich nun solange mit dem mageren Weidegras begnügen, bis wieder neues Futter nachgewachsen war. Das Tal wurde wenige Tage danach umgepflügt und neu besät.

Es mochte acht Tage nach dem Heuschrecken-Überfall gewesen sein, als ein Briefbote von der Caluquembe-Mission eintraf, der neben allerlei vor Monaten abgesandter Post aus Deutschland auch einen Brief von dem Angestellten Manuel Silva aus Cavaco brachte. Er teilte Vater mit, daß er sich entschlossen habe, nach dem Schwarzwasserfieber zu seiner Familie nach Portugal zurückzukehren. Vater solle sich daher nach einem anderen Angestellten umsehen.

Die Pechsträhne schien kein Ende zu nehmen. Wieder wurde der Wagen für eine Reise nach Cavaco beladen. Seit Vater den ersten Anfall erlitten hatte, mußte Georg wegen seiner Fahrkenntnis jetzt immer mit dabeisein. Mutter fuhr natürlich auch mit.

Vater hatte Gamati die Verantwortung für das Vieh übertragen, deshalb wurde diesmal ein anderer Arbeiter mitgenommen. Beim Abschied sagte Vater: »Diesmal können wir nicht sagen, wann wir zurückkommen. Es kann in einigen Wochen, aber auch erst in einigen Monaten sein. Man findet nicht so schnell einen neuen Angestellten, und wenn, dann muß er auch erst angelernt werden. Es ist am besten, wenn ihr überhaupt nicht auf uns wartet.«

Von da ab war Großmutter wieder unser Oberhaupt und Eva ihre rechte Hand. Unsere Lehrerin, Frau Enenkel, war ebenfalls mitgefahren, da sie wegen einer Erbschaftssache nach Deutschland mußte.

Schon zwei Tage nach der Abfahrt der Eltern kalbte eine der Fersen. Sie gebar ein kräftiges Bullenkalb. »Vater wird sich freuen«, jubelten wir, und ich schloß sogleich Freundschaft mit diesem Kalb, so daß es mir nach einigen Tagen schon entgegenkam, wenn ich mich ihm näherte, um es zu streicheln. So verging die erste Woche, und jeder gab sich Mühe, auf Tschasi alles in Ordnung zu halten, damit die

Eltern sich bei ihrer Rückkehr freuen konnten. Mein Blumengarten hatte sich inzwischen zur Augenweide entwickelt. In ihm verbrachte ich die meiste Zeit des Tages. Ständig gab es etwas darin zu tun.

In der zweiten Woche, gleich nach dem Mittagessen, kam Gamati völlig außer Atem und rief nach Jola. Er solle schnell mit Vaters Gewehr kommen, am Flußufer liege eine Riesenschlange. Vaters Gewehr war jedoch nicht da, denn er hatte es mitgenommen. Jola rannte in sein Zimmer und holte seine stärksten Pfeile und einige Bögen. Gamati, der wie immer seinen Pfeil und Bogen mit sich führte, zögerte und sagte, er habe sich damit nicht zu schießen getraut, weil es eine so unheimlich große Schlange sei. Er fürchtete, sie damit nicht erlegen zu können. Gamati berichtete weiter, daß er die Kühe zum Tränken an den Fluß getrieben hatte und die vorweg laufende Leitkuh kurz vor dem Wasser, wo es Büsche und hohes Gras gab, plötzlich stehengeblieben sei, mit ihren Vorderfüßen die Erde weggescharrt und nach hinten ausgetreten habe, wobei sie ziemlich geräuschvoll geschnauft habe. Er sei dann hingegangen, um zu sehen, warum sich die Kuh so sonderbar verhielt, und habe eine mannshoch aufgerichtete Riesenschlange gesehen, die ihrerseits die Kuh anfauchte und ihr entgegenzüngelte. Sie sei enorm groß gewesen und hatte am Bauch einen wulstigen Knoten. Vermutlich hatte sie gerade einen Buschbock oder ähnliches verschlungen, weil sie sich nicht fortbewegte.

Uns kamen sogleich die Todesschreie des Hasen in den Sinn, die wir gehört hatten, als wir das erste Mal ins Tal gegangen waren. Jola hatte damals schon eine Schlange vermutet. Wir liefen nun alle hinter Gamati ins Tal hinunter, wo der neu gesäte Mais bereits einen grünen Film zeigte. Nur Großmutter blieb am Haus.

Am unteren Ende des Tales, ziemlich weit hinter den Maisfeldern, gab es noch Grün, das von den Heuschrecken verschont geblieben war. Dort ließ Gamati das Vieh grasen. Alle anderen Weiden waren schon trocken, die Landschaft hatte innerhalb weniger Wochen eine gelbbraune Färbung angenommen.

Wir näherten uns nun der Stelle, wo die Schlange liegen mußte, und Gamati sagte: »Ene musala apa.« (Ihr bleibt hier.) Er nahm Jolas stärkste Pfeile und schlich sich Schritt für Schritt näher heran. Gamatis Haltung drückte eine lauernde Spannung aus, die sich auf uns übertrug. Atemlos verfolgten wir, wie er sich federnd vorwärtsbewegte, und als er etwa fünf Meter von uns entfernt war, erweckte er den Eindruck, als hätte er die Schlange gesichtet. Er setzte einen Pfeil in den Bogen, bückte sich, hob einen Erdklumpen auf und warf ihn in die Richtung, in der er die Schlange vermutete. Im selben Moment, als der Erdklumpen bei ihr landete, fuhr sie hoch und fauchte Gamati entgegen. Ihre dünne, lange Doppelzunge kam dabei zum Vorschein. Sie hatte sich fast zwei Meter aufgerichtet, so daß sie mit Gamati auf Augenhöhe war, und ihr Maul wie zum Angriff aufgerissen. Im gleichen Augenblick flog ihr Gamatis Pfeil in den Rachen. Es war ein Volltreffer. Sie schnellte in ihrer ganzen Größe und Schwere in die Höhe. Dabei war deutlich zu erkennen, daß sie einen Buschbock, so groß wie ein Kalb, verschlungen haben mußte. Eine enorme Wölbung war an ihrem Bauch zu sehen. Jede Riesenschlange, die ein großes Tier verschlungen hat, bleibt meistens an der gleichen Stelle liegen, bis ihr Organismus das Opfer verdaut hat, was eine längere Zeit beansprucht. Äußerst erregt schauten wir nun dem Todeskampf der Schlange zu, die selbst unter ihresgleichen ein Riese war. Sie rollte sich zu einem Klumpen zusammen, dann wieder auseinander.

Der Pfeil war schon in viele Stücke zersplittert. Die Metall-
spitze aber steckte ihr noch im Kopf. Gamati setzte zu einem
zweiten Schuß an. Da rief Jola fast flehend, er solle nur auf
den Kopf zielen, damit die wunderschön gemusterte Haut
nicht beschädigt würde. Zum zweiten Schuß kam es jedoch
nicht mehr. Die Schlange wälzte sich derart herum, daß sie
dadurch dem Fluß immer näherkam. Schließlich fiel sie ins
Wasser und peitschte es mit solcher Kraft auf, daß meterhohe
Wellen entstanden.

Wir eilten jetzt alle an den Fluß, denn diese Schlange war
keine Gefahr mehr. Ganivete wurde schnell nach Hause
geschickt, um mehrere Leute sowie Bambusstangen, Stricke
und Rechen zu holen. Nach einer Weile kam er mit Verstärkung zurück. Die Schlange war inzwischen erschöpft. Ihre
Bewegungen wurden langsamer, und der Strom trieb sie
mehr und mehr flußabwärts. Wir folgten ihr am Ufer. Gamati
befestigte den Rechen an einer Bambusstange und versuchte,
sie damit an Land zu ziehen. Er brachte sie zwar bis an den
Flußrand, aber es war unmöglich, sie herauszuheben. Gleich
beim ersten Versuch brach die Stange entzwei. Gamati nahm
den Rechen vom abgebrochenen Bambus, während die anderen mit den übrigen Stangen die Schlange am Ufer festhielten.
Unter Evas Anleitung fertigte Ganivete inzwischen aus Stricken
große Schleifen, die der Schlange mit dem Rechen überge-
schoben wurden. Nun konnte sie damit aus dem Wasser
gezogen werden.

Jetzt erst konnte man sehen, wie ungeheuer groß sie war.
Unsere Leute, die aufgeregt miteinander schwatzten, konnten
gar nicht aufhören, staunende Laute von sich zu geben: »Haga,
haga, jinene Onjocha jatscho ej.« (Je-oh-je, wie groß doch
diese Schlange ist.) Man sah jetzt auch deutlich die Konturen des verschlungenen Opfers. Nun wurden alle Stangen

zusammengebunden, um daraus einen kräftigen Balken zu machen. Gamati drückte mit dem Rechen den Schlangenkopf auf den Boden und zog die Pfeilspitze heraus. Danach wurde das Tier an den Balken gebunden und auf die Schultern von sechs Leute gehoben, die anderen gingen nebenher und lösten sie ab. Besonders den Hügel hoch war es schwer mit solch einer Last, und es mußten viele Pausen eingelegt werden. Die Schlange bewegte ihr Schwanzende noch heftig. Das ist bei diesen Tieren immer so. Man glaubt sie dadurch viele Stunden nach ihrem Tod noch lebend. Sobald sie am Haus vom Balken losgemacht worden war, rollte sie sich vollkommen zusammen. Es war daher gar nicht so einfach, mit der Enthäutung zu beginnen. Andererseits war es schon später Nachmittag, und wenn es noch bei Tageslicht geschafft werden sollte, mußte eiligst damit begonnen werden. Würde sie bei dieser Hitze bis zum nächsten Morgen liegenbleiben, hätte der Verwesungsprozeß eingesetzt und ihre wunderschöne Haut beschädigt.

Sie wurde also durch den Kopf mit einem starken Pfahl im Boden festgepflockt. Dasselbe sollte auch mit dem Schwanzende geschehen. Dieses festzupflocken erwies sich aber als ein fast unlösbares Problem. Jedesmal, wenn es befestigt worden war, zog sich die Schlange wieder zusammen. Dann riß entweder der Pflock aus dem Boden oder, wenn er zu fest saß, das Fleisch des Tieres. Das Schwanzende war dadurch in kurzer Zeit vollkommen ausgefranst, und Jola mußte sich schweren Herzens entschließen, den Pflock oberhalb des dünnen Schwanzendes durchzutreiben, wo der Umfang schon sehr viel dicker war. Endlich war sie festgemacht und wurde aufgeschnitten: am Hals beginnend, an der Bauchseite entlang bis zum Schwanz.

Gamati war beim Vieh geblieben. Das Abhäuten wurde daher von Gambuta vorgenommen, der diese Tätigkeit oft mit Jolas Jagdbeute ausführte, wenn Gamati nicht zur Verfügung stand. Meistens aber tat Jola es selbst. Wir verfolgten erregt das Schauspiel. Sogar Großmutter war dazugekommen. Als Gambutas scharfes Taschenmesser über den Höcker am Schlangenbauch gezogen wurde, rollte der Buschbock heraus. Er mußte erst einen Tag zuvor verschlungen worden sein, denn seine Fellhaare saßen noch fest und lösten sich nur zwischen den Schenkeln etwas ab.

Das Schlangenfleisch war weiß wie das von Fischen. An den nun aufgeklappten Bauchseiten waren beidseitig Fettklumpen, die am Hals begannen und sich wie zwei Perlschnüre bis zum Schwanz hinzogen. Sie waren am Hals so groß wie ein Taubenei, vergrößerten sich in der Bauchmitte zum Hühnerei und nahmen am Schwanzende wieder ab, bis die letzten nur noch die Größe einer Erbse aufwiesen. Noch nie hatten wir so etwas gesehen. Gambuta trennte nun diese beiden Fettketten mit geübten Händen ab, und wir wunderten uns sehr, als sie jetzt von ihm in kleine Stücke zerschnitten wurden, und er diese unter die Leute verteilte. »Was wollt ihr damit machen?« fragten wir alle zugleich. Wir wurden nun belehrt, daß Schlangenfett eine gute Medizin gegen Wunden sei. Sie würden es auskochen und in Flaschen abfüllen.

Nachdem die Schlangenhaut fachkundig abgezogen, auf langen, schnell zusammengezimmerten Brettern zum Trocknen ausgespannt und festgenagelt war, machten sich die Leute über den Buschbock her. Er wurde ausgenommen, abgezogen, in Stücke geschnitten und ebenfalls verteilt. »Was macht ihr damit?« fragten wir wieder. »Wir essen ihn und machen Trockenfleisch daraus«, war die Antwort. Wir sahen einander an und konnten es zunächst nicht glauben, denn unsere Leute litten keine Not. Es gab damals derart viele Buschböcke, die einen großen Schaden in den Feldern anrichteten und daher in großer Zahl abgeschossen wurden, daß weder bei uns noch bei unseren Arbeitern Fleischmangel herrschte.

Großmutter verstand die Umbundu-Sprache nicht und wollte von uns wissen, was mit dem Buschbockfleisch geschehen sollte. Wir erklärten es ihr. Ungläubig und empört schaute sie die Leute an, wandte sich ab und ging mit großen Schritten zum Haus zurück, dabei schimpfte sie laut auf bayerisch: »Dös ho i mai labtoch nu nit erlabt.« (Das habe ich mein Lebtag noch nicht erlebt.)

Wir aber blieben beim »Schlachtfest« und kamen aus dem Staunen nicht mehr heraus, als Gambuta jetzt daran ging, auch die Schlange, deren Fleisch noch überall zuckte, in Stücke zu schneiden und ebenfalls unter allen zu verteilen. Mit aufgerissenen Augen fragten wir wieder: »Ist das auch Medizin?« – »Ositu jo Njocha jipepa« (Schlangenfleisch schmeckt gut), sagten sie. »Das ist doch giftig«, gaben wir zu bedenken. Daraufhin wurden wir aufgeklärt: Riesenschlangen seien nicht giftig, sie würden ihre Opfer mit ihrer Kraft umbringen, indem sie sich um sie schlängen und sie erdrückten. Außerdem würden sie den Kopf nicht essen, denn bei den Schlangen sitze das Gift im Kopf, in den Zähnen und nicht im Körper. Zunächst dachten wir, daß sie uns nur einen Bären aufbinden wollten, und Eva sagte: »Ihr lügt uns doch nur an?« – »Nein«, riefen sie, und lachten sich kaputt über unsere Ungläubigkeit.

Die Arbeiter gingen nun, jeder mit seinem Fleisch beladen, ins Dorf, das etwa achthundert Meter von unserem Haus entfernt lag. Es begann zu dämmern. Gamati kam mit dem Vieh zurück und brachte es in den Stall. Wir liefen zu ihm. Er sah sich gerade die aufbereitete Schlangenhaut an. Sie hatte eine Länge von siebeneinhalb Metern und war in der Bauchmitte achtundneunzig Zentimeter breit. Wir sagten, noch immer voller Zweifel: »Die wollen das Schlangenfleisch essen!« Gamati spuckte in hohem Bogen zur Seite und erklärte: »Wir aus Quilenques essen so etwas nicht.«

Wir gingen mit ihm ins Dorf, um zu sehen, wie das Schlangenfleisch gegessen wurde, denn es wollte uns nicht einleuchten, was sie vorhatten. Im Dorf begab sich Gamati, der vorher nochmals kräftig ausgespuckt hatte, in seine Hütte, holte den Topf für das übliche »Pirao« und brachte es zum kochen. Die anderen saßen bereits um ihre Feuerstellen. Jede Gruppe hatte einen Topf mit Wasser gefüllt darauf stehen, und sobald es zu kochen begann, warfen sie das Schlangenfleisch, das noch immer zuckte, hinein. Dazu kamen Salz, Piri-Piri, Tomaten und Zwiebeln. Es sah aus wie ein pikantes Fischgericht.

Schon nach kurzer Zeit war alles gar, und sie begannen mit der Mahlzeit. Wir schauten beklommen von einem zum anderen und erwarteten jeden Augenblick, daß sie vergiftet umfallen würden. Aber es geschah nichts. Sie waren alle bester Laune, schmatzten und lachten viel dabei. Plötzlich gewahrten wir Großmutter. Sie mußte uns schon eine Weile beobachtet haben, bevor wir sie bemerkten. »Macht, daß ihr sofort nach Hause kommt!« fuhr sie uns an. »Habt ihr etwa auch davon probiert?« fragte sie drohend. »Nein«, riefen wir und traten gleich den Heimweg mit ihr an.

Am nächsten Morgen fehlte keiner von unseren Leuten. Es war also niemand an Schlangengift gestorben.

Großmutter war voller Empörung gegen die »Schlangenfresser«. Sie wollte von Ganivete wissen, ob auch er davon gegessen habe. Ganivete, nichts Gutes ahnend, verneinte. Wir aber hatten gesehen, daß auch er genüßlich mitgegessen hatte. Doch wir verrieten ihn nicht, denn Großmutter war dermaßen aus der Fassung geraten, daß sie Ganivete sicherlich nie mehr in der Küche hätte haben wollen.

Eines Tages bauten wir das Grammophon auf der Veranda auf und spielten unsere Lieblingsplatten. Es war kurz vor Feierabend. Als die Leute von der Arbeit kamen, wurden sie von der Musik angelockt und versammelten sich um die Veranda. Auch ihre Frauen kamen dazu. Es war ihnen unbegreiflich, daß aus einem mit Metall verkleideten Holzkasten Musik ertönen konnte, ohne daß einer von uns irgendein Instrument spielte. Als plötzlich Benjamino Giglis Stimme erklang, schauten sie zunächst erschrocken auf unseren Mund, und als sie feststellten, daß die Stimme nicht von uns kam, ergriffen sie entsetzt die Flucht. Wenn so ein Holzkasten schon von sich aus Musik erzeugen konnte, war das unfaßbar genug, aber daß nun auch noch eine menschliche Stimme daraus kam, das ging zu weit. Sie behaupteten, es sei die Stimme eines Geistes gewesen, der in den Holzkasten verbannt worden war. Gamati, der das Grammophon schon kannte, lachte über sie und versuchte, sie zurückzurufen. Der Schreck und das Entsetzen waren ihnen jedoch zu tief ins Gemüt gedrungen, sie kamen an diesem Tag nicht mehr zurück.

Es mußten erst einige Tage vergehen, bevor sie es wagten. Wir hatten uns an jenem Tag, als wir das Grammophon auf die Veranda geholt hatten, nichts dabei gedacht. Nachdem wir aber die Reaktion der Leute erlebt hatten, holten wir es jeden Tag heraus, um sie daran zu gewöhnen. Es dauerte dann auch nicht lange, da hatte bereits jeder ein Lieblingslied, das er immer wieder zu hören wünschte.

Inzwischen waren schon drei Wochen vergangen, seit die Eltern abgefahren waren, und wir fingen wieder damit an, einige Male am Tag den Hügel hochzugehen, um Ausschau zu halten. Die vierte Woche neigte sich ihrem Ende zu. Es war Sonnabend. Nach dem Frühstück füllten wir die Vasen mit neuen Blumen. Alles, was wir taten, war davon bestimmt, daß es überall so schön wie möglich sein sollte, wenn die Eltern zurückkämen. Später fegten wir die Gartenwege. Luise half auch schon eifrig mit, während Großmutter und Eva den üblichen Sonntagskuchen backten. So verging der Vormittag. Ganivete begann gerade, den Tisch zu decken, als Jola ums Haus gerannt kam und rief: »Ich höre ein Auto.« Ja, es war zu hören, wenn auch noch sehr entfernt. Schnell jagten wir den Hügel hoch und sahen die schon so lange ersehnte Staubwolke.

Wir kehrten um und wollten hinaus auf die Straße. Großmutter rief uns jedoch zurück und gebot uns, am Haus zu bleiben, weil wir ja nicht wüßten, in welchem Gesundheitszustand Vater wiederkäme.

Endlich nahten sie, und wir stellten als erstes fest, daß Vater den Wagen fuhr und es ihm gut ging. Wie immer war die Begrüßung sehr stürmisch. Ein Wiedersehen mit der Familie war damals bei den Entfernungen und Gefahren stets eine große, aufregende Sache.

Jola zog Vater nun zur Schlangenhaut, die schon lange trocken war, aber absichtlich nicht vom Brett genommen wurde, damit die Eltern und Georg sie in ihrer ganzen Länge und Größe bewundern konnten. Vater sah uns bedeutungsvoll an: »Diese Schlangenart ist eine große Gefahr für Kinder und Kälber.«

Wie Sturzbäche kamen nun unsere Berichte: »Die Arbeiter haben das Schlangenfleisch gegessen«, sagte Luise mit wichtigem Augenausdruck. Darauf erwiderte Vater: »Andere Völker, andere Sitten.« Es schien, als sei das, was uns völlig aus der Fassung brachte, für ihn etwas ganz Normales. Er erklärte

dann, daß es im Orient Völker gäbe, die extra Schlangen-
märkte hätten, auf denen sich die Hausfrauen Schlangen
kaufen würden, wie wir das Fleisch beim Schlachter. Luise
fuhr fort: »Sie haben auch den Buschbock gegessen, der im
Schlangenbauch war.« Und Vater sagte: »Wir essen Böcke,
die durch einen Pfeil- oder Gewehrschuß getötet werden.
Dieser wurde von einer Schlange getötet. Er war sicherlich
noch nicht verfault.«

Wir wunderten uns sehr über Vater. Er, der uns so oft
zurechtwies, wenn wir Dinge taten, die wir den Eingeborenen
abgeschaut hatten, wie das Ausspucken im hohen Bogen,
empfand nun das, was uns so schockierte, als etwas ganz
Natürliches. Wir hatten den Eindruck, daß er die Einheimischen viel besser verstand als wir, obgleich wir das Umbundu perfekter sprechen konnten.

Jetzt war ich es, die Vater und Mutter zum nahegelegenen
Kälberstall zog, wo Klein-Sultan uns entgegen kam. Vater
tätschelte das prächtige Kalb und schaute dabei so glücklich
aus, wie wir ihn schon lange nicht mehr gesehen hatten. Ein
Strahlen ging über sein Gesicht, erlosch jedoch bald wieder,
um jenem nachdenklichen Ausdruck Platz zu machen, den
wir seit seinem ersten Anfall kannten.

Großmutter ließ zum Essen rufen. Im Laufe des Nachmittags erfuhren wir alle Neuigkeiten über Cavaco. In Benguela, so berichtete Mutter, gab es jetzt einen neuen und
guten schwedischen Arzt, Dr. Löffgren. Von ihm sei Vater
gründlich untersucht worden, und nach seiner Meinung sei
es Vater nicht zuträglich, in einer vom Meeresspiegel so
hoch gelegenen Gegend wie Tschasi zu leben. Für Vater wäre
die Küste besser. Am Eingang zum Cavaco-Tal, so erzählte
Mutter weiter, sei eine Baumwoll-Entkernungsfabrik aufgebaut worden, und die Pflanzer dort würden jetzt nur noch

Baumwolle anpflanzen, was z. Z. ein sehr gutes Geschäft sei. Ein erntereifes Baumwollfeld sähe wunderschön aus, so als wenn es mit Schneeflocken besprengt worden sei. Schnee kannten wir Kinder nur von Bildern, stellten uns aber etwas Großartiges darunter vor. Außerdem, so fuhr Mutter fort, sei eine Baumwollkultur nicht annähernd so arbeitsaufwendig wie eine Milchwirtschaft oder der Gemüseanbau. Mit Rücksicht auf Vaters Herzleiden müßten wir wieder zum Cavaco ziehen. Der neue Angestellte, ein junger Deutscher namens Reich, würde Tschasi weiterführen. Nach diesen Worten trat eine längere Pause ein, und jeder hing seinen Gedanken nach. Innerlich nahm ich bereits Abschied von Tschasi und stellte fest, daß es mir gar nicht schwer wurde, so sehr ich anfangs auch davon begeistert gewesen war.

Vater hatte sich im Liegestuhl zurückgelehnt und blickte über den Wasserfall hinweg in die Ferne. Seine Augen fanden kein Ziel, es war, wie so oft in letzter Zeit, als ob er nach innen sah. Auch war es neu, daß nicht Vater, sondern Mutter uns diese Dinge berichtete. Vater war ein völlig veränderter Mensch geworden. Alles war anders gekommen, als er es geplant hatte. Es war, als resigniere er vor all den Rückschlägen, er, der bis dahin durch nichts zu erschüttern gewesen war. Seine Krankheit hatte ihn von den gesteckten Zielen abgedrängt und dazu verurteilt, sich vorzeitig und wider Willen zur Ruhe zu setzen.

Erneut wurden nun Umzugsvorbereitungen getroffen, und schon zwei Wochen später waren wir wieder auf Cavaco. Mutter und Georg mußten noch öfter hin- und herfahren, da auf den Wagen nur eine Tonne geladen werden konnte. Bei der ersten Rückfahrt wurde Reich mit nach Tschasi genommen. Auch Gamati, Ganivete und die acht Leute, die den Viehtransport begleitet hatten, kehrten mit uns nach Cavaco zurück.

Sie wollten keinem neuen Patrao dienen, sondern bei Vater bleiben. Daß Tschasi auch Vater gehörte und ihr Lohn weiterhin von ihm bezahlt worden wäre, ließen sie nicht gelten.

Das gesamte Vieh, einschließlich Klein Sultans, wurde an einen portugiesischen Farmer verkauft, zu dem es von Tschasi aus nur fünf Stunden Fußmarsch waren. So brauchte sich Reich nur um die Kaffeekultur zu kümmern.

Auf Cavaco wurden nun Vorkehrungen zum Baumwollanbau getroffen, und nach drei Monaten waren die Felder damit begepflanzt. Die Regenzeit begann in diesem Jahr früher als sonst, vor September also, und der Fluß führte Hochwasser. Wir hörten ihn vom Haus aus gewaltig rauschen. Die Frösche begannen zu quaken, Tausende und Abertausende stimmten in das Konzert ein. Das taten sie jedesmal, sobald der Cavaco mit Wasser ankam. Manche Jahre lief er nur zwei oder drei Monate, war es aber ein gutes Regenjahr, ein halbes Jahr und länger. Manchmal blieb er einige Jahre überhaupt aus, was immer schlimm war wegen des Wasserspiegels, der dann so abfiel, daß die Pumpen an den Brunnen tiefergesetzt werden mußten, um das Wasser zu erreichen.

Das Flußwasser, besonders das erste, war stark braun gefärbt und brachte allerlei wertvolle Stoffe für den Boden mit, was einer perfekten Düngung gleichkam. Vater hatte bereits am Anfang einen Stichgraben zum Fluß herstellen lassen, mit dem wir, solange er lief, unsere Felder bewässern konnten.

Eines Tages kam Sauer schon am frühen Morgen und teilte mit, daß Manuel Silva in der Nacht an Schwarzwasserfieber gestorben sei und um vier Uhr nachmittags auf dem Benguela-Friedhof beerdigt werden würde. Er war damals, als er von uns ging, doch nicht nach Portugal zurückgekehrt, wie er es vorgehabt hatte, sondern hatte wieder eine Stellung bei einem Farmer in unmittelbarer Nachbarschaft angenommen.

Vater war wie wir alle von dieser Nachricht sehr ergriffen, denn Manuel hinterließ in Portugal eine Frau und sechs Kinder. Am Nachmittag trug Vater mir auf, einige Blumensträuße fertigzumachen. Wir Kinder erlebten an diesem Tag die erste Beerdigung. Dadurch, daß keine Angehörige anwesend waren, verlief alles sehr ruhig. Es gab kein verzweifeltes Weinen oder Schreien, wie wir es später noch oft erleben mußten. Als das Zuschaufeln des Grabes begann, warfen wir die Blumen hinein und wandten uns dem Ausgang zu.

Vater ließ den Blick über den kahlen Friedhof schweifen, auf den die Sonne erbarmungslos niederschien. Auf keinem Grab war eine Blume oder andere Pflanze zu sehen. Es war ein unbeschreiblich trostloser Anblick in jener Zeit, und wir hörten Vater sehr nachdenklich sagen: »Auf diesem Friedhof möchte ich nicht um alles in der Welt begraben werden.«

Paul Lorenz

Zwei Tage nach Manuels Beerdigung bekamen wir Besuch von Paul Lorenz, einem Schwaben, von dem wir schon viel gehört hatten. Er war Elefantenjäger und machte einträgliche Geschäfte mit Elfenbein. Jedesmal, wenn er von einer Großsafari nach Benguela kam, um das Elfenbein zu verschiffen, wurde er in der Gaststätte, wo er stets einkehrte, von Portugiesen belagert, die seine Jagderlebnisse hören wollten.

Es war wirklich sehr interessant, Lorenz zuzuhören. Er und sein Bruder Alfred lebten mit ihren sechs Arbeitern ständig im Busch. Sie kamen nur aus dem Urwald, wenn sie Elfenbein verladen mußten, was meistens von Paul erledigt wurde, da Alfred kaum portugiesisch sprach und deshalb selten oder nie den Busch verließ.

Ihr Hauptjagdrevier war das Gebiet der gefürchteten Mucubais. Dort hatten sie ihren Stammplatz und unterhielten gute Beziehungen zum »Soma« (Häuptling) und somit zum ganzen Stamm. Sie konnten bisher gut mit ihnen auskommen, zumal sie ihnen stets das Elefantenfleisch überließen, das sie gern aßen. Auch sonst war allerlei Kleinhandel im Gange, z. B. mit Salz, das Paul jedesmal mitbrachte, wenn er von einer Verschiffung zurückkam. Sie wurden also toleriert. Ihr einziger Besitz waren ihre Gewehre und vierzig afrikanische Rinder. Ihr Geschäft war das Elfenbein.

Es wurde sehr spät an diesem Abend, und besonders Jola lauschte so gebannt den Jagderzählungen, daß er, als wir Kinder ins Bett sollten, mit Tränen in den Augen um sich fuchtelte – was bei uns in keiner Weise üblich war –, so daß selbst Vater lachen mußte, statt Jola zu verwarnen.

Lorenz war ein Abenteurer großen Stils und dennoch kein Aufschneider. Er gab ehrlich zu, wenn er um sein Leben gelaufen war, auch, daß er einmal vor Angst sogar »in die Hos'n g'schissa« hätte, gestand er, ohne rot zu werden. Er schlief in dieser Nacht bei uns, und als er gegangen war, hatte sich die Zahl unserer Freunde um einen erhöht.

Staunend besprachen wir die Einzelheiten seiner Geschichten. Vater aber sagte, daß er sehr gegen das Abschießen der Elefanten sei, insbesondere weil diese Tiere so viele Jahre brauchten, um den alten Bestand wieder zu erreichen.

Etwa drei Wochen nach Lorenz' Besuch, brachte Ramos, der nun fast täglich nach Zollschluß zu uns kam, die Nachricht mit, daß in Benguela ein Deutscher namens Paul Lorenz verhaftet worden sei. »Was ist geschehen?« fragte Vater überrascht. Ramos wußte es nicht genau, er hatte nur gehört, daß die Mucubais seinen Bruder umgebracht hätten und Paul daraufhin sieben von ihnen erschossen hatte.

Die Eltern zogen sich sofort um und fuhren mit Ramos zum Gefängnis. Nach einiger Zeit kamen sie zurück und berichteten, was sie von Lorenz, den sie eine Stunde lang sprechen durften, erfahren hatten: Vor drei Wochen, als Lorenz in Benguela und bei uns war, hatten die Mucubais seine vierzig Rinder weggetrieben. Der Hirte, der die Gefahr erkannte, konnte sich dadurch retten, daß er sich in einem Erdloch versteckte. Als Vieh und Mucubais schon über alle Berge waren, kroch er heraus und meldete Alfred den Vorfall.

Zu der Zeit lag Alfred jedoch mit einer schweren Malaria darnieder und konnte die Verfolgung nicht aufnehmen. Als Paul zurückkam, ging es ihm schon besser. Sie warteten noch einige Tage, bis Alfred soweit wiederhergestellt war, und gingen dann los.

Nach zwei Tagen Fußmarsch – sie kannten sich in diesem Gebiet ja aus wie in ihrer Westentasche – konnten sie ihr Vieh durch die Ferngläser in großer Entfernung sichten. Da es schon zu dämmern begann, schlugen sie an Ort und Stelle ihr Lager auf und übernachteten. Am nächsten Tag, noch in der Morgendämmerung, brachen sie auf und gelangten auch bald bei dem Vieh an, das noch in einem Kraal war. Die Brüder gingen zu den Hütten, die vereinzelt um den Kraal standen, und stellten fest, daß sie verlassen waren, obgleich in einigen noch die üblichen Feuerstellen brannten. Daraufhin befahlen sie ihren Leuten, den Kraal zu öffnen und das Vieh zu ihrem Stammplatz zurückzutreiben.

Alfred stellte sich am Kraalausgang auf und zählte jedes Stück, das durch den schmalen Ausgang lief, um festzustellen, ob noch alle da waren. Paul zündete sich eine Zigarette an, setzte sich zwischen zwei große Steine und schaute der Zählung zu. Dann sei alles so schnell und überraschend gekommen, daß er es kaum rekonstruieren könne. Er hörte seinen Bruder plötzlich aufschreien, zugleich flogen auch Speere in seine Richtung und prallten an den Steinen ab, wobei einer ihn an der Schulter streifte und sein Hemd zerriß. Er legte sich sofort flach, und als er vorsichtig nach Alfred schaute, lag der mit Speeren bespickt am Kraalausgang.

Das Vieh drängte weiter nach draußen, und zwischen den Tieren versuchten die sechs Leute in ihrer Todesangst Deckung zu suchen. Die Mucubais mußten geglaubt haben, daß sie beide tot waren, denn sie kamen nun aus den umliegenden Büschen hervor, schwenkten ihre Speere im Siegestaumel und liefen auf Alfred zu, als Paul aus seiner Elefantenbüchse das Feuer eröffnete und sieben von ihnen erschoß.

Dann robbte er zu seinem Bruder, den er blutüberströmt, aber schon tot vorfand. Er untersuchte auch die herumliegenden Mucubais, welche ebenfalls kein Lebenszeichen mehr von sich gaben. Schließlich zog er seinem Bruder die Speere aus dem Leib, nahm ihn auf den Rücken und ging hinter dem Vieh her, das schon ein ganzes Stück vorweg war. Als sie eine kleine Lichtung erreichten, wurde in deren Mitte ein Grab mit Catanas ausgestochen und Alfred begraben. Paul rechnete sich aus, daß andere Mucubais, die nicht aus ihren Verstecken herausgekommen waren – vielleicht Frauen und Kinder –, nun in aller Eile zum nächsten Dorf laufen, sich Verstärkung holen und ihn verfolgen würden. Daher schlug er nicht mehr den Weg zu seinem Stammplatz ein, sondern steuerte nach Westen, der Küste entgegen, wo er nach zehn Tagen völlig erschöpft in dem kleinen Fischerdorf Tschamume ankam. Dort nahm er gleich die Carreira (Autobuslinie), kam nach Benguela und meldete der Behörde diesen ungeheuerlichen Vorfall. Der Administrator ließ ihn jedoch kurzerhand unter der Anklage, er habe sieben Mucubais getötet, verhaften. Davon, daß es Notwehr war, wollte er nichts wissen, habe Lorenz voller Bitterkeit noch hinzugefügt. Wenn die Portugiesen im allgemeinen auch sehr deutschfreundlich waren, so gab es doch hin und wieder einen unter ihnen, der die Deutschen nicht mochte, und Lorenz war vermutlich an einen solchen geraten.

Die Eltern berichteten weiter: Lorenz sei zutiefst erschüttert über den grausamen Tod seines Bruders und habe sich geschworen, daß er, sobald er aus dem Gefängnis käme, keine Elefanten, sondern nur noch Mucubais abschießen würde. Er würde sie jagen wie tollwütige Hunde und sie niederknallen, bis keiner mehr übrig wäre, weil sie alle falsch und hinterlistig seien, keines Vertrauens und keiner menschlichen Behandlung wert. Es hatte ihn ein brennender Haß gegen sie erfaßt, und Vater war der Meinung, es sei vorerst sogar gut für Lorenz, daß er eingesperrt war, weil er sonst, solange sein Schmerz noch anhielt, seinen Rachegelüsten erliegen würde. Unter Verachtung des eigenen Lebens würde er sich vermutlich in einen Blutrausch stürzen, der ihm seinen Bruder ja doch nicht mehr zurückbringen könne.

Vater schrieb noch am selben Tag an das deutsche Konsulat in Luanda und legte den Fall Lorenz dar. Er bat den Konsul, sich für diesen unglücklichen Landsmann einzusetzen, der in Notwehr gehandelt habe.

Auch wurde es von da an bei uns zur Gewohnheit, daß jeden Tag ein Eßcontainer, mit allerlei Gerichten gefüllt, zu Lorenz ins Gefängnis gefahren wurde. In dieser Zeit gelang es Vater, Lorenz dahingehend zu beeinflussen, das Elefantenjagen überhaupt aufzugeben und sich mit irgendeinem anderen Geschäft seßhaft zu machen, zu dem er Neigung hätte.

Vater bot ihm an, daß er, sobald er aus dem Gefängnis entlassen würde – und Vater glaubte, daß es bald sein würde –, zunächst bei uns wohnen könne, bis er sich eine neue Existenz aufgebaut habe. Er wollte ihm auch Geld für einen neuen Anfang leihen, falls er es benötigen würde.

Vater fühlte sich seit einiger Zeit wieder nicht recht wohl. Es wurde beschlossen, daß er nach der Baumwollernte nach Deutschland fahren sollte, um sich einer Behandlung zu unterziehen. Etwa vier Wochen später fuhr am Vormittag ein Taxi auf den Hof, aus dem Paul Lorenz stieg. Er war an diesem Morgen entlassen worden.

Es war für alle eine große Freude. Lorenz war sehr dankbar für die erwiesene Hilfe und Freundschaft. Er hatte sich von Vater überzeugen lassen, daß es keinen Sinn habe, seiner geplanten Rache an den Mucubais nachzugehen. Zwei Tage danach fuhr er nach Tschamume, um nach seinem Vieh und den Leuten zu sehen. Nach etwa einem Monat kam er uns besuchen und berichtete, er habe sich in Tschamume niedergelassen und sich dort bereits ein kleines Häuschen gekauft. Er wollte eine Saline aufbauen und Netzfischerei betreiben.

Vaters Deutschlandreise

Die Baumwollernte lag nun hinter uns. Sie fiel gut aus, und die Einnahmen übertrafen alle Erwartungen. Jetzt begannen die Vorbereitungen für Vaters Deutschlandreise.

Bei der Woermann-Linie in Lobito wurde auf dem Schiff »Usambara« die Reise gebucht. Zum Abschied waren am Abfahrtstag eine große Anzahl Freunde und Bekannte nach

Lobito gekommen. Darunter befanden sich Sauer und Ramos, ja sogar Lorenz aus dem achtzig Kilometer entfernten Tschamume fand sich ein.

Im Rauchsalon der »Usumbara«, wo wir alle versammelt waren, tranken die Erwachsenen deutsches Bier und wir Kinder Limonade. Dort bat Vater Sauer, er möge Mutter behilflich sein, falls sie mit irgendwelchen Dingen nicht zurechtkäme. Er wandte sich auch an Ramos, der sich als Portugiese in Angelegenheiten, die mit der Behörde zusammenhingen, besser auskannte. Bereitwillig versprachen alle, Vater könne ganz beruhigt fahren, sie würden sich für uns einsetzen, als wären wir ihre eigene Familie.

Jetzt läutete der Gong, und alle Nicht-Passagiere mußten das Schiff verlassen. Es gab ein langes Händeschütteln, Umarmungen, Küsse und auch einige Abschiedstränen.

Die Kapelle spielte: »Muß i denn, muß i denn zum Städtele hinaus …« Wir schauten vom Kai aus zu Vater hinauf, der Mutter noch immer einige Hinweise hinunterrief, die ihm noch in letzter Minute eingefallen waren, dann wurde das Fallreep eingezogen, und die Schlepper zogen die »Usumbara« von der Kaimauer. Wir fuhren noch zur Spitze der Landzunge hinaus, und als das Schiff vorbeifuhr, winkten unzählige Taschentücher hinüber. Vater war deutlich zu erkennen, wie er an der Reeling stehend zurückwinkte. Mehr und mehr entfernte sich die »Usumbara«, und erst als nur noch ein winziger Punkt zu sehen war, traten wir die Heimreise an.

Die ersten Tage nach Vaters Abfahrt waren recht sonderbar. Es war eine Leere entstanden, überall war sie gegenwärtig. Selbst Gamati, der zur Verabschiedung mit in Lobito gewesen war, machte einen betrübten Eindruck und sagte: »Patrao fort, nicht gut, verdammich.«

Von da ab erzählte Gamati uns Märchen aus seiner Heimat Quilenques. Es war, als ob er uns für Vaters Abwesenheit entschädigen oder uns ablenken wollte. Eine seiner Geschichten sollte in meinem Leben eine ungewöhnliche Rolle spielen: Vor vielen, vielen Jahren, so begann Gamati, habe es sich zugetragen, als Ischibu, der Häuptlingssohn, sein Vaterhaus verließ, um sich eine Frau zu suchen. Auf seiner langen Wanderung seien ihm viele Mädchen begegnet, die er jedoch nicht lieben konnte. Nach langer Zeit stand er eines Tages vor dem großen »Galenga« (Meer). Da saß ein wunderschönes Mädchen am Strand, auf einem Haufen von tausenden und abertausenden erbsengroßen Kieselsteinen. Ischibu fragte: »Wie heißt du?« Sie antwortete: »Ischiba«, und kaum hatte sie ihren Namen ausgesprochen, war sie spurlos verschwunden. Zurück blieben die Kieselsteine, in die Ischibu nun verzweifelt seine Hände grub, um nach Ischiba zu suchen. Es war ebenso vergebens wie das tagelange Warten auf ihre Rückkehr. Bevor er zermürbt den Heimweg antrat, stopfte er sein Wams mit den Kieselsteinen voll, auf denen Ischiba gesessen hatte.

Nach der Rückkehr berichtete Ischibu seinem Vater niedergeschlagen, was er erlebt hatte, und schüttete dabei die Kieselsteine auf den Boden, um dem Vater vorzuführen, worauf sie gesessen hatte. Da erhob sich plötzlich Ischiba aus den Steinchen und sagte: »Du hast deine Liebe zu mir damit bewiesen, daß du diese Kiesel mitgenommen hast.« Sie wurde seine Königin, und es war eine goldene Zeit, als Ischibu und Ischiba regierten.

Ob es nun von dieser Geschichte herrührt oder ein anderer Glaube zugrunde liegt, weswegen alle Quilenques-Frauen unter ihrer Zunge Kieselsteine tragen, entzieht sich meiner Kenntnis, und auch Gamati konnte darauf keine Antwort geben. Tatsache war, daß die Frauen, und zwar ausschließlich die vom Quilenques-Stamm, diese Steine besitzen. Sie sprechen, essen und schlafen damit, ohne sie zu verschlucken. Einige tragen nur wenige, andere wiederum eine ganze Handvoll. Sie nennen sie »Amala« (Kinder).

Diese Geschichte faszinierte mich ungemein, und jedesmal, wenn ich einer Quilenques-Frau begegnete – sie waren sofort an ihrem Dialekt zu erkennen –, bat ich sie darum, mir ihre »Amala« zu zeigen, was sie stets belustigt tat. Und wie es nun einmal Kinderart ist, alles nachzuahmen, suchte ich mir nach dieser Geschichte Kieselsteine aus dem Fluß Cavaco. Nur zwei. Ischibu und Ischiba nannte ich sie. Es waren sehr schöne Steinchen, etwas oval und fast durchsichtig. Zuerst hatte ich Schwierigkeiten damit beim Sprechen und vor allem beim Essen. Auch die Stellen unter der Zunge, auf denen die Steine lagen, waren etwas wund geworden. Nachts nahm ich sie anfangs heraus. Außer Eva wußte niemand davon, denn das wäre für die Eltern etwas Unfaßbares gewesen. Sie hätten es mir sofort verboten.

Uns war es damals gar nicht bewußt, daß wir oft Dinge nach Art der Einheimischen taten, denn wir kamen ja nicht als Erwachsene nach Afrika, sondern wuchsen dort zwischen den Schwarzen auf. Es färbte unausweichlich vieles auf uns ab, wie auch umgekehrt und in viel stärkerem Maße die Schwarzen die Weißen nachahmten. So banden wir z. B. auch unsere Puppen mit einem Tuch auf den Rücken, wie die schwarzen Frauen es mit ihren Kindern taten. Afrika war ein Teil von uns geworden, wie auch Europa bei einer – wenn auch noch kleinen Schicht – ein Teil der Schwarzen wurde, die nun europäisch sprachen, sich europäisch kleideten und teilweise auch schon europäisch dachten.

Nun, es dauerte nicht lange, da gehörten die Kieselsteine derartig zu mir, daß ich mir wie nackt vorkam, wenn ich sie herausnahm. Später nahm ich mir vor, dem Mann, dem ich einmal angehören würde, diese Steinchen als Talisman zu übergeben.

Ramos kam öfter am späten Nachmittag nach Zollschluß zu uns. Eines Tages lud er uns ins Kino ein. In Benguela wurde das erste Lichtspielhaus eingeweiht – damals war das ein ungeheures Ereignis. Ein Film über das Leben des portugiesischen Dichters Bocage wurde gezeigt. Es war der erste Film, den wir in unserem Leben sahen.

In der ersten Pause begaben sich die Kinobesucher in den Kinohof, um sich die Beine zu vertreten. Dort, beim Auf- und Abgehen, registrierte ich zuerst mit Verwirrung, dann mit Genugtuung, daß wir von vielen Männern angeschaut wurden. Besonders an Eva blieben ihre Augen hängen. Da es zu der Zeit kaum weiße Frauen und Mädchen in Afrika gab, zeigten die Burschen ganz offen und ungeniert ihr Interesse. Während der letzten Filmhälfte gab es überraschend einen mächtigen Tumult und große Aufregung: Ein Duell spielte sich ab, dabei wurde die Szene so gefilmt, daß die Pistole des Filmhelden auf den Zuschauerraum gerichtet war. Plötzlich hörte man entsetzte Schreie: »Tatjä, Mamajä« (Vater, Mutter), und viele Zuschauer – darunter einige Weiße – verließen fluchtartig den Saal, um sich in Sicherheit zu bringen.

In der zweiten und letzten Pause achtete ich bereits mit erwachter Eitelkeit auf die Männeraugen im Kinohof, und es wurde mir plötzlich bewußt, daß es außer der Familie und dem Gemüse- und Blumengarten auch noch etwas anderes auf der Welt gab. Das erstmalige Erlebnis, die Aufmerksamkeit des anderen Geschlechts zu erregen, ging mir nicht mehr aus dem Sinn. Ich wurde mir plötzlich meiner selbst bewußt. Bald sollte eine recht konfuse Zeit beginnen.

Nach Kinoschluß fuhr uns Ramos nach Hause. Mutter, die vorne saß, war von dem Film begeistert und sprach mit ihm darüber. Auch für uns war der Film ein neues Erlebnis, das unsere einfachen Gemüter aufwühlte, die noch durch nichts belastet oder abgestumpft waren.

Der nächste Tag war ein Sonntag. Da wir spät ins Bett gegangen waren, schliefen wir alle länger als sonst. Kaum waren wir mit dem späten Frühstück fertig, fuhr eine unbekannte Carrinha auf den Hof, und Lorenz stieg aus. Er hatte sich diesen kleinen Lieferwagen gekauft und lud uns ein, mit ihm nach Tschamume zu fahren, um seinen Betrieb kennenzulernen. Da er am nächsten Tag wieder in Benguela zu tun haben würde, konnte er uns auch zurückbringen.

Großmutter wollte nicht mit. Lorenz bot seine ganze Überredungskunst auf, aber ohne Erfolg. Sie war inzwischen über siebzig Jahre alt und empfand jede Reise als anstrengend, was sie bei den damaligen Straßen ja auch tatsächlich war. Daraufhin sagte Mutter, sie könne Großmutter nicht alleine lassen und bliebe ebenfalls zu Hause. Sie würde später, wenn Vater zurück wäre, seinen Betrieb noch kennenlernen. So blieb ihm nichts anderes übrig, als mit uns Jungen vorliebzunehmen.

Lorenz fragte, ob schon Post von Vater eingetroffen sei, der nun schon zwei Monate fort war. Mutter verneinte und gab zu, daß sie sehnsüchtig auf eine Nachricht wartete, da sie ständig in Sorge um ihn sei.

Die Aussicht auf die Tschamume-Reise beflügelte uns. Eiligst wurden die Sachen gepackt, vor allem Badeanzüge und Handtücher. Lorenz bat, auch einige Bettlaken und Kissen mitzunehmen, da er diese Dinge noch nicht angeschafft habe. Mutter ließ große Körbe füllen, in denen fast alles vertreten war, was es an tropischen Früchten und Gemüsen überhaupt gab. Es wurde von allem reichlich mitgenommen, um es Lorenz zu überlassen, denn in Tschamume gab es derlei nicht.

Schon recht aufgeregt, verabschiedeten wir uns von Mutter und Großmutter und stiegen ein. Eva setzte sich nach vorne und nahm die kleine Luise zwischen sich und Lorenz. Meine Brüder und ich kletterten auf die Ladefläche. Damals bedeutete eine solche Reise immer eine willkommene Abwechslung vom Einerlei eines Farmlebens.

Benguela lag bald hinter uns. Wir fuhren etwa zwanzig Kilometer die Hochlandstraße entlang und bogen dann auf die Tschamume-Straße. Von da ab war es erst einmal aus mit unserer guten Laune. Diese Straße war schlimmer als alles, was wir bis dahin erlebt hatten. Was haben die damaligen Autos alles aushalten müssen, von den Menschen ganz zu schweigen. In jedem der kleinen, wasserlosen Flußläufe blieben wir stecken, wobei der Wagen sich jedesmal bis zur Achse eingrub und es meistens Stunden in Anspruch nahm, ihn wieder herauszubekommen. Außerdem hatte Lorenz erst vor kurzem den Führerschein gemacht und war alles andere als ein guter Fahrer.

Schon nach kurzer Zeit waren wir von oben bis unten mit Lehm bespritzt. Die meisten dieser kleinen Flüsse waren von der Regenzeit noch feucht. Eine dünne Lehmschicht lag wie Schmierseife über dem Sand und schimmerte wie eine rissige Tafel Schokolade. Saß der Wagen fest, mußten wir schieben. Dabei drehten sich die schon rauchenden Räder auf der Stelle, ohne auch nur einen Zentimeter vorwärtszukommen, und produzierten einen Regen aus Lehmklumpen, der auf uns niederprasselte.

Schließlich stieg auch Lorenz aus, da wieder einmal Stroh und Zweige geschnitten werden mußten, die unter die Räder gestopft wurden, damit diese greifen konnten. Er schaute sich die Gegend recht abwägend und zweifelnd an und meinte dann zögernd: »Ich glaube, wir haben uns verfahren.« Es war tatsächlich äußerst schwierig, sich in dieser Gegend zu orientieren. Zu der Zeit fuhren schon viele Lastwagen zu Steinbrüchen, die die Kalköfen versorgten. Unzählige Wege oder Straßen gab es, die in die verschiedensten Richtungen führten und sich hin und wieder kreuzten.

Endlich hatten wir uns auch aus diesem Loch herausgebuddelt. Lorenz fuhr jetzt von der Straße ab und einfach querfeldein Richtung Westen. Er mußte dabei so allerlei Gebüsch und Steinen ausweichen, und ich mußte unwillkürlich an jene sagenhafte Reise mit dem Burenochsenwagen von Chicuma nach Ganda denken. Auf diese Weise kamen wir jedoch schneller und sogar bequemer vorwärts. Nachdem wir um einen kleinen Hügel herum waren, sahen wir endlich den Ozean, wenn auch noch in weiter Ferne. Es war inzwischen schon später Nachmittag geworden, und wir hatten schon einige Bananen und Mangofrüchte verspeist. Lorenz steuerte jetzt aufs Meer zu. Als wieder eine Anhöhe erreicht war, stoppte er, stieg aus und kletterte hinauf, um sich zu orientieren. Wir folgten ihm. Plötzlich lachte er laut auf: »Wir sind an Tschamume längst vorbei«, sagte er und zeigte nach Norden, auf ein paar Hütten.

Bei schon einsetzender Dämmerung erreichten wir endlich das Dorf. Es bestand aus einem Dutzend Strohhütten. Die größte davon, deren Holzbalkenwände mit Lehm verputzt waren, gehörte Lorenz.

Die Einwohner des Dorfes liefen bei unserer Ankunft zusammen und umringten den Wagen. Es gab ausgiebige Kommentare über uns. Da sie nicht wußten, daß wir sie verstehen konnten, sprachen sie ungehemmt. Als Naturvolk besaßen sie eine unglaubliche Beobachtungsgabe. Es entging ihnen nichts. Am meisten wurde über mich gesprochen, weil ich die einzige war, die blonde Haare und grüne Augen hatte, was sie vermuten ließ, daß ich ein Albino sei.

Später, als sie merkten, daß wir sie verstehen konnten, gab es keine Kommentare mehr. Sie sagten staunend zueinander: »Sie sprechen unsere Sprache, das Umbundu fließt wie Wasser in ihren Mündern.« Eva gab den Versammelten einige Zöpfe Bananen und Papaias. Sie strahlten und klatschten in die Hände, was ein Dankeszeichen war. Damals sahen die Einheimischen in den Weißen bis auf wenige Ausnahmen ihre Wohltäter und hingen an ihnen.

Unsere Sachen sowie die Obst- und Gemüsekörbe wurden in die Hütte gebracht, die nur aus einem Raum bestand. Möbel waren nicht vorhanden, nur eine aus Brettern angefertigte Liege mit einem Strohsack, einige Benzinkanister, eine Holzkiste, die als Tisch benutzt wurde und einige Ziegelsteine, die als Hocker dienten.

Wir Mädchen könnten im Haus schlafen, sagte Lorenz, er und meine Brüder würden sich draußen unter freiem Himmel in den warmen Sand legen, was er ohnehin lieber täte. Ich mußte an Mutter und Großmutter denken und fragte mich, ob sie wohl auch Spaß an solcher »Romantik« gefunden hätten.

Lorenz ließ nun von seinem Koch, dessen Küche sich unter freiem Himmel befand, Stroh in die Hütte bringen. Es lag neben dem Haus in hohen Haufen und wurde als Unterlage benutzt, um Trockenfische herzustellen, die ausgenommen und stark eingesalzen auf dem Stroh ausgebreitet wurden.

Nachdem ein ansehnlicher Haufen im Haus aufgeschichtet war – der höchst aufdringlich nach Salzfisch roch –, machten wir unsere Betten. Eva breitete die mitgebrachten Bettlaken über die Liege und den Strohhaufen aus. Lorenz schaute dabei zu, glättete hier und dort noch unebene Stellen im Stroh und erwähnte dabei, daß er bald ein Steinhaus bauen wolle, mit Gästezimmern und allem Zubehör, damit wir in Zukunft behaglicher untergebracht werden könnten. Außerdem hätte er das Junggesellenleben satt und wolle auch endlich heiraten. Bei diesen Worten sah er Eva bedeutungsvoll an, die, um ihr Erröten zu verbergen, sich schnell am Koffer zu schaffen machte, aus dem sie die Badeanzüge hervorkramte.

Als Lorenz die Hütte verlassen hatte, schlüpften wir in unsere Badekostüme und gingen hinunter zum Strand, denn wir waren noch voller Lehmspritzer, die schon auf der Haut verkrustet waren. Georg und Jola waren längst im Wasser und jauchzten übermütig.

Lorenz ging nicht ins Wasser. »Ich habe mir noch keine Badehose gekauft. Wenn ich alleine bin, gehe ich immer ohne«, sagte er und warnte uns eindringlich, nicht zu weit hinaus zu schwimmen wegen der Haifische, die es hier massenhaft gäbe. Vielfach gerieten sie in seine Netze und richteten jedesmal großen Schaden an, wenn sie versuchten, sich daraus zu befreien und dabei schon so manches Netz zerfetzt hätten.

Lorenz war der erste Weiße, der sich in Tschamume niederließ. Durch seine Anwesenheit verbesserte sich so manches für die Dorfbewohner. Es gab bei ihm allerlei Lebensmittel zu kaufen, wie Zucker, Palmöl und vieles andere, was sie bisher nur in tagelangen Fußmärschen beschaffen konnten – falls sie das Geld dafür besaßen. Nun aber gab es Arbeit und damit einen Lohn, mit dem sie sich manchen Wunsch erfüllen konnten. Sie bezeichneten Lorenz unter sich als »Papai« (Vater), was in ihrer Sprache auch Ernährer oder Versorger bedeutet.

Der Atlantik ist in diesen Breitengraden ungemein salzhaltig. Deshalb wurden wir nach dem Baden mit Süßwasser abgespült, das mit einer Blechdose aus dem Eimer geschöpft wurde. Unterließ man es, dann bedeckte eine weiße Salzschicht den Körper, sobald er trocken war, was ein unangenehmes, brennendes Jucken verursachte.

Während wir uns in der Hütte umzogen, wurde von Lorenz eine Bambusstange tief in den Sand gesteckt und eine Petroleum-Sturmlaterne daran gehängt. Darunter legte er auf vier Steine ein langes Brett, auf das nun der Koch die drei einzigen Teller verteilte, die Lorenz besaß. Außer einer Gabel, zwei Messern und zwei Löffeln gab es kein Besteck.

Wir setzten uns um die »Tafel« herum in den Sand. Lorenz faßte sich an den Kopf und sagte: »Ich habe vergessen, Geschirr einzukaufen. Heute müßt ihr euch mit dem behelfen, was da ist.« Er machte dabei ein bedauerndes und zugleich verschmitztes Gesicht. Dann brachte der Koch einen großen Topf und stellte ihn mitten auf das Brett. Er enthielt eine »Caldeirada de peixe« (in Weißwein gekochter Eintopf aus Fisch, Kartoffeln, Paprika, Zwiebeln u. a.).

Wer nun keine Gabel besaß, aß mit dem Löffel, und wer von beidem nichts hatte, nahm einen großen Holzrührlöffel. Wer ohne Teller war, bekam einen kleinen Topf oder eine Schüssel. Freilich platzten wir fast vor Lachen, wenn wir beobachteten, wie Georg oder Lorenz die riesigen Holzlöffel zum Mund führten, wo sie nicht hineinpaßten, so sehr sie ihn auch aufsperrten.

Die Caldeirada hat uns trotz allem köstlich geschmeckt. Getrunken wurde Zitronensaft. Lorenz jedoch trank Wein und forderte Eva immer wieder auf, es ihm nachzutun. Schließlich bekamen wir alle einen kleinen Schluck davon und fühlten uns aufregend erwachsen.

Die Reisestrapazen waren nun vergessen, und wir fanden es urgemütlich, als Lorenz nach dem Essen auf Jolas Bitten hin von seinen Jagderlebnissen erzählte. Der Vollmond breitete eine Silberdecke über das Meer, regelmäßig und leise rauschten die Wellen und plätscherten gegen den Strand, was diesem Abend einen besonderen Zauber verlieh.

Hin und wieder leuchtete Lorenz mit einer starken Taschenlampe über das Meer und suchte nach Fischschwärmen. Am Phosphorisieren ihrer Schuppen war genau zu erkennen, wo sie sich befanden. Der Schwarm wurde dann schnell mit Booten und Netzen eingekreist und an Land gezogen, was jedesmal einen reichen Fang ergab. Beim Schein der Taschenlampe waren auch unzählige Krebse zu sehen, von denen einige bis auf wenige Meter zu uns herangekommen waren. Es sah aus, als wäre der ganze Strand lebendig.

Wir saßen so lange um die Laterne, bis wir vor all den Lichtfaltern, insbesondere den gefürchteten Cantaritas, flüchten mußten. Die Cantaritas verursachen Brandblasen, wenn sie sich auf der Haut niederlassen oder versehentlich darauf zerdrückt werden. Sie werden auch als »Spanische Liebesfliegen« bezeichnet.

Eva holte für Georg und Jola die Laken und Kissen und breitete sie neben der Hütte aus, wo auch Lorenz sein Nachtlager aufschlug. Er gab uns Taschenlampen, von denen er wegen des nächtlichen Fischfangs eine große Zahl besaß, und sagte zu Eva: »Wenn es im Dachstroh manchmal etwas raschelt, braucht ihr nicht zu erschrecken, denn öfter verirrt sich mal eine Ratte hinein.«

Im allgemeinen hatte ich recht gute Beziehungen zu Tieren. Es gab aber einige Sorten die ich nicht ausstehen konnte, und dazu gehörten Ratten, Schlangen und Skorpione.

Wir wünschten einander gute Nacht und leuchteten, als wir ins Haus traten, zunächst zum Dach hinauf, suchten mit der Taschenlampe jeden kreuz- und querliegenden Balken ab und waren froh, daß nichts zu sehen war. Die Lampe wurde auf die Kiste gelegt und die Tür, die aus einer Schilfrohrmatte bestand, mit einem Holzbrettchen verriegelt. Lisa und ich legten uns auf den Strohhaufen, der so groß war, daß auch die Brüder noch darauf Platz gehabt hätten, und Eva ließ sich auf der Holzpritsche nieder. Zuvor hatten wir uns eine Taschenlampe unter das Kopfkissen gelegt.

Als die Augen sich an die Dunkelheit gewöhnt hatten, sah ich durch die Lehmritze der Hauswand das Mondlicht schimmern und mußte an Chicuma denken, an die Nächte nach dem Brand, die wir im alten Schweinestall auf Maisblättern verbracht hatten. Zwischendurch lauschte ich auf das »Batuque« (Trommeln) und die Gesänge der Tschamume-Bewohner. Für sie war unsere Ankunft ein Anlaß zum Feiern. Da sie weder Zeitrechnung noch Kalender kannten, lebten sie nur im Augenblick und fanden in jedem Ereignis, das für sie eine Bedeutung hatte, einen Grund zum Feiern. Auch an die Männerblicke im Kinohof dachte ich kurz, sie schienen mir jetzt aber nicht mehr wichtig, es lag schon wieder weit zurück, die Reise nach Tschamume hatte alles verdrängt.

Lisa schlief schon fest. Das ständige Rauschen der Meereswellen erinnerte mich an unseren Wasserfall, und ich bekam plötzlich Sehnsucht nach Tschasi. Ich konnte einfach nicht einschlafen, es gab so viele neue Geräusche. Im Unterbewußtsein wartete ich auf die Ratten, deren Rascheln hin und wieder zu vernehmen war. Plötzlich bemerkte ich, daß sich jemand an der Tür zu schaffen machte. Ein Lichtschein fiel durch die Tür, die ja nur aus einem Schilfrohrgeflecht bestand. Mit Entsetzen gewahrte ich, wie ein kleiner Stock durchgeschoben

In solch einer Hütte gab es überall Ritzen, Löcher und Spalten, durch die alles mögliche Getier ein- und ausschlüpfen konnte. Lorenz griff nach einer Bambusstange und klopfte damit kräftig gegen die Balken, um alles zu verscheuchen, was sich dort noch befinden könnte. Dabei regneten Staub und Strohhalme auf uns nieder. Lorenz sagte:»Es ist immer besonders schlimm in der Brunftzeit, wenn die Männchen sich bekämpfen.«

Wir ließen jetzt eine brennende Petroleumlampe auf der Kiste stehen, schraubten den Docht weit herunter und suchten unsere Schlafstellen wieder auf. Voller Grausen dachte ich:»Wo es Ratten gibt, gibt es auch Schlangen«, und sehnte mich inbrünstig nach Cavaco zurück. Nach wie vor konnte ich nicht einschlafen und lauschte weiterhin auf jedes Geräusch. Manchmal raschelte es in der Ecke, wo die Gemüse- und Obstkörbe standen. Aber ich wollte nicht wieder den Schlaf der anderen stören und verhielt mich ruhig. Allmählich begann es zu dämmern. Der nahende Morgen wirkte wie ein Beruhigungsmittel, und so schlief auch ich noch fest ein.

Beim Erwachen befand ich mich allein in der Hütte. Die anderen hatten sie geräuschlos verlassen. Als ich nach draußen trat, kam von allen Seiten Gelächter:»Du bist vielleicht eine Schlafmütze«, sagte Eva.»Du bist vielleicht ein Angsthase«, grölten die Brüder.

Wie es schien, hatte der Koch bereits auf mein Erscheinen gewartet, denn er ging gleich in die Hütte, um aus den Körben Obst und Gemüse für das Mittagessen zu holen, es war schon elf Uhr. Plötzlich hörten wir ihn im Haus»Haga-haga!« (O je!) ausrufen. Wir eilten zu ihm und fanden ihn über den Obstkorb gebeugt, er sagte:»Olomugu wiaria.« (Die Ratten haben alles gefressen.) Da sahen wir die Bescherung. Es war keine heile Frucht mehr im Korb, alles war angefressen und ausgehöhlt. Ob vielleicht dieses Obst das Rattenheer in der Nacht angezogen hatte, da in dieser Gegend weit und breit nichts dergleichen zu finden war?

Lorenz war schon am frühen Morgen mit seinen Leuten zur Saline aufgebrochen, die etwa zwei Kilometer südlich von Tschamume lag. Nach meinem späten Frühstück begaben auch wir uns dorthin. Überall lagen Muscheln, in allen Größen, Formen und Farben. Wir hatten die Hände schon voll mit den schönsten Exemplaren. Als Lorenz uns kommen sah, kam er uns erfreut ein Stückchen entgegen.

Wir berichteten gleich von dem zerfressenen Obst. Er lachte sehr darüber und meinte dann, die Ratten wären den ewigen Fisch sicherlich auch leid – und solange sie uns nicht anknabbern würden, wäre ja alles in Ordnung.

Lorenz war ein Original. Die vielen Jahre im Busch hatten ihn geprägt. Dinge, die jeden anderen aus der Fassung brachten, machten ihm gar nichts aus. Wir hatten den Eindruck, als verstünde er die Sprache der Tiere. Er hörte zum Beispiel am Piepsen der Vögel, ob sich im Busch oder Baum, auf dem sie saßen, eine Schlange oder Wildkatze verbarg, und erkannte auch am Benehmen der Hunde, ob ein Leopard, eine Hyäne oder ähnliches in der Nähe waren.

Die Sonne brannte erbarmungslos, es gab bei der Saline keinen Schatten, deshalb flüchteten wir uns ins kühle Wasser und kamen erst wieder heraus, als die Haut an den Fingern und Füßen vollkommen ausgelaugt und verschrumpelt war. Trotz der nächtlichen Rattengeschichte wurde es doch ein schöner Tag, und ich stellte fest, daß es bei Tageslicht eigentlich nichts Gruseliges gab und alles zu erklären war. So nahm ich mir fest vor, in Zukunft tapferer zu sein.

Der Koch brachte das Essen zur Saline. Es gab »Piraõ« mit pikantem Fisch. Am Nachmittag kamen wir wieder in

Tschamume an, nahmen eine Süßwasserdusche und stellten fest, daß wir uns einen schweren Sonnenbrand geholt hatten. Die Nasen glänzten wie Leuchttürme, und auf den Schultern war das leichteste Kleidungsstück kaum zu ertragen. Danach machten wir uns auf die Rückreise. Georg fragte, ob er den Wagen nach Cavaco fahren dürfe. Lorenz erwiderte: »Nur bis vor Benguela, denn du hast keinen Führerschein.« So trafen wir kurz vor Einbruch der Dunkelheit am Cavaco ein, ohne auch nur ein einziges Mal steckengeblieben zu sein, und damit war unser Tschamume-Abenteuer beendet.

Als Lorenz abgefahren war, berichteten wir unsere Erlebnisse. Nachdem Mutter die Rattengeschichte gehört hatte, bemerkte sie: »Bevor Lorenz kein Steinhaus hat, bekommen mich keine zehn Pferde nach Tschamume.«

Unterdessen war die erste Post von Vater eingetroffen. Er müsse voraussichtlich sechs Monate in Deutschland bleiben, schrieb er, und er hoffe, daß sich sein Gesundheitszustand verbessern würde. Gleich setzten wir uns hin, um Vater zu antworten. Wir berichteten ihm von den Erlebnissen in Tschamume, und am Schluß meines Briefes äußerte ich einen Wunsch. In einer deutschen Zeitschrift war mir eine Reklame zu einer Salbe gegen Sommersprossen aufgefallen, die ich ausgeschnitten meinem Brief beilegte. Ich hoffte, Vater würde sie mir mitbringen. »Du hast doch kaum noch Sommersprossen«, sagte Mutter, als sie das Schreiben gelesen hatte. Mir hingegen war nach jenem Kinobesuch mein Aussehen plötzlich sehr wichtig geworden. Immer öfter schaute ich in den Spiegel, interessierte mich auf einmal für meine Brüste, die dabei waren, einen kleinen Hof zu bilden – mit fast sechzehn Jahren wurde es auch endlich Zeit damit. Mit meinen Oberschenkeln war ich überhaupt nicht zufrieden, da sie bei weitem noch nicht so voll und rund strotzten wie bei Mutter und Eva. Es gab noch eine Lücke, von den Knien aufwärts, so sehr ich die Beine auch nebeneinanderstellte. Auch an meinen Zöpfen fand ich keinen Gefallen mehr und bat Mutter eines Tages, sie abschneiden zu dürfen, denn außer mir und Großmutter trugen bereits alle »Bubiköpfe«. Mutter erlaubte es.

Einige Tage später, als ich aus Benguela vom Friseur mit einem Bubikopf zurückkam, mich vor dem Spiegel von vorne bis hinten begutachtete, empfand ich zum ersten Mal so etwas wie Selbstgefälligkeit. Es war ein ganz neues, bis dahin noch nicht erlebtes Gefühl, das wohltuend, ja fast berauschend war. Automatisch spielte meine Zunge mit den Kieseln, wie es oft geschah, wenn ich mich allein befand und über etwas nachdachte. Sie wurden sacht hin und her gerollt, wodurch ein Geräusch entstand, als würde ein hartes Bonbon gegen die Zähne gestoßen. Allmählich begann sich eine neue Einstellung zu Gamatis Märchen herauszubilden, und ich fing an, die Beziehung zwischen Ischibu und Ischiba in einem anderen Licht zu sehen. War es bisher nur eine einfache Geschichte, die von etwas Unwirklichem umgeben war, so spürte ich nun immer deutlicher die Gefühle, die diese Märchengestalten füreinander empfanden. Ich nahm die Steine auf die Handfläche und betrachtete sie intensiv. Der etwas größere stellte Ischibu dar, und der kleinere Ischiba, die ich mir als dunkle Schönheit mit samtener Haut und sanften Augen vorstellte, wie sie die Phantasie eines unreifen Menschen eben erschafft.

Als Ramos uns wieder einmal besuchte, war er von meinem Bubikopf enttäuscht. Jedenfalls kam es mir so vor, denn er sagte zu Mutter: »Mit dieser Frisur ist Thea gar nicht wiederzuerkennen.« Und da Ramos nie lachte, und wenn, dann nur den Mund ein wenig verzog, hielt ich seine Worte für eine ablehnende Kritik. Ich hätte ihn in diesem Augenblick erwürgen mögen. Sofort verschwand ich außer mir in meinem Zimmer, wo ich mich bebend aufs Bett fallen ließ. Da hatte ich doch im geheimen die Absicht gehabt, mit meinem Bubikopf, den ich so aufregend fand, Eindruck auf die Männer zu machen, und jetzt sah Ramos die Frisur ohne einen Funken von Bewunderung an. Ich nahm mir vor, das Zimmer nicht eher zu verlassen, als bis Ramos gegangen war. Wenn es mich einerseits auch schwer traf und ich schon immer etwas gegen Ramos empfand, was nicht weichen wollte, so hatte ich auf der anderen Seite doch viel zu großen Respekt vor Erwachsenen und hätte es nie gewagt, offen gegen ihn zu rebellieren.

Der Gärungsprozeß aber, der seit dem Kinobesuch im Gange war, ließ sich nicht mehr stoppen und förderte eine Aufsässigkeit zutage, die mir bisher fremd war. Immer häufiger verbohrte ich mich in Dinge, die in Wahrheit gar nicht existierten, wurde überempfindlich beim geringsten Spaß über meine Person, die mir plötzlich als das Allerwichtigste auf der Welt vorkam.

Nach einer Weile kam Mutter mit einem kleinem Päckchen in der Hand herein. »Du stellst dich vielleicht an, bist du etwa eingeschnappt, weil Ramos deinen Bubikopf nicht bewundert hat?« Als ich verunsichert schwieg, fuhr sie fort: »Für jeden hat er etwas mitgebracht, das ist für dich.« Sie reichte mir das Geschenk. Nur zögernd streckte ich die Hand danach aus, und das auch nur, um Mutter nicht zu verärgern. Hätte ich in diesem Moment handeln dürfen, wie mir zumute war, dann hätte ich dieses Mitbringsel auf recht ungezogene Art auf den Boden geworfen und wäre kraftvoll darauf herumgetrampelt. Ramos hatte uns schon öfter Kleinigkeiten mitgebracht. Heute aber fiel es mir schwer, ein Geschenk von ihm anzunehmen. Ach, wie ahnungslos sind unsere Mütter oft, wenn wir in diese konfuse Zeit geraten, wo wir selber nicht wissen, was in uns vorgeht, und es auch nicht erklären können. Mutter blieb stehen, und es kam mir vor, als warte sie darauf, daß ich das Päckchen öffne. Ich tat es. Ein seidenes Halstuch lag darin. Mutter nahm es, betrachtete es abwägend und meinte dann: »Sehr schön.« Ich aber dachte, daß Ramos es bestimmt nicht mitgebracht hätte, wenn er gewußt hätte, daß ich mir die Haare abgeschnitten habe, und sagte es Mutter. »Nun stell dich nicht so an und geh dich dafür bedanken«, sagte sie gebieterisch und verließ das Zimmer. Ich konnte mich nicht dazu aufraffen, Mutter zu gehorchen. Sollte ich Ramos mit meinem Bubikopf wieder unter die Augen treten? Noch dazu wie ein kleines Kind »Dankeschön« sagen? Ich brachte es nicht über mich, blieb brütend auf meinem Bett sitzen und ließ den Bock zu, auch auf die Gefahr hin, Mutter durch meinen Ungehorsam zu erzürnen. Neuerdings fühlte ich mich nicht mehr als Kind und konnte es auch nicht mehr ertragen, als solches behandelt zu werden.

Während ich noch vor mich hin stierte, wurde draußen eine Wagentür zugeschlagen und der Motor eingeschaltet. Durch die gehäkelten Gardinen lugte ich auf den Hof und sah Ramos, mit seinem ewig traurigen Blick, den Wagen wenden und abfahren. Obgleich ich durch die Gardine unsichtbar war, duckte ich mich dennoch, als er an meinem Fenster vorbeifuhr.

Erst als ich sicher war, daß niemand mehr auf der Veranda war, verließ ich mein Zimmer und begann mit dem Blumengießen. Nachdem viele Gießkannen vergossen worden waren, wich meine Beklemmung langsam.

Nun kam Eva in den Garten. Ein seidenes Tuch hing ihr um den Hals, das mir neu war. Bevor ich fragen konnte, nahm sie es ab und zeigte es von allen Seiten. »Das hat Ramos für mich mitgebracht«, sagte sie und schlang es erneut um ihren Hals, es stand ihr gut. »Mir hat er auch eins mitgebracht«, kam es kleinlaut von mir, und ich fügte hinzu: »Er mag meinen Bubikopf nicht.« – »Das hat er nicht gesagt«, erwiderte Eva. »Hat er wohl gesagt«, rief ich aufgebracht. Eva trat auf mich zu, faßte mein Handgelenk, schaute mich zornig an und sagte mit harter Betonung: »Er hat nur gesagt, daß du damit *ganz anders* aussiehst.« Darauf ließ sie mein Handgelenk los, drehte sich mit einem Gesichtsausdruck um, der sagen sollte: »Du spinnst wohl vollkommen«, und ging ins Haus. Nach einer Weile funktionierte mein Denken wieder. Ich suchte nach einer Deutung von Evas Worten und kam zu dem Ergebnis, daß Ramos ihrer Meinung nach *nicht* gesagt hat, er möge den Bubikopf nicht.

Unterdessen war mein sechzehnter Geburtstag herangerückt. Am Frühstückstisch wurde gratuliert und die Geschenke überreicht, wie es bei uns üblich war. Als erstes drückte mir Mutter ein Päckchen in die Hand, das schon vor zwei Wochen von Vater aus Deutschland eingetroffen war und das sie versteckt gehalten hatte. Es enthielt ein grün-weiß getupftes Sommerkleid, Süßigkeiten und – die Salbe gegen Sommersprossen.

Ja, wir hatten den besten Vater der Welt, und so mögen wohl alle glücklichen Kinder von ihren Vätern und Müttern denken. Damals war es nicht üblich, Kinder übermäßig zu beschenken, wie es heute der Fall ist. Dadurch erlangte ein Geschenk eine viel größere Bedeutung und löste eine lange nachklingende Freude aus.

Nun brachte ich die Geschenke in mein Zimmer und probierte das Tupfenkleid an. Oh, wie war ich von mir angetan, noch nie hatte ich etwas besessen, das mir so ausgezeichnet paßte und so gut stand. Ich mochte mich in diesem Kleid unheimlich gut leiden und konnte gar nicht mehr vom Spiegel wegfinden. Meine Gedanken eilten zurück zu der ersten Begegnung mit Sauer und seinem Gelächter über meine Sommersprossen, zurück zu der Zeit, als mein Kopf kahl geschoren wurde. Es saß alles noch tief in mir drin, was ich damals erlitten hatte. Jetzt aber konnte ich genußvoll und narzistisch auf mein Spiegelbild sehen, als plötzlich Evas Stimme im Hintergrund zu vernehmen war: »Das häßliche Entlein ist dabei, ein stolzer Schwan zu werden.« Da ich sie nicht kommen hörte, fuhr ich, wie bei einem Delikt ertappt, herum. Sie fügte aber gleich hinzu: »Für mich bist du nie ein häßliches Entlein gewesen. Aber damals, als dir die Haare geschoren wurden, da hätte auch ich weinen mögen.« Wir fielen uns um den Hals, und Eva sagte abschließend mit spielerisch drohender Gebärde: »Nun schnappe bloß nicht noch über mit dem Tupfenkleid.«

Endlich kam auch von Vater die Nachricht, daß er auf der »Watussi«, die in zwei Wochen aus Hamburg abfahren würde, seine Rückfahrt gebucht habe. Da der Brief bereits vier Wochen unterwegs gewesen war, würde er demnach bereits in zwei Wochen eintreffen. Diese Mitteilung löste bei uns einen Freudentaumel aus.

Am selben Abend kam Ramos und berichtete, er habe ein Telegramm erhalten, worin ihm mitgeteilt wurde, daß sein Vater verstorben sei und er deswegen sofort nach Portugal fahren müßte. Wir sprachen ihm unser Beileid aus, und ich bereute es innerlich sehr, mich so bockbeinig gegen ihm benommen zu haben.

Endlich waren auch die zwei Wochen herum, und die »Watussi« wurde am Sonntag elf Uhr in Lobito erwartet. Wir wollten schon um acht Uhr losfahren, um ihre Ankunft von der Landzunge aus zu erwarten. Am Morgen dann war jeder, von einer freudigen Aufregung erfüllt, schon früh auf den Beinen. Um halb acht kam Sauer in seinem Sonntagsanzug herüber, und auch Gamati hatte sich herausgeputzt. Bei unserer Ankunft auf der Landzunge war die »Watussi« schon in Sicht. Mutter schaute durchs Fernglas. »Ja, ich meine, auf der Schiffsnase steht eine einsame Gestalt, das könnte er sein«, sagte sie in froher Stimmung. Nacheinander schauten wir durchs Glas, auch Gamati, der lachte, als er Vater erkannte.

Das Schiff kam ziemlich schnell näher. Wir begannen zu Winken. Vater grüßte zurück, auch er hatte uns jetzt entdeckt. Dann bog die »Watussi« um die Nase der Landzunge. Wir Kinder liefen ein Stückchen am Strand entlang neben dem Schiff her. Als wir am Kai ankamen, wurde das Schiff bereits von Schleppern herangezogen. Vater war jetzt deutlich zu erkennen. Als die »Watussi« festgemacht wurde und er auf uns herabsah, konnten wir erfreut feststellen, daß er gut aussah und sich wirklich erholt hatte.

Endlich wurde die Treppe heruntergelassen, und es ging hinauf. Nacheinander wurden wir in die Arme genommen. Als ich an der Reihe war, guckte Vater erstaunt und sagte: »Du hast dich am meisten verändert, du siehst ganz anders aus, bist fast ein Fräulein geworden.« Er konnte gar nicht so schnell herausfinden, was an mir so anders war, und als er es entdeckte, fügte er hinzu: »Ach so, die Zöpfe sind ab, daher diese Veränderung.« Ich hatte freilich die Ohren sehr gespitzt und fand dann erleichtert, daß in Vaters Stimme nichts Abwertendes mitschwang.

Später, auf Cavaco, öffnete Vater einen seiner Koffer und überreichte jedem ein Geschenk. Auch Gamati wurde nicht vergessen. Für ihn hatte er einen Ledergürtel mitgebracht. Alle anderen Arbeiter bekamen Zigaretten und Wein. Letzteren schätzten sie besonders. Daraufhin entfachten sie einen Freudentanz, der sich über Stunden hinziehen sollte und mächtige Staubwolken aufwirbelte.

Damals nahmen die Eingeborenen auf ihre Weise regen Anteil an allem, was auf den Pflanzungen und im Leben ihres Arbeitgebers geschah. Bis in die späte Nacht hinein wurde das »Batuque« in ihrem Dorf mit Trommeln und Gesang fortgesetzt. Wenn auch jeder, der in Afrika lebte, daran gewöhnt war und nichts Besonderes dabei empfand, löste es bei mir immer wieder ein Mitvibrieren aus. Es war die Urstimme Afrikas, dem ich mich zugehörig fühlte, das ich als Heimat empfand und liebte.

An diesem Abend war unsere Bettzeit längst überschritten. Mutter und Großmutter stellten unentwegt Fragen an Vater nach allerlei Verwandten, die uns Kindern unbekannt waren. Vater hatte die Absicht, schon übermorgen nach Tschasi zu fahren, um zu sehen, wie die Dinge dort stünden. Ja, er war wirklich gut erholt zurückgekommen und verfügte wieder über seinen alten Unternehmungsgeist.

Am Abfahrtstag belud Gamati den Wagen mit den üblichen Dingen. Bis auf Großmutter und Eva fuhren alle mit. Ich freute mich sehr darauf, Tschasi wiederzusehen. Die Fahrt verlief gut, denn so nach und nach waren die Straßen in besserem Zustand, und es fuhren auch schon allerlei Autos. Mit Freuden stellte Vater nach der Ankunft fest, daß Reich ein ausgezeichneter Verwalter war. Die Farm war aufgeräumt, die Kulturen gepflegt, alles machte einen guten Eindruck. Reich hatte inzwischen schon achtzigtausend Kaffeebäume gepflanzt, deren junge Blätter glänzten, als wären sie mit Lack überpinselt worden. Vom Wasserfall ertönte das vertraute Rauschen und erinnerte an so mancherlei, was wir hier erlebt hatten.

Vater befaßte sich mit den Abrechnungen und übergab Reich weiteres Betriebskapital, denn eine Kaffeeplantage ist in den ersten vier bis fünf Jahren ein Zusatzgeschäft. Erst nach dieser Zeit beginnt der Kaffee zu tragen, und es kann mit Einnahmen gerechnet werden.

Wir schliefen nur eine Nacht auf Tschasi und waren am dritten Tag, mit allerlei Pflanzen aus dem Blumengarten beladen, wieder am Cavaco. Am darauffolgenden Sonnabend fanden sich nahezu alle Nachbarn und Pflanzer aus dem Cavaco-Tal ein, um Vater zu begrüßen. Es kam spontan eine so gute Stimmung auf, daß sogar das Grammophon in Betrieb genommen wurde und diesen Abend zu einem rauschenden Fest machte.

Mutter, Eva und ich trugen von da ab die ersten langen Abendkleider, und wir nahmen an großen Neujahrs- und anderen Bällen in Benguela teil, bei denen es schon höchst vornehm zuging und die Kleidung eine große Rolle spielte. Bei mir war die frühere Schüchternheit einer immer stärker werdenden Gefallsucht gewichen, die trotz der zunehmenden Mahnungen der Eltern, »ich solle doch nicht so albern sein«, nicht weichen wollte und die mich in jener Zeit wohl für viele zu einer lächerlichen Figur machte.

Cavaco wurde seit Vaters Rückkehr zu einem gesellschaftlichen Zentrum. Seit jenem Fest wurde es wie von selbst zur Gewohnheit, daß sich jeden Sonnabend die meisten Nachbarn sowie Freunde aus Benguela bei uns einfanden, wobei es stets sehr lustig zuging. Als einmal die Feder des Grammophons riß, fuhr ein junger Portugiese namens Galvao schnell zu seiner Pflanzung und kam mit einer Mundharmonika zurück, auf der er großartig spielen konnte. Er spielte hauptsächlich portugiesische Volkslieder, bei denen alle anwesenden Portugiesen fröhlich mitsangen, wenn auch bei einigen

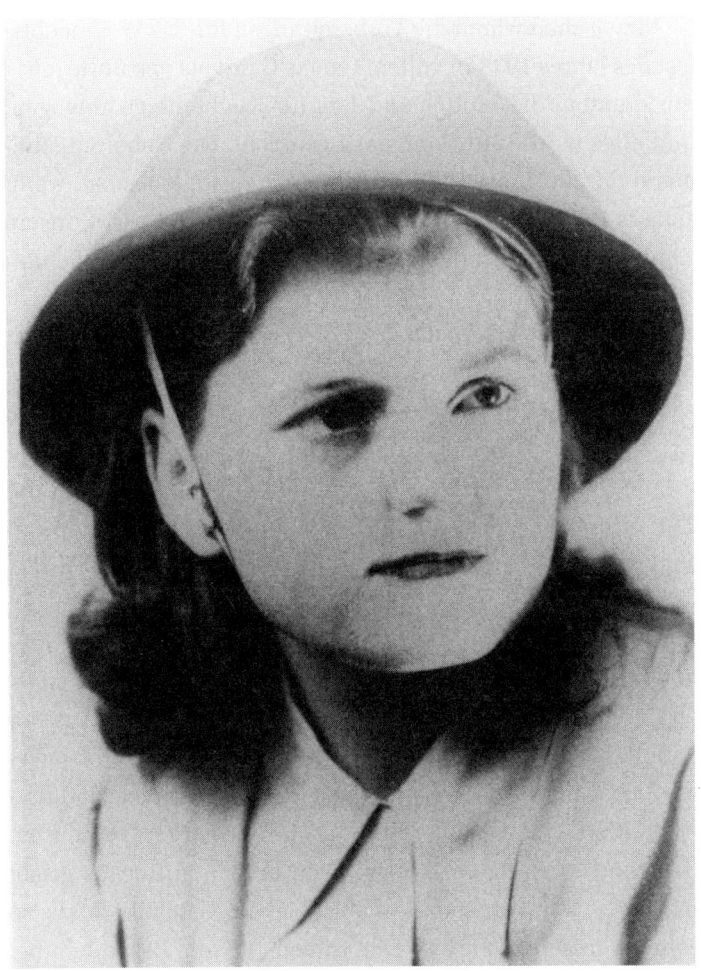

Thea, Januar 1939

Frauen, die erst vor kurzem aus Portugal eingetroffen waren, die Heimwehtränen flossen. Es war eine schöne Zeit, und für die Eltern war sie wie eine Entschädigung für die lange Trennung. Keiner konnte damals ahnen, wie schnell alles vorbei sein sollte.

Inzwischen waren die Vorbereitungen für das Weihnachts-
fest des Jahres 1938 in vollem Gange. Ganivete verrührte eifrig
die Zutaten, die Mutter und Eva für Kuchenteige abwogen,
und alles wurde auf Hochglanz gebracht. Die Geheimniskrä-
merei der Eltern war kaum noch zu ertragen. Jedesmal, wenn
sie aus Benguela zurückkamen, schickten sie uns in unsere
Zimmer und trugen dann Pakete und Päckchen in ihr Schlafzimmer.

Eines Tages, kurz nach den Feiertagen, kam Ganivete noch
in der Morgendämmerung aufgeregt bei uns an und klopfte
an die Haustür: »Patrao, Gamati ogassi-lo-guffa« (Patrao,
Gamati liegt am Sterben), rief er und wiederholte diese Worte
solange, bis Vater, hastig in den Morgenmantel gehüllt, die
Tür öffnete. »Ist es ein Schlangenbiß oder ein Skorpion-
stich?« wollte er wissen, und Ganivete sagte: »Nein Patrao,
es ist ein Messerstich.« Schnell sprang Vater in den Wagen,
Ganivete dazu, und sie fuhren hinunter zu den Arbeiter-
häusern. Unterdessen waren auch wir alle erwacht und angezogen. Schon nach kurzer Zeit kam Vater zurück. Auf der
Ladefläche lag der tote Gamati. Er war schon längst tot gewesen, als Ganivete Bescheid gesagt hatte. Vater war blaß und
erschüttert. Mit bebender Stimme stieß er hervor: »Wenn ich
den Mörder zu fassen kriege, kann er sich auf etwas gefaßt
machen.« Wir konnten es nicht glauben. Gamati gehörte so
sehr zu unserer Familie. Die Tränen flossen, besonders bei
Jola, der sich gebärdete, als hätte er einen Bruder verloren,
was Gamati als sein ständiger Jagdgefährte in gewissem Sinne
ja auch war.

Zwei von unseren Leuten – die vermutlichen Täter – waren
in dieser Nacht verschwunden. Beim Verhör der Arbeiter
kamen verschiedene, einander widersprechende Meinungen
zum Ausdruck. Einige waren der Ansicht, der Mord hinge

mit einer Frauengeschichte zusammen, andere vermuteten, es läge daran, daß Gamati ein Quilenques-Mann gewesen sei. (Die Mehrheit unserer Leute waren Bailundos.) Der Tribalismus unter den afrikanischen Völkern ist nahezu unausrottbar. Wenn er auch unter den Kolonialmächten nicht aufkam, die damals als Führung akzeptiert wurden, schwelte er dennoch unter den vielen Stämmen weiter, und ständig lauerte man auf eine Gelegenheit, dem eigenen Stamm einen Vorteil zu verschaffen.

Vater fuhr zur Polizei und meldete den Mord. Es kam jedoch nie etwas dabei heraus. Wir kamen niemals dahinter, aus welchem Grund und von wem Gamati erstochen worden war. Danach brachte er Gamatis Leiche nach Benguela, kaufte einen Sarg und ließ ihn im Totenhaus vom Hospital aufbahren. Am selben Nachmittag – es mußte wegen der Hitze immer sehr schnell gehen – wurde Gamati auf dem Friedhof von Benguela beerdigt. Jola war mit dem Blumenstrauß, den ich gebunden hatte, nicht zufrieden, ergriff die Blumenschere und schnitt sich noch einen ganzen Berg Blumen dazu. Als er sie Gamati ins offene Grab warf, schluchzte er heftig, und Vater zog ihn behutsam vom Grab weg.

Wie sehr wir an Gamati gehangen hatten, machte uns sein Tod erst recht bewußt. Die Niedergeschlagenheit, die jeden von uns erfaßt hatte, wollte nicht weichen. Vater fing wieder an zu kränkeln. Die geplante Fahrt nach Tschasi mußte immer wieder verschoben werden, und – als sie endlich stattfand – in fünf Tagen gemacht werden.

Am zehnten März 1939, um neun Uhr morgens, gingen Vaters Atemzüge unregelmäßig, und Dr. Löffgren, der seit einiger Zeit täglich kam, wurde eiligst geholt. Von lähmender Angst erfüllt, stand die Familie um Vaters Bett. Da hob sich seine Brust noch einmal und dann nicht mehr.

Todesstille breitete sich im Raum aus. Vater war für immer von uns gegangen. Um sein Leben hatten wir schon so lange gebangt. Jetzt, wo es ausgelöscht war, konnte es keiner akzeptieren.

Sauer, der täglich Krankenbesuche bei Vater gemacht hatte, kümmerte sich um die Beerdigungsformalitäten. Er schickte auch einen Boten zu Lorenz, der nach wenigen Stunden bei uns eintraf. Die Nachricht von Vaters Tod verbreitete sich in Windeseile. Es fanden sich immer mehr Menschen auf Cavaco ein, so daß es aussah, als wäre die gesamte Pflanzung zu klein, um sie zu fassen. Die Eingeborenen, besonders die Frauen, warfen sich auf den Boden, wie es ihre Sitte war, und riefen immer wieder im Klageton: »Patrao jetu wuaffa.« (Unser Patrao ist gestorben.)

Um vier Uhr nachmittags setzte sich der Trauerzug von Cavaco aus in Bewegung. Vaters letzte Reise zum Friedhof von Benguela, auf dem er nicht um alles in der Welt begraben sein wollte, hatte begonnen. Er war Gamati, seinem treuen Gefährten, bald gefolgt. Großmutter hatte das letzte ihrer beiden Kinder verloren und wurde lebensmüde. In dieser Nacht hörte man die dumpfen Trommelklänge und die Todesgesänge der Einheimischen im ganzen Cavaco-Tal bis in den Morgen.

Alles hatte sich durch Vaters Tod verändert. Unsere Welt stürzte zusammen wie ein Haus, aus dem der Hauptpfeiler herausgebrochen worden war. Welche Bedeutung ein Ehemann und Vater für die Familie auf einer einsamen Farm hat, wurde erst mit seinem Tod deutlich. Mutter verlor den Mut. Sie, die jede Entscheidung immer Vater überlassen hatte, der nicht nur in der Familie, sondern generell eine starke, dominierende Persönlichkeit gewesen war, wurde nun unsicher, ob sie mit vier noch unmündigen Kindern dem

Lebenskampf gewachsen wäre, und sehnte sich plötzlich nach ihren Geschwistern und Verwandten. Sie verpachtete Cavaco und Tschasi und fuhr schon kurz nach Vaters Tod mit der ganzen Familie nach Deutschland.

Am Vorabend unserer Abfahrt kam Lorenz, der uns, neben Sauer und anderen Freunden, nach Lobito aufs Schiff geleitete. Zum Abschied gab er Mutter einen Briefumschlag und bat sie, den Inhalt erst auf hoher See zu lesen. Die Kapelle spielte wieder: »Muß i denn, muß i denn zum Städtele hinaus…« Ganivete, der ebenfalls mit nach Lobito gekommen war, wollte in letzter Minute unbedingt mit uns nach Deutschland. Es war nicht möglich, ihn davon zu überzeugen, daß das nicht ginge. Schließlich sagte er zutiefst enttäuscht: »Ihr schämt euch nur in eurer Heimat für meine schwarze Haut.« Ach, wie tat es weh, ihn in diesem Irrglauben zurücklassen zu müssen, ein Irrglaube, der schon so manches Unheil angerichtet hat und immer wieder anrichten wird, solange er existiert.

Nun wurde das Fallreep eingezogen, die Schlepper zogen das Schiff bereits vom Kai weg, ein Vibrieren und Dröhnen setzte ein, das einige Wochen anhalten sollte. Wir standen dicht beieinander und sahen die Landzunge von Lobito immer kleiner werden.

Die Schiffsreise verbrachten wir bis auf Jola und Luise, die noch zu jung waren, in einer Art Dämmerzustand, denn wir waren von dem Schlag, den Vaters Tod verursacht hatte, noch wie betäubt. Mutter hatte sich in ihre Kabine zurückgezogen. Nach einer Weile gingen wir zu ihr und fanden sie in Tränen aufgelöst. Auf ihrem Schoß lag der Briefumschlag von Lorenz und ein beschriebenes Blatt, auf dem zu lesen war:

Du hattest es Dir so schön erträumt,
ein Haus, in den Tropen sollte es liegen,
von hohen Palmen eingesäumt,
die ihre Wipfel im Winde wiegen.
Dein Leben war Planen und Schaffen,
Deine Liebe galt Mensch und Tier.
Konntest jeden glücklich machen,
der mit Sorgen kam zu Dir.
Deine Hand führte gütig die Zügel,
die das Schicksal Dir nahm ab.
Zurück bleibt ein kleiner Hügel,
Karl, er ist Dein Grab.

In Deutschland

Deutschland war so überwältigend, daß wir uns wie auf einem anderen Planeten vorkamen. Wir stießen überall auf Neues und konnten nicht aufhören zu staunen. Wenn wir auch per Bild und Schrift vom Fortschritt informiert worden waren und selber eine europäische Erziehung genossen hatten, so war es doch etwas ganz anderes, der Wirklichkeit zu begegnen. Wir kannten noch kein Telefon, keine Straßen, keine Untergrundbahn und so vieles mehr.

Für uns, die wir an die Weiten gewohnt waren, hatten die vielen Menschen etwas Erdrückendes. Die Enge, der man überall begegnete, verursachte uns Platzangst. Die Menschen, die vielen, vielen Menschen, die aneinander vorbeihetzten. Die Hektik, die jeder an den Tag legte. Kurz: wir fühlten uns zu Anfang völlig wehr- und hilflos, einfach unfähig, in solch einem Strom mitzuschwimmen, wir waren aus unserem vertrauten Ambiente herausgerissen worden, wo wir an den Schlangenspuren die Arten erkannt hatten, nun waren wir total verunsichert und lehnten Europa zunächst ab.

In Hamburg wurden wir von Frau Bragard erwartet, die zu den Frauenschaftsführerinnen gehörte, wie es im Hitlerdeutschland üblich war, wo man alles bis ins kleinste durchorganisiert hatte. Sie brachte uns zum Amt der Auslandsorganisation, wo Mutter allerlei Papiere ausfüllen mußte, denn die Auslandsdeutschen genossen damals eine Sonderstellung und wurden speziell betreut. Die Eintragungen, die Mutter machen mußte, dauerten lange. Wir saßen im Wartezimmer steif auf den Stühlen und konnten Mutter sehen, die nur durch eine Glaswand von uns getrennt war. Wir erfuhren dort, daß wir zunächst alle durchs Tropeninstitut geschleust werden sollten. Hierbei geschah gleich die erste Panne, die unsere »Verbuschung« völlig entblößte. Denn Georg sah uns auf diese Nachricht hin an, und tausend angriffslustige Kobolde tanzten plötzlich in seinen Augen. Nach einer Weile sagte er leise: »Dort wird uns ins Ohrläppchen geschossen, damit sie Blut zum Untersuchen abzapfen können.« Dabei zog er sein Ohrläppchen lang und schnellte mit dem Mittelfinger dagegen, wobei er ein Schafsgesicht aufsetzte. Daraufhin ereignete sich etwas, das unsere arme Mutter in große Pein brachte. Wir konnten das Lachen beim besten Willen nicht mehr unterdrücken. Es brach aus uns heraus. Außer Großmutter und Eva, die uns verständnislos anguckten, lachten wir vier wie von Sinnen. Angesichts unserer Trauerkleidung und noch dazu bei einer so ernsthaften Amtshandlung, die zur Folge haben sollte, daß wir voneinander getrennt wurden, gehörte es sich wirklich nicht. Alledem zum Trotz hielt der Lachkrampf an. Es war, als müsse die Natur nachholen, was in den letzten traurigen Monaten unterblieben war. Die Beamten hinter der Glaswand reckten ihre Hälse und sahen uns drohend an. Zu Georg konnte ich nicht mehr schauen, denn jeder Blick zu ihm steigerte den Lachreiz. Wir sahen Mutters warnende Blicke. Sie war vor Zorn und Scham rot angelaufen und dem Nervenzusammenbruch nahe. Schließlich stand Georg auf, hing seinen Kopf zum nächstliegenden Fenster hinaus, konnte sich aber auch dort nicht beruhigen, denn es war zu sehen und auch zu hören, wie er sich krampfhaft bemühte, zumindest leise und unauffällig zu lachen. Das wiederum machte es nur noch schlimmer. Wir wußten uns nicht mehr anders zu helfen, als auf den Flur hinauszustürzen, um dort weiter zu lachen. Was mögen all die Menschen gedacht haben, die uns so erlebten?

Als Mutter endlich mit den Papieren fertig war und die Tür zum Flur aufmachte, spähten wir zunächst über alle Köpfe hinweg zu Georg, der im Wartezimmer geblieben war, und sobald unsere Augen sich trafen, ging es von neuem los. Mutter geriet nun außer sich. Sie verlor die Beherrschung und teilte Ohrfeigen aus. Wir bekamen wahllos welche verabreicht. Sie war dermaßen wütend, daß sie sich Luft schaffen mußte und sogar dazu überging, mit ihrer Handtasche auf uns einzuschlagen. Erst als diese aufging und der gesamte Inhalt auf dem Boden lag, kam sie wieder zur Besinnung, und wir halfen eifrig, alles aufzusammeln, was herausgefallen war.

Gottlob befanden wir uns allein im Flur, als sich diese Szene abspielte.

Es war das erste und letzte Mal, daß Mutter uns auf solche Weise behandelte. Damals war ich siebzehn und Georg fast neunzehn Jahre alt. Eigentlich ein Alter, bei dem man ein vernünftiges Benehmen erwarten konnte. Wir lagen jedoch mit unserer Entwicklung weit hinter der anderer zurück.

Außerdem gehörte das übermäßige Lachen noch zu den Eigenschaften, die von den Schwarzen auf uns übergegangen waren, die so viel und gerne über alles lachten, meistens so lange, bis die Tränen liefen. Oft über etwas, woran für einen Europäer gar nichts Lustiges zu finden ist. Sie besaßen eine so unglaubliche Phantasie und soviel Frohsinn, daß man – bei all ihrer Genügsamkeit oder vielleicht gerade deshalb –

glauben mochte, daß für sie das Leben aus einer einzigen Feier bestünde.

Nun, noch in Hamburg, wurden zunächst Jola und Luise von uns getrennt. Sie kamen nach Reinsberg-Mark in eine Schule für Auslandsdeutsche. Wie mag den beiden zumute gewesen sein, als sie zum ersten Mal von der Familie getrennt wurden? Wie wir später erfuhren, waren sie vor Heimweh krank.

Georg kam von Hamburg aus gleich in den Reichsarbeitsdienst. Großmutter brachten wir vorerst nach Rothenburg ob der Tauber in ein Altenheim. Dort lebten noch Verwandte von ihr. Mutter, Eva und ich zogen nach Hohenfeld zu Steinbrückners, die eine Gaststätte betrieben. Frau Steinbrückner war Vaters Cousine.

Wir halfen im Betrieb mit, was eine wahre Schinderei war. Mutter trug sich anfangs mit dem vagen Plan, diese Gaststätte eventuell zu pachten, zumal Steinbrückners kinderlos waren und sich schon lange zur Ruhe setzen wollten.

Bald aber erkannte sie, daß das kein Leben für uns war, und begann es zu bereuen, daß sie Angola verlassen hatte. Wir waren auseinandergerissen, sehnten uns nacheinander, und jeder war unglücklich. Der Gedanke an Vater, der nun verlassen auf dem Friedhof von Benguela lag, wo er nicht liegen wollte, wo keiner ihm eine Blume auf sein Grab brachte, und an den Fremden, der auf Cavaco saß, das Vater mit so viel Fleiß und Liebe aufgebaut hatte, war für uns nur schwer zu ertragen.

Nach drei Monaten – es war August geworden – sagte Mutter eines Abends: »Wir buchen unsere Rückfahrt nach Angola für Oktober. Georg kommt später nach, wenn er das Arbeitsdienstjahr hinter sich hat.«

Noch am gleichen Abend wurde an die Woermann-Linie

nach Hamburg geschrieben, und am darauffolgenden Wochenende besuchten wir Großmutter, um ihr unseren Entschluß mitzuteilen. Da bat die nun fast Achtzigjährige: »Nehmt mich auch wieder mit, ich mag hier nicht mehr sein.« Und Mutter sagte: »Freilich kommst du wieder mit, wir wollen doch alle zusammenbleiben.«

Keiner konnte sich an das europäische Leben gewöhnen, vor allem das Klima machte uns zu schaffen. Wir sehnten uns mehr und mehr nach dem großzügigen und freien Leben, nach dem ewig sonnigen Himmel. Und vor allem nach Cavaco, das uns jetzt wie ein Paradies vorkam. Wir fühlten uns völlig eingeschüchtert, und jeder Europäer, selbst der dümmste, kam uns überlegen vor.

Die geplante Rückkehr wurde aber plötzlich und über Nacht nicht mehr möglich. Der Krieg war ausgebrochen, die deutschen Truppen marschierten bereits in Polen ein. Die Woermann-Linie schrieb zurück, daß wegen des Kriegszustandes sämtliche Schiffsreisen eingestellt worden wären. Nun saßen wir da mit der Sehnsucht nach unserem Zuhause. Die beiden Kieselsteine, Ischibu und Ischiba, gewannen immer mehr Bedeutung für mich. Sie verkörperten die Vergangenheit, als wir noch völlig freie Menschen waren.

Es blieb uns nichts anderes übrig, als auf ein baldiges Kriegsende zu hoffen, um dann auf dem schnellsten Weg zurückzukehren.

Es war damals gut, daß wir nicht wissen konnten, was uns beim Aufenthalt in Deutschland alles bevorstehen sollte, ein Aufenthalt, der durch den Kriegsausbruch zum elfjährigen Zwangsaufenthalt wurde.

Als erstes wurden wir mit der Tatsache konfrontiert, daß aus Angola keine Pachtgelder mehr überwiesen wurden, ja sogar jeder Briefwechsel unterbrochen war. Wir kamen uns

jetzt wie Gefangene vor, waren im Sinne des Wortes Kriegs-
gefangene.

Eines Tages sagte ich zu Mutter: »Was hältst du davon,
wenn wir nach Hamburg ziehen würden? Dort wären wir am
Hafen, und sobald der Krieg zu Ende ist, könnten wir von
dort gleich abfahren.« Mutter war mit diesem Vorschlag einverstanden, denn die Steinbrücknersche Gaststätte hing ihr
wie auch mir schon lange zum Halse heraus, und sie sagte:
»Wir suchen uns dort eine Arbeit, ganz gleich welche, mit
der wir uns bis zur Rückkehr über Wasser halten können.«
Noch am gleichen Tag wurde nach Hamburg-Volksdorf an
Frau Bragard geschrieben, die uns daraufhin bei unserer
Ankunft in Hamburg bereits erwartete.

Mutter war nach wie vor sehr niedergeschlagen. Es schien,
als würde sie Vaters Tod nie verwinden. Sie litt an Heimweh
und sehnte sich vor allem nach Jola und Luise, die noch so
jung waren. So kam es, daß die Familienführung und alle
Probleme mehr und mehr auf meine Schultern rutschten
und ich mich nach und nach um alles kümmern mußte, was
dazu beitrug, mein Verantwortungsbewußtsein zu fördern
und die infantile Phase – mit großer Verspätung – zu überwinden.

Frau Bragards Antwort kam postwendend. Sie lud mich
ein, solange ihr Gast zu sein, bis ich eine passende Arbeit
gefunden hätte. Ich versprach Mutter, eine kleine Wohnung
für uns zu suchen, damit sie gleich nachkommen könne.
Zwei Tage später fuhr ich ab, trotz großen Protestes und Enttäuschung seitens der Steinbrückners.

Frau Bragard holte mich vom Hamburger Hauptbahnhof
mit ihrem Wagen ab und sagte mir, daß sie schon eine Arbeit
für mich habe. Zu ihren Aufgaben gehörte es unter anderem,
kinderreiche Familien zu betreuen. Es gab damals eine

Bestimmung, wonach jedes junge Mädchen, ob Prinzessin oder Arbeitertochter, ein Jahr bei einer kinderreichen Familie im Haushalt arbeiten mußte. Man nannte es Pflichtjahr.

Frau Bragard hatte mich bereits beim Arbeitsamt angemeldet, und dieses wies mich einer Familie Storck mit fünf Kindern zu, die auch in Volksdorf wohnte. Bei ihr leistete ich also mein Pflichtjahr ab. Man gab mir ein Arbeitsbuch, in dem als Beruf Hausgehilfin eingetragen war.

In unmittelbarer Nachbarschaft wurde bei einer alleinstehenden alten Dame, Frau Ortlep, ein Zimmer für mich gemietet, da es im Storckschen Haus keinen Platz mehr gab. Glücklicherweise war mir Frau Ortlep von Anfang an zugetan. Sie lebte sehr einsam und war wie eine Mutter zu mir.

Als ich daran ging, meine Koffer auszupacken, und all die Abendkleider zum Vorschein kamen, die an schöne Zeiten erinnerten und jetzt unnütz in den Schrank gehängt wurden, kam es mir wie Hohn vor. Von nun an mußte in Arbeitskleidung gegangen werden, mit den dazugehörigen verhaßten Schürzen, die ich mit Widerwillen, ja mit Scham trug. Nicht weil ich arbeitsscheu gewesen wäre, das war ich nicht. Aber ich hatte bis dahin eben nur den Eltern zu gehorchen brauchen, und es war wahrlich nicht leicht, mich Fremden unterordnen zu müssen. Außerdem litt ich damals noch schwer unter Standesdünkel, trotz der Unsicherheit, die ich den »echten« Europäern gegenüber empfand. So fiel mir meine Rolle als Hausgehilfin viel schwerer, als ich dachte, und meine Sehnsucht nach Angola wurde dadurch nur noch noch größer.

Jeden Abend, wenn ich nach Arbeitsschluß in mein Zimmer kam, stand ein Schälchen mit Obst oder Süßigkeiten auf dem Nachttisch, und Frau Ortlep kam dann noch ein Weilchen zu mir. Wir unterhielten uns über allerlei, wobei Afrika – das sie besonders interessierte – stets das Hauptthema war.

Gleich am ersten Tag trug ich ihr mein Anliegen vor: daß ich eine Unterkunft für meine Mutter suchte, wenn möglich ganz in der Nähe. Es ergab sich, daß Frau Ortlep eine Freundin in Rahlstedt hatte, die eine kleine Wohnung vermieten wollte. Sie verabredete ein Treffen.

Am folgenden freien Wochenende fuhr ich mit einem von Frau Ortlep geliehenen Fahrrad nach Rahlstedt und besichtigte die Wohnung. Sie war wirklich sehr klein. Aber sie sollte ja nur für den Übergang sein, bis wir wieder die Rückkehr antreten konnten. Die Wohnung wurde genommen, und Mutter zog schon nach einer Woche dort ein.

Meine Sehnsucht nach ihr war so groß, daß ich anfangs fast jeden Tag, bei Regen und Sturm, mit dem Fahrrad nach Feierabend zu ihr fuhr, nur um dort zu schlafen. Morgens, bei noch stockfinsterer Nacht, fuhr ich dann nach Volksdorf zurück. Für die Strecke brauchte man – je nach Wetterlage – etwa eine Stunde.

Mein Leben als Hausgehilfin befriedigte mich in keiner Weise. Im Gegenteil, es war mir über alle Maßen zuwider. Als Ausgleich und Trost besuchte ich mit Mutter an jedem freien Tag Kunstausstellungen in Hamburg und stöberte in Leihbibliotheken herum, die eine besondere Anziehungskraft auf mich ausübten, denn es hatte sich ein nahezu unstillbarer Wissenshunger eingestellt, der eine starke innere Unruhe verursachte. Jeder Tag in diesem Pflichtjahr erschien mir unnütz und verloren.

Storcks bewohnten eine große Villa, zu der ein prächtiger Garten gehörte. An dessen unterem Ende befand sich ein Gemüsegarten, und es gab auch ein Treibhaus. So oft ich nur konnte, hielt ich mich dort auf und träumte von meiner zukünftigen Farm, die ich schon als Kind im Geiste erbaut hatte.

Zum Personal gehörten ein Gärtner, eine Köchin namens Lore, ein Hausmädchen Elfriede und ich. Von den fünf Kindern, die ich betreuen sollte, gingen zwei bereits zur Schule. Dann waren da noch ein Säugling von drei Monaten und zwei Jungen im Alter von drei und fünf Jahren.

Ich kann nicht behaupten, damals besonders geduldig oder verständnisvoll zu den Kindern gewesen zu sein. Nein, das war ich nicht. Wenn ich auch nicht ungerecht oder hart zu ihnen war, so empfand ich sie doch als lästig. Noch schlimmer aber war, daß man sich stets mit ihnen abgeben mußte: immer wieder neue Spiele erfinden, immer wieder die beiden Jungen auseinanderbringen. Sie stritten sich ständig, indem sie sich an ein Spielzeug klammerten, es hin- und herzogen und dabei nervtötend plärrten: »Das ist meins!«

Es gab nur eine schöne Stunde am Tag, auf die ich mich stets freute: wenn die Kinder nach dem Mittagsschlaf im nahe gelegenen Wald spazieren geführt werden sollten. Wenn der Wald zu dieser Jahreszeit auch kahl, naß und kalt war, konnten die Gedanken doch in andere Regionen schweifen, während der Kinderwagen geschoben wurde und die beiden Jungen nebenhergingen.

Aber auch dabei gab es selten richtig Ruhe. Entweder stolperte ein Junge und fiel hin, was jedesmal ein endloses Geheule nach sich zog, auch wenn er sich überhaupt nicht wehgetan hatte, oder einer zog dem anderen die Mütze vom Kopf, so daß man immer wieder mit allerlei albernen und lächerlichen Dingen – so schien es mir damals – die Kinder ablenken und sich auf sie konzentrieren mußte. Es war, als ob sie es spüren konnten, wenn meine Gedanken von ihnen abschweiften.

Daß es meine Schuld sein könnte, weswegen die Kinder nicht friedlich waren, fiel mir damals nicht ein. Natürlich spürten sie, daß ich mich nicht wirklich mit ihnen beschäftigte, sondern alles nur mechanisch tat. Meine Einstellung zu Kindern änderte sich erst viel später, allerdings fiel ich dann in das andere Extrem.

Mit Lore und Elfriede kam ich fast nur bei den gemeinsamen Mahlzeiten zusammen. Sie unterhielten sich grundsätzlich nur miteinander, und ihre Themen kamen mir vor wie aus einer anderen Welt, von der ich keine Ahnung hatte. Obgleich sie Deutsch sprachen, verstand ich davon nichts, außer wenn es um ihre Freunde ging und wie sie das Wochenende mit ihnen verbrachten. Mich ignorierten sie. Ich war und blieb für sie die Fremde. Sie wußten von Frau Storck, daß ich aus Angola kam und hatten keine Vorstellung, wo es lag, was den Abstand zwischen uns noch vergrößerte.

Bei Lore entwickelte sich bald eine Aggressivität gegen mich, die in zahllose Gehässigkeiten ausartete. Anfangs konnte ich mir das nicht erklären, erst später kam ich dahinter: Sie hätte gerne das Zimmer bei Frau Ortlep für sich gehabt, um ihren Freund dort heimlich empfangen zu können.

Eines Tages, gleich nach dem Mittagessen, sagte Lore: »Thea, geh schnell mal in den Keller und hol den Leuwagen.« Ich ging in den Keller, obwohl ich nicht wußte, was ein Leuwagen ist. Da aber Lore stets in abweisender Art mit mir sprach, mochte ich nicht fragen. Im Keller sah ich dann einen Blockwagen stehen, konnte mir aber nicht denken, was Lore mit diesem Wagen in der Küche wollte und wie ich ihn allein die Kellertreppe hochbringen sollte.

Unter Aufbietung all meiner Kräfte kam ich mit dem Blockwagen die Treppe hochgepoltert, und als ich damit fast oben war, standen Lore und Elfriede fassungslos mit offenem Mund auf dem Treppenabsatz. Lore rief: »Was willst du um Himmels willen mit dem Wagen? Den Leuwagen solltest du holen.« Im selben Moment war ich am Ende meiner Kräfte und rutschte aus. Der Wagen sauste mit einem gewaltigen Krachen die Treppe hinunter und schlug mit solcher Wucht auf, daß er vollkommen auseinanderbrach. Plötzlich stand Frau Storck, durch den Lärm herbeigelockt, an der Kellertreppe. »Was geht hier vor sich?« fragte sie erschrocken, und Lore sagte giftig: »Sie sollte den Leuwagen holen und kommt mit den Blockwagen an.« – »Ich weiß nicht, was ein Leuwagen ist«, stieß ich fast weinerlich hervor und sehnte mich inbrünstig nach Mutter, nach Cavaco und dem Leben dort.

Zugleich aber erkannte ich: Lore und Elfriede, die ich für dumm und langweilig hielt, waren mir in den banalsten Dingen überlegen. *Sie* wußten was ein Leuwagen war. Andererseits war ich bisher noch nicht mit Neid, Mißgunst und dergleichen konfrontiert worden, ich war zunächst wehrlos und mußte auch in diesen Dingen erst Erfahrungen sammeln, bevor sich meine Abwehrkräfte entwickeln konnten. Dinge, die für jeden, der in Europa aufwuchs, normal und selbstverständlich waren, bereiteten uns Probleme. Wir mußten in so mancherlei bei Null anfangen. »Ein Leuwagen ist ein Schrubber«, erklärte nun Frau Storck, und konnte sich vor Lachen nicht mehr halten, so komisch fand sie das. Von da ab wußte ich, daß man in Hamburg zu einem Schrubber Leuwagen sagt.

Als Frau Storck gegangen war, schauten Lore und Elfriede mich spöttisch, ja verächtlich an und ließen noch einige Bemerkungen fallen, die meinen Stolz empfindlich trafen und mein Gesicht zum Glühen brachten. Plötzlich tat ich etwas Unerwartetes, das weder überlegt noch geplant war und das mich selbst total überrumpelte.

Mit vorgerecktem Hals starrte ich die beiden an und stieß die Kieselsteine mit meiner Zunge gegen die gefletschten

Zähne, so daß es sich anhörte, als würde eine Klapperschlange heftig mit dem Schwanz rasseln. Zunächst stutzten die beiden – was mir schon ein wenig Oberwasser gab. Als ich aber die Steine auf die Handfläche nahm und sagte, daß mit ihnen ein afrikanischer Zauber verbunden sei, mit dem ich sie verhexen könnte, da kam das Entsetzen über sie, und beide starrten wie vom Donner gerührt auf die Kiesel, die ich nun wieder in den Mund nahm, ohne meinen stieren Blick von ihnen zu wenden. Da ich aber selber nicht wußte, wie diese Geschichte nun weitergehen sollte, die praktisch ganz von selbst über mich gekommen war, wandte ich mich nach einer Weile schweigend ab und ging langsam und sehr darauf bedacht, die wiedererlangte »Würde« nicht zu verlieren, aus der Küche in den Garten, wobei ich meinte, ihre Blicke wie Nadelstiche im Rücken zu spüren.

Von da ab waren die beiden anders zu mir. Wenn auch nach wie vor die Mauer zu spüren war, die zwischen uns stand, so waren sie – vermutlich aus Angst vor dem Zauber – zumindest nicht mehr gehässig.

Beim abendlichen Zähneputzen, das auch die Kiesel stets mit einschloß, tat ich innerlich Abbitte, sie zu solch niedrigem Zweck benutzt zu haben, und nahm mir vor, es nie wieder geschehen zu lassen.

Unterdessen stand Weihnachten vor der Tür. Mutter bereitete sich mit Lebensmitteleinkäufen darauf vor, die ganze Familie zu vereinen. Es gab im ersten Kriegsjahr noch alles zu kaufen.

Als erster traf Georg bei Mutter ein. Er kam kurz danach mit einem Fahrrad, das er sich bei Mutters Vermieterin geliehen hatte, zu mir. Wie flott er in der Uniform aussah. Von einem schon so lange nicht mehr empfundenen Glücksgefühl überflutet, flogen wir uns in die Arme. Frau Storck gab mir außer der Reihe frei, und so fuhren wir kurz darauf zu Mutter. Die Gespräche drehten sich wie immer um Angola, Cavaco, Tschasi. Als dann am Abend, aus einer besonderen Stimmung heraus, noch Lieder der Eingeborenen gesungen wurden, war es, als sei unser Aufenthalt im Kriegsdeutschland nur ein böser Traum.

Georg holte zwei Tage später Jola und Luise vom Hauptbahnhof ab. Wie waren diese armen Kinder abgemagert und blaß geworden. Es war ja nicht so, daß sie nicht genug zu essen bekommen hätten, sie waren ganz einfach heimwehkrank. Von der afrikanischen Sonnenbräune war bei keinem von uns noch viel zu sehen.

Es war die erste Weihnacht ohne Vater, in einem völlig anderen Ambiente. Mutter stellte sein Bild unter den kleinen Tannenbaum, und es wurde seiner gedacht.

Der Winter hatte für uns etwas Niederdrückendes. Als die Tage immer kürzer wurden und schon am frühen Nachmittag das Licht brennen mußte, war es, als könne das Leben nicht normal weiterlaufen, als sei es irgendwie blockiert. Wenn dann die Sonne wochenlang überhaupt nicht zum Vorschein kam, hatte die ganze Atmosphäre bis ins Innerste hinein etwas Morbides an sich. Es ist für Menschen, die nicht in dieses Klima hineingeboren werden, sehr schwer zu ertragen.

Allzu schnell vergingen die Ferientage, der Abschied rückte unaufhaltsam näher. Georg mußte als erster gehen und hinterließ eine Leere in Mutters kleiner Wohnung.

Dann, drei Tage später, mußten auch Jola und Luise abfahren, obwohl sie um keinen Preis mehr nach Reinsberg zurück wollten. Mutter mußte all ihre Kräfte aufbieten, um sie davon zu überzeugen, daß es nun nicht mehr lange dauern würde, bis wir alle wieder nach Cavaco zurück könnten.

Tatsächlich glaubten wir damals noch fest an eine baldige Rückkehr. Ich hatte mir freigeben lassen, um meine Geschwister mit Mutter zum Bahnhof bringen zu können.

Der Zug stand schon auf dem Abfahrtsgleis, als wir eintrafen. Während wir mit den Koffern darauf zugingen, klammerte sich Luise plötzlich abwechselnd an Mutter und an mich und schrie mit weit aufgerissenen Augen, in denen Angst und Grauen standen: »Ich will hier bleiben, bitte, ich möchte nicht fort, bitte, bitte!«

Endlich waren die beiden ins Abteil gebracht, wo sie einen Fensterplatz bekamen, und wir verließen eiligst den Zug, der sich gleich darauf in Bewegung setzte. Mit sehnsuchtsvollen Augen, aus denen die Tränen in Strömen flossen, saugten sich ihre Blicke an uns fest, als der Zug aus dem Bahnhof fuhr.

Mutter und ich standen noch lange wie paralysiert auf dem längst menschenleeren Bahnsteig. »Das ist schlimmer als, als ...« Mutter konnte nicht weiterreden, sie weinte nun in sich hinein, und so stiegen wir in den Vorortszug nach Rahlstedt.

Es wurde Frühling, Sommer und Herbst. Mein Pflichtjahr war beendet, der Krieg jedoch hielt an. Ich zog nun zu Mutter. Unterdessen hatte auch Georg den Arbeitsdienst beendet. Er meldete sich, entgegen seinem Jugendtraum, nicht zur Marine, sondern zur Luftwaffe, und wurde in Erfurt zum Fluglehrer ausgebildet. Eva war inzwischen verlobt, heiratete noch im Sommer ihren Kurt und zog mit ihm nach Stettin. Kurt war beim Heer.

Mutter und ich gingen jetzt öfter ins Kino. Wir sahen eine Reihe Filme mit Stars wie Heinrich George, Willy Birgel, La Jana und vielen anderen. Wer wie ich im Busch aufwuchs und plötzlich in ein europäisches Kulturland kommt, der verkraftet nicht so ohne weiteres den Andrang einer neuen Welt, noch dazu im »Sturm-und-Drang-Alter« von nur achtzehn Jahren. Ein Außenstehender kann sich kaum eine Vorstellung davon machen, welchen Eindruck diese Film- und Flimmerwelt auf einen unreifen Menschen ausübt, der auf einer Farm naiv und einfältig herangewachsen ist. Es war wie ein Virus, der mich anfiel, gegen den es noch keine Immunität gab.

Nachdem der Schock, den Vaters Tod verursacht hatte, mehr und mehr nachließ, und das Pflichtjahr, das ich als einjährige Zwangsarbeit empfunden hatte, beendet war, fühlte ich mich endlich frei und begann nun, mit offenen Augen die neue Welt zu sehen und mich kopfüber in sie hineinzustürzen. Aus jener neuen Lebensphase möchte ich nur ein Ereignis erwähnen, das zu einem damals bedeutsamen Wendepunkt für mich führte: Die Filme »Der Tiger von Eschnapur«, »Das Indische Grabmal« und »Stern von Rio« mit La Jana hatten es mir besonders angetan. Nicht die Filmgeschichte als solche, sondern La Janas Tänze waren es, die mich faszinierten. Den »Stern von Rio« schaute ich mir sogar dreimal an. La Janas Bauchtänze machte ich dann in meinem Zimmer vor dem großen Kleiderschrank-Spiegel nach. Zuerst wollte es nicht gelingen, es wirkte steif und verkrampft. Erst als ich mir eine sich windende Schlange vorstellte, ging es plötzlich wie von selbst. Ja, es war wirklich eine turbulente Zeit angebrochen, über die ich kaum noch Macht hatte. Es war wie ein Sog, der mich mitriß, gegen den ich mich nicht wehren konnte und auch nicht wehren wollte, es war wie ein Rausch. Die Phase, die seinerzeit mit dem ersten Kinobesuch in Benguela und dem Tupfenkleid ihren Anfang genommen hatte, dann aber durch Vaters Tod, die Deutschlandreise und das Pflichtjahr verdrängt worden war, kehrte nun mit doppelter Wucht zurück. Es nisteten sich hochfahrende Pläne in meinem Kopf ein, die ich am liebsten alle zugleich verwirklichen wollte, nämlich Tänzerin, Sängerin und Schauspielerin zu werden. Warum sollte ich nicht nach den Sternen greifen? Nun, ich stellte mir alles so intensiv vor – natürlich nur den Glanz und den Ruhm –, träumte von einem echten Welterfolg, etwas Einmaligem, nie Erreichtem, nie Wiederkehrendem. Ja, soweit war es gekommen, daß ich wie auf Wolken schwebte und keinerlei Maß mehr für die Realität besaß. Die Erfahrung, daß keine Bäume in den Himmel wachsen, hatte ich noch nicht gemacht.

Zu der Zeit unterhielt ich bereits eine umfangreiche Korrespondenz mit mir unbekannten Soldaten, die sich einen »Kriegsbraut-Briefwechsel« wünschten und deren Feldpostnummern ständig über den Rundfunk bekanntgegeben wurden. Erstens empfand ich es als patriotische Pflicht, den Kämpfern an der Front durch Briefe und Päckchen eine Freude zu bereiten, und zweitens wurde es mit einigen sehr interessant und spannend. Die Wirkung meiner Anziehungskraft auf das starke Geschlecht auszuprobieren war ein prickelndes Hobby geworden. Mutter schien es zu amüsieren. Wenn sie auch des öfteren warnte: »Wer allzusehr mit dem Feuer spielt, kommt eines Tages darin um.« So schwamm ich also noch eine Weile weiter auf der hohen Welle meines Ichs, der vorerst nichts Einhalt gebieten konnte, die mir aber ein bis dahin noch nicht gekanntes Hochgefühl vermittelte, das Leben würzte und eine Energie erzeugte, der, wie es schien, keine Grenzen gesetzt waren.

Es gab jedoch einen erbarmungslosen Hemmschuh, der so nach und nach kein normales Leben mehr erlaubte, ein Hindernis, das sich bald von seiner grausamsten Seite zeigen sollte: den Krieg. Die Luftangriffe auf Hamburg nahmen zu, wir mußten immer öfter die Nächte wie auch schon manche Stunden am Tage im Luftschutzkeller verbringen.

Eines Tages kam Georg wieder einmal auf Urlaub. Er sah besorgt aus und machte Mutter den Vorschlag, das so heimgesuchte Hamburg zu verlassen und wieder nach Bayern zurückzukehren, wo es noch kaum Luftangriffe gab. Mutter versprach, es sich zu überlegen.

Brieflich hatte ich Georg längst mitgeteilt, daß ich Tänzerin und Schauspielerin werden wollte, worauf er jedoch nie eingegangen war. Nun aber wollte ich ihm meine »Tanzkunst« vorführen. Ich hatte mir eigenhändig das gleiche Kostüm genäht, wie es La Jana in »Stern von Rio« trug. Es bestand aus einem knappen Dreieckhöschen, das auf beiden Hüftseiten mit drei Spangen und schwarzem Glanzstoff zusammengehalten wurde, und dem dazugehörigen Oberteil, das auch nicht mehr als ein recht spärlicher Büstenhalter war. Es war für die damalige Zeit sehr gewagt. Ich legte also die Platte mit dem Tango-Lied »Stern von Rio« aus dem gleichnamigen Film schon auf den Plattenspieler, bevor ich zum Umziehen ins Zimmer ging. Schnell war die Kleidung gewechselt und ein Umhang übergeworfen, so daß vom Kostüm zunächst nichts zu sehen war. Als die Musik erklang, bewegte ich mich zunächst im Umhang ein Weilchen hin und her, kam dann in Schwung, warf den Umhang ab und drehte die Hüften, als hätte ich ein Kugellager im Rückgrat. Prompt fühlte ich mich als La Jana in fernen Regionen schwebend. Da hörte ich plötzlich Georgs entsetzte Stimme: »Hör auf damit!« schrie er, »Hör sofort auf damit!« Schlagartig blieb ich stehen, zutiefst erschrocken. Was war bloß mit Georg los? Er sah mich drohend an, kam auf mich zu und zischte: »Zieh dieses Ding aus« – dabei zeigte er verächtlich auf mein Kostüm – »und zieh es nie wieder an, du siehst damit aus

wie eine – Nachtklubtänzerin.« Mißbilligung und Enttäuschung standen ihm im Gesicht, und die Augen flammten
im Zorn auf, als er noch hinzufügte: »Haben dich etwa in
diesem Aufzug schon Fremde gesehen?« – »Nein«, schrie
ich, tief verletzt, und konnte überhaupt nicht begreifen, was
ich falsch gemacht hatte, wo ich doch nur auf dem Weg war,
eine Berühmtheit, eine La Jana zu werden. Die zog sich ja
auch so an, und alle fanden es toll und bewunderten sie.
Den Umhang aufraffend, verschwand ich völlig außer mir
im Schlafzimmer, wo ich mich aufs Bett warf und losheulte.
Nach einer Weile wollte ich nun genau wissen, was Georg
von mir dachte, und ging ins Zimmer zurück. Er stand am
Fenster und schaute hinaus. Mit zitternder Stimme fragte
ich, ob er mich denn für eine zweifelhafte Person halte.
Traurig drehte er sich um. »Ach nein, das tue ich nicht, aber
du machst mit diesem Kostüm einen solchen Eindruck.« Er
kam heran, legte seine Hände auf meine Schultern und fuhr
einlenkend fort: »Das ist doch alles Firlefanz, es ist nicht
alles Gold, was glänzt. Bleibe doch mit den Füßen auf dem
Boden, ich kann solches aufgebauschtes Theater nicht leiden.
Du bist ziemlich theatralisch geworden, du merkst wohl selber
gar nicht mehr, wie du dich verändert hast.«

Mir war, als würde ich in diesem Moment durch Georg
Vaters Stimme hören. Instinktiv wußte ich, daß ich vor Vater
niemals in solcher Aufmachung hätte erscheinen dürfen.
Mutter hingegen ließ mich gewähren. Es schien sogar, als
würde sie regen Anteil an allem nehmen, was mich bewegte.

So schnell ließ sich jedoch das Traumgebilde, von dem
ich wie besessen war, nicht zerstören. Es saß zu tief. Ich raffte
also meinen ganzen Mut zusammen und sagte Georg, daß es
falsch sei, wenn er glaube, daß jede Schauspielerin zwie-
lichtig sein müsse und daß ich nicht aufgeben und etwas

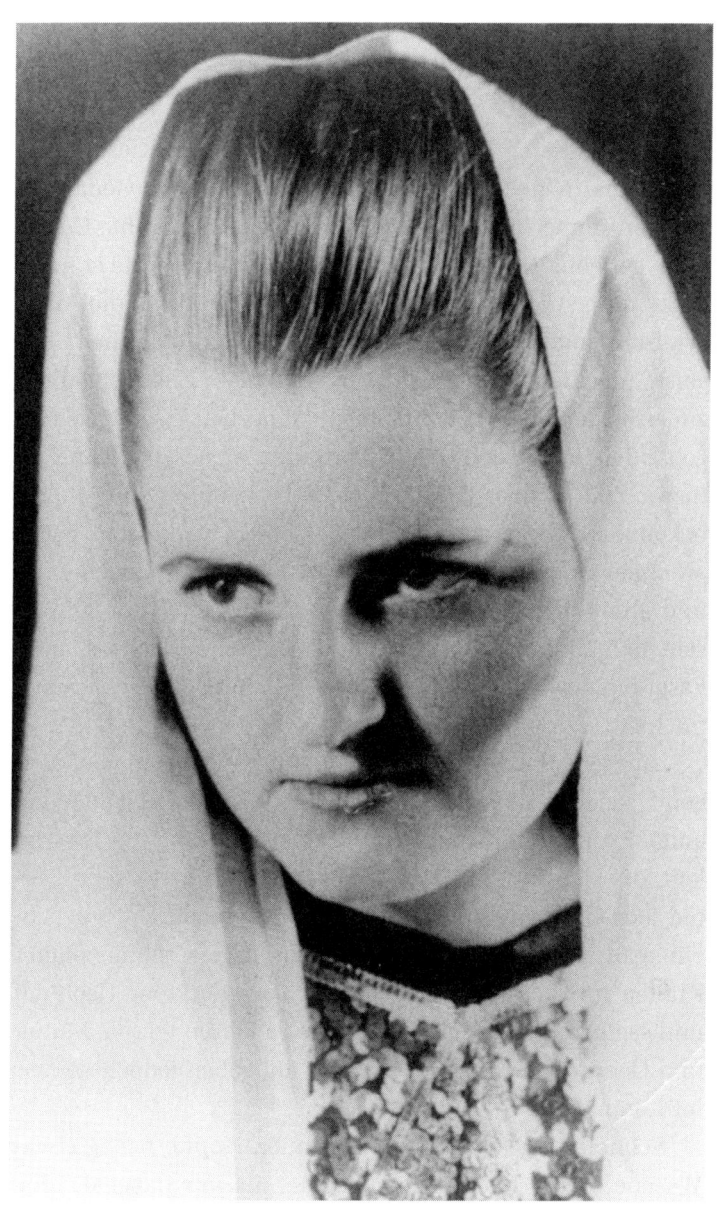

»Bild aus der tollen Zeit der Flimmerwelt«

ganz Großes erreichen würde, worauf er stolz sein könne. Und damit ging ich völlig aufgewühlt ohne Abendbrot zu Bett.

Es wurde eine Nacht ohne Schlaf, und die Kieselsteine waren bis in den Morgen in Bewegung. Meine Gedanken kreisten immer wieder um die Frage: Warum mußte Georg, mein geliebter Bruder, dagegen sein? Warum konnte er mich nicht unterstützen in dem, was für mich der Gipfel aller Wunschträume war? »Es liegt nur an dem puritanischen Zeitgeist«, dachte ich und war überzeugt, mein Ziel trotz allem zu erreichen. Georg würde dann einsehen, wie falsch er gehandelt hatte, wie wenig Vertrauen er besaß. Meine zu dieser Zeit so überspannte Eigenliebe hatte einen Dämpfer bekommen, der einen dumpfen Schmerz verursacht hatte. »Morgen werde ich nach Stettin zu Eva fahren«, dachte ich und ahnte, daß die Kluft zwischen Georg und mir sich so schnell nicht mehr schließen lassen würde, weil ich mit jeder Faser meines Seins nach der Verwirklichung meines Traums trachtete.

Langsam brach die Morgendämmerung heran. Schweigend saßen wir am Frühstückstisch. Keiner schaute den anderen an, und doch sahen wir uns alle durch die Traurigkeit, die sich im ganzen Raum ausgebreitet hatte, registrierten jede Bewegung des andern. Es war mir nicht möglich, einen Bissen Brot herunterzukriegen, da ein schmerzhafter Knoten im Hals saß. Also stand ich wieder vom Tisch auf und sagte, daß ich nach Stettin zu Eva fahren würde. Mutter und Georg schauten mich fragend an, gaben jedoch keinerlei Kommentar.

Schnell ging ich ins Schlafzimmer, stopfte hastig etwas Wäsche in die Reisetasche, stockte, als mir dabei das La-Jana-Kostüm in die Hände fiel, knüllte es zusammen und schob es zuunterst in eine Schublade. Zögernd stand ich nun vor der gepackten Tasche, war unschlüssig, wußte nicht, ob und wie ich mich verabschieden sollte. Warum hatte keiner ein Wort gesagt? Ein Wort nur: »Bleib!« Dieses eine Wort hätte alles verändern können.

Von widerstreitenden Gefühlen verunsichert, hielt ich es nicht mehr aus, noch länger vor der gepackten Tasche zu stehen und auf ein Wort zu warten – ja sehnlichst zu lauschen –, ein Wort, das nicht gesprochen wurde. Ruckartig griff ich nun die Tasche und trat ins Zimmer. Es sah aus, als ob beide noch in der gleichen Stellung verharrten wie zuvor, sie sprachen kein Wort. »Später wirst du mich schon verstehen Georg, jetzt ist es besser, wenn ich gehe«, brachte ich mit Mühe heraus und verließ das Haus.

Es war das erste Mal, daß es zwischen Georg und mir zu solch einem Zusammenstoß gekommen war, und ich wußte, daß ich nicht damit fertig werden würde, wenn die Kluft sich nicht mehr schließen ließe. Wie war es doch schwer, den richtigen Ton zu finden, wenn man über sich selbst noch keine Kontrolle besaß, wenn aufgewühlte, starke Gefühle Schaden und Leid verursachten und ein Plan plötzlich so wichtig schien, als hinge das Leben davon ab.
Bei Georg war es nicht nur seine Abneigung gegen die Schein- und Flimmerwelt, wie er es nannte. Er erlebte meine »Verwandlung« ja nicht wie Mutter mit, sondern stand nun plötzlich vor einer Schwester, die äußerlich wie innerlich kaum noch etwas mit der gemein hatte, die ihm vertraut war.

Auf dem Weg zum Bahnhof war mir, als hätte ich Blei an den Füßen. Ich tat etwas, wogegen ich innerlich aufbegehrte – und tat es doch.

Meine Schritte wurden immer langsamer, schließlich blieb ich stehen und lehnte mich an eine Hausmauer nahe des

Bahnhofs. In meinem Trübsinn merkte ich nicht, wie ein Fahrrad an die gleiche Hauswand gelehnt wurde und jemand sich hinter mich stellte. Als ich meine Tasche aufnehmen wollte, hörte ich Georg sagen: »Ich trag dir die Tasche.« – »Ach Georg«, brachte ich heiser heraus, und wir flogen uns um den Hals. Dasselbe geschah dann auch mit Mutter, als wir bei ihr ankamen.

So verliefen Georgs letzte Urlaubstage harmonisch. Er rührte mit keinem Wort an den Vorfall, und ich erwähnte mit keiner Silbe meine Absichten und nahm mir vor, Georg einmal vor vollendete Tatsachen zu stellen. Dann würde auch er seine Meinung über die Schein- und Flimmerwelt ändern. Ich hatte jedoch von da ab schon leise Zweifel hinsichtlich meiner Pläne.

Der letzte Urlaubstag brach an, und der Abschied, der in Kriegszeiten stets etwas Unheimliches in sich barg, stand wieder einmal bevor. Jeder dachte es, sprach es jedoch nicht aus. Mit keiner Miene verriet man die nagende Frage, die mit tausend grausamen Vorstellungen verflochten war: Würde es ein Wiedersehen geben?

Auf dem Bahnsteig redeten wir in den letzten Minuten über belanglose Dinge, sprangen von einem Thema ins nächste, nahmen uns schnell noch einmal in den Arm. Aber kaum war der Zug aus den Augen und die winkende Hand herabgesunken, brach im Inneren etwas zusammen und drückte einen nieder.

Es war ein trüber, regnerischer Tag, an dem Georg Abschied nehmen mußte. Abends im Bett ging mir unser Streit durch den Kopf, jede Einzelheit. Der Ton seiner Stimme, sein Gesichtsausdruck, wie er am Fenster stand und sich traurig umdrehte, als ich jene Frage gegen ihn warf. Und während die Kieselsteine in Bewegung waren, löste sich etwas in mir, und ich fühlte meine Pläne wie Seifenblasen zerspringen. Sie lösten sich plötzlich in Nichts auf. Seltsam war, daß ich darüber nicht einmal unglücklich war, ja sogar Erleichterung verspürte. Die Flimmerwelt war wie eine zweite Haut von mir abgefallen, ich war von einer Wahnvorstellung befreit.

Was sich vollzogen hatte, war so bedeutungsvoll, daß ich nicht umhin konnte, an Mutters Bett zu treten, um es ihr mitzuteilen. Sie lag ebenfalls noch wach und konnte die Traurigkeit, die Georgs Abfahrt verursacht hatte, nur schlecht verbergen. Als ich ihr sagte, daß jetzt alles vorbei sei, fragte sie: »Was meinst du damit?« – »Na das mit der Flimmerwelt«, erklärte ich. Da griff Mutter nach meiner Hand und sagte wie erlöst. »Dann schreib es Georg gleich.« Es wurde ein langer Brief, der noch in jener Nacht entstand. Als ich dann, des Friedens voll, endlich wieder zu Bett ging, war mir seltsam zumute: Es war eine neue Situation entstanden. Eine Leere machte sich bemerkbar, die jedoch nichts Drückendes an sich hatte. Es war, als ob eine innere Schleuse geöffnet worden war, die den verdrängten Gefühlen freien Lauf ließ. Auf einmal sehnte ich mich nach einem Mann, den ich von Herzen lieben könnte, nach einer wahren, großen Liebe.

Bisher hatte es mir Spaß gemacht, von Männern hofiert zu werden, es hob mein Selbstbewußtsein. Es genügte, wenn sie mich begehrten. Ich begehrte sie nicht – damals noch nicht. Nun aber war es anders. Die Sucht, den Gipfel des Ruhmes zu erklimmen, hatte alles von mir ferngehalten, was in irgendeiner Form meine Handlungsfreiheit hätte beeinträchtigen können, es blieb kein Raum für anderes. Sämtliche Einladungen von all den unbekannten Briefpartnern, die auf Urlaub kamen und mich kennenlernen wollten, schlug ich aus, und machte man mir einen

Heiratsantrag, war die Antwort instinktiv immer die gleiche: daß ich nur einen Mann heiraten würde, der bereit wäre und auch Lust dazu hätte, nach Kriegsende mit mir nach Angola zu kommen.

Den folgenden Tag verbrachte ich damit, eine Arbeit zu suchen. Dabei stellte sich heraus, daß das Wort »Hausgehilfin«, das als Berufsbezeichnung im Arbeitsbuch vermerkt war, eine nahezu unüberspringbare Hürde darstellte. Man wollte mich auf Biegen und Brechen wieder in einen Haushalt stecken. Hausgehilfinnen waren Mangelware. Auf dem Arbeitsamt kam es dann zu einem Ausbruch, der bestens geeignet war, schlimme Konsequenzen heraufzubeschwören. Wie ein wild gewordener Buschbock ging ich auf die Barrikade, erklärte den Beamten mit viel zu lauter Stimme und einer Entschiedenheit, über die ich selbst erschrak, daß ich nur ein »Pflichtjahr« gemacht hatte, daß ich Farmertochter sei und keine Hausgehilfin, daß wir Auslandsdeutsche seien und nur durch den Krieg hier festsitzen würden. Die Beamten warfen sich Blicke zu. Einer erhob sich und ging mit meinem Arbeitsbuch in einen Nebenraum. Endlich kam er wieder zum Vorschein. »Sie können als Apothekenhelferin arbeiten, wenn Ihnen das lieber ist, die Behrens-Apotheke in Rahlstedt sucht eine Helferin«, sagte er. Wenn ich mir auch nichts unter einer solchen Helferin vorstellen konnte, sagte ich doch sofort zu. Es war zumindest kein Haushalt. Auf dem Nachhauseweg kostete ich meinen bescheidenen Triumph aus.

Jetzt, wo wir uns im großen und ganzen an Deutschland gewöhnt hatten, spürten wir immer drückender den Verlust der persönlichen Freiheit. Wie konnte es sein, daß man überhaupt ein Pflichtjahr und dergleichen machen *mußte,* ob man wollte oder nicht. Vielleicht wären solche Empfindungen gar nicht aufgekommen, wären wir in Europa aufgewachsen, wo es eine derartige Freiheit, mit der wir groß wurden, gar nicht mehr gab.

Noch am gleichen Tag stellte ich mich in der Apotheke vor und begann schon am nächsten Morgen mit der Arbeit. Es waren zwei Helferinnen anwesend, Wilma und Gretel, die mich in die Arbeit einführten. Sie bestand zunächst darin, Tüten mit allerlei Gesundheitstee abzuwiegen und zu beschriften.

Zwischen Gretel und mir entwickelte sich bald ein freundschaftliches Verhältnis. Sie war von sanftem Wesen, intelligent und sehr hübsch. Noch nie hatte ich so schöne blaue Augen gesehen. Sie war mit einem Flugzeugführer verlobt und stammte aus dem Ostseebad Misdroy, wohin sie schon am folgenden Tag für zwei Wochen fuhr.

Mit großer Mühe und allerlei an den Haaren herbeigezogenen Argumenten gelang es mir, beim Apotheker eine Halbtagsarbeit zu erreichen. Ich wollte den Nachmittag und die Abendstunden für mich nutzen und, sofern es in meinen Möglichkeiten stand, meine Bildungslücken schließen. Jedes erübrigte Geld wurde nun in Bücher gesteckt, die von da an eine immer größere und wichtigere Rolle in meinem Leben spielten.

Eines Abends sagte Mutter: »Wollen wir uns nicht eine größere Wohnung suchen? Dann könnte zunächst Großmutter zu uns ziehen und bräuchte nicht mehr unter der Einsamkeit zu leiden.« Erfreut erwiderte ich, daß ich daran auch schon oft gedacht hätte, und Mutter fügte hinzu: »Ich glaube schon lange nicht mehr an ein baldiges Kriegsende, es wird nur noch schlimmer.« Sorgenvoll erinnerte sie daran, daß es Georgs Wunsch sei, Hamburg zu verlassen. Andererseits war Hamburg mit seinem Hafen das Tor, aus dem wir eines Tages die

Rückkehr nach Angola antreten würden. Es hielt uns wie ein unsichtbarer Arm fest.

Nach acht Tagen schon bezogen wir eine größere Wohnung. Ich wollte meine Ferien, die bald in Aussicht standen, dazu benutzen, um Großmutter aus Rothenburg zu holen. Gretel war inzwischen aus dem Urlaub zurück. Ich freute mich sehr über ihre Ankunft. Sie kam oft zu uns, bald waren wir unzertrennlich und schmiedeten Zukunftspläne. Sie wollte mich später in Afrika besuchen und eventuell auch dort leben.

Aber dann, noch bevor meine Ferien begannen, wurde ein Telegramm bei uns abgegeben. Es enthielt nur drei Worte: »Großmutter sanft entschlafen.« Zu spät war es für uns, zu spät für sie, in ihren letzten Lebensjahren in einen Teil der Familie zurückzukehren. Zu spät – was für bittere Worte.

Wir begaben uns gleich zum Bahnhof, um die Zugverbindungen zu erfragen. Es sah schlecht aus mit den Anschlüssen, es war kaum möglich, noch rechtzeitig zur Beerdigung einzutreffen. Dennoch kauften wir gleich die Fahrkarten. Der nächste Zug ging um Mitternacht vom Hauptbahnhof in Richtung Würzburg ab.

Die Reise erwies sich als schwierig. Es gehörte in den Kriegsjahren zur Tagesordnung, daß die Züge oft mit stundenlanger Verspätung eintrafen. Wer ein oder mehrere Male umsteigen mußte, konnte mit einem weiteren Reisetag rechnen. Am späten Nachmittag des nächsten Tages trafen wir in Würzburg ein. Von dort war es nicht mehr weit nach Rothenburg. Für diese kurze Strecke gab es an diesem Tag jedoch keinen Anschluß mehr. Entmutigt standen wir auf dem Bahnsteig und beratschlagten, wie wir weiterkommen könnten. Es begann schon zu dämmern. Plötzlich wurde ausgerufen: »Achtung auf Gleis drei, Einfahrt des Fronturlauberzuges in Richtung Uffenheim, Ansbach, München!« Ich stieß Mutter an und rief, daß wir ja nach Uffenheim fahren könnten, von dort ginge es mit dem Bummelzug nach Rothenburg. Mutter sah bedenklich drein und meinte: »Es dürfen doch keine Zivilisten in einen solchen Zug.« – »Wir versuchen es trotzdem«, setzte ich durch.

Auf dem Bahnsteig gab es jetzt großes Gedränge. Zugtüren flogen auf und zu, Soldaten stiegen aus und ein. Inzwischen war es schon dunkel. »Komm«, sagte ich, ergriff Mutter und half ihr die Waggontreppe hoch. Das Abteil war nur mit zwei Militärs besetzt, die je einen Fensterplatz einnahmen. Überrascht, fast belustigt, schauten sie auf uns. »Wir hatten keinen Anschluß mehr«, begann Mutter schuldbewußt und fügte hinzu: »Wir fahren nur bis Uffenheim, das ist gleich die nächste Station. Wir müssen zu einer Beerdigung.« – »Bitte, nehmen Sie nur Platz«, sagte einer der beiden, ein blonder Lockenkopf, der zur Marine gehörte, und meinte: »Wenn der Schaffner nichts dagegen hat, uns ist es sehr recht, etwas Unterhaltung zu bekommen, denn die Bahnreisen sind immer sehr langweilig.« Der andere gehörte zum Heer und verhielt sich schweigsam.

Erfreut ließen wir uns auf den Eckplätzen am Eingang des Abteils nieder, wo die Mäntel der beiden hingen. Nach einer Weile erhob sich der Lockenkopf, hielt Ausschau nach dem Schaffner und zog die Militärmäntel etwas nach vorn, so daß wir vom Gang aus nicht gleich erkannt werden konnten. »Das ist sehr nett von Ihnen«, sagte Mutter, und damit begann die Unterhaltung. Das Gespräch wurde zunächst von Mutter und dem Lockenkopf bestritten und kreiste schließlich um Afrika. Jetzt beteiligte auch ich mich an der Unterhaltung. Afrika – dieses Wort war wie ein Zauber. Sehnsuchtsvolle Gefühle verband ich damit.

Inzwischen näherten wir uns Uffenheim. Wir erhoben uns, holten die Taschen aus dem Gepäcknetz, wobei uns der Lockenkopf half. Kein Schaffner war gekommen, es war alles gut gegangen. »Darf ich um Ihre Adresse bitten?« fragte mich der Lockenkopf, während er uns in die Mäntel half. Ich gab sie ihm und auch dem Schweigsamen, um ihn nicht zu verletzen.

In Rothenburg wurden wir von Eva, die ebenfalls aus Stettin gekommen war, erwartet. Wie vorausgesehen, trafen wir zu spät ein. Es blieb uns nur noch, Großmutters letzte Ruhestätte mit Blumen zu schmücken. Eva mußte schon am nächsten Tag nach Stettin zurück und fragte, ob ich meine Ferien nicht bei ihr verbringen wolle. Wir hatten uns lange nicht gesehen, es gab viel zu erzählen. Mutter wollte nach Kitzingen zu ihrer Schwester Margerete. So trennten wir uns am nächsten Tag, und ich trat mit Eva die Reise nach Stettin an.

Dort angekommen, telefonierte Eva mit ihrer Schwägerin Herta, zu der sie ein gutes Verhältnis hatte. Sie sollte am nächsten Tag mit ihrem Mann Thomas zum Nachmittagskaffee kommen, denn Eva habe eine Überraschung für sie mitgebracht. Damit war ich gemeint.

Als sie am nächsten Tag kamen, ging ihnen Eva in der Diele entgegen, half ihnen aus den Mänteln und geleitete sie ins Wohnzimmer, wo sie mir vorgestellt wurden. Herta sah ihrem Bruder Kurt sehr ähnlich. Thomas, ein sehr dunkler Typ mit fast blau-schwarzem Haar, besaß ein ungewöhnliches Wissen. Sich mit ihm zu unterhalten, war nicht nur interessant, sondern ein Genuß. Wir redeten vor allem über Bücher. Dabei stellte sich heraus, daß er ein Buch besaß, nach dem ich schon lange vergeblich gesucht hatte. Er wollte es mir ausleihen, und da sie nur ein paar Häuser weiter weg wohnten, ging er es gleich holen.

Unterdessen deckte Eva den Kaffeetisch. Ihr Kurt war vor drei Wochen auf Urlaub gewesen und befand sich nun wieder an der Front. Später, als sich der Besuch zum Aufbruch rüstete, zog ich mein Adressbuch und bat um Thomas' Anschrift, um ihm das Buch zurückschicken zu können. »Lieber nicht«, wehrte er ab, »Sie könnten mit meiner Adresse in Ihrem Notizheft nur Schwierigkeiten bekommen, große Schwierigkeiten. Schicken Sie es nicht so schnell, es hat keine Eile damit, und wenn, senden Sie es an Eva.« Während er das sprach, sah er mich ernst und bedeutungsvoll an. Ich konnte nicht verstehen, was sich dahinter verbarg, mochte aber keine Fragen stellen und begleitete die beiden mit Eva zur Diele, wo sie in ihre Mäntel schlüpften. Da sah ich es. Nun wurde mir schlagartig klar, warum er jene geheimnisvollen Worte gesagt hatte. An seinem Mantel haftete der gelbe Judenstern.

Wenn ich diesem »Kennzeichen« auch schon des öfteren begegnet war, so hatte ich bis dahin noch keinen Kontakt zu einem Juden gehabt und mir darüber keine besonderen Gedanken gemacht. Da wir innerlich nur nach Afrika blickten, nahmen wir kaum Anteil an dem, was um uns herum geschah. Waren wir von Wesen und Mentalität her auch Deutsche, so fühlten wir uns doch durch die starke Verwurzelung mit Afrika als Außenseiter, als nicht direkt dazugehörig.

Thomas schaute mich an, deutete auf den Stern und sagte: »*Deswegen* sollten Sie keinen Kontakt zu mir haben, es könnte ihnen nur schaden.« Danach klemmte er seine Aktentasche, mit der er geschickt den Stern verdeckte, unter den Arm und verließ mit Herta das Haus.

Betroffen sahen wir uns an. Eva war recht bedrückt, und während wir ins Wohnzimmer zurückkehrten, begann sie zu sprechen: »Thomas hofft, bald mit Herta nach Amerika fliehen zu können, wo er viele Freunde hat. Er war früher sehr wohlhabend, war Offizier im Ersten Weltkrieg. Jetzt muß er auf dem Friedhof Gräber ausschaufeln.«

Es folgte ein langes Schweigen, und jeder hing seinen Gedanken nach. Zum ersten Mal war ich mit einer Sache konfrontiert worden, die nicht begreifbar war, die sich mit keinerlei Glauben oder Einstellung vereinbaren ließ. Was war ich doch damals noch für ein argloser und gutgläubiger Mensch.

Eva sah mich jetzt beschwörend an und nahm mir das Versprechen ab, zu keinem Menschen, nicht einmal zu Mutter, auch nur ein Sterbenswörtchen darüber verlauten zu lassen, daß ich seine Bekanntschaft gemacht hätte, vor allem aber nicht über den Fluchtplan. Denn Mutter könnte sich, ohne Böses zu wollen, einmal versprechen. Es wäre gar nicht auszudenken, was dann geschehen würde. Darauf bat ich Eva, mir ebenfalls zu versprechen, daß sie mir gleich mitteilen würde, wenn die Flucht geglückt sei. Sie bräuchte mir nur zu schreiben: »Herta und Thomas geht es gut.« Dann wüßte ich Bescheid. Sie versprach es.

Unterdessen waren die Tage bei Eva vergangen. Wir standen auf dem Bahnhof und warteten auf die Abfahrt des Hamburger Zuges. Herta und Thomas hatte ich nicht wiedergesehen. »Du mußt jetzt einsteigen«, sagte Eva, »und denk an dein Versprechen.« Bei diesen Worten schaute sie mich erneut beschwörend, ja flehend an, und ich versicherte nochmals, daß sie sich darüber wirklich keine Sorgen zu machen bräuchte, sie könne ganz ruhig sein. Noch einmal schlossen wir uns fest in die Arme. Langsam setzte sich der Zug in Bewegung, und Eva lief noch ein Stückchen nebenher, in ihren Augen noch immer das gleiche Flehen. Wie schrecklich muß die Angst um diese Menschen für sie gewesen sein.

Großmutters Tod und die Begegnung mit Thomas und seinem Schicksal, an dem ich nun als Mitwisserin teilnahm, machten aus der Rückreise eine traurige, nie enden wollende Fahrt.

Mutter war einen Tag vor mir in Rahlstedt eingetroffen. Sie war mit dem Entschluß zurückgekommen, Hamburg zu verlassen und erneut nach Bayern zu ziehen. Tante Margarete hatte ihr sehr zugeraten.

Während unserer Abwesenheit war eine Menge Post eingegangen. Auch die Reisegefährten aus dem Fronturlauberzug hatten geschrieben. Der eine einen Brief, der andere eine Postkarte. Der Schreibstil des Briefes gefiel mir. Ich versuchte, mir den Lockenkopf ins Gedächtnis zu rufen und nahm mir vor, ihm noch am gleichen Abend zu antworten. Bevor dies jedoch geschehen konnte, brachte der Postbote einen weiteren Brief mit der gleichen Handschrift. Beim Öffnen fiel eine gepreßte Feldblume heraus. Der Brief war kurz und in einer Manöverpause geschrieben. Nachdem ich ihn gelesen hatte, schaute ich zu Mutter und sagte, auf den Brief deutend: »Mama, dieser hier wird mein Mann.« – Es war eine spontane Eingebung, ein Gefühl, das weder zu begründen noch zu erklären war. Ob es die Feldblume gewesen war oder die Tatsache, daß der Schreiber gar nicht erst meine Antwort auf seinen ersten Brief abgewartet hatte? Überhaupt ließ ich mich meistens von meinem Gefühl leiten.

Als Gretel von unseren Umzugsabsichten hörte, sagte sie, daß nun auch sie nicht länger in Hamburg bleiben, sondern nach Misdroy zurückkehren wolle. Zuvor mußten wir noch nach Reinsberg, um Luises Konfirmation beizuwohnen und sie und Jola gleich mitzunehmen, wie wir es bei Jolas Einsegnung versprochen hatten. Luise hatte sich zu einem vollbusigen Mädchen entwickelt, und auch Jola war schon fast ein junger Mann. Sie freuten sich sehr, Reinsberg endlich verlassen zu können.

Am letzten Sonntag vor dem Umzug nach Bayern bereiteten wir ein Abschiedsessen für Gretel. Es wurde ein afrikanisches Gericht imitiert, das sogenannte »Moamba«. Obwohl einige Zutaten wie Palmöl nicht zu beschaffen gewesen waren, schmeckte es köstlich. Danach zogen wir uns in mein Zimmer zurück, um noch einmal, wie schon so oft, die Aufnahmen von Cavaco und Tschasi zu betrachten.

In den Anblick der Bilder versunken, rollten plötzlich ganz unbewußt die Kieselsteine in meinem Mund und klirrten. Gretel fragte, was ich denn für Bonbons lutschen würde, die solchen Krach machten. »Ach«, sagte ich, wurde unsicher und wußte nicht, ob Gretel davon erfahren sollte. Sie spürte meine Verlegenheit und ließ ihre blauen Augen fragend auf mir ruhen. Da nahm ich die Kiesel auf die Handfläche und zeigte sie ihr. Gretel starrte verdutzt darauf und sah mich an, als würde sie plötzlich große Zweifel an meinem Verstand hegen, ja, sie sah erschrocken aus, als ich die Steine wieder im Mund verschwinden ließ. Es hatte den Anschein, als wollte sie über mich weinen, da sie doch bisher geglaubt hatte, es mit einem normalen Menschen zu tun zu haben. Natürlich konnte eine echte Europäerin für so etwas kein Verständnis aufbringen. »Guck mich doch nicht so an, Gretel«, beschwor ich sie und suchte nach Worten, die es fertigbringen könnten, mein Ansehen in ihren Augen wiederherzustellen. Dabei merkte ich erst, wie schwer es ist, gewisse Dinge erklären zu wollen, die zu einem anderen Kontinent, zu anderen Völkern und Sitten gehören und denen mit dem Verstand oft nicht beizukommen ist. Ein Außenstehender konnte so manches nicht begreifen, denn in Afrika muß man oft »mit dem Gespür denken«. Mir wurde immer unwohler in meiner Haut. Ich fühlte mich von Gretels Blick in diesem Moment in Frage gestellt und war verwirrt. »Es sei etwas Afrikanisches«, erklärte ich und erzählte ihr Gamatis Märchen. Als ich fertig war, sagte sie sehr nachdenklich: »Zeig mir bitte die Steine noch mal«, und als sie auf meiner Hand lagen, fragte sie: »Darf ich sie mal anfassen?« Ernst und zugleich verträumt betrachtete sie nun die Kiesel, und nach einer Weile kam es wie ein Hauch über ihre Lippen: »Ischibu und Ischiba.«

Wenige Tage später war es dann soweit. Das Einpacken und Gepäckverschicken lag schon hinter uns, und Gretel begleitete uns zum Bahnhof. Es regnete an diesem Tag unaufhörlich, so daß wir froh waren, als der verspätete Zug endlich einfuhr. Jola und Luise nahmen Mutter im Abteil zwischen sich. Sie hatten sie so lange entbehren müssen. Sie waren noch gar nicht so recht aufgetaut und konnten es kaum glauben, daß sie ihre »Reinsberger Verbannung« nun wirklich hinter sich hatten. In Kitzingen, bei Tante Margarete, suchten wir zunächst das Wohnungsamt auf, das uns eine Unterkunft in Sulzfeld bei der Familie Brügel zuwies. Sie lag etwa eine halbe Stunde Fußweg von Kitzingen entfernt.

Frau Brügel, schon verwitwet, bewirtschaftete mit ihren beiden Söhnen Erich und Ludwig einen großen Bauernhof. Beide waren wegen »Erhaltung lebenswichtiger Betriebe« vom Wehrdienst zurückgestellt worden. Erich, der ältere, dürfte Anfang vierzig, Ludwig Mitte dreißig gewesen sein. Beide waren unverheiratet.

Nachdem wir uns notdürftig eingerichtet hatten, begab ich mich zum Arbeitsamt nach Kitzingen, das mir eine Stelle in Volkach am Main in einem Kindergarten zuwies. Ich könnte dort als Kindergärtnerin ausgebildet werden, falls es mir gefallen sollte. Es waren diesmal sehr nette Damen auf dem Arbeitsamt. Sie versuchten, mir die Aussichten dieses Berufes recht schmackhaft zu machen.

Am ersten März sollte ich mit der Arbeit beginnen. Bis dahin waren es noch zehn kostbare freie Tage, die damit verbracht wurden, zusammen mit Mutter Jola und Luise unterzubringen.

Gleich am ersten Sonntag, noch bevor jeder seine neue Arbeit aufnahm, traf Georg zu einem Wochenendurlaub ein. Er war sehr froh, uns nicht mehr in Hamburg zu wissen, und wir genossen es über alle Maßen, endlich wieder einmal unter uns zu sein. Es wurden Pläne für Angola geschmiedet, deren Verwirklichung wir kaum noch erwarten konnten, da unser Leben immer mehr einem Zigeunerleben glich.

Georg sagte: »Ihr könnt ja am Cavaco bleiben, wenn ihr wollt. Ich gehe nach Tschasi. Auf dem Hügel werde ich mein Haus bauen, wie Vater es vorhatte.« Nach einer Weile schaute er in seiner unnachahmlich witzigen Art zu mir und fügte hinzu: »Und du, La Jana, kannst mir helfen, dort den Blumengarten anzulegen.« – »Oh, den schönsten der Welt«, rief ich aus und machte einen übermütigen Hüftschwenker à la La Jana. Der Schwenker wiederum wurde nun zum Anlaß für die Geschwister, die plötzlich von ihren Sitzen hochsprangen und einen afrikanischen Tanz vorführten, wie man ihn echter auch nicht im tiefsten Busch antreffen konnte.

Außer Mutter gerieten wir vier dermaßen in Schwung, daß der Holzfußboden im Trommelrhythmus vibrierte. Wir störten damit niemanden, da unsere Wohnung ein Außenanbau war. Mutter sprach auf einmal bayerisch: »Wenn i mai Kinnerli nit hätt, möchet i gor nämmer lab.« (Wenn ich meine Kinderchen nicht hätte, möchte ich gar nicht mehr leben.)

Ja, wir waren tatsächlich in manchen Dingen so etwas wie afro-europäische Mischlinge. Nur Mutter war es nicht. Da sie nicht in Afrika aufgewachsen war, blieb sie eine »reine« Europäerin.

Wir saßen gerade an der Kaffeetafel, als es an der Haustür klopfte. Erich stand mit einem Korb davor, der allerlei Obst und Gemüse enthielt. Er wolle eine Kleinigkeit dazu steuern, wenn schon die Familie einmal versammelt sei, sagte er. »Das ist aber sehr nett«, entgegnete Mutter strahlend, nahm ihm den Korb ab und lud ihn zum Kaffee ein.

Erich legte großen Wert darauf, als fortschrittlich zu gelten. Man konnte es sogleich merken: Er war der unumschränkte Herrscher des Hofes und seine Meinung die allein gültige.

Georg mußte am nächsten Abend nach Erfurt zurück. Als am Kaffeetisch darüber gesprochen wurde, erbot sich Erich, Georg mit seinem Gespann – das sein ganzer Stolz zu sein schien, denn das silberbeschlagene Zaumzeug der Pferde wurde extra erwähnt – nach Kitzingen zum Zug zu bringen.

So waren wir alle am Bahnhof versammelt, machten bis zur letzten Minute Angola-Pläne und winkten Georg wieder einmal solange nach, bis der Zug außer Sicht war.

Auf der Rückfahrt war Erich gut gelaunt und sehr gesprächig. Kurz vor Sulzfeld zeigte er mit dem Peitschenstiel auf ein Haus, das wie eine kleine Burg auf einer Anhöhe lag, und sagte: »Wenn ich mal die richtige Frau gefunden habe, werde ich das Haus da oben kaufen. Es gehört einem Freund von mir und steht schon lange zum Verkauf.« Er forschte dabei in meinem Gesicht, welchen Eindruck eine solche Aussicht auf mich machte. Aber er konnte darin nichts finden, das ihn zum Kauf jenes Hauses hätte anspornen können. Denn in meinen Augen war er damals bereits ein alter Mann.

Nach Georg mußte Jola uns verlassen. Da er nichts anderes als Farmer werden wollte, machte er eine Landwirtschaftsausbildung in Ochsenfurt mit. Danach mußten Luise und ich abreisen. Mutter wollte mit Luise nach Rothenburg fahren, wo sie bei ihrer Patentante ebenfalls das Pflichtjahr ableisten sollte.

Rechtzeitig machten wir uns gemeinsam auf den Weg nach Kitzingen, um noch bei Tante Margarete, die unsere Post in Empfang genommen hatte, vorbeizuschauen. Tatsächlich waren dort schon eine Menge Briefe eingegangen. Beim flüchtigen Durchsehen griff ich zunächst einen von Eva heraus. Mit klopfendem Herzen öffnete ich ihn und konnte gleich nach dem Einleitungssatz die abgemachten Worte lesen: »Thomas und Herta geht es gut.« Weiter konnte ich vorerst nicht lesen, denn die Erregung war zu groß. Jener Nachmittag in Stettin zog gedanklich an mir vorüber, und erst jetzt wurde mir bewußt, wie sehr mich diese Geschichte belastet hatte.

Mein Zug nach Volkach fuhr als erster ab. Mutter und Luise winkten mir nach. In der Bahn las ich die übrige Post, unter der sich zwei Briefe mit jener Handschrift befanden, die untrennbar mit der gepreßten Feldblume zusammenhing. Hinter dieser Schrift vermutete ich einen zartfühlenden Mann, dessen Briefe nicht nur interessant waren, sondern mich mehr und mehr faszinierten. Er bat um ein Foto. Ich besaß eine Menge Aufnahmen aus meiner Flimmerzeit, als ich mich alle naselang in Rahlstedt wie eine Diva fotografieren ließ. Unter der Bedingung, mir gleichfalls ein Bild von sich zu schicken, sandte ich es ihm zu.

Schon der nächste Brief enthielt sein Bild. Aber was war das für eine Überraschung: Es war gar nicht der Lockenkopf, mit dem ich den Briefwechsel zu führen glaubte. Die Aufnahme zeigte einen Soldaten, der ein Käppi trug, das nicht jeder tragen konnte. Er, so schien es mir, konnte es nicht. Sein Gesicht war von großen, etwas träumerischen Augen beherrscht. Es ist der andere, sagte ich mir, jener Schweigsame, von dem ich kaum noch eine Vorstellung hatte.

Eine Enttäuschung schlich sich ein, die nicht zu erklären war, außer, daß ich mir nicht ihn als den Schreiber jener Briefe vorgestellt hatte. Er teilte mir mit, daß er in Kürze die Offiziersschule abschließen und sie als Leutnant verlassen würde. Im Anschluß daran bekäme er Heimaturlaub und würde mich jetzt schon bitten, zwecks näheren Kennenlernens in diesem Urlaub ein Wiedersehen zu ermöglichen. Seine Heimatsadresse, die er schon beigefügt hatte, führte in die nördlichste Ecke Deutschlands, nach Aventoft in der Nähe von Niebüll, und der Hof seiner Eltern nannte sich Ringswarft.

Damals war es mein Prinzip, erhaltene Briefe soweit als möglich gleich zu beantworten. Diesmal aber ließ ich mir Zeit. Als ich endlich schrieb, fragte ich neben belanglosen Dingen auch nach seinem Alter, weil er auf dem Foto einen sehr jungen Eindruck machte. Seine Antwort auf diese Frage war eine weitere Enttäuschung: Er war ein halbes Jahr jünger als ich. Ach nein, es hat keinen Sinn, ihm noch weiter zu schreiben, sagte ich mir, denn zu der Zeit träumte ich von einem Mann, der mir überlegen sein mußte, zu dem ich aufschauen konnte, der erfahren und mindestens sechs bis acht Jahre älter als ich war. So schrieb ich ihm, unter allerlei Vorwänden und darauf bedacht, ihn nicht zu verletzen, ab.

Die nächste Post brachte bereits die Antwort des Leutnants Matthias Peter. Er stellte sich auf die Hinterbeine und wollte es nicht akzeptieren, die Verbindung abzubrechen. In seiner Argumentation war der Brief ein Meisterwerk. Es imponierte mir nun doch sehr, daß er sich nicht einfach abschütteln ließ, sondern sich mit allen ihm zu Gebote stehenden Mitteln dagegen wehrte.

Am Tag, an dem dieser Brief einging, machte ich mit meiner Kindergruppe einen Waldspaziergang. Ich hatte mein Akkordeon umgehangen, auf dem ich einigermaßen spielen konnte, da ich in meiner La-Jana-Zeit in Rahlstedt auch Musikstunden genommen hatte. Der Weg führte mit Musik und Kindergesang an einem Zeitungsstand vorbei, bei dem es auch Ansichtskarten gab. Dort wählte ich eine Karte mit einer Federzeichnung aus, die mir in bestimmter Hinsicht besonders gefiel: Ein auf den Hinterbeinen stehender Ziegenbock ging auf ein kleines Mädchen los, das ihn ärgerte, und darunter stand der Spruch: »Und ärgert dich mal eine, dann stell dich auf die Hinterbeine.«

Ich kaufte die Karte und schrieb auf die Rückseite meine Kapitulation: Er habe mich überzeugt, und falls mich irgendwann mal wieder abtrünnige Absichten überfallen sollten, könne er an den umseitigen Spruch denken. Von da ab erachtete ich die Kieselsteine bereits als Peters Eigentum. Der Schriftverkehr wurde nun viel intensiver geführt als zuvor. Inzwischen duzten wir uns und schrieben endlose Seiten, aus denen schon zu ersehen war, daß unsere Anschauungen in vielen Dingen übereinstimmten. Freilich war auch Angola ein immer wiederkehrendes Thema.

Eines Tages, als ich den Mittagsschlaf meiner Kindergruppe bewachte, kam Frau Gramer, die Leiterin des Kindergartens, leise herein und machte mir ein Zeichen, ihr zu folgen. Auf dem Flur überreichte sie mir ein Telegramm, das soeben für mich abgegeben worden war. Es lautete: »Bin auf Heimaturlaub, erwarte Wiedersehen in Ringswarft, Peter«. Frau Gramer, die mir wohlgesonnen war, schaute mich fragend an und wollte wissen, ob das Telegramm eine schlechte Nachricht enthielt, weil ich so rot geworden wäre. Nein, es sei keine schlechte Nachricht, sagte ich ziemlich verlegen, es sei ein Freund, der Urlaub habe und mich wiedersehen wolle. »Das ließe sich einrichten, wenn Sie für eine Woche Ferien machen möchten«, sagte sie. Darauf wehrte ich aber heftig ab, mit dem Argument, daß ich ihn ja kaum kennen würde und es sich außerdem gehöre, daß der Mann zum Mädchen käme und nicht umgekehrt. Frau Gramer sah mich eine Weile an und meinte dann: »Es ist Krieg, mein Kind, kein Soldat ist in solcher Zeit ein freier Mann, der fahren könne, wohin er wolle. Es müssen in Kriegszeiten andere Maßstäbe angelegt werden.« Damit verließ sie mich.

Ich kehrte zu meiner Gruppe zurück und überlegte. Einerseits war die Lust groß, mit Peter zusammenzutreffen. Andererseits traute ich mich nicht. Gleich zu seinen Eltern – was würden sie von mir denken, wenn ich ihrem Sohn nachfuhr. Da waren sie wieder, die unsichtbaren Eisenketten, die alten Sitten, sie sollten auch die Oberhand behalten. »Nach der Wache werde ich abtelegrafieren.« Zu diesem Entschluß war ich am Ende angestrengter Überlegungen gekommen. Danach, auf dem Postamt, schrieb ich ein einziges Wort ins Telegramm: »Unabkömmlich.«

Peter war zwar enttäuscht, schrieb aber täglich aus Ringswarft. Er beschrieb die dortige Landschaft mit den Seen, den Rohrdommeln, den Kiebitzen so anschaulich und auch romantisch, daß ich die Gegend vor mir zu sehen glaubte. Nun ging meine Phantasie auf große Wanderschaft und zauberte um Peter einen Glorienschein, der sich mit jedem Tag verstärkte.

Der Frühling zeigte sich in diesem Jahr von seiner schönsten Seite. Pfingsten stand vor der Tür, und der Bauer Erich ließ es an Einladungen nicht mangeln. Für Pfingsten schlug er schon zwei Wochen zuvor einen Ausflug mit dem Gespann vor, dessen silbernes Zaumzeug er schon auf Hochglanz gebracht hatte.

Freitag vor Pfingsten erreichte mich in Volkach wieder ein Telegramm von Peter, der vom Heimaturlaub nach Erlangen versetzt worden war. Er kündigte mir seinen Besuch in Sulzfeld für ein verlängertes Wochenende an. Danach müsse er zum Fronteinsatz. Was für ein schwerwiegendes Wort das war: Fronteinsatz. Ich besprach mich mit Frau Gramer und bekam für die in Frage kommenden Tage frei. Schon am Vortag seines Kommens fuhr ich zu Mutter.

Am nächsten Morgen machten wir uns auf den Weg nach Kitzingen. Der Zug aus Erlangen sollte um zehn Uhr ankommen. Mutter wollte zu ihrer Schwester Margarete, die dem Bahnhof gleich schräg gegenüber wohnte. Ich stand aufgeregt mit eiskalten Händen auf dem Bahnsteig.

Als der Zug einfuhr, guckte ich mir die Augen nach Peter aus, den ich nicht entdecken konnte, und starrte jeden Soldaten, der ein Käppi trug, ungebührlich an. Der Bahnsteig begann sich zu leeren. Am unteren Zugende sah ich dann einen Offizier auf mich zukommen. Mein Gott, dachte ich, das ist ein anderer, denn so schön ist Peter nicht. Nicht auf jenem Foto mit dem Käppi. Dieser hier trug eine Schirmmütze, die jedem gut steht, und eine Ausgehuniform. »Ich freue mich sehr«, sagte er und reichte mir die Hand. »Bist du Peter?« fragte ich immer noch zweifelnd. »Der bin ich von Kopf bis Fuß«, bestätigte er mit Witz. Ich verwünschte meine Verlegenheit und holte mit ihm Mutter ab. Auf dem Weg nach Sulzfeld unterhielt er sich überwiegend mit ihr, und ich konnte es Mutter gleich ansehen, daß sie Peter mochte.

Nach dem Mittagessen holte Peter ein Päckchen aus seiner Reisetasche. »Es ist Kuchen von meiner Mutter, Sandkuchen, sie kann großartig backen und schickt mir laufend welchen«, sagte er und legte das Päckchen auf den Tisch. Wie liebevoll er von seiner Mutter sprach, war mir schon in seinen Briefen aufgefallen. Der Kuchen war wirklich ausgezeichnet, und ich nahm mir vor, seine Mutter später um das Rezept zu bitten.

Es war ein wunderbarer sonniger Tag, und wir beschlossen, einen Spaziergang zu machen. Ich ging schnell ins Zimmer, zog einen damals noch seltenen Bikini an, darüber ein Sommerkleid, und so gingen wir los. Am Waldrand lag eine blühende, duftende Wiese, über der die Schmetterlinge tanzten, die Bienen summten und allerlei Grashüpfer, von unseren Schritten aufgescheucht, davonhüpften. Am Rande des Waldes ließen wir uns nieder. Die Träger meines Bikinis waren am Hals zusammengebunden und verrieten meine Absicht, ein Sonnenbad zu nehmen. Peter aber hatte seine Badehose bei Mutter vergessen, daher mochte ich das Kleid trotz seiner Aufforderung nicht auszuziehen. »Du solltest die Sonne ausnutzen und dich bräunen, ich werde morgen auch meine Badehose gleich unterziehen«, sagte er.

Obgleich ich mich zu gerne »zeigen« wollte, tat ich es nicht. Die Eisenketten waren noch zu stark, und von der kecken Art, die ich in meinen Briefen an Peter an den Tag gelegt hatte, war nichts mehr zu spüren. Im Umgang mit einem Mann war ich noch ungeübt. Ich fiel von einer Verlegenheit in die andere, was Peter nicht entging, so daß er dadurch der Überlegenere wurde. Erst als das Gespräch auf Angola kam, erlangte ich mein Gleichgewicht wieder.

Peter hatte in einem seiner Briefe einmal über die Ehe geschrieben. Es war ein geschickter, indirekter Antrag gewesen, den ich mit meinem gewohnten Argument beantwortete:

daß ich nur einen Mann heiraten würde, der bereit wäre und auch Lust dazu hätte, mit nach Angola zu gehen, denn ich wußte, daß meine Sehnsucht nach dort unstillbar war.

Peter setzte sich jetzt mir gegenüber auf eine Steinplatte, die am Wiesenrand aus der Erde ragte. Der Tag begann, sich zu neigen. Peter wurde von der Abendsonne angestrahlt, er war wie vergoldet, seine grünen, träumerischen Augen glänzten. Es war, als würden Goldfunken darin flimmern. Dieses Bild prägte sich mir ein. Etwas Ritterliches war an ihm, und er strahlte trotz seiner Jugend – er war vor kurzem zweiundzwanzig geworden – Sicherheit aus. So, wie er dort auf dem Stein saß, von der Abendsonne in ein warmes, goldenes Licht getaucht, hätte ich mich am liebsten in seine Arme werfen mögen. Aber ich wagte nicht, mich zu rühren. »Wir müssen jetzt zurück«, sagte ich ganz abrupt, und das Gesicht brannte mir wie noch nie. Auf dem Rückweg gingen wir bereits eingehakt.

Peter schlief im Vorraum auf der Liege, ich wie immer in Mutters Zimmer. Es war ein merkwürdiges Gefühl, ihn so nahe im Nebenraum zu wissen, und doch nicht bei ihm sein zu können. Beim Zähneputzen putzte ich die Kiesel wie immer mit, diesmal aber mit besonderer Sorgfalt. Ich stellte mir den Augenblick ihrer Übergabe an Peter in tausend Varianten vor. Aber unter gar keinen Umständen durfte er damit überrumpelt werden. Nach dem Erlebnis mit Gretel war mir klar, daß Peter zuvor unbedingt Gamatis Märchen hören mußte. Mit diesen Steinchen verband sich die afrikanische Mystik, die in so mancherlei Hinsicht auch auf mich übergegangen war.

Am nächsten Morgen bürstete ich meine Haare bis die »Funken sprühten«, zog den Bikini unters Kleid, packte eine Tasche mit Handtüchern, die als Unterlage für das Sonnenbad dienen sollten, und schlich mich leise zur Vorzimmertür, um zu hören, ob auch Peter schon wach war.

Nach dem Frühstück steuerten wir automatisch, ohne es abgesprochen zu haben, den gleichen Weg zur Wiese an und ließen uns, nachdem die Handtücher ausgebreitet waren, an derselben Stelle nieder.

Peter machte den Anfang, entledigte sich seiner Kleidung, unter der er heute bereits die Badehose trug, und legte sich auf ein Handtuch. Ich folgte seinem Beispiel und streckte mich daneben. Es war mir nicht entgangen, daß er ungewöhnlich gut gebaut war. Ein Sportstyp von Kopf bis Fuß. Er hütete sich, mich anzustarren. Auch ich betrachtete ihn nur so »nebenbei«.

Peter sprach jetzt von Angola. Er habe die ganze Nacht kein Auge zugetan, nachdem er gestern Abend all die Bilder von Cavaco und Tschasi gesehen hatte. Es müsse ein sehr interessantes Land sein, dieses Afrika – er verspüre große Lust, dort einmal zu leben. Und plötzlich ernst werdend, setzte er sich auf und fragte: »Würdest du meine Frau werden, wenn ich verspreche, mit dir nach Angola zu gehen, sobald es möglich sein wird?« Damit waren die Würfel gefallen. Es war, als wenn in diesem Moment ein Kapitel in meinem Leben zum Abschluß gekommen war und ein neues begann. Außerdem war ich mir nicht mehr sicher, ob ich Peter nicht auch nach Sibirien gefolgt wäre, falls er lieber dorthin gehen würde.

Nun war die Stunde gekommen, ihm die Kieselsteine zu übergeben, und ich begann das Terrain vorzubereiten und erzählte ihm Gamatis Märchen. Peter lauschte der Geschichte faßt andächtig. Danach nahm ich die Kiesel zunächst auf meine Handfläche und beobachtete dabei aufmerksam, ob nicht auch in seinen Augen jenes Entsetzen zu finden war, wie damals bei Gretel. Aber nein, es war eher etwas Feierliches darin. Er konnte es kaum glauben, daß man mit den Kieseln im Mund sprechen, essen und schlafen konnte, ohne sie zu verschlucken und ohne daß jemand etwas davon merkte. Er nahm die Steine behutsam aus der Hand und betrachtete sie eingehend von allen Seiten. Sie waren in den vielen Jahren wunderbar glatt geworden und fühlten sich wie Samt an. Nun holte ich ein kleines Döschen mit Schraubverschluß aus der Tasche, das ich speziell für diesen Zweck angeschafft hatte, und legte die Kiesel hinein. Dann gab ich es Peter als Talismann. Er nahm es, sah es eine Weile gedankenverloren an und steckte es dann langsam in seine Brusttasche. Es war wie eine Kulthandlung, und ich hatte es mir bei weitem nicht so feierlich vorgestellt. Eine Weile herrschte Schweigen, das Peter schließlich mit den Worten brach: »Ich werde sie immer bei mir tragen. Sie sind wie ein Stückchen von Afrika und von Ischiba.« Von da ab nannten wir uns nur noch bei diesen Namen. Auf Peters Gesicht lag ein Ausdruck, der schöner als alles war, was ich bis dahin gesehen hatte, es war wie von innen her erleuchtet. Wenn auch der spanische Philosoph Ortega i Gasset den Zustand eines Verliebten als vorübergehenden Schwachsinn bezeichnet, so ist doch jeder zu bedauern, dem es nicht vergönnt war, diesen Zustand zu erleben.

Peter sagte mir, daß er seinen Eltern schon viel von mir erzählt habe und sie mich gern kennenlernen würden. Er fragte mich, ob ich nicht mit nach Aventoft fahren wolle. Darauf erwiderte ich, daß ich, wenn er wieder Urlaub bekäme, gerne mit ihm fahren würde. Er wollte sich damit aber nicht zufrieden geben. Es könne schließlich lange dauern, bis er wieder Urlaub bekäme. Plötzlich schien ihm ein Gedanke gekommen zu sein, und er sagte: »Wenn du deine Papiere in

Ordnung hast, könnte ich Heiratsurlaub beantragen. Du müßtest gleich damit beginnen, die Urkunden zu besorgen.« Ich versprach es.

Zwei Tage nur waren seit Peters Ankunft und Abfahrt vergangen, und was hatte sich in dieser kurzen Zeit alles verändert. Nichts war mehr wie vorher. Plötzlich sah ich auch die Schönheiten Deutschlands, die Wälder, die keine Dornen hatten wie die meisten in Afrika, die sauberen Felder, die alle wie mit einem Lineal gezogen in der Landschaft lagen. An allem war ich bisher wie blind vorübergegangen. Es war nun eine Zeit angebrochen, in der ich jedes Liebeslied auf mich bezog, sie paßten fast alle zu meinen Empfindungen, und auch die Liebesgedichte sprachen mir aus dem Herzen.

Inzwischen war es November geworden. Ich war in Volkach mit meiner Kindergruppe gerade damit beschäftigt, aus buntem Knetgummi Figuren zu modellieren, als mir ein Telegramm gebracht wurde. Es kam aus Sulzfeld und enthielt nur drei Worte: »Georg tödlich abgestürzt«.

Wenig später saß ich im Zug in Richtung Kitzingen, wo ich mich in eine Ecke drückte und den Mantel übers Gesicht zog. Unser letztes Zusammensein in Sulzfeld stand mir vor Augen, wie glücklich er damals war. Auf dem Hügel von Tschasi wollte er sein Haus bauen, wie Vater es vorgehabt hatte. Auch Rahlstedt zog im Geiste vorüber, jene Nacht, in der unergründliche Mächte am Werk waren, an denen der Verstand keinen Anteil hatte, als die Flimmerwelt wie eine zweite Haut von mir abfiel und ich vor Mutters Bett getreten war, um es ihr mitzuteilen. Wie dankbar war ich nun, nicht hinter Georgs Rücken an meinen Plänen festgehalten zu haben, so daß es zur herzlichen Versöhnung zwischen uns kommen konnte. Vor den Kräften , die das bewirkten, hätte ich mich jetzt vor Dankbarkeit auf die Knie werfen mögen. Es war unfaßbar, was geschehen war, unfaßbar.

Das Wiedersehen mit Mutter war ein weiterer Schock. Sie war über Nacht uralt geworden und stöhnte ohne Unterlaß: »Ich bin schuld, wäre ich in Angola geblieben, würde er noch leben.« Jola, inzwischen auch schon Soldat, sowie Luise waren schon bei Mutter eingetroffen, und Eva, die vor kurzem Witwe geworden war, kam wenige Stunden nach mir an.

Georg wurde in Kitzingen beigesetzt. Eine Ehrenkompanie war aus Erfurt gekommen und feuerte die Salutschüsse ab, die uns durch Mark und Bein gingen. Sein Kompanieführer hielt eine Ansprache, in der er von einer Lücke sprach, die der Tod in ihre Reihen gerissen habe und die nicht mehr zu schließen sei.

Drei Wochen später traf Gretel aus Misdroy ein. Wir hatten uns seit Rahlstedt nicht mehr gesehen, schrieben uns aber regelmäßig Briefe. Sie war inzwischen mit ihrem Konrad verheiratet und erwartete ihr erstes Kind.

Gretel versuchte, uns aus unserer Niedergeschlagenheit herauszuholen. Man konnte es kaum ertragen, daß die Welt, das Leben, ja alles nach solch einem Ereignis nicht stehenblieb. Alles ging trotzdem weiter. Mutter konnte ich in diesem Zustand nicht allein lassen, daher nahm ich meine Arbeit in Volkach noch nicht wieder auf.

Gretel machte uns schon am Tage ihrer Ankunft den Vorschlag, nach Misdroy zu ziehen. In ihrem Elternhaus, das von einem großen Garten umgeben war, gab es ein Gartenhaus, welches vollkommen und gemütlich eingerichtet sei, in das könnten wir ziehen. Sie würde jetzt auf der Post arbeiten, wo auch ich anfangen könnte. Anfangs wehrte sich Mutter sehr dagegen. Es kam ihr wie Treulosigkeit, ja wie

Verrat vor, Georgs Grab, zu dem wir fast täglich gingen, zu verlassen. Gretel aber gab nicht auf. Sie erkannte, wie es nur eine wahre Freundin vermag, daß wir uns, wenn nichts geschah, vor Trauer verzehren würden.

Nachdem Gretel tagelang besorgt und liebevoll auf Mutter eingesprochen hatte, war sie endlich soweit und stimmte zu. Gretel half uns beim Packen, und so trafen wir eine Woche vor Weihnachten in Misdroy ein. Auch Luise war mit uns gekommen.

Anfang Januar trat ich die neue Stelle bei der Post an. Seite an Seite standen nun Gretel und ich und verteilten die Briefe in die jeweiligen Fächer ihres Bestimmungsortes, was mir bald eine Übersicht und Kenntnis über die deutschen Ortsnamen und Flüsse einbrachte, die sich mit der, die ich von Angola besaß, messen konnte. Luise zog nach dem nahegelegenen Swinemünde, wo sie in einem Kindergarten arbeitete.

Peter fragte in jedem Brief von Mal zu Mal dringlicher nach dem Stand der Heiratspapiere. Diese zu beschaffen war in der Tat ein endloser Papierkrieg. Unterdessen hatten wir April 1944. Peter bat in seinem letzten Brief, ich solle ihm ein Telegramm schicken, sobald die zur Eheschließung benötigten Urkunden beschafft seien. Ende April konnte ich dann telegraphieren: Heiratspapiere vollständig.

Schon drei Tage später traf Peter in Misdroy ein. Am nächsten Morgen fuhren wir in Richtung Niebüll ab, wo unsere Hochzeit stattfinden sollte, da Peters Eltern wegen ihrer Landwirtschaft unabkömmlich waren. Mutter, Luise und Gretel sollten acht Tage später nachkommen, und an Jola war telegrafisch eine Einladung gegangen. Peter standen nur zwanzig Tage Hochzeitsurlaub zu, wir planten daher genau, wie wir diese Zeit nutzen könnten.

Schleswig-Holstein kannte ich nicht. Was Deutschlands Norden betraf, war ich bis dahin noch nicht über Hamburg hinausgekommen. Am meisten beeindruckten mich die am Wegrand spielenden Kinder, an denen der Bus, der uns von Niebüll nach Aventoft brachte, vorbeifuhr. Sie waren fast alle strohblond und die meisten hatten Sommersprossen. Das Land war flach, es gab kaum Berge und Wälder. Überall sah man Kühe und Schafe in eingezäunten Koppeln weiden.

Bei der Ankunft kam uns Peters fünf Jahre jüngerer Bruder, der Bubi genannt wurde, entgegen, nahm uns die Koffer ab und war recht aufgeregt. Im Gegensatz zu Peter hatte er dunkles Haar und sah ihm auch sonst kaum ähnlich. In manchen Gesten und Bewegungen aber glichen sie sich sehr. Peters Elternhaus lag nahe an der Bushaltestelle. Man mußte nur eine Straße überqueren. Es war groß und lang und hatte ein Dach aus Reet, wie es zu der Zeit in dieser Gegend die meisten Häuser aufwiesen. Peters Mutter stand an der Haustür, hinter ihr sein Vater. Die Begrüßung war herzlich, wobei sie mit Rücksicht auf uns die deutsche Sprache benutzten, untereinander sprachen sie dänisch, was mir sonderbar fremd vorkam. Die Mutter – das konnte man gleich spüren – hatte das Sagen im Haus. Ihr Haar war streng im Nacken zu einem Knoten zusammengebunden, und sie machte einen kräftigen, resoluten Eindruck. Der Vater war ein ausgesprochen schöner Mann. Er besaß dichtes, wenn auch schon schlohweißes Haar. Durch eine Verletzung im Ersten Weltkrieg war seine linke Hand verkrüppelt worden, so daß er gewisse Arbeiten, wie Melken, nicht mehr verrichten konnte.

Am Vortag der Hochzeit trafen Mutter, Luise und Gretel ein. Sie wurden in einer nahegelegenen Gaststätte untergebracht. Jola konnte leider nicht kommen.

Die Eheschließungszeremonie sollte im Haus stattfinden.

Als schon alle im großen Wohnzimmer versammelt waren, wurde ich von Mutter und Gretel »hergerichtet«. In Ermangelung eines Brautkleides – es gab schon lange keine Punktkarten für Kleidung mehr – zog ich ein langes mattrosa Abendkleid an. Obgleich es schon fünf Jahre alt war, wirkte es wie neu, da es kaum benutzt worden war. Die Schuhe waren golden, und das Haar wurde mit einem Diadem geschmückt. Alles stammte aus alten Beständen, aus vergangenen besseren Zeiten. Es klopfte jetzt, und Peter trat in seiner Galauniform ein. Er sah hinreißend aus. »Bist du soweit? Man erwartet uns«, sagte er.

Als der Trauakt hinter uns lag, wurde gefeiert. Trotz der Lebensmittelknappheit, die zu der Zeit überall herrschte, gab es dank der Landwirtschaft der Schwiegereltern alles in Fülle. Von Peters Seite waren viele Verwandte und Bekannte eingeladen worden, die derartigen Festlichkeiten herzlich zugeneigt waren. Danach wurde mit dem Tanzen begonnen. Peter und ich mußten den Anfang machen. Als die Stimmung schon fast auf dem Höhepunkt war, verflüchtigten wir uns und fuhren nach Niebüll, wo es eine lauschige Gaststätte gab, in der wir erwartet wurden.

Nun füllte Peter die zehn Tage, die uns noch blieben, damit aus, mir die nähere Umgebung seiner Heimat zu zeigen. Als erstes wurde die Friedrich-Paulsen-Schule besichtigt, in der er sein Abitur gemacht hatte. Dann fuhren wir nach Dagebüll und von dort mit dem Fährschiff nach Föhr. Auch ausgiebige Deichwanderungen wurden unternommen, bei denen wir uns vorzustellen versuchten, welchen Kampf die Vorfahren gegen Sturm und Flut geführt hatten, in einer Zeit, als es noch keinerlei moderne Hilfsmittel gab. Den »Schimmelreiter« kannte ich glücklicherweise schon. Peter hatte mir das Büchlein seinerzeit nach Volkach geschickt, als er nach

Abschluß der Offiziersschule auf Heimaturlaub war. Nach dieser Lektüre sah ich die Deiche mit ganz anderen Augen. Plötzlich wurde mir bewußt, daß Schwarzafrika keine Geschichte im Sinne der europäischen hatte. Diese begann praktisch erst, als die Europäer ihren Fuß auf den Kontinent setzten, ihre Schrift und Zeitrechnung mitbrachten. Was zuvor war, darüber gab es, bis auf einige mündliche Überlieferungen, hauptsächlich Vermutungen, aber kaum etwas Konkretes.

Peter und ich kamen sogar bis Sankt Peter-Ording. Dort gab es viele Straßennamen, die dem Schimmelreiter entnommen worden waren. Wir machten lange Wattwanderungen, die sich mir auf besondere Weise einprägten. Durch meinen »schwachsinnigen« Zustand – um nochmals Gasset zu zitieren – war alles wie verzaubert. Aber auch Peter empfand so. Hin und wieder holte er das Döschen mit den Kieselsteinen aus der Tasche, schraubte den Deckel ab und strich sacht mit dem Zeigefinger über die Steinchen. Dabei murmelte er: »Sie sind ein Stückchen von Afrika und von …« das letzte Wort verschluckte er stets, sah mich dabei aber jedesmal mit Augen an, in denen die Goldfunken flimmerten. So hatte Afrika bereits Besitz von ihm ergriffen, ein Erdteil, den er nicht kannte und der auch Vater seinerzeit so magisch anzog.

Peter sollte nach dem Hochzeitsurlaub zunächst zu einem Truppenübungsplatz nach Arys in Ostpreußen, wohin ich ihn begleiten konnte. Sooft Peter sich freimachen konnte, streiften wir durch die herrlichen ostpreußischen Wälder. Sie waren sagenhaft schön.

Aber wie immer war auch diesmal der Abschied nicht zu vermeiden. Die schönsten Erinnerungen nahm ich von dort mit nach Misdroy. Wie lange wir von unseren Erinnerungen zehren sollten, ahnte damals niemand.

Zurück in Misdroy nahm ich meine Arbeit bei der Post

wieder auf, und drei Wochen später konnte ich Peter die Mitteilung machen, daß er Vater werden würde. Seine Briefe auf diese Nachricht waren des Jubels voll.

Gretel hatte inzwischen einen kräftigen Jungen geboren, der den Namen Ludwig erhielt. Der Sommer neigte sich seinem Ende zu. Dem Herbst sahen Mutter und ich mit Bedenken entgegen, weil das Gartenhaus nur mit dem Herdfeuer zu beheizen war. In Anbetracht dessen, daß ich ein Kind erwartete, das im Februar 1945 zur Welt kommen sollte, mußte Ausschau nach einer beheizbaren Wohnung gehalten werden. Nach Bayern aber wollte Mutter nicht noch einmal ziehen. Ich schlug ohne besonderen Grund Heilbronn vor. »Ich habe nichts dagegen«, erwiderte sie gleichgültig, denn sie war der ewigen Umherzieherei genau so müde wie ich und trug immer noch schwer an Georgs Tod.

Wenige Tage später fuhr ich nach Heilbronn. Der vielen Ausgebombten wegen war kaum noch eine Wohnung zu bekommen. Schließlich fand ich eine Dachwohnung mit schrägen Wänden, dafür aber vielen, wenn auch kleinen Zimmern.

Mutter hatte das meiste schon gepackt, als ich wieder in Misdroy eintraf. Die großen Koffer gingen mit dem Güterzug ab. Danach nahmen wir Abschied von Luise, die in Swinemünde bleiben wollte, da sie sich verliebt hatte. Gretel brachte uns zum Zug. Wir versprachen, einander zu schreiben und uns nie zu vergessen.

Heilbronn gefiel Mutter gut. Wir konnten uns vorerst nur notdürftig einrichten, weil das große Gepäck, obgleich wir nun schon zwei Wochen hier wohnten, noch immer nicht eingetroffen war.

Eines Abends, wir lagen schon in den Betten, gab es Fliegeralarm, vor dem man nun in ganz Deutschland nicht mehr sicher war. Wir begaben uns in den Luftschutzkeller des Hauses. Mutter wie immer mit einem kleinen Köfferchen, in dem sich wichtige Dokumente sowie die Besitzurkunden von Cavaco und Tschasi befanden.

Es dauerte diesmal sehr lange. Die Entwarnung kam und kam nicht. Der Luftschutzwart begab sich des öfteren nach oben, um Ausschau zu halten. Jetzt wurden Rufe laut, die bis in den Keller drangen. Plötzlich wurde die Tür von dem zurückkehrenden Luftschutzwart hastig aufgerissen, er rief: »Der Keller muß verlassen werden, das Haus brennt, bitte Ruhe bewahren!« Trotz der Mahnung setzte nun Drängeln und Schieben ein, denn der Selbsterhaltungstrieb setzt sich in gewissen Situationen stets automatisch durch. Mutter und ich waren die letzten, weil wir fürchteten, zwischen all den kopflosen Menschen zerquetscht zu werden. Unter freiem Himmel drückten wir uns dann, vom Luftschutzwart geführt, die Häuserreihen entlang, bis wir in den nächsten Keller geleitet wurden, der bereits von Menschen überfüllt war. Endlich erklangen die Entwarnungssirenen, und alle hasteten nach draußen. Es brannte überall. Als wir um die Ecke bogen, sahen wir sogleich, daß auch unser Haus noch in Flammen stand, ja rettungslos verloren war. Wie gut war es jetzt, daß das Gepäck nicht vorher eingetroffen war. Wir suchten die nächstliegende Rote-Kreuz-Sammelstelle auf, wo wir notdürftig die Nacht verbrachten. Am nächsten Tag brachte man uns aufs Land nach Öhringen, wo wir bei einer Bauernfamilie Unterkunft fanden. Wenige Tage später traf endlich unser Gepäck ein, womit wir uns, so gut es ging, einrichteten. Peter, der zu der Zeit in Frankreich lag, schickte mir von dort die gesamte Baby-Ausstattung.

Eines Tages wurde ein Telegramm gebracht. »Allmächtiger«, stießen wir zugleich aus. Ein Telegramm bedeutete in jenen Zeiten fast immer eine Hiobsbotschaft. Es war an mich adressiert und lautete: »Liege leicht verwundet im Lazarett Andernach/Rhein, bitte besuchen, Peter.« »*Leicht* verwundet? Hat er dieses Wort nicht nur hinzugefügt, um mich nicht zu erschrecken?« schoß es mir durch den Kopf, und ich stellte mir das Schlimmste vor. »Ich muß gleich fahren«, sagte ich zu Mutter, die entsetzt ausrief: »Du wirst doch nicht in deinem Zustand eine solche Reise machen! Es wird doch fast jeder Zug von Tieffliegern angegriffen.«

Damals konnte ich Mutter nicht gehorchen. Die Sorge und Unruhe war zu groß. Unter Mutters Protesten und Warnungen packte ich hastig etwas Wäsche ein und füllte als Proviant den noch freien Kofferraum mit Äpfeln auf, die wir reichlich vom Bauern bekamen. Beim Abschied schaute mir Mutter mit angstvollen Augen nach. »Es wird schon alles gut gehen«, rief ich und machte mich schnell auf den Weg zum Bahnhof.

Die Reise entwickelte sich in der Tat so dramatisch, wie ich es nicht erwartet hatte. Wie oft ich auf freier Strecke den überfüllten Zug verlassen mußte, um schnellstens im Wald oder anderswo Deckung zu suchen, läßt sich kaum zählen. Wehrlos war man dem Feuer der Tieffliegter ausgeliefert, die den Zug bombardierten, der danach jedesmal wie durch ein Wunder weiterfuhr. In Koblenz blieb er aber endgültig liegen. Dort tobte ein Großangriff, der aus dem Bahnhof einen Schutthaufen machte. Die Reisenden mußten in eine der Unterführungen, von denen es auf größeren Bahnhöfen mehrere gab. Sie dienten jetzt zum Luftschutz. Kaum war ich dort angelangt, schlug eine Bombe am Eingang der Unterführung ein, die Tote und Verletzte zur Folge hatte. Ich hatte das Glück, am Ausgang zu stehen, von wo ich jetzt staub- und schuttbeladen, verfolgt vom Geschrei der Verwundeten wie betäubt die Stufen hinauftaumelte, den Koffer hinter mir herziehend, der mir immer schwerer vorkam. Unter Nichtachtung des Alarmzustandes und des noch anhaltenden Angriffs erreichte ich das Freie. Kein Mensch war zu sehen. Nur das Heulen der Flugzeuge hörte man, das Geknatter der Flak, das unaufhörliche Einschlagen der Bomben, die oft so nahe fielen, daß der Luftdruck einen zu zerreißen drohte. Das Schlimmste aber waren die Schreie der Menschen, die dort unten verschüttet und verwundet waren. Ich schleppte mich so weit von der Unterführung fort, bis ich außer Hörweite war. Irgendwo kauerte ich mich unter den Vorsprung einer Hauswand, der einen kleinen Schutz bot. Wie lange ich da zusammengekauert auf dem Koffer gesessen habe, weiß ich nicht mehr. An ein Weiterkommen mit dem Zug war nicht mehr zu denken. Dabei lag Koblenz nicht weit von Andernach, es waren vielleicht zwanzig bis dreißig Kilometer. Allmählich nahmen die Bombeneinschläge ab, dann kam endlich die Entwarnung.

Menschen tauchten jetzt auf, von überall her krochen sie aus ihren Schlupfwinkeln, mit verbissenem Gesicht hetzte jeder in seine Richtung. Den Koffer aufnehmend, schaute ich mich um und entdeckte auch gleich einen Wegweiser nach Bonn. In diese Richtung mußte ich. Zweimal wurde ich per Anhalter einige Kilometer mitgenommen. Es war damals noch etwas Selbstverständliches, einer werdenden Mutter jede erdenkliche Hilfe zu gewähren. Aber kein Fahrzeug fuhr nach Andernach. Schließlich waren es nur noch sechs Kilometer, die ich zu Fuß hinter mich bringen mußte. Schon nach kurzer Zeit stellte ich den Koffer ab und warf, um ihn zu erleichtern, die Äpfel in den Straßengraben. Dann ging es weiter. Aber der Koffer wurde trotzdem schwerer und schwerer. Ich konnte ihn nicht mehr tragen und ließ ihn schließlich einfach am Straßenrand stehen. Es ging weiter, wenn auch immer langsamer, denn die Füße waren schon voller Blasen, die mit jedem Schritt ärger schmerzten.

Endlich war es geschafft, das Lazarett lag vor mir. Beim Aufnahmeschalter gab ich Peters Personalien an und fragte nach seiner Zimmernummer. Während die Schwester in ihren Listen blätterte, holte ich den Taschenspiegel hervor, um mich etwas herzurichten, und erschrak, als ich mein Spiegelbild sah, denn mein Gesicht war mit Rost und Schutt bedeckt, und auch die Haare waren schmutzig. »Frau Bossen«, sagte jetzt die Schwester, »Ihr Mann ist nicht mehr hier, er ist vor einer Stunde nach Berlin verlegt worden.« Da war mir, als würde die Welt untergehen.

Die Rückreise übertraf die Hinreise noch, da große Umwege zurückgelegt werden mußten. Die Schmerzen an den wundgelaufenen Füßen waren kaum noch zu ertragen. Das ganze Leben schien nur noch aus Leid zu bestehen. Erst drei Tagen später erreichte ich Öhringen, das bei normalem Verkehr nur wenige Stunden von Andernach entfernt war. Um Mutter meinen zerschundenen Zustand so gut es ging zu verbergen, raffte ich meine letzten Kräfte zusammen, wagte aber nicht, den Mund aufzutun, weil ich spürte, daß ich kein Wort hervorbringen würde. Nicht immer war man stark und mutig. Es gab Situationen, denen man nicht gewachsen war. Mutter sagte: »Du hast Peter nicht angetroffen.« Erschrocken fragte ich, woher sie das wüßte? Da hielt sie mir ein zweites Telegramm hin, in dem Peter seine Verlegung nach Berlin mitteilte. Die Worte »bitte besuchen« standen nicht mehr darin.

Einige Tage später traf ein Brief von ihm aus Berlin ein, worin er mitteilte, daß er zwecks Splitterentfernung noch zwei Operationen über sich ergehen lassen müsse. Eine habe er schon hinter sich. Demnach würde sich sein Aufenthalt in Berlin über drei bis vier Wochen erstrecken. »Drei bis vier Wochen«, hallte es in mir wider. Die Tatsache, daß er nicht an der Front, sondern in der Heimat und damit erreichbar war, ließ schnell alles vergessen, was die Reise nach Andernach mit sich gebracht hatte, und ich begann Mutter zu »bearbeiten«. Sie solle und müsse mich doch verstehen. Nun, sie verstand mich zwar nicht, gab es jedoch auf, gegen das Vorhaben anzugehen.

So fuhr ich kurz darauf nach Berlin. Der Zug war dermaßen überfüllt, daß die Menschen sogar auf die Dächer der Waggons kletterten und sich dort festklammerten. Mit großer Mühe konnte ich mich noch hineinquetschen und verbrachte die Reise in einer Toilette, auf derem Deckel ein alter Mann saß, der mich auf seinen Schoß nahm. Als er es nicht mehr aushalten konnte, wechselten wir, indem ich ihn nun auf meinen Schoß nahm. Aber oh weh, er war wirklich alt und vor allem mager, denn seine Gesäßknochen drückten bald unerträglich auf meine Schenkel. Am schlimmsten aber war es, wenn jemand die Toilette benutzen mußte. Da es weder im Gang noch irgendwo anders ein Eckchen gab, mußten wir jedesmal auf die Gepäckstücke klettern, die um uns herum aufgestapelt waren, während die Betreffenden sich in unserer Gegenwart erleichtern mußten, wobei wir diskret an ihnen vorbei ins Leere schauten. Es ging ums nackte Überleben. Die Scham mußte man in solcher Not außer acht lassen. Seltsamerweise gab es auf dieser Reise keine Fliegerangriffe.

Endlich war Berlin erreicht. Peters Verwundung war tatsächlich nicht schwer. Er hatte drei kleine Splitter im Oberarm. Da er das Lazarett nicht verlassen durfte, fuhr ich täglich zu den Besuchszeiten zu ihm. Man hatte mich in einer

Siedlung untergebracht, deren Bewohner bereits evakuiert worden waren. Mutterseelenallein war ich im Haus und saß bei Fliegeralarm – der jede Nacht erfolgte – im Keller. Nach jeder Entwarnung klingelte das Telefon, und Peter wollte wissen, ob ich den Angriff gut überstanden hatte. Auf diese Weise erfuhr ich gleich, daß auch das Lazarett keinen Schaden erlitten hatte. Nach vier Wochen wurde Peter entlassen und erhielt drei Wochen Genesungsurlaub. Die gemeinsame Reise nach Öhringen dauerte ebenfalls sehr viel länger, als es in Friedenszeiten der Fall gewesen wäre. Es war jetzt aber etwas ganz anderes für mich, den Schutz und die Hilfe eines Mannes zu genießen, der beim Ein- und Aussteigen die Hand bot und immer und überall die schlimmsten Stöße im Gedränge abwehrte. Das war damals nichts Selbstverständliches mehr, sondern wurde als selten gewordenes Glück empfunden.

Auf Peters Gesicht legte sich während dieser Reise immer häufiger ein sorgenvoller Schatten. Es war bereits November 1944. Der Krieg, darüber gab es kaum noch Zweifel, war für Deutschland verloren. An die Wunderwaffe glaubte keiner mehr. Die Heimat war ausgebombt, sie lag zerstört vor aller Augen in den letzten Zügen. Die leidgeprüften Menschen begannen den Hunger in seiner ganzen Grausamkeit zu spüren. Immer öfter erwähnte Peter, daß es das beste wäre, wenn ich nach Ringswarft ziehen würde, um das Kind dort zur Welt zu bringen sowie das Kriegsende abzuwarten, damit es eine Stelle gäbe, an der man sich wiederfinden könnte und wo der Hunger noch nicht so verheerend sei.

Gegen diese Gedanken gab es nichts einzuwenden. Doch auch wenn ich von der Richtigkeit seines Vorschlags überzeugt war, konnte ich doch bei dem Gedanken an Mutter, die seit Georgs Tod eine gebrochene Frau war, nicht gleich zusagen.

Erst kurz vor der Ankunft in Öhringen hatte ich mich schweren Herzens zu dem Umzug durchgerungen und stimmte Peters Vorschlag zu.

Zu später Nachtstunde kamen wir an und wurden von Mutter mit der Nachricht empfangen, daß Jola ebenfalls verwundet im Heilbronner Lazarett liege. Am nächsten Morgen fuhren wir zu ihm und fanden ihn noch in der Narkose. Ein großer Splitter war soeben aus seinem Gesäß entfernt worden. Langsam kam er zu sich, war sehr blaß und äußerst erstaunt, uns um sich versammelt zu sehen, dann huschte ihm ein schwaches, kindliches Lächeln übers Gesicht. Peter konnte beim Chefarzt erreichen, daß wir Jola am nächsten Tag zu uns holen durften, wo er ambulant weiter behandelt wurde.

Die drei Wochen Genesungsurlaub waren vorüber. Peter hatte uns bereits verlassen. Diesmal ging der Marschbefehl nach Osten. Am letzten Abend, als er sich unbeobachtet glaubte, holte er die Kieselsteine aus der Tasche, schraubte den Deckel ab und betrachtete sie versonnen. Ich wunderte mich über den Kult, den er damit trieb, er, der in allem so nüchtern und sachlich war. Was mochte in ihm vorgehen? Hatte er Vorahnungen?

Eine Woche später mußte auch Jola Abschied nehmen. Mit bangem Herzen blieben wir zurück. Mutter sagte: »Wenn du nach Ringswarft gehst, bleibe auch ich nicht mehr hier und werde wieder nach Misdroy, in Luises Nähe ziehen. Wieder einmal machten wir uns gemeinsam ans Kofferpacken.

In Ringswarft machte ich mich nützlich, so gut es ging. Kurz vor den Feiertagen erhielt ich Post von Mutter und Luise aus Dänemark. Sie waren nach dort evakuiert worden.

Jola bekam Weihnachtsurlaub und traf genau am Heiligabend in Ringswarft ein. Es gab für den armen Jungen kein

Zuhause mehr, das ja immer dort ist, wo sich die Mutter befindet. Nach Dänemark aber konnte er nicht kommen. Jola lernte in Ringswarft Ingrid kennen, ein liebes, blondes Mädchen mit strahlend blauen Augen. Es kam zu dem, was man »Liebe auf den ersten Blick« nennt. Diese Bindung machte Jola den Abschied unsagbar schwer. Am liebsten hätte ich ihn auf dem Heuboden versteckt gehalten, bis der Krieg vorüber war, damit ihm nicht in letzter Minute noch etwas zustoßen könnte. Aber es war nicht mein Haus. Und wenn, dann wäre Jola damit zum Deserteur geworden, und darauf stand die Todesstrafe. Nein, es war nicht möglich, er mußte gehen.

Anfang Februar 1945 erblickte Gerd das Licht der Welt. Er war das treue Ebenbild seines Vaters. Aber Schwiegermutter drückte es anders aus. Für sie war er »schön wie ein Jesuskind«. Am gleichen Tag kam Schwiegervater mit einem Brief herein, den der Postbote soeben gebracht hatte. »Von Peter«, rief er freudig und überreichte ihn mir. Wir hatten lange keine Nachricht von ihm erhalten, bei dem zerbombten Verbindungsnetz war die Post schon fast erlahmt. Der Brief war kurz, die Handschrift flüchtig, und der Inhalt traf uns vernichtend. Peter schrieb, daß sie von den Russen eingeschlossen seien und es aussichtslos geworden wäre, aus dem Kessel herauszukommen. Der Brief war bereits vor drei Wochen geschrieben worden. Was ihm als Offizier blühen würde, wenn er in russische Gefangenschaft geriete, so fuhr er fort, daran gäbe es keinen Zweifel. Ich solle stark bleiben für unser Kind, denn er würde sich nicht in Gefangenschaft begeben, die letzte Kugel würde für ihn sein.

Schwiegermutter veränderte sich daraufhin sehr. Es lag eine tiefe Trauer auf ihren sonst so strengen Zügen, die sich sonderbar verschönten, ja verklärten. Sie seufzte ununterbrochen, bei allem, was sie tat. Peters letzter Brief bedrückte uns sehr. Jeder klammerte sich an seinen Glauben und hoffte auf ein Wunder.

Dann kam keine Post mehr. Weder von Peter noch von Jola, Mutter, Luise, Eva oder Gretel. Deutschlands Zusammenbruch war vollzogen.

Eines Tages, etwa drei Monate nach Gerds Geburt, saß ich in der Küche neben dem Herd, wo es am wärmsten war, und stillte das Kind. Schwiegermutter war mit allerlei Küchenarbeit beschäftigt. Plötzlich hielt sie damit inne, schaute gespannt in den Hinterhof und sagte, indem sie mir ein Küchentuch zuwarf: »Deck deine Brust damit zu, es kommt ein Schutzmann über den Hof zu uns rein.«

Ohne Anklopfen wurde die Tür geöffnet und vor uns stand Peter. Aber um Himmels willen, wie sah er nur aus. Nicht einmal die eigene Mutter hatte ihn erkannt.

»Ischibu«, brachte ich ungläubig mit heiserer Stimme heraus. Mit schnellen Schritten kam er heran, da ich wie gelähmt sitzenblieb. Er umfaßte uns, legte, nachdem er sacht das Küchentuch entfernt hatte, eine Hand auf Gerds kleine Schulter und blieb so stehen. Keiner rührte sich, keiner sprach ein Wort. Man drückte sich nur aneinander, es mußte erst zum Bewußtsein durchdringen, zur Gewißheit werden, daß es weder ein Traum noch eine Erscheinung, sondern wundervolle Wirklichkeit war.

Schließlich löste sich die Mutter aus ihrer Erstarrung, kam heran, legte ebenfalls ihre Arme um den Sohn, der seine Hand jetzt von Gerd nahm und sie um die Mutter legte, und so verharrten wir noch eine Weile sprachlos.

Peter kam durch und durch krank an. Mit hohem Fieber, entzündeten Mandeln, vielen Wunden, besonders an den Füßen, war er von Flensburg gekommen, wo er das Lazarett ohne Erlaubnis heimlich verlassen hatte, um uns kurz sehen zu können.

Aus der russischen Einschließung seien nur wenige herausgekommen, berichtete er in knappen Worten, und die auch nur, weil sich Freiwillige – allesamt Junggesellen – geopfert hätten. Um ein paar Kameraden zu retten, hatten sie sich in den Tod gestürzt. Die Seefahrt über die verminte Ostsee sei dann eine Odyssee gewesen, die sich gar nicht beschreiben lasse. Er tippte auf seine Brusttasche, brachte die Kiesel zum klirren und sagte bedeutsam: »Wenn ich noch am Leben bin, so ist es diesem Talisman zu verdanken. Der Deckel war aufgegangen, ein Steinchen fiel ins Gebüsch, in dem wir uns verschanzt hatten, die Kameraden liefen schon alle durch die Schneise, welche von den Freiwilligen geschaffen worden war, um uns aus der Einschließung herauszuschleusen. Ich blieb allein zurück und suchte nach dem Steinchen, bis ich es fand. Unterdessen schlug ein Geschoß in die Schneise, von den Kameraden lebt keiner mehr. Wäre das Steinchen nicht herausgefallen, dann wäre ich mit ihnen gelaufen, und es gäbe mich nicht mehr. So lief ich dann allein hindurch.«

Peter war ein absoluter Realist. Es hatte sich jedoch, was die Kiesel betraf, etwas in ihm entwickelt, daß an Aberglauben grenzte. In der Tat gab es im Zusammenhang mit den Kieseln Dinge, bei denen man nicht umhin konnte, stark an bloßen Zufällen zu zweifeln.

Peter mußte nun schnellstens nach Flensburg zurück, er glühte vor Fieber. Ich packte den Kinderwagen am Fußende mit dem Nötigsten, legte Gerd hinein und fuhr mit ihm. In Flensburg-Weiche blieb der Zug stundenlang liegen. Es mußten erst wieder die Schienen repariert werden, die vor wenigen Stunden durch Bomben zerstört worden waren.

Endlich ging es weiter zum Hauptbahnhof, und Peter

gelangte unter Aufbietung seiner letzten Kräfte ins Lazarett zurück. Ich fand mit dem Kind Unterkunft beim Roten Kreuz.

Zwei Wochen dauerte es, bis Peter soweit wiederhergestellt war, daß er das Lazarett verlassen durfte. In dieser Zeit waren die wenigen Zugverbindungen ganz eingestellt worden. Jetzt war wirklich alles zum Stillstand gekommen. Bis auf vereinzelte Pferdewagen und Fahrräder fuhr nichts mehr. Wir mußten aber unter allen Umständen nach Ringswarft zurück, wohin es etwa fünfzig Kilometer waren. So machten wir uns mit dem Kinderwagen zu Fuß auf den Weg.

Es war die Zeit, in der einige Feindflugzeuge im Tiefflug selbst die Bauern hinter ihren Pflügen unter Beschuß nahmen. Wir mußten deshalb oft die Straße verlassen und in waldlosen Gegenden den Straßengraben als Deckung aufsuchen, sooft ein Flugzeug zu hören war. Peter erkannte immer sofort, ob es sich um ein feindliches oder ein eigenes handelte. Dort, wo es keine Deckung gab, zog er schnellstens seine Uniformjacke aus, um damit den weißen Kinderwagen zu tarnen, neben den wir uns reglos kauerten, bis die Gefahr vorüber war. Auf diese Weise schafften wir ungefähr die Hälfte der Strecke und verbrachten die Nacht in einem kleinen Ort.

Der nächste Tag war schon viel schwieriger. An den Füßen hatten sich dicke Blasen gebildet, jeder Schritt wurde zur Qual. Es ging nicht mehr. Wir zogen die Schuhe aus und versuchten es barfuß. Aber auch das war nicht lange auszuhalten, die Fußsohlen begannen zu bluten. Jetzt wurden Windeln um die Füße gewickelt, die schon nach kurzer Zeit durchgelaufen waren und entfernt werden mußten.

Als wir weit nach Mitternacht des zweiten Tages endlich in Ringswarft ankamen, besaß Gerd keine Windel mehr und auch einige Jäckchen mußten daran glauben. Es dauerte lange, bis die Folgen dieses Gewaltmarsches abgeklungen waren und wir wieder normale Schuhe tragen konnten.

Peter erhielt nach der Entlassung aus dem Lazarett wiederum drei Wochen Genesungsurlaub. In diese Zeit fiel die Kapitulation Deutschlands. Nun versuchten wir, mit dem Alltag zurechtzukommen. An Peters Uniformen wurden die Lamettastreifen und Dienstgradspiegel abgetrennt, damit er sie als normale Kleidung tragen konnte, denn es gab ja nichts. Nicht einmal eine Nähnadel konnte man mehr kaufen.

Im Radio berichtete man in dieser Zeit von den Greueltaten, die in den Konzentrationslagern verübt worden waren. Es kamen Dinge zutage, die uns die Haare zu Berge stehen ließen. Die meisten hatten von diesen Vernichtungslagern nichts gewußt, auch wir glaubten es zu Anfang nicht, es konnte einfach nicht sein. Nur für Schwiegervater war es nichts Neues. Er, der die ganze Zeit über gegen das Hitlerregime gewesen war, hatte täglich heimlich Schwarzsender gehört und wußte Bescheid. Es hatte während des Krieges oft heftige Auseinandersetzungen zwischen ihm und Peter gegeben, die ich nicht verstehen konnte, da sie in Dänisch ausgefochten wurden. Peter hatte sich in seiner Unerfahrenheit und seinem jugendlichem Idealismus nach dem Abitur gegen den Willen seines Vaters freiwillig zum Militär gemeldet. Die Wortgefechte der beiden endeten jedoch immer friedlich, weil der Vater den Sohn in seiner Verblendung – wie er es ausdrückte – bedauerte. Ich dachte an Thomas und Herta. Jetzt erst konnte ich mir das Ausmaß dessen vorstellen, was mit ihnen geschehen wäre, wenn ihnen die Flucht nach Amerika damals nicht geglückt wäre.

Über den Rundfunk kam nun der Aufruf, daß sich alle Militärs in der jeweiligen Bezirksstadt zwecks offizieller

Entlassung melden müßten. Es waren die Engländer, die als Besatzungsmacht diesen Aufruf erließen. »Ischiba«, sagte Peter nach diesem Aufruf, »nähe mir bitte die abgetrennten Dinge wieder an, ich werde mich nicht ohne vollständige Uniform melden, denn ich habe kein schlechtes Gewissen.« Es wurde zu der Zeit schon gemunkelt, daß man Offizieren gegenüber besonders mißtrauisch war und sie als gefährliche Elemente des Hitlerregimes einstufte. Ich nähte also die abgetrennten Spiegel wieder an, und wir fuhren gleich am nächsten Tag zusammen nach Niebüll.

An diesem Tag kehrten wir unverrichteter Dinge wieder zurück. Bei den Engländern war noch nichts organisiert worden. Peter sollte am nächsten Tag wiederkommen. Auf dem Rückweg sagte er: »Morgen bleibst du besser zu Hause, denn es kann sich noch eine Reihe von Tagen so hinziehen. Gerd verhungert uns sonst, wenn er nicht zu seinen Zeiten gestillt wird.« Bei den letzten Worten huschte ein schwaches Lächeln über seine Züge. Er bemühte sich sehr, seine Sorgen zu verbergen.

Wieder in voller Uniform fuhr er also am nächsten Tag allein los – und kam nicht wieder. Von da ab begann für uns eine schreckliche Zeit. Schwiegervater und ich fuhren gleich am nächsten Morgen mit den Fahrrädern die fünfzehn Kilometer nach Niebüll, da wir nicht erst den Bus abwarten wollten.

In Niebüll bekamen wir nirgends Auskunft darüber, wo Peter geblieben war. Er war wie vom Erdboden verschluckt. Allerlei Leute wurden angesprochen, ob sie ihn nicht gesehen hätten. Aber keiner wußte etwas. Wieder begaben wir uns zu dem Gebäude, wo Peter sich am Vortag gemeldet hatte. Wen wir suchten, fragte schließlich jemand, und Schwiegervater gab Peters Personalien an. Er sprach frei und arglos, ohne Zögern oder Schuldgefühl: »Oberleutnant Peter Bossen – letzter Dienstgrad nach der Beförderung«. Jetzt schaute man uns aufmerksam an und wechselte untereinander einige Worte auf Englisch. Einer löste sich aus dem Hintergrund, kam auf den Schalter zu und sagte in gebrochenem Deutsch: »Nicht wiedersehen Oberleutnant, nicht suchen brauchen.« Entsetzt und fassungslos schauten wir ihn an, worauf er wütend schrie: »Weg hier, nicht wiedersehen Oberleutnant.«

Niedergeschlagen kamen wir in Ringswarft an und wurden von den grauenvollsten Vorstellungen gepeinigt: Was man wohl mit Peter tat, wie es ihm ergehen mochte, ob er überhaupt noch am Leben war? Denn nach allem, was übers Radio zu hören war, hatte man den Eindruck, man wolle nun das deutsche Volk ausrotten.

Etwa drei Wochen nach Peters Verschwinden wurde uns ein kleiner Zettel überbracht, der von Peters Onkel Anton – Schwiegervaters Bruder – geschrieben worden war. Anton lebte in Husum und teilte uns mit, daß Peter sich in einem Sammellager in Husum befände, von wo aus er vermutlich auf die Insel Nordstrand käme.

In den frühen Morgenstunden des nächsten Tages machte ich mich mit Schwiegervater per Fahrrad auf nach Husum. Züge fuhren noch immer keine. Wir kamen schon zur Mittagszeit bei Anton an, der Peter sofort über einen Mittelsmann, der das Lager mit Lebensmitteln versorgen mußte, von unserer Anwesenheit informieren ließ.

Noch am frühen Nachmittag fuhr plötzlich ein Militärjeep der Engländer vor Antons Haus und – wir trauten unseren Augen nicht – Peter stieg aus und kam auf das Haus zu, während der Jeep abfuhr. Er hatte vom Lagerkommandanten drei Stunden Urlaub auf Ehrenwort bekommen. Es war wie ein Wunder: In einer Zeit, in der es nur noch Haß und Verfolgung gab, wurde einem deutschen Offizier Urlaub auf Ehrenwort gewährt. Es gab sie also doch noch, die Menschlichkeit, an die man sich damals klammerte und an der man sich wieder aufzurichten versuchte.

Gleich nach der Begrüßung bat Peter, sich einen Augenblick mit mir in einen Nebenraum zurückziehen zu dürfen. Dort gab er mir als erstes »in treue Obhut«, wie er es mit einem schwachen Lächeln ausdrückte, das Döschen mit den Kieseln. Es war mir gar nicht aufgefallen, daß er es nach wie vor bei sich trug. Dann seine Militärarmbanduhr, die in jener Zeit ein Vermögen bedeutete, und als letztes seinen Ehering. Auf meinen fragenden Blick sagte er: »Viele Kameraden sind diese Dinge bereits losgeworden. Uns wird alles abgenommen. Meine Gruppe war bis jetzt nur noch nicht an der Reihe.« Daraufhin begaben wir uns wieder zu den anderen.

Was nun mit ihm geschehen würde, wollte Schwiegervater wissen, worauf Peter die Schultern zuckte. Er wisse es nicht, keiner wisse es, man würde von Nordstrand munkeln – auf Lebenszeit. Er wandte sich ab, um seine Bewegung zu verbergen, und schaute aus dem Fenster.

Wie furchtbar war diese Aussicht. Ob man nicht fliehen sollte, ging es mir fieberhaft durch den Kopf, und ich sagte, daß wir Peter doch verstecken und dann irgendwo über die Grenze Richtung Angola flüchten könnten. Wieder lächelte er kaum merklich und erwiderte: »Mein Ehrenwort kann ich nicht brechen und wenn es mich das Leben kostet.«

Pünktlich nach drei Stunden kam der Jeep, Peter stieg ein. Er schaute sich nicht mehr nach uns um.

Wir bestiegen unsere Fahrräder und machten uns voll düsterer Gedanken auf den Heimweg. Es kam ein starker Gegenwind auf. Hin und zurück waren es hundertundzwanzig

Kilometer, die wir hinter uns bringen mußten. Schwiegervater ging auf die Sechzig zu, ich bewunderte ihn sehr, mit welcher Ausdauer auch er in die Pedale trat.

Tage, Wochen und Monate vergingen ohne eine Nachricht von Peter. In Aventoft war es üblich, die vollen Milchkannen an den Straßenrand zu stellen, von wo sie der Milchmann auf seinen Pferdewagen lud und nach Süderlügum zur Meierei fuhr. Heute machte er auf dem Rückweg bei uns halt, kam herein und teilte mit, er sei auf halbem Weg von Süderlügum einer Frau begegnet, die einen schweren Rucksack auf dem Rücken trug und aussah wie meine Mutter. Er hatte sie damals zu unserer Hochzeit in der Gaststätte, wo sie untergebracht worden war, gesehen. Ich hörte gar nicht weiter zu, was er eventuell noch zu berichten hatte, schnappte mein Rad und fuhr, so schnell es nur ging, in Richtung Süderlügum.

Die Straße lag frei und war weithin zu übersehen. Es war jedoch kein Mensch zu entdecken. Hinter einer kleinen Brücke sah ich Mutter. Auf einem Straßenstein hatte sie sich erschöpft niedergelassen. Wir flogen uns in die Arme und hielten einander lange fest. Endlich begann sie zu sprechen und fragte als erstes, ob ich Nachricht von Jola hätte. »Nein«, mußte ich ihr antworten, worauf sie zum Himmel hinaufsah und unter Tränen hervorbrachte: »Er kommt auch nicht wieder.« Das wüßten wir doch noch nicht, versuchte ich sie zu trösten, und hatte selber große Zweifel. Die Tränen fortwischend, sprach sie langsam weiter: »Ich konnte nicht länger in Dänemark bleiben, ich muß dringend operiert werden. Luise ist jetzt in Schweden, eine nette schwedische Familie hat sie mitgenommen.«

Ich lud den Rucksack auf meinen Gepäckträger und half Mutter, die erschreckend elend aussah, aufs Rad. Dann schob ich sie nach Ringswarft. Dort konnte sie sich an Gerd, der schon seine ersten Krabbelversuche machte, gar nicht sattsehen. Am nächsten Tag schon wurde Mutter in ein Flensburger Krankenhaus eingeliefert. Die Züge fuhren inzwischen wieder, wenn sie auch eher Vieh- als Menschentransporten glichen.

Bei der Oberschwester hinterließ ich unsere Anschrift sowie die Telefonnummer der Gaststätte – die Schwiegereltern besaßen damals noch kein eigenes Telefon. Ich mußte zu Gerd zurück. Es fiel mir schwer, von Mutter zu gehen, sie krank, hoffnungslos und traurig allein zu lassen.

Eine Woche später wurde der telefonische Bescheid vom Gastwirt gebracht: Mutter habe die Operation überstanden, es ginge ihr jedoch nicht gut. Sofort fuhr ich nach Flensburg, wieder mußte ich das Rad nehmen. Die Züge fuhren noch zu selten und blieben außerdem auf jedem kleinen Bahnhof endlos lange liegen. Wie gut wäre es gerade jetzt für Mutter gewesen, wenn man ihr ein Lebenszeichen von Jola hätte bringen können. Es gab jedoch noch immer keins, hartnäckig blieb er in unheilvolles Schweigen gehüllt.

Mutter sah sehr schlecht aus. Sie schaute mich aus tiefliegenden Augen teilnahmslos an, als ich bei ihr eintrat, und verzog keine Miene. Ihre Hoffnung, bei ihrer Rückkehr aus Dänemark eine Nachricht von Jola vorzufinden, war enttäuscht worden, sie wurde damit nicht fertig.

Auf der Bettkante sitzend, griff ich nach ihren Händen, die weiß, mager und kraftlos auf der Bettdecke lagen. Der Gedanke, sie könnte dies nicht überleben, war unannehmbar. Alles in mir bäumte sich gegen ein weiteres Zusammenschrumpfen der Familie auf. Ich hatte jedes Zeitgefühl verloren. Ob es Minuten oder Stunden nach meiner Ankunft waren, wußte ich nicht, als plötzlich Schwester Ruth ins

Zimmer trat und mit ihr Ingrid. Seit der vergangenen Weihnacht war sie Jolas Braut und kam des öfteren zu uns. Sie war mit dem Zug nach Ringswarft gekommen und hatte von meinen Schwiegereltern erfahren, daß ich bereits mit dem Rad zu Mutter unterwegs war. Jetzt kam sie, um Mutter eine frohe Nachricht zu bringen: Jola hatte geschrieben. Er lebte, sein Brief war aus Ägypten gekommen. Jola war in Italien, wo er zuletzt im Einsatz war, in englische Gefangenschaft geraten und von dort nach Ägypten gebracht worden. »Mama, Jola lebt, hörst du es, Mama? Jola lebt.« Immer eindringlicher wurden diese Worte wiederholt, bis man erkennen konnte, daß sie ihr Bewußtsein erreicht hatten. Ungläubig zuerst saugten sich ihre Augen fragend an uns fest, worauf Ingrid nun Jolas Brief aus der Tasche holte und ihn Mutter vor die Augen hielt. Sie hob schwach die Hand, griff danach, erkannte die Handschrift und drückte ihn dann an ihre Brust. Der erste Lichtstrahl hatte sich nun doch gezeigt.

Danach erholte sich Mutter, wenn auch sehr langsam. Es dauerte über zwei Monate, ehe sie das Krankenhaus verlassen durfte. Schwester Ruth, die Zuneigung zu Mutter gefaßt hatte, stellte ihr ein Zimmer bei ihrer Tante in Glücksburg zur Verfügung, wo sie auch selbst als Vollwaise zu Hause war.

Damit war für mich die Zeit gekommen, Ringswarft zu verlassen und nach Glücksburg zu ziehen, wo ich schon einen Tag vor Mutters Entlassung mit Gerd eintraf, um das Zimmer für ihren Empfang herzurichten.

Frau Franke, die Tante von Schwester Ruth, hieß uns herzlich willkommen. Sie war eine gütige und kluge Frau, die sich der drei Töchter ihres verunglückten Bruders und seiner Frau angenommen hatte, wie es eine Mutter nicht besser hätte tun können.

Wer von Flensburg mit der Bimmelbahn nach Glücksburg fuhr, kam zuerst an Frankes Haus vorbei. Es lag an der Flensburger Straße, von einem großen Garten umgeben, hinter dem sich der Wald ausdehnte. Glücksburg mit seinem schönen Wasserschloß war nicht zerstört worden.

Mutter war noch schwach. Der schlechten Ernährung wegen konnte sie sich nur langsam erholen, denn der Hunger setzte erst in den Nachkriegsjahren richtig ein. War jemand darauf angewiesen, von dem zu leben, was ihm laut Lebensmittelkarte zustand, konnte er höchstens den Hungertod etwas hinauszögern, aber nicht vermeiden. Wer keine Beziehungen hatte oder sich durch Tauschhandel nicht zusätzlich etwas besorgen konnte, war verloren.

Ingrid besuchte uns öfter, vor allem dann, wenn sie Post von Jola bekommen hatte, der uns inzwischen aber auch selber schrieb. Sie brachte dabei jedesmal Lebensmittel aus Aventoft mit.

Unser Zimmer enthielt zwei Betten, einen Tisch, drei Stühle, einen Kleiderschrank und einen Rohrofen, der als Herd benutzt wurde. Gerds kleines Bett wurde aus Platzmangel vor den Kleiderschrank gestellt. Wollte man ihn öffnen, mußte man zuerst das Bettchen wegschieben. Zu der Zeit gab es bereits keine Wohnung mehr, die nicht mit Flüchtlingen aus dem Osten überbelegt gewesen wäre. Auch Ringswarft war total besetzt, und der Flüchtlingsstrom riß überhaupt nicht ab, es kamen immer noch mehr.

Um Peter war es noch immer still. Wir wußten nichts von ihm und seinem Schicksal. Es war nun schon ein ganzes Jahr vergangen, seit er in Husum wieder in jenen Jeep gestiegen war. Ingrid, die am Vortag erst bei uns gewesen war, kam plötzlich schon wieder und strahlte über das ganze Gesicht, als sie ins Zimmer trat. Sie zog eine Karte aus ihrer Tasche und überreichte sie mir: »Von Peter.« Gierig griff ich danach. Die Karte, an der eine zweite, leicht abtrennbare hing, war vorgedruckt: »Mir geht es gut, die anhängende Karte als Antwort benutzen.« Darunter hatte Peter unterschrieben, ja, das war *seine* Handschrift. Mit Druckschrift war die Aventofter Adresse darauf geschrieben, denn Peter konnte von meinem Umzug ja nichts wissen. Die Schwiegereltern hatten Ingrid gebeten, sie mir zu überbringen. Die anhängende Antwortkarte war bereits mit der Anschrift des Gefangenenlagers Neuengamme (Vierlanden) bei Hamburg versehen. Wie bei Jola jubelten wir diesmal: »Er lebt!« Wir durften nur Absender und Unterschrift auf die Antwortkarte schreiben, kein Wort mehr. Ich malte mir aus, wie sehr es Peter verwirren würde, mich nicht mehr in Ringswarft, sondern nun in Glücksburg zu wissen.

Einen Monat später kam direkt nach Glücksburg wieder eine solche Karte mit Anhängsel. Diesmal durften fünfundzwanzig Worte darauf geschrieben werden. Damit konnte ich nun im Telegrammstil Peter von Mutters Krankheit und unserem Umzug nach Glücksburg berichten. Wieder etwas später durfte man Bücher ins Lager schicken – nichts anderes. Auf Luftpostpapier schrieb ich so klein und eng es nur ging, einen ausführlichen Bericht an Peter und klebte ihn vorsichtig und unauffällig zwischen zwei Seiten des Buches. An Peters Antwort war gleich zu erkennen, daß er den Brief entdeckt hatte. Von da ab gingen ständig Bücher mit »Inhalt« an ihn.

Inzwischen war auch Luise aus Schweden zurückgekehrt und arbeitete in Neumünster bei den Engländern in einer Kantine. Dort gab es noch am ehesten etwas zu essen. Oft kam sie an den Wochenenden zu uns, beladen mit allem, was sie zusammenhamstern konnte. Wie hätte man vor dem

Krieg auf eine solche Arbeitsstelle herabgesehen. Nun aber zählte nur noch das nackte Überleben. Die Zeiten hatten sich radikal geändert. Es war eine grauenvolle Welt geworden, in der wir leben mußten, in der alles nur noch dem Selbsterhaltungstrieb gehorchte.

Eines Tages wurde bei uns angeklopft. Vor der Tür stand ein Mann mit einem Rucksack auf dem Rücken, der sich vor Schwäche kaum noch auf den Beinen halten konnte. Ob ich Frau Bossen sei, fragte er mit schwacher Stimme. Als ich das bestätigte, sagte er, daß er eine Botschaft von meinem Mann zu überbringen habe. »Oh, kommen Sie doch um Himmels willen herein«, bat ich völlig verwirrt. Da ich in ständiger Spannung und Sorge lebte, geriet ich bei allem, was mit Peter zusammenhing, immer gleich aus der Fassung.

Ob wir etwas Warmes zu trinken für ihn hätten, fragte er, nachdem er sich zitternd auf dem Stuhl niedergelassen hatte. Mutter machte sich sofort daran, etwas von Gerds Milch zu wärmen. Unterdessen öffnete er den Rucksack und holte ein kleines aus Holz geschnitztes Segelboot heraus, in dessen Bug mit sauberen Buchstaben der Name »Cavaco« eingebrannt war. »Das hat ihr Mann für seinen Sohn gemacht«, sagte er und erzählte stockend, während er die Milch zu sich nahm, daß er aus dem Lager entlassen worden sei, weil er – hier zögerte er ein wenig –, weil er nicht mehr lange zu leben habe.

Allmächtiger! Wie furchtbar das alles war. Ein Todgeweihter machte sich mit letzter Kraft auf, um für einen Mitgefangenen eine Botschaft zu überbringen. Im Geiste sah ich auch Peter eines Tages als Todeskandidaten heimkommen. Ob mein Mann denn noch gesund sei, fragte ich, worauf er ausweichend erwiderte: »Der Hunger im Lager ist schwer zu ertragen und kann noch allerlei anrichten.« Dann zeigte er auf eine kleine Luke, die am Boot angebracht war, und forderte mich auf, sie zu öffnen. Im Schiffsbauch würde sich ein Brief von Peter befinden. Es war, außer den erlaubten 25-Worte-Karten, der erste Brief seit seiner Gefangenschaft.

Mit fiebrigen Augen bat der Fremde darum, sich irgendwo etwas hinlegen zu können, solange ich den Brief lesen würde. Er wurde in Frau Frankes Wohnzimmer auf das Sofa geleitet, und Mutter bereitete eine Mahlzeit für ihn, die er zu sich nehmen sollte, bevor er uns verließ. Wir besaßen noch einige Eier und so manches aus der »eisernen Reserve«.

Peter teilte in seinem Brief mit, daß er in vier Wochen nach Ratzeburg verlegt werden würde. Dort kämen alle diejenigen hin, bei denen eine Operation notwendig sei, weil Neuengamme dafür keine Einrichtungen besaß. Er wolle sich die Mandeln herausnehmen lassen. Erstens, weil sie ständig entzündet seien, und zweitens gebe es dort etwas reichlicher zu essen. Es bestehe jedoch ein so großer Andrang, daß er erst in der genannten Zeit dorthin kommen könne. Er habe von anderen gehört, die aus Ratzeburg wieder zurückgekommen waren, daß es in mancher Hinsicht dort etwas leichter sei. Einigen sei es geglückt, in eine Arbeitskolonne zu kommen, die im Wald Holz für das Lager fällen müsse, und sie hätten sich dort sogar mit ihren Frauen treffen können. Die Wachposten der Kolonne würden ein Auge zudrücken.

Daß ich nach Ratzeburg fahren würde, stand nach der Lektüre des Briefes bereits fest. Mutter war soweit wiederhergestellt, daß sie mit Gerd für ein paar Tage allein zurechtkam. Um sie nicht zu beunruhigen, sprach ich vorerst nicht darüber.

Ich dachte: »Wenn Peter nur noch durchhält, wenn er nur nicht schon so weit ist wie der Überbringer dieser Botschaft, der, aufs äußerste erschöpft, seinen Opfergang vollbracht hat und nun auf seinen endgültigen Abruf wartet.« Ich stand wie ein Bettler vor dem Schicksal.

Schwester Ruth, die gerade einen freien Tag genoß, nahm sich des siechen Mannes an, bestellte einen Krankenwagen und stieg gleich selbst mit ein, um ihn nach Flensburg ins Krankenhaus zu begleiten.

Mit zugeschnürter Kehle sahen wir all dem zu und fanden keine Worte, die es vermocht hätten, unsere Dankbarkeit zum Ausdruck zu bringen. Aber wir drückten seine fieberheiße Hand auf eine Art, aus der er den Dank gespürt haben muß, denn er sagte: »Schon gut, schon gut« und versuchte zu lächeln. Wenige Tage später gingen wir hinter seinem Sarg her und waren die einzigen, die ihn zur letzten Ruhe geleiteten.

In den folgenden Tagen erwähnte ich Mutter gegenüber öfter Peters Verlegung nach Ratzeburg und die damit verbundene Möglichkeit, ihn zu sehen. Natürlich merkte sie sofort, worauf ich hinauswollte. Wenn sie auch nichts dazu sagte, so sah man ihr doch an, was sie dachte. Doch sie machte erst gar nicht den Versuch, es mir auszureden. Zu genau wußte sie, daß ich in diesem Punkt »stur wie ein Panzer« war.

Über Ingrid ließ ich meine Schwiegereltern von der geplanten Reise unterrichten und fragen, ob sie Lebensmittel für Peter mitgeben wollten. Dann war es soweit. Die erste 25-Wörter-Karte aus Ratzeburg traf ein. Ingrid wurde telefonisch benachrichtigt und kam einen Tag später mit dem Paket für Peter an. Es war recht groß und schwer und ging nur mit Mühe in Mutters Rucksack.

Ingrid und ich fuhren gleich zusammen mit der Bimmelbahn bis Flensburg. Dort nahm Ingrid den Anschluß nach Niebüll, und ich wartete auf den Zug nach Hamburg, von wo aus man nach Ratzeburg umsteigen mußte.

Gedankenverloren ging ich auf dem Bahnsteig auf und ab, an dessen Ende einsam eine Frau stand. Sie drehte sich jetzt um und kam in meine Richtung. Wir gingen aneinander vorbei, stockten plötzlich und drehten uns wie auf Kommando zueinander um. »Thea« rief sie zur gleichen Zeit wie ich »Gretel«. Wir flogen uns in die Arme und stellten uns tausend Fragen zugleich. Sie berichtete, daß sie sich mit ihren Eltern nach der Evakuierung aus Misdroy in Flensburg niedergelassen habe. Ihr Elternhaus mitsamt dem Gartenhäuschen, in dem wir damals gewohnt hatten, sei durch Bombeneinschläge dem Erdboden gleichgemacht worden. Swinemünde, wo man die neue V-Waffe ausprobiert hatte, sowie die ganze Umgebung, zu der auch Misdroy gehörte, war besonders von Angriffen heimgesucht worden. »Meine Güte«, rief Gretel, »da leben wir so nahe beieinander, und keiner wußte vom anderen.« Wo sie denn nun hinfahren wolle, fragte ich. »Nach Ratzeburg«, sagte sie. »Das gibt es doch nicht, da will ich auch hin«, sagte ich und fragte, ob ihr Konrad auch dort sei. Gretel nickte, und ihre schönen Augen wurden feucht. »Es scheint schlecht zu stehen um Konrad, er ist sehr krank«, brachte sie mühsam hervor. Das Leid nahm kein Ende, für niemanden nahm es ein Ende, es tauchte immer wieder in noch schlimmerer Form auf.

Endlich konnten wir in die offenen Viehwaggons einsteigen. Wie die Heringe stand man dicht zusammengepfercht, Sturm und Regen ausgesetzt. Die meisten Reisenden waren in Decken gehüllt, die eher Lappen glichen. Zwei Tage und eine Nacht dauerte diese denkwürdige Reise von Flensburg nach Hamburg. Auf jedem Bahnhof blieben wir stundenlang liegen. Bei diesen Gelegenheiten verschwanden dann alle, die sich erleichtern mußten, hinter Büschen oder Mauern, und wenn beides nicht vorhanden war, verrichteten sie vor aller Augen ihre Notdurft. Zimperlich war zu dieser Zeit niemand mehr.

Die Verbindung Hamburg–Mölln–Ratzeburg war schlecht. Mit gütigen Bauern brachten wir die Kilometer streckenweise auf Pferdewagen hinter uns. Endlich war Ratzeburg erreicht. Vor dem Gefangenenlazarett, das auf einer Anhöhe lag, trennten wir uns. Es gehörte damals zur Taktik, solche Unternehmungen allein zu bestreiten, um niemandem zu schaden. Die Adressen waren ausgetauscht. Einander viel Glück wünschend, umarmten wir uns, dann schwenkte Gretel in eine Parallelstraße ein. Ich ging die vor mir liegende Straße entlang auf das Lager zu. Aus den Fenstern des vier- oder fünfstöckigen Baues schauten Gefangene herab. Ich trug den weinroten Staubmantel, den Peter kannte. Es war jetzt nur noch eine gute Wurfweite zwischen dem letzten Siedlungshaus und der Kaserne. Die Wachposten schauten bereits gespannt, ob ich wohl weiter auf das Lager zulaufen würde, dem man sich bei Lebensgefahr nicht nähern durfte. Am letzten Haus der Straße war zum Glück ein älterer Mann bei der Gartenarbeit. Ich fragte ihn einfach, ob ich mich ein wenig mit ihm unterhalten dürfe, um die Wachen dort oben abzulenken. Er verstand sofort und sagte: »Dann haben Sie also auch jemanden da drinnen?« Ich nickte. Er machte die Gartenpforte auf, wir begrüßten uns mit Handschlag, und er zeigte auf die Blumen im Garten, für die ich ein auffälliges Interesse demonstrierte. Weit und breit sah man keinen Menschen auf der Straße. Es war alles wie ausgestorben. Die Posten mit ihren Maschinenpistolen waren sichtbar beruhigt und patrouillierten wieder vor dem Lager auf und ab.

Um nun nicht auffällig auf das Lager zu starren, holte ich meinen Spiegel aus der Handtasche, hielt ihn in Augenhöhe, stellte mich mit dem Gesicht zum Lager auf und begann, mir die Haare zu kämmen, wobei ich statt in den Spiegel auf die Männer dort oben schaute, die die Fenster mehr und mehr füllten. Es mußte sich im Lager herumgesprochen haben, daß eine Frau angekommen war.

Jetzt winkte mir über die Köpfe der am Fenster Stehenden hinweg eine Hand zu. Zurückwinken durfte ich auf keinen Fall. Aus dieser Entfernung konnte man nur Peters Konturen erkennen. Der Arm mit dem Spiegel begann zu erlahmen. Ich ließ Peters Fenster nicht aus den Augen. Jetzt hielt er eine Flasche hoch, machte ein Zeichen, daß etwas Geschriebenes darin sei, holte aus, setzte zum Wurf an – und es gab ein schreckliches Klirren. Peter hatte die Flasche zu hoch geworfen, sie zerschlug am oberen Fensterrahmen, und ein Splitterregen fiel auf die Wachen herab. Die Posten – es waren Polen – wurden davon aufgescheucht und schwirrten nun wie wild gewordene Hornissen umher. Sie entfernten sich einige Schritte vom Lager, um besser in die Fenster sehen zu können, die nach dem Klirren wie auf Kommando leer waren. Dann diskutierten sie aufgeregt miteinander und deuteten hin und wieder nach oben. Keiner aber hatte gesehen, aus welchem Fenster das Glas gekommen war. Mich schienen sie völlig vergessen zu haben, sie schauten überhaupt nicht mehr herüber. Sie stießen die Splitter mit ihren Stiefeln auseinander und suchten darin herum. Ich erstarrte vor Angst, sie könnten das Geschriebene finden.

Nach und nach ebbte die Aufregung ab, und die Fenster begannen sich wieder zu füllen. Peter machte erneut ein Zeichen und warf etwas kleines, rundes heraus, das auf den Rasen des Parks auf der anderen Straßenseite fiel. Einige Wachen reckten die Köpfe.

Ich fragte mich, wie um alles in der Welt ich vor den Augen der Posten jenes kleine Ding im Rasen suchen sollte.

»Gehen Sie nicht gleich hin«, warnte der Gärtner. Wir unterhielten uns also weiter und zeigten auf Sträucher in seinem Garten, bis die Polen wieder normal auf und ab gingen. Dann schlenderte ich langsam, ganz harmlos, über die Straße, steuerte auf die Stelle zu, wohin das Ding gefallen war, und ließ mich auf dem Rasen nieder, so als würde ich ein Sonnenbad nehmen wollen. Es war glücklicherweise ein heißer Tag. Zwischendurch sah ich mich unauffällig nach allen Seiten um. Nichts war zu sehen. Mir war elend zumute. Nach einer Weile erhob ich mich und spazierte gemächlich auf dem Rasen herum. Da sah ich etwas Weißes im Gras leuchten. Langsam ging ich darauf zu, setzte mich daneben, »sonnte« mich erst wieder ein wenig, ergriff dann unauffällig den Gegenstand und schob ihn in die Manteltasche.

Nach einer Weile beendete ich mein »Sonnenbad«. Langsam ging ich zum Gärtner zurück, von dem ich mich dankend verabschiedete. Wir blinzelten uns zu, und er wußte damit, daß das Gesuchte gefunden worden war.

Kaum war ich um die nächste Ecke gebogen, holte ich meinen Fund aus der Tasche. Es war ein kleiner Stein, der in Toilettenpapier eingewickelt worden war, das von einem Nähfaden zusammengehalten wurde. Peter hatte darauf geschrieben: »Morgen um acht Uhr früh nach Salem zum Holzfällen.«

Nun suchte ich mir eine Gaststätte und holte bei den Wirtsleuten genaueste Erkundigungen über den Weg nach Salem ein. Anschließend ging ich sofort zu Bett, denn die lange Reise im Viehwaggon hatte mich sehr ermüdet. Am nächsten Morgen nahm ich schon recht früh im verräucherten Eßraum der Gaststätte einen »Muckefuck-Kaffee« zu mir. Von meiner Reiseverpflegung waren nur noch ein Ei und zwei Steckrüben übriggeblieben.

Den Rucksack mit Peters Paket auf dem Rücken, machte ich mich auf die Reise. Es war noch dämmerig, man sah kaum Menschen, die man nach dem Weg hätte fragen können. Immer wieder holte ich den Zettel aus der Manteltasche, auf dem ich gestern Abend nach den Beschreibungen der Wirtsleute eine Skizze mit den wichtigsten Orientierungspunkten angefertigt hatte. Endlich war bei einer Kreuzung ein Wegweiser zu sehen, auf dem das Wort »Salem« stand.

Einige hundert Meter nach dieser Kreuzung war die Asphaltstraße zu Ende. Ich mußte auf einem Feldweg weiter, der recht ausgefahren und staubig war. Unterdessen war es heller Tag, und Ratzeburg lag schon weit hinter mir. Der Weg führte jetzt auf beiden Seiten durch einen schon sehr gelichteten Wald. Es mußte die richtige Richtung sein, denn es sah nach Abholzung aus.

Plötzlich war das Motorengeräusch von Lastwagen zu hören, das sich mehr und mehr näherte. Jetzt bogen sie in die Kurve, die ich soeben hinter mich brachte. Es waren drei Fahrzeuge, deren Ladeflächen mit Zeltplanen überzogen waren, die wie ein Tunnel aussahen, und darunter saßen die »Holzfäller«. Der erste Wagen fuhr an mir vorbei und hüllte mich in eine Staubwolke. Hinten schauten die dicht gedrängt sitzenden Gefangenen heraus. Mir war, als hätte ich Peter zwischen ihnen gesehen. Vor Staub konnte ich jedoch bald kaum noch etwas erkennen.

Von einer Anhöhe, die nun erreicht war, konnte ich in eine leichte Senke sehen. Dort, in weiter Ferne, lag eine Bauminsel. Rundherum war die Landschaft kahl. Den Spuren der Fahrzeuge folgend, ging ich weiter. Es war schon später Vormittag, als ich das Aufschlagen gefällter Bäume hören konnte. Endlich war die Bauminsel, zu der die Spuren führten, erreicht. Ich konnte die drei Fahrzeuge erkennen. Die Holzfäller waren von bewaffneten Wachen umgeben. Nun blieb ich stehen. Man war auf mich aufmerksam geworden. Ein Mann legte sein Werkzeug nieder und ging auf einen Posten zu. Während er mit ihm sprach, schauten beide in meine Richtung. Der Posten nickte, deutlich konnte ich das erkennen, und zeigte mit ausgestrecktem Arm auf eine Stelle. Der Mann verließ den Posten und kam auf mich zu. Es war Peter. Wir faßten uns an den Händen, und er schaute mich mit Augen an, in denen eine so unbeschreibliche Traurigkeit lag, daß mir davon ganz schwindlig wurde. Peter sagte mit bebender Stimme: »Wir müssen weiter nach vorne, die Wachen wollen uns vor Augen haben, sie fürchten Flucht.« Er führte mich an die Stelle, die ihm von dem Posten angegeben worden war, dort setzten wir uns auf einen Baumstamm. Ich holte das Paket aus meinem Rucksack, und Peter begann zu essen. Er biß große Stücke von Brot, Wurst, Schinken und Käse ab. Er aß und aß und aß. Zuletzt kam der Kuchen dran. Es schien, als habe er alles um sich herum vergessen. Reglos und erschüttert beobachtete ich ihn, registrierte jede Bewegung, jede Geste, suchte nach einem Ausdruck in seinen Augen, die wie erloschen waren, und es schien, als wäre er sich meiner Anwesenheit gar nicht mehr bewußt. Er gab sich nur dem Essen hin. Plötzlich hielt er inne, schaute mich auf eine Art an, als müsse er seine Gedanken aus einer anderen Welt zurückholen, und sagte: »Ischiba, iß doch mit, es darf nichts mit ins Lager genommen werden.« Er kaute nun langsamer, er mußte mehr als satt sein. Ich nahm ein Stückchen vom Sandkuchen und mußte unwillkürlich an Sulzfeld denken. Es war Pfingsten gewesen, als ich diesen Kuchen zum ersten Mal gegessen hatte. Ich dachte daran, wie Peter damals auf dem Stein gesessen hatte, von der Abendsonne vergoldet, und wie die Goldfunken in seinen Augen geflimmert hatten.

Doch diesen Gedanken nachzuhängen, war jetzt keine Zeit. Ich befand mich inmitten einer erbarmungslosen, brutalen Wirklichkeit, die das Menschliche im Menschen auslöschte. Peter schob die Reste der Lebensmittel in seine ausgefransten Taschen und erklärte: »Für meine Kameraden, die gestern mit am Fenster standen.« Er zeigte auf zwei, die gerade einen Baumstamm auf einen Haufen legten. Es tat mir jetzt leid, das Stückchen Kuchen gegessen zu haben. Es wäre für einen der Bedauernswerten zwar nur ein Tropfen auf einen heißen Stein gewesen, aber dennoch. Wenn wir auch alles andere als im Überfluß lebten, so waren wir doch frei und konnten »organisieren«, wie es damals genannt wurde. Im Tausch gegen Lebensmittel wanderten sämtliche Wertsachen zu den Bauern. Vom kostbaren Familienschmuck bis zum Perserteppich.

Ein schriller Pfiff ließ mich zusammenfahren. Peter sagte: »Wir müssen antreten zur Zählung und ins Lager zurück, unsere Zeit ist um.« Er erhob sich, gab mir die Hand, so, wie man sie jedem Fremden geben würde. Auf halbem Weg drehte er sich nochmals um und rief: »Grüß meine Eltern und sage Dank für das Paket.«

»Wäre ich eine halbe Stunde später hier angekommen, hätte ich niemanden mehr angetroffen«, ging es mir flüchtig durch den Kopf. Ich blieb auf dem Baumstamm sitzen und schaute der Zählung zu, bei der die Gefangenen in Reih und Glied stehen mußten. Dann kletterte jede Gruppe in das ihr zugeteilte Fahrzeug.

Es war eine Situation, die mir alle Tapferkeit, Kraft und Zuversicht nahm. Ich sah den Abfahrenden mit tränenblinden Augen nach und versuchte, mit dem fertig zu werden, was ich soeben erlebt hatte. Die Genugtuung über das Gelingen des Unternehmens war jetzt mit einem Gefühl verbunden, wie man es nach einer Beerdigung hat. Denn den Menschen, zu dem ich kommen wollte, den hatte ich nicht getroffen, den hatte die Gefangenschaft ausgelöscht.

Ich lauschte den Fahrzeugen solange nach, bis sie nicht mehr zu hören waren. Dann breitete sich eine Stille um mich aus, die etwas Beängstigendes hatte, eine Stille, in der man vor den unbekannten Mächten des Schicksals zu Kreuze kriecht. Ich war an eine Grenze gekommen, hinter der eine abgrundtiefe, entsetzliche Leere gähnte. Plötzlich empfand ich das Leben als eine unerträgliche Last.

Es mußten schon einige Stunden verstrichen sein, denn nun stiegen Nebel auf, die der Umgebung zusätzlich etwas Gespenstisches verliehen. Ich war wie in Trance, als wäre ich auf dem Baumstamm festgewachsen. Es bedurfte erst der physischen Schmerzen, die von den wunden Füßen her- rührten, um mich aus dem entrückten Dämmerzustand in die Gegenwart zurückzuholen. Ich zog meine Schuhe aus, bei denen die Sohlen aufklafften und die Löcher freigaben, die damit verdeckt waren. Zu der Zeit dürfte es in Deutsch- land kaum jemanden gegeben haben, der noch über ein paar elegante Schuhe verfügt hätte. Sie waren alle zigmal besohlt, ausgeleiert und klobig. Barfuß hinkte ich nun durch den Wald, denn die Füße ließen sich nicht mehr in die Schuhe zwängen. Es begann bereits zu dämmern, und damit würde es bald nicht mehr möglich sein, den Spuren der Fahrzeuge zu folgen.

Als es fast schon dunkel war, konnte ich das noch undeut- liche Geklapper eines Pferdewagens hören. So schnell es nur ging, lief ich nun diesem Geräusch entgegen. Der Bauer und sein Sohn halfen mir auf den Wagen, leuchteten in mein Gesicht und gaben mir aus ihrer Feldflasche ein warmes Getränk, das eine Ähnlichkeit mit Milchtee hatte. Irgendwann, zu später Stunde, kamen wir in Ratzeburg an. Die Bauern hatten extra einen Umweg gemacht und setzten mich vor der gleichen Gaststätte ab, in der ich bereits die letzte Nacht verbracht hatte. Wie benebelt schlief ich sofort ein. Als ich am Morgen erwachte, erinnerte ich mich sofort wieder an die Begegnung mit Peter. Wie ein grausiger Alptraum tauchte fortwährend das Bild auf, wie er auf dem Stamm gehockt und gegessen hatte – nur noch eine Hülle seiner selbst. Es war, als gehöre er schon gar nicht mehr zu dieser Welt. Sollte denn Peters wundervolle Rettung vergeblich gewesen sein? Mußte er, nach allem, was er überstanden hatte, jetzt als Gefangener zugrunde gehen? Nun geschah etwas mit mir, das ich nie für möglich gehalten hätte, denn ich erlitt einen Tobsuchtsanfall, der etwas Tierisches an sich hatte. Wie ungerecht, widersinnig, ja gemein war doch das Schicksal. Mit Fäusten trommelte ich auf das Bett ein, zerrte, würgte und zerquetschte jeden Gegenstand, der mir vor Augen kam. Es war ein ohnmächtiges Aufbäumen gegen das niederträchtige Schicksal, das so etwas zuließ. Ich schlug und trat solange, bis ich völlig erschöpft und außer Atem war. Schwer keuchend schaute ich mich schließlich um. Das Zimmer sah wie ein Schlachtfeld aus. Langsam verebbte meine Wut. Nur jetzt auf dem schnellsten Weg nach Glücksburg. Ich sammelte die gewürgten Handtücher, die Kissen und alles andere vom Boden auf. »Wie konnte ich mich nur so hinreißen lassen«, wunderte ich mich, und stellte zugleich fest, daß mir nun doch etwas leichter zumute war. Ich war nun überzeugt, daß an dem Glauben der Schwarzen, wonach ein reißendes Tier in gewissen Situationen plötzlich in einen Menschen führe und seinen Verstand raube, doch etwas Wahres sei.

Nun verband ich meine wunden Füße, so gut es ging, mit einem in Streifen gerissenen Halstuch. Ich bekam aber nur einen Fuß in den Schuh. Der schlimmere mußte draußen bleiben.

Um von Ratzeburg nach Hamburg zu kommen, mußte ich über Mölln. Auf der Herreise war diese Verbindung schwierig gewesen. Gretel und ich hatten diese Strecke teilweise auf Bauernwagen hinter uns gebracht. Wie mochte es Gretel ergangen sein? Der Gedanke an sie flackerte nur kurz auf. Nur jetzt über nichts mehr nachdenken, nur schnellstens zu Mutter und Gerd zurück, und so schlug ich die Richtung nach Mölln ein. Das Gehen war eine so große Qual, daß ich Schritte wie ein Krüppel machte. Weit und breit war kein Pferdewagen zu sehen. Nur Militärfahrzeuge der Besatzungsmacht beherrschten die Straßen. Zu dieser Zeit wurde das Gebot der Nichtverbrüderung mit den Deutschen noch strengstens befolgt. Überall konnte man es angeschlagen lesen: »No fraternisation!«

Jetzt überholte mich ein Jeep und hielt an der Straßenseite an. Ich dachte, er wolle eine Straßenkarte betrachten und ging an ihm vorbei. Als ich das Fahrzeug überholte, rief der Fahrer hinter mir her: »Frau, wo du hin wollen?« – »Nach Hamburg«, sagte ich, vor Überraschung perplex. »Ich da auch hin, kommen rein Frau«, rief er und machte die Tür auf, während er sich nach hinten umschaute, ob auch keiner sah, daß er das Gebot mißachtete. Vor Dankbarkeit war ich völlig verwirrt. »Es gibt sie also doch noch, die Hilfsbereitschaft, die Menschlichkeit«, dachte ich und konnte es noch gar nicht fassen, daß ich in einem Auto saß, das bereits fuhr, und daß meine Füße sich ausruhen durften. In seinem gebrochenen Deutsch bat er, ich solle mich ducken, sooft Militärfahrzeuge vorbeikämen, sonst würde er bestraft. Dankbar und gehorsam befolgte ich das. Er sei Franzose aus Kanada, erklärte er und schien stolz darauf zu sein. Er habe in Mölln noch Verschiedenes zu tun und könnte von dort erst am Nachmittag weiterfahren. Ich sollte in einer Gaststätte solange auf ihn warten, dort würde er mich dann abholen. In Geesthacht, wo sein Stammquartier sei, müsse er das Fahrzeug wechseln und könne dann erst nach Hamburg fahren. Mir war alles recht. Lieber eine Wartezeit in Kauf nehmen, als die kaputten Füße gebrauchen zu müssen.

Hin und wieder schaute er zu mir und ich zu ihm. So dankbar ich ihm aber auch war, mußte ich mir doch eingestehen, selten einen so unschönen Menschen gesehen zu haben. Sein Gesicht war schlecht proportioniert, viel zu lang, aber nicht gleichmäßig, dazu pockennarbig. Am rechten Nasenflügel saß eine schwarze Warze, groß wie eine Bohne. Die Augen waren, wie mir schien, verklebt. So genau wollte ich nicht hinsehen, denn er könnte es spüren, daß mich dabei gruselte und meine Augen von der Warze wie von einem Magneten angezogen wurden.

Unterdessen war Mölln erreicht. Er fuhr in den Hinterhof einer Gaststätte. Es machte den Eindruck, als ob er hier gut Bescheid wüßte und man ihn auch kannte. Zunächst ging er allein hinein. Kurz darauf erschien er an der Tür und winkte mich zu sich. Dieses Winken berührte mich peinlich. Es lehnte sich in mir etwas dagegen auf. Doch derlei Empfindungen wurden laufend von den widerwärtigen Lebensumständen unterdrückt. Schwer hinkend trat ich ein und wurde von ihm an einen Platz geführt, der sich in einer Nische befand. Es war zu spüren, daß man mich hier für eine »Veronika« hielt, wie man in der Besatzungszeit die leichten Mädchen bezeichnete. Es war eine sehr unangenehme Lage für mich. »Hier warten, ich dich holen, wenn Arbeit fertig«, sagte er, schaute mich dabei wohlwollend an und ging.

Die Gaststube begann sich zu füllen, es war inzwischen Mittagszeit geworden. Ohne, daß ich eine Bestellung aufgegeben hatte, wurde mir ein Essen serviert. Auf meinen fragenden Blick und die Bemerkung, es müsse ein Irrtum vorliegen, sagte der Kellner beiläufig: »Von dem Herren mit dem Sie kamen.« Das Gericht – man konnte es auf den ersten Blick erkennen – kam aus den Beständen der Besatzungsmächte. Es war gut und reichlich. Auf den anderen Tischen sah ich nirgends etwas Vergleichbares. Überall waren nur die fleischlosen Eintöpfe mit Steckrüben und allerlei Undefinierbarem zu erkennen. »Der Franzose muß zu dieser Gaststätte ›gute Beziehungen‹ haben«, dachte ich, während sich mein Teller leerte. Trotz dieser peinlichen Lage blieb nicht das kleinste Krümelchen übrig. Mein Selbsterhaltungstrieb hatte wieder einmal das Kommando übernommen.

Der Gaststätte genau gegenüber lag der Bahnhof. Ein starkes Verlangen, alldem zu entkommen, trieb mich vom Stuhl hoch. Immer schlimmer hinkend, humpelte ich dorthin und erfuhr, daß der nächste Zug nach Hamburg schon in zehn Minuten fahren würde. Ich schloß mich solange in der Toilette ein und verließ sie erst, als der Zug einfuhr und ich einsteigen konnte.

Die Rückfahrt unterschied sich kaum von der Hinreise. Durch die entzündeten Füße, die einen fiebrigen Zustand hervorriefen, wurde sie nur schlimmer, vor allem aber durch die Erinnerung an die erschütternde Begegnung mit Peter, die meinem Leben nun etwas beklemmend Düsteres verlieh. Plötzlich kam mir Gretel in dem Sinn. Ob sie sich vielleicht im gleichen Zug befand? In meinem Waggon war sie jedoch nicht zu sehen.

In Glücksburg lieh ich mir beim Milchmann ein Fahrrad und fuhr zu Frankes Haus. An Gehen war vorerst nicht zu denken. Das Hinken ließ sich vor Mutter nicht verbergen. Nach der Begrüßung sah sie mich vorwurfsvoll an, ja, sie wurde sogar wütend. Sie habe genug von meiner »leichtsinnigen Herumreiserei«, wie sie es ausdrückte, und von den Sorgen die ich ihr jedesmal damit machte.

Etwa sechs Wochen nach der Ratzeburger Reise kam Gretel zu uns. Sie sah sehr schlecht aus. Es schien, als habe sie etwas auf dem Herzen. Sie war in einer Weise bedrückt, daß uns jede Frage im Hals steckenblieb. Schließlich erkundigte ich mich vorsichtig, ob etwas mit ihrem Konrad passiert sei. Sie schüttelte den Kopf und sagte langsam und stockend mit verzweifeltem Blick: »Ich muß mit dir sprechen Thea.« Einander unterhakend, gingen wir ein Stückchen in den Wald und setzten uns nebeneinander aufs Laub. Gretel schwieg eine Weile, griff dann in einer Weise nach meiner Hand, die recht alarmierend war, drückte sie fest und begann: »Ich habe etwas Furchtbares erlebt, ich muß mit jemandem darüber sprechen.« Sie konnte nicht weiterreden und weinte nun so, wie ich noch nie jemanden weinen sah. Selber den Tränen nahe, wußte ich nicht, wie ich ihr helfen konnte, und drückte sie nur fest an mich. Nach einer Weile befreite sie sich, wandte das Gesicht ab und stieß hervor: »Ich bin vergewaltigt worden, Thea.« Wie ein qualvoller Aufschrei war diese Mitteilung. Dann brachen die Worte aus ihr heraus wie Wassermassen bei einem Dammbruch, ohne Unterbrechung. Ich hatte den Eindruck, als würde sie alles seelisch noch einmal durchleben. »Es war schlimmer als alles, was sich vorstellen läßt. Ich habe um mein Leben gebangt. Konrad war schon nicht mehr in Ratzeburg, sie hatten ihn wieder nach Neuengamme gebracht. Ich bin daher am selben Tag wieder zurückgefahren. Auf dem Weg nach Mölln wurde ich von einem Jeep der Besatzungsmacht mitgenommen. Ich war schon so erschöpft von der Hinreise. Ein Franzose war es.« Als ich das hörte, bekam ich eine Gänsehaut, nahm mich aber zusammen, um sie nicht zu unterbrechen. Sie fuhr fort: »Ich war so froh und dankbar, in einem Fahrzeug nach Hamburg zu kommen. Er hat mich in eine Falle gelockt, in Geesthacht wollte er nur das Fahrzeug wechseln. Dort habe ich dann Höllenqualen durchlitten, die nicht zu beschreiben sind.« – »Gretel«, stieß ich mit zitternder Stimme hervor, »es ist derselbe, dem auch ich fast zum Opfer gefallen wäre. Ich verdanke meine Rettung nur einem Gefühl, dem ich gehorchte und das mich in Mölln zum Bahnhof trieb. Hatte er eine schwarze Warze am Nasenflügel?« – »Ja«, rief sie und schaute mich entsetzt an. Ich machte einen Trostversuch und sagte, daß doch in dieser Zeit so viele Frauen und Mädchen etwas derartiges durchmachen mußten und daß die Zeit ihr schon helfen würde, darüber hinwegzukommen. »Nein«, stöhnte sie, »es kommt noch schlimmer. Er hatte den Tripper und hat mich angesteckt. Ich wußte nichts davon. Konrad durfte doch von dieser Geschichte vorerst nichts erfahren, eine solche Nachricht hätte ihn vollends umgeworfen. Ich mußte allein damit fertig werden. Konrad bekam acht Tage Urlaub auf Ehrenwort, seine Mutter mußte sich einer lebensgefährlichen Operation unterziehen, und dabei ist es rausgekommen. Ich habe meinen Konrad angesteckt. Was ich ihm ersparen wollte, mußte er auf diese Weise erfahren. Wir mußten, um uns auszukurieren, Pferdekuren durchmachen. Konrad ist so erschüttert und, was das Schlimmste für mich ist, womit ich eben nicht fertig werde: er gibt mir zum Teil die Schuld. Ich hätte nicht in den Jeep steigen dürfen, sagt er.« Gretel wand und krümmte sich auf eine so seltsame Art, daß es aussah, als sei sie in diesem Augenblick wahnsinnig geworden. Jedes Trostwort kam mir nun banal vor. Plötzlich hielt sie inne und flüsterte: »Ich muß jetzt nach Hause.« Sie sagte diese Worte mit einer Ruhe, die in dieser Situation geradezu unheimlich anmutete, so, als sei sie nun des Friedens voll. Ihre schönen Augen schienen dabei in grenzenlose Fernen zu sehen. Ich fuhr mit ihr und brachte sie in Flensburg bis vor ihre Haustür. Drei Tage nach Gretels Besuch wurde uns mitgeteilt, daß sie sich das Leben genommen hatte. Es war für sie im Sinne des Wortes »unerträglich« geworden.

Ich brauchte lange, um über Gretels Tod hinwegzukommen. Es war, als ob eine dunkle Wolke wie eine Glocke über mir hing, aus der ich nicht herauszukommen vermochte. Immer wieder fragte ich mich, wie Peter reagieren würde, wenn er von meinem »Delikt« erfuhr. Denn auch ich war in jenen Jeep gestiegen. Und wenn mir auch erspart geblieben war, was Gretel durchmachen mußte, so war es doch nur Glück gewesen. Erst als nach all den Jahren die erste Post aus Angola eintraf, begann sich der Nebel zu lichten, der seit Gretels Tod um mich gewesen war. Seit längerer Zeit schon schrieben wir in Abständen an Mutters Vermögensverwalter Milevsky. Heute endlich wurde uns von Senhor Martins mitgeteilt, daß Milevsky vor drei Jahren so schwer erkrankt sei, daß er die Verwaltung unserer Besitze in Martins Hände gelegt habe. Bald darauf sei Milevsky gestorben. Martins war schon vor Jahren Pflanzer im Cavaco-Tal und Nachbar der Eltern gewesen. Später setzte er sich nach Benguela ab, wo er Inhaber eines gut gehenden Lebensmittelgeschäftes wurde. Wir gehörten seinerzeit zu seinen Kunden. Er berichtete weiter, daß auf Cavaco schon verschiedene Male die Pächter gewechselt hätten und z. Z. ein Bruder unseres Nachbarn Sauer die Pflanzung bewirtschafte.

Zwei Tage nach der ersehnten Nachricht aus Angola kam die übliche Karte von Peter, diesmal wieder aus Neuengamme.

Darauf stand – wie immer im Telegrammstil –: »Mandel-operation gut verlaufen«. Die Nachricht schloß mit den Worten: »Dank für Salem«. Als ich das las, hätte ich am liebsten hohe Luftsprünge gemacht wie in den Kindheitsjahren, denn sie waren für mich der Beweis, daß Peter wieder wie ein Mensch reagierte.

Eine Woche später wurde überraschend bei uns angeklopft. Wie schon einmal stand auch heute ein fremder Mann vor der Tür, der eine Nachricht von Peter zu überbringen hatte. Diesmal war es kein Todgeweihter. Man hatte ihn entlassen, weil seine Frau gestorben war und die vier kleinen Kinder außer ihm niemanden mehr hatten. Alle Verwandten waren bei Bombenangriffen umgekommen.

Er brachte wunderschöne holzgeschnitzte Schmuckkäst-chen mit, die Peter hergestellt hatte. Man hatte sich inzwi-schen in Neuengamme organisiert. Es wurden Lehrgänge abgehalten, die von den Gefangenen selbst initiiert wurden und bei denen vom Handwerksberuf bis zur Fremdsprache vieles zu erlernen war.

Der Mann konnte sich seiner Kinder wegen, die er in der Obhut einer Nachbarsfamilie zurückgelassen hatte, nicht lange aufhalten. Das Wichtigste aber, was er brachte, war ein Brief von Peter. Wir bewirteten ihn mit allem, was uns zur Ver-fügung stand, und erst als er gegangen war, las ich den Brief. Ihm lag eine Skizze bei, auf der Straßen und Häuser einge-zeichnet und angekreuzt waren. Peter schrieb u. a., daß es jetzt auch in Neuengamme eine Möglichkeit gäbe, sich zu treffen. Einige Kameraden hätten bereits mit ihren Frauen gesprochen. Auf der Skizze war das Haus W als Treffpunkt vermerkt. Die Hausbesitzer hätten selbst einen Angehörigen im Lager und seien daher besonders hilfsbereit. Peter würde sich wieder in eine Arbeitskolonne schmuggeln, an der er als Offizier eigentlich nicht teilnehmen dürfte, aber, so schrieb er weiter, inzwischen habe auch er seine Beziehungen. Die Kolonne müsse täglich am Haus W vorbei, wo der Betreffende dann unter Absprache mit den Wachen zurückbleibe und sich dann der Kolonne wieder anschließe, wenn sie zurückkommt.

Ich mußte unbedingt erfahren, ob Peter wirklich wieder er selber war. Zu wichtig war das für mich, zu bedeutungsvoll. Und Mutter? Ich wagte nicht, zu ihr hinzusehen. Daß sie mich die ganze Zeit beobachtete, war zu spüren. Mit solchen Briefen hatte sie genug Erfahrungen.

»Willst du mir endlich sagen, ob du fährst oder nicht?« fuhr sie mich ungehalten an und durchbrach damit die unheimliche Stille. Ich eilte zu ihr, nahm sie in die Arme und bat: »Dieses eine Mal noch, Mama, ich verspreche es dir, nur dieses Mal noch muß ich hin.« Sie schob mich zornig von sich, nahm den Feuerhaken und stocherte gereizt im Ofen herum, stieß Töpfe und Geschirr gegeneinander, wovon Gerd erschrocken zu weinen anfing und Mutter damit sofort wieder zur Besinnung brachte. Ihr Verhalten war durchaus verständlich und auch berechtigt, denn derlei Reisen waren in jener Zeit stets ein fast selbstmörderisches Unterfangen. Für mich war das Poltern ein Zeichen ihrer Kapitulation. Widerwillig und machtlos mußte sie geschehen lassen, was sie nicht aufhalten konnte. Sie habe weder die Kraft noch die Gesundheit mehr, falls mir etwas zustoße, für Gerd zu sorgen, drohte sie.

Ich schickte Peter noch am gleichen Tag ein Buch mit »Inhalt« und kündigte für die kommende Woche meine Ankunft in Neuengamme an. Gleichzeitig bat ich die Schwiegereltern telefonisch, für den folgenden Montag ein Paket für Peter fertigzumachen.

Mutter war bis zum Abfahrtstag wortkarg und mißgestimmt. Ich bot all meine Versöhnungskunst auf, zu der ich fähig war, damit sie nicht am laufenden Band aus der Haut fuhr. Aber beim Abschied sah sie nicht mehr beleidigt, sondern nur noch besorgt aus.

Mit den Zugverbindungen klappte es inzwischen schon besser. Es gab keine Viehwaggons für Menschen mehr. Eva, deren Mann an der Ostfront gefallen war, hatte unterdessen wieder geheiratet und lebte mit ihrem Ernst in Rahlstedt. Wenn die Reise diesmal auch nicht so lange dauerte wie die nach Ratzeburg, so kam ich doch erst zu später Stunde bei Eva an, wo ich die Nacht verbrachte.

Von Ernst erfuhr ich nun, daß Neuengamme wegen des dortigen Internierungslagers zum Sperrgebiet erklärt worden sei. Nur die dort Ansässigen dürften die Sperre mit einem entsprechenden Ausweis passieren. Jeder andere könne nur mit einem Passierschein durchkommen, den man nur bei wichtigen Ereignissen, wie etwa Todesfällen, bekommen könnte. Diese Nachricht war niederschmetternd. Auf jeden Fall wollte ich zumindest bis zu der besagten Sperre, um die Lage zu sondieren. Daher machte ich mich am nächsten Morgen schon recht früh auf den Weg nach Vierlanden. Im Vorortszug holte ich immer wieder Peters Skizze aus der Manteltasche und prägte mir die darauf verzeichneten Straßennamen sowie besonders die Nummer vom Haus W ein. »Man muß sich etwas einfallen lassen, um einen Passierschein zu bekommen«, dachte ich und sah dem Glatteis, auf das ich mich begeben wollte, mit gemischten Gefühlen entgegen. Dann, als ich vor der Sperre stand und von dem Beamten nach meinen Wünschen gefragt wurde, kam es wie aus der Pistole geschossen. Ohne mit der Wimper zu zucken, leierte ich alles herunter, was ich mir zurechtgelegt hatte. Es ging so reibungslos über die Bühne, daß ich es kaum glauben konnte. »Eine Cousine von mir hat ein Kind bekommen«, sagte ich. »Sie hat mich gebeten, für acht Tage Wochenbettpflege bei ihr zu machen.« Danach gab ich die Straßen- und Hausnummer der »Cousine« an.

Wenn ich auch am liebsten wieder einen Freudensprung gemacht hätte, als mir der Passierschein ausgehändigt wurde, zwang ich mich doch, diesen mit gespielter Gleichgültigkeit entgegenzunehmen, ich besaß sogar noch die Dreistigkeit, den Beamten nach der Richtung jener Straße zu fragen, die er mir auch überaus freundlich zeigte. Im Weitergehen freute ich mich diebisch, den Beamten »reingelegt« zu haben, als wäre er, der gutgläubig seine Pflicht tat, schuld an diesen Vorschriften.

Das Haus W war leicht zu finden, es lag unweit der Sperre. Auf mein Klopfen öffnete eine ältere Dame. Ich nannte meinen Namen. Sie sagte: »Kommen Sie rein, Ihr Mann hat Sie schon angekündigt. Die Kolonne kommt immer um neun Uhr vorbei.« Ein Blick auf Peters Militärarmbanduhr, die ich diesmal mitzunehmen gewagt hatte, zeigte, daß ich rechtzeitig, zehn Minuten vor neun, eingetroffen war. »Bitte tun sie so, als ob Sie hier zu Hause wären«, fuhr die Dame fort und erklärte weiter: »Die Ehefrauen, die sich hier mit ihren Männern treffen, benutzen dazu den Gartenschuppen da draußen«, sie zeigte ihn mir. »Er liegt der Straße am nächsten. Sobald die Kolonne um die Straßenecke kommt, nehmen sie diesen Eimer und den Gartenbesen hier« – die Geräte standen an der Garderobe bereit – »und gehen damit so langsam und natürlich wie möglich zum Schuppen. Dabei wird die Kolonne Sie sehen und, wenn Ihr Mann dabei ist, danach handeln.« Wir hielten uns in der Küche auf, von wo die Straßenecke einzusehen war. Mit großer Spannung sah ich dem Wiedersehen entgegen.

Pünktlich um neun Uhr kamen sie um die Ecke, in Reih und Glied, im Gleichschritt, zwanzig Mann stark – es sah aus wie in früheren Zeiten, nur daß sie jetzt als Gefangene marschierten. In der Aufregung war es mir nicht möglich, Peter zu erkennen. Sobald die Kolonne nahe genug heran war, nahm ich den Eimer, stopfte schnell meinen Rucksack hinein, schnappte mir den Besen und ging damit über den Vorgarten zum Schuppen. Haus W war ein Eckhaus. Der Schuppen mußte einmal eine Garage gewesen sein, denn er stand genau an der Ecke. Trat man über den Vorgarten ein, war am hinteren Ende eine breite Garagentür zu sehen, die zur Eckstraße führte, und daneben eine schmale Tür, die, wie mir schien, nur angelehnt war.

Was sich draußen abspielte, während ich in den Schuppen trat, entzog sich meiner Beobachtung. Die Kolonne war längst am Haus vorbei, das konnte ich hören. Ein Geräusch ließ mich zusammenfahren, und als ich mich umdrehte, stand Peter vor mir. Er war durch die schmale Tür eingetreten. Mit einem Blick erkannte ich, daß Peter wieder er selbst war.

Er zog mich gleich zur Tür, durch die er eingetreten war, zeigte auf eine Erdscholle am Straßenrand, wo die Kolonne vorbeimarschierte, und sagte: »Darunter liegt ein Paket mit Briefen von Kameraden, bitte nimm sie mit und gib sie auf, sobald wir wieder zum Lager zurückgehen.«

Wir setzten uns auf Bretterhaufen, die im Schuppen aufgestapelt waren, und ich begann, den Rucksack auszupacken. Als ich das zuoberst Liegende aus dem Umschlagpapier wickeln wollte, hielt Peter plötzlich meine Hände fest und sagte etwas befangen und stockend: »Als du damals nach Ratzeburg kamst, stand es nicht gut mit mir. Von da ab ging es wieder aufwärts, ich wollte wieder leben.« – »Das habe ich nicht nur gesehen, sondern vor allem gespürt«, sagte ich und tat wortlos Abbitte beim Schicksal, auf das ich damals in jenem Zimmer der Ratzeburger Gaststätte mit den Fäusten eingeschlagen hatte, denn niemand kann es sich erlauben, mit dem Schicksal auf Kriegsfuß zu stehen. Auch wenn man sich in bestimmten Situationen dagegen aufbäumt, es ist, als würde man damit sein Glück und zugleich sich selbst verfluchen.

Peter sah besser aus. Sogar seine Kleidung, wenn auch abgeschabt und verblichen, machte einen sauberen Eindruck. Wir waren inzwischen im zweiten Sommer seit seiner Internierung. Es gab viel zu erzählen. Peter stellte diesmal interessiert Fragen, vor allem nach Gerd, den er damals in Salem mit keinem Wort erwähnt hatte. Die Nachricht von Gretels Tod nahm er ohne große Bestürzung auf. Er hielt nur einen Augenblick mit dem Kauen inne und aß dann weiter. An Hiobsbotschaften war man damals gewohnt, man war dagegen abgestumpft, denn zuviel geschah um einen herum, zuviel.

Später, als wir satt waren, bereitete ich Peter darauf vor, daß er nicht erschrecken solle, wenn eines Tages ein ärztliches Attest beim Lagerkommandanten ankäme, in dem bescheinigt würde, daß ich mich einer schweren Operation unterziehen müßte. Es sei alles fingiert und solle ihm nur acht Tage Urlaub auf Ehrenwort einbringen. Peter horchte auf: »Meinst du, daß es dir gelingen wird, ein solches Attest zu beschaffen?« fragte er zweifelnd, und ich erklärte, daß Schwester Ruth einen Arzt kenne, der schon in einigen Fällen einen solchen Schein ausgestellt habe, ich wollte es zumindest versuchen. Danach fragte ich, wie lange er sich noch in der Arbeitskolonne halten könne. Weswegen ich das wissen wollte, fragte er zurück, und ich sagte, daß ich einen Passierschein für acht Tage hätte, und da alles so wunderbar geklappt hätte, könnte ich, solange der Schein gültig sei, jeden Vormittag kommen. Bei Eva käme ich solange unter, es sei ja keine so große Strecke nach Rahlstedt. Peter strahlte und meinte, daß die Kameraden demnach noch ein Briefpaket fertigmachen könnten. Es seien so viele, die Briefe loswerden wollten, es könne aber jedesmal nur ein Paket herausgeschmuggelt werden.

Unsere Zeit war um. Die Kolonne kam zurück. Wir nahmen Abschied und sagten: »Bis morgen.« Peter schlüpfte aus der Tür, stellte sich im Schutz der Mauer auf und reihte sich in die Kolonne ein, als diese in seiner Höhe war. Die Wachen nickten sich zu. Nachdem sie um die Ecke waren, ging ich zu der Erdscholle und holte das Briefpaket hervor. Es war mit dem braunen Packpapier verschnürt, mit dem ich stets die Bücher in das Lager geschickt hatte. Sogar die Glücksburger Adresse stand noch als Absender darauf. Das Paket hatte etwa die Größe einer Aktentasche. Ich verstaute es schnell im Rucksack. Sehr lange stand ich dann in der Rahlstedter Post, um die vielen Briefe mit Marken zu versehen und einzuwerfen.

Am nächsten Morgen steuerte Eva, deren Mann bei den Engländern arbeitete, noch einige leckere Dinge für die Mahlzeit bei. Der Rucksack war wieder voll. Es lief alles wie am Schnürchen. Der Beamte an der Sperre schaute am zweiten Tag bereits gelangweilt auf meinen Schein. Wie am ersten Tag überkam mich auch jetzt eine Welle des Triumphes, zusätzlich verstärkt durch das Hochgefühl, Peter wieder bei mir zu wissen. Man war in diesen so unglaublich schlimmen Jahren mehr als bescheiden geworden. Jeder Erfolg, jedes kleine Glück wurde bis zur Neige ausgekostet. Das war einfach notwendig, um den Glauben an das Leben nicht zu verlieren, um wieder Hoffnung zu schöpfen, ohne die ein Mensch nicht lange lebensfähig bleibt.

Die Begegnung mit Peter vollzog sich wie am Vortag. »Es ist wieder ein Briefpaket unter der Erdscholle«, sagte er als erstes. An diesem Tag war außer Peter noch ein Mann weniger in der Kolonne. Er war unterwegs, um Erdbeeren zu »organisieren«, die gegen Dung eingetauscht wurden, der im Lager anfiel. Um diesen wegzuschaffen, war die Kolonne unterwegs. Der Dung wurde in großen Fässern auf einem Wagen vorweggefahren, und die Kolonne mußte ihn vergraben. Unter den Fässern befand sich stets ein leeres, und in diesem wurde das Briefpaket aus dem Lager geschmuggelt. Der Wagen wurde nie kontrolliert, er stank zu sehr. Außerhalb des Lagers wurde dann mit den Wachen, die meistens aus einfachen und gutmütigen Leuten bestanden, alles abgesprochen.

Wieder waren die Stunden abgelaufen, die zurückkehrende Kolonne war in Sicht. Beim Abschied sagten wir froh und wie auf Kommando zugleich: »Bis morgen.« Peter marschierte schon in der Reihe. Ich schaute ihm durch den Türspalt nach. Plötzlich geschah etwas Unerwartetes. Ein Jeep kam mit großer Geschwindigkeit um die Ecke gebraust und hielt mit quietschenden Bremsen vor der Kolonne. Der Lagerkommandant stieg in Begleitung einiger Männer aus, hieß die Kolonne strammstehen und zählte die Gefangenen. Leider war derjenige, der Erdbeeren besorgte, noch nicht dabei, er sollte erst an der nächsten Ecke dazustoßen. Es mußte Verrat gewesen sein, keiner wußte von wem und warum. Der Kommandant sagte nach der Zählung: »Es fehlt einer und der spricht mit seiner Frau. Wer ist es?« Peter trat vor und meldete sich, um von dem Erdbeermann abzulenken. Durch den Türspalt sah ich alldem zu, wobei mir die Haare zu Berge stiegen. Der Kommandant und seine Männer kletterten wieder in den

Jeep, wendeten und fuhren zurück. Die Kolonne setzte sich gleichfalls in Marsch und bog um die Ecke.

»Was mögen sie jetzt nur mit Peter machen«, fragte ich mich beklommen. Schnell holte ich nun das Briefpaket, ging damit in die Küche und steckte es in den Rucksack. Darauf nahm ich Abschied von der Dame des Hauses und sagte ihr, daß ich nun nicht mehr kommen würde, weil es jetzt nicht mehr möglich sei. Den Griff der Küchentür schon in der Hand, hörte ich erneut das Quietschen von Wagenbremsen. Ein Blick aus dem Fenster zeigte mir, daß das Haus von mehreren Fahrzeugen umstellt war, aus denen Uniformierte sprangen, die eiligst auf den Hauseingang zuliefen.

Meine erste Reaktion war, das Briefpaket aus dem Rucksack zu reißen und es unter den Küchenschrank zu schieben, der so niedrige Beine hatte, daß es nur mit Mühe gelang. Es war eine instinktive Handlung, eine Eingebung, der ich gehorchte und an der mein Verstand keinen Anteil hatte, denn Zeit zum Überlegen war nicht. Das Herankommen der Männer ging dermaßen schnell, daß ich mich gerade noch aus meiner gebückten Stellung aufrichten konnte, als schon die Küchentür aufflog und einer der drei Eindringlinge auf mich deutete und mit barscher Stimme sagte: »Sie sind verhaftet, Sie haben mit einem Internierten gesprochen, was strengstens verboten ist.« Ich unternahm einen Versuch, die Anklage zu leugnen, weil mir mit Entsetzen in diesem Augenblick Gerd in den Sinn kam: Ich sei es nicht gewesen, hätte mit keinem Internierten gesprochen. Aber es klang nicht überzeugend, und ich sah auch alles andere als unschuldig dabei aus, das war mir seltsamerweise ganz deutlich bewußt. »Lügen Sie nicht«, schrie er, »die Lüge steht Ihnen im Gesicht geschrieben. Sie haben auch Briefe von Gefangenen, wo sind sie? Wooo sind sie?« Dabei durchsuchte er bereits meine Handtasche und den Rucksack. Die anderen beiden zogen Schubläden im Küchenschrank auf und durchwühlten sie. »Das ganze Haus werden wir auf dem Kopf stellen, wenn Sie die Briefe nicht herausrücken«, fauchte er.

Jetzt gab es keinen Ausweg mehr. Die Hausbesitzer, denen wir soviel Dank schuldeten, durften nicht in eine solche Situation gestürzt werden. Wenn die Verzweiflung einen im Griff hat, wird man manchmal mutig. Ich brachte es fertig, dem Mann voll ins Gesicht zu sehen und ihn zu fragen: »Sind Sie verheiratet?« Etwas verdutzt sah er mich an und bejahte es. Darauf fuhr ich fort: »Dann müßten Sie doch Verständnis dafür haben, daß ich meinen Mann unbedingt sprechen mußte. Wir haben große Familienprobleme, und es durften doch nur fünfundzwanzig Worte geschrieben werden.« – Er unterbrach mich im Befehlston: »Geben Sie die Briefe heraus!« Daraufhin nahm ich die Handtasche und den Rucksack, schaute den Mann nochmals an und sagte: »Wenn Sie mich verhaften wollen, bitte, nehmen sie mich mit, Briefe habe ich keine« und ging zwischen ihnen hindurch aus der Küche. Die Männer folgten und hielten mich bis zum Jeep auf beiden Seiten am Oberarm fest. Dann schoben sie mich hinten auf die Ladefläche und kletterten hinterher. Auf dem Weg ins Lager durchsuchten sie erneut meine Handtasche und stellten allerlei Fragen nach Namen, die in meinem Adressenbuch vorkamen: »Wirowsky, wer ist Wirowsky?« wollte der eine wissen. Ich erklärte wahrheitsgemäß, daß es der Vertreter des portugiesischen Konsulats sei, mit dem wir zwecks unserer Rückreise nach Angola in Verbindung stünden. »Sie kommen nie mehr dorthin, verstehen Sie, nie mehr«, prophezeite er voller Haß. Er sah jüdisch aus, und ich dachte, daß er vielleicht Angehörige im KZ verloren hatte.

Im Lager angekommen, führte man mich durch einen lang-
gestreckten Vorbau, in dem die Verwaltung untergebracht war.
Irgendwann wurde eine Tür aufgerissen und man schob mich
in eine Zelle. Durch ein kleines Gitterfenster konnte ich in das
mit Stacheldraht und Wachtürmen umgebene Gefangenen-
lager sehen. Jetzt erst überkam mich das heulende Elend.

Die Stunden krochen dahin. Am Gitterfenster erschien
ein Mann, schaute herein und fragte: »Was du gemacht
Frau?« – »Mit meinem Mann sprechen«, sagte ich. Er entfernte sich. Bald danach kam er zurück, schob mit viel Mühe
einen Teller mit dampfendem Essen durch das enge Gitter
und sagte: »Du essen; wenn Offizier kommen, du Teller
schnell unter Bett schieben.« Ich konnte als Dank nicht mehr
als ein schwaches Lächeln aufbringen. Dann setzte ich mich
auf die schmale Schlafpritsche, dem einzigen Möbelstück in
der Zelle, und begann zu essen. Nicht, daß ich große Lust
dazu verspürt hätte. Es war reine Kalkulation, es hieß eine
Reserve schaffen für kommende Tage, Monate, Jahre.

Den leeren Teller schob ich schließlich unter die Pritsche.
Ich stellte mich wieder vor das Fenster und schaute unentwegt ins Lager. Nach einer Weile trat ein Mann heraus und
ging auf dem großen, freien Platz, welcher das Lager umgab,
auf und ab. Sehnsüchtig wünschte ich, er möge bei seinem
Spaziergang nahe genug herankommen und auf mich aufmerksam werden. Tatsächlich schaute er bald darauf in meine
Richtung. Ich schob die linke Hand durchs Gitter und blinkte
mit Peters Uhr, auf die die Sonne fiel, zu ihm hin. Er muß es
gleich gesehen haben, denn er kam, ohne den Schritt zu
beschleunigen, näher und blieb in gewissem Abstand stehen.
Von Peter wußte ich, daß sie sich dem Stacheldraht bis auf
eine bestimmte Meterzahl nicht nähern durften. Die Hände
am Mund zum Trichter geformt, rief ich: »Bossen«. Er nickte

unmerklich, ging im selben Tempo zurück und beschleunigte seine Schritte erst, als er nahe am Eingang war.

Kurz danach erschien Peter. Kreideweiß näherte er sich bis zu der erlaubten Grenze und blieb dort stehen. Ohne besonders laut zu sein, rief ich ihm zu, daß man die Briefe nicht gefunden habe, er solle bei einem eventuellen Verhör nicht davon reden. Er nickte und sagte, daß er nun gehen müsse, da man ihn schon vom Turm aus beobachte. Er sprach diese Worte nicht in meine Richtung, sondern so, als führe er ein lautes Selbstgespräch. Es war eine komische und zugleich teuflische Situation.

Während ich Peter noch nachschaute, waren Schritte auf dem Korridor zu hören, die vor der Zelle Halt machten. Man schloß die Tür auf, und vor mir stand der Lagerkommandant persönlich, mit einem Schäferhund an der Leine. Er wurde von einigen anderen begleitet, unter denen sich auch jener Haßerfüllte befand, der mich verhaftet hatte. Wie jemand, der sein Todesurteil erwartet, schaute ich den Kommandanten an, wobei meine Blicke öfter zu dem Hund wanderten, der mich nicht aus den Augen ließ und aussah, als wolle er sich jeden Moment auf mich stürzen. Der Kommandant wechselte einige Worte mit seinen Begleitern, wonach sie die Zelle verließen. Die Tür wurde wieder abgeschlossen, und die Schritte entfernten sich.

»Wenn ich nur wüßte, was man mit mir vorhat. Um alles in der Welt, wenn man mir nur etwas gesagt hätte«, dachte ich beklommen. Aber Reue, diese Reise gemacht zu haben, empfand ich nicht.

Inzwischen war es später Nachmittag geworden. Peter war noch öfter auf dem freien Platz erschienen, bis zur Grenze gekommen und dann wieder gegangen, ohne daß wir miteinander gesprochen hatten.

Dann näherten sich wieder Schritte auf dem Gang. Die Tür wurde aufgeschlossen, und zwei Herren der deutschen Kriminalpolizei forderten mich auf, mitzukommen. Sie brachten mich nach Bergedorf, wo ich dem ersten Verhör unterzogen wurde, das die Beamten führten, die mich aus dem Lager abgeholt hatten. Drei schwerwiegende Anklagen lagen gegen mich vor. Erstens: Ich hätte einen Passierschein unter falschen Angaben erlangt. Zweitens: Ich hätte einen Mann in englischer Uniform angelogen, indem ich zu leugnen versuchte, mit einem Internierten gesprochen zu haben. Drittens: Ich hätte trotz strengsten Verbots mit einem Gefangenen gesprochen.

Was ich dazu zu sagen hätte, wollten die Beamten wissen, und ob ich Briefe von Internierten empfangen oder transportiert hätte. Sie sahen mich wohlwollend an und versicherten mir, daß ich Ihnen ganz offen alles anvertrauen könne, denn sie wollten mir nur helfen, da sie eine Frau sehr hoch achten würden, die sich in solchen Zeiten noch für Ihren Mann einsetze, während viele den Gefangenen längst gegen einen anderen eingetauscht hätten.

In meinem Hinterkopf begann sich etwas zu regen und warnte: Sie streichen dir Honig um den Bart, wollen damit deine Zunge lösen, um Geständnisse herauszulocken, gefährliche Geständnisse. Dann hörte ich mich sagen: Gegen die drei Anklagen könne ich leider keinen Einspruch erheben, sie würden zu Recht bestehen. Ich hätte mich in diesen Punkten schuldig gemacht. Briefe von Gefangenen aber hätte ich weder empfangen noch transportiert. Von Briefen wüßte ich überhaupt nichts.

Daraufhin brachte man mich zum Kellergeschoß und dort in einen Raum, in dem schon fünf Frauen ihre Haft absaßen.

Gleich nachdem der Gefängniswärter die Zellentür verschlossen hatte und seine Schritte verhallt waren, umringten sie mich und wollten wissen, welches Delikt ich begangen hätte. Aber ich konnte nicht sprechen, denn ich hatte Angst davor, die eigene Stimme zu hören, die sich in solch einer Lage nicht kontrollieren läßt. Nur die Zelle sah ich mir an, ihre feuchte Wände strotzten vor Schmutz. Das Fenster war nur ein schmaler, vergitterter Schlitz, durch den man nur die Schuhe der draußen Vorbeilaufenden sehen konnte. Die Zelle war daher fast dunkel, und erst, als sich meine Augen daran gewöhnt hatten, konnte ich die Konturen der Frauengesichter erkennen.

Es gab drei schmale Pritschen, die schon für eine Person zu eng waren, geschweige denn für zwei. Die Frauen schienen den untersten Schichten anzugehören, wie Sprache und Benehmen verrieten. Sie erzählten ihre Geschichten, ob man sie hören wollte oder nicht. Eine war wegen Waffenbesitzes verurteilt, eine andere wegen Diebstahls; eine Rothaarige wurde erwischt, als sie mit ihrem Mann sprach, der in Neuengamme interniert war. Man hatte auch Briefe von anderen Gefangenen in ihrer Handtasche gefunden, die sie zur Post bringen sollte. Ein halbes Jahr Haft habe sie bekommen, gerade gestern sei das Urteil gefallen. Der Richter, ein Rothaariger mit Schnauzbart, sei hart wie Kruppstahl, ein ganz scharfer Hund. Sie bedrängten mich immer noch und wollten unbedingt wissen, weswegen ich verhaftet worden war. Aber nach der Geschichte der Rothaarigen konnte ich nun erst recht nicht sprechen und sagte, um sie zu vertrösten, nur: »Morgen.« Allmählich wurden die Frauen schweigsam. Die Nacht verbrachte ich in voller Kleidung auf der Liege der Rothaarigen, die mir ihres Schicksals wegen näherstand als die anderen.

Am nächsten Morgen wurde die Tür geöffnet und mein Name aufgerufen. Ich folgte dem Wärter und wurde von den gleichen Beamten empfangen wie am Vortag. Sie forderten mich aufs neue auf, ihnen nichts zu verheimlichen. Um helfen zu können, müßten sie wirklich alles wissen, damit es dann keine unangenehmen Überraschungen gäbe, die meistens sehr verhängnisvoll seien. Ich rang damit, mich von dem Briefgeheimnis zu erleichtern, und die Versuchung, es loszuwerden, wurde immer größer. Sie schauten mich beide erwartungsvoll und aufmunternd an. Aber ich hörte mich wie ein Automat sagen: »Ich habe den gestrigen Geständnissen nichts mehr hinzuzufügen.« Etwas in mir war wie blockiert, es war nicht möglich, es zu durchbrechen. Eine Weile herrschte ein unheimliches Schweigen im Raum. Dann sagte der Beamte: »Gegen eine Kaution von fünfhundert Mark können Sie bis zur gerichtlichen Vorladung nach Hause.« Ich hatte die geforderte Summe natürlich nicht bei mir und schaute die Beamten hilfesuchend an. Der eine blickte auf Peters Uhr an meinem Arm und sagte: »Lassen Sie diese Uhr als Pfand bei uns, wir legen Ihnen dafür die Summe aus.« So geschah es. Man sagte mir noch, daß ich in etwa vierzehn Tagen vom Gericht eine Vorladung bekommen würde, um mein Urteil zu erfahren.

Auf der Rückfahrt drehten sich meine Gedanken unentwegt um das gleiche: ein halbes Jahr Gefängnis mindestens, ein halbes Jahr von Gerd und Mutter getrennt. Sie war ja immer gegen diese Reisen gewesen. Und was für eine Strafe würde Peter zusätzlich zu seinem Gefangenendasein ertragen müssen?

Zu spät traf ich in Flensburg ein, die letzte Bimmelbahn nach Glücksburg war schon abgefahren. Von Sorgen übervoll, brachte ich es nicht über mich, die Nacht in Flensburg zu verbringen, und ging zu Fuß.

Mitten in der Nacht und allein, war es schon recht gruselig, allein durch den Wald zu gehen, der die Straße fast die ganze Strecke auf beiden Seiten säumte. Bei jedem Geräusch – auch wenn es nur durch ein fallendes Blatt verursacht wurde – hielt ich den Atem an und lauschte. Im Morgengrauen klopfte ich bei Mutter an. Auf ihren forschenden Blick sagte ich nur: »Es ist diesmal schiefgegangen, Mama.«

Pünktlich nach zwei Wochen kam die gerichtliche Vorladung aus Bergedorf. Mein Köfferchen war gepackt. Der Abschied von Gerd und Mutter fiel noch nie so schwer. Als Bergedorf erreicht war, begab ich mich zunächst zur Kriminalpolizei, um Peters Uhr auszulösen. Die beiden Beamten begleiteten mich zum Gericht. Neben der schweren Tür zum Gerichtssaal hing eine Liste. Mein Name war gleich an zweiter Stelle aufgeführt. Wir nahmen Platz auf Bänken, die im langen Flur aufgestellt waren.

Nach einer Weile wurde die Tür geöffnet. Menschen kamen heraus, die einen äußerst verstörten Eindruck machten. Eine Frau wurde von zwei Männern gestützt und war tränenüberströmt. »Großer Gott, was mag sie soeben für ein Urteil gehört haben«, ging es mir durch den Kopf, und ich fuhr vor Schreck zusammen, als mein Name aufgerufen wurde. Der Saal war von Menschen überfüllt. Wie ein Sünder mußte man vor den Richter treten und die ganze Zeit vor ihm stehenbleiben. Er sah kaum von seinen Papieren auf, es war der Rothaarige mit dem Schnauzbart.

Auf Englisch ließ er über einen Dolmetscher fragen: Ob ich auf betrügerische Weise und unter falschen Angaben einen Passierschein erlangt hätte, ja oder nein. »Ja«, kam es kleinlaut von mir. Ob ich einen Mann in englischer Uniform angelogen hätte, ja oder nein. »Ja«, kam es noch kleinlauter. Schließlich: Ob ich mit einem Gefangenen trotz strengsten

Verbotes gesprochen hätte, ja oder nein. »Ja.« Mein Sommerkleid flatterte immer mehr und verriet mein Zittern, das sich
nicht mehr unterdrücken ließ, denn diesen Dingen war ich
nicht gewachsen. Allein der Anblick der schwarzen Richter-
kutte ließ mich vor Ehrfurcht fast vergehen.

Es trat eine Pause ein. Der Richter schaute mich zum
ersten Mal an. Dann richtete er weitere Fragen an den Dolmetscher: Ob mein Mann mir etwas gegeben habe, als wir
uns sprachen. »Ja«, sagte ich im gleichen gequälten Ton.
Jetzt schaute er gespannt auf mich. Was es gewesen sei, wollte
er wissen. Nun richtete ich die Augen auf meine Füße und
gab die kindische Antwort: »Einen Kuß«.

Darauf trat wieder eine Pause ein, diesmal eine längere.
Im Saal war eine Stille eingetreten, man hätte eine Steck-
nadel zu Boden fallen hören können. Endlich begann der
Rothaarige zu sprechen. Es war ein langer Satz, den er dem
Dolmetscher übertrug. Er lautete: Ich hätte mich in drei Punk-
ten schwer schuldig gemacht. In Anbetracht dessen, daß ich
mich ehrlich zu meiner Schuld bekannt hätte, würde das
Gericht in diesem Fall besondere Milde walten lassen und
mich zu fünfhundert Mark Geldstrafe oder vierzehn Tagen
Haft verurteilen.

Die beiden Kriminalbeamten hatten gleich hinter mir in
der ersten Reihe Platz genommen. Nun erhoben sie sich,
hakten mich auf beiden Seiten unter, führten mich aus dem
Saal, und erst als wir im Flur waren, gratulierten sie mir
strahlend. Ich muß ziemlich seltsam dreingesehen haben, denn
ich war so fest auf eine schwere Strafe eingestellt gewesen,
daß ich erst nach einer Weile begriff, daß ich frei war, frei
wie ein Vogel. Auf einmal war alles so wunderbar leicht, so
berauschend herrlich. Impulsiv umarmte ich die beiden
Männer.

Die beiden Beamten, das erkannte ich jetzt, waren mir wirklich freundlich gesonnen und hatten mein Mißtrauen beim Verhör nicht verdient. Sie wollten tatsächlich nur helfen. Wir verließen das Gericht. Unterwegs sagte einer: »Sie haben Glück gehabt, daß keine Briefe bei Ihnen gefunden wurden, sonst wären Sie mit Sicherheit nicht so davon gekommen.« – »Ach ja?« sagte ich scheinheilig und kam mir den beiden gegenüber doch etwas unfair vor. Aber, wem hätte es genutzt, wenn ich bekannt hätte, Briefe geschmuggelt zu haben? Nicht nur mir, auch all den Schreibern jener Briefe, die unter dem Küchenschrank im Haus W ruhten, hätte es geschadet. Ob sie je ihr Ziel erreicht haben? Oft mußte ich daran denken, aber nie konnte ich es erfahren. Das Schreibverbot soll angeblich deswegen so streng gewesen sein, weil man damals eine deutsche Revolte befürchtete. Ob das der wirkliche Grund war, entzieht sich meinem Wissen.

Die Beamten brachten mich zu ihrer Dienststelle, wo ich jene denkwürdige Nacht mit den fünf Frauen verbracht hatte. Dort mußte die Geldstrafe bezahlt werden, die durch die gestellte Kaution abgegolten war.

Nun eilte ich zum Bahnhof. Wie auf Wolken kam ich in Glücksburg an. Eine Sorge aber nagte weiter in mir: welche Strafe wohl Peter auferlegt worden war. Sie trieb mich schon am nächsten Tag zu jenem Arzt nach Flensburg, dessen Adresse mir Schwester Ruth gegeben hatte. Ich sagte ihm ganz offen, daß ich völlig gesund sei und das gewünschte Attest nur acht Tage Urlaub für meinen internierten Mann bewirken solle. Der Arzt schaute mich eine Weile forschend an, dann schrieb er die Bescheinigung aus. Wie einen kostbaren Schatz steckte ich das Dokument in meine Handtasche. Noch am gleichen Tag sandte ich das Attest an den Lagerkommandanten, und schon eine Woche danach traf

Peter in Glücksburg ein. Seine Strafe war nicht sonderlich schwer gewesen: Es wurden ihm für fünf Wochen die wenigen Zigaretten entzogen, und er mußte sich fünfmal am Tage melden.

Mutter zog in diesen Tagen zum Schlafen zu Frau Franke. Die Schwiegereltern waren telefonisch benachrichtigt worden und kamen am Tag darauf mit einem Taxi – es gab sie zu der Zeit schon wieder –, vollgeladen mit Eßwaren, in Glücksburg an. Peters Urlaub war an den Ort gebunden, wo sich mein Wohnsitz befand.

Schwiegermutter hantierte nun am Rohrofen herum und wärmte Peters Lieblingsgerichte, die sie schon fertig zubereitet mitbrachte. Schwiegervater wollte wissen, ob es denn noch keine Aussicht auf Entlassung gäbe. Nein, keiner wüßte etwas, erwiderte Peter. Im allgemeinen, so fuhr er fort, sei es aber in vielen Dingen wesentlich besser geworden. Das Schreibverbot, so hörte man im Lager, solle demnächst aufgehoben werden.

Wir verabredeten, daß die Schwiegereltern am letzten Urlaubstag noch einmal kommen würden, um sich von Peter zu verabschieden und ihn nochmals mit Speisen vollzustopfen.

Schnell war es soweit. Die Urlaubstage waren wie im Flug vergangen. Schon hieß es Abschied nehmen, keiner wußte, auf wie lange.

Schwiegermutter brachte diesmal alles herbei, was man sich an leckeren Dingen in dieser Zeit überhaupt vorstellen konnte. Es war rührend, mit welcher Hingabe sie alles zubereitet hatte. Am nächsten Morgen brachte ich Peter bis Flensburg.

Etwa drei Monate nach Peters Urlaub stand eine recht unscheinbare kleine Notiz in einer Zeitung, auf die uns Frau

Franke aufmerksam gemacht hatte. In wenigen Zeilen stand da geschrieben, daß von jetzt ab alle diejenigen ins Ausland dürften, die unter die folgenden drei Punkten fielen. Erstens: Wer Familie ersten Grades, wie Eltern, Kinder oder Ehemann/ Ehefrau, im Ausland hatte. Zweitens: Wer Besitz im Ausland hatte. Drittens: Wer über zehn Jahre im Ausland gelebt hatte. Bei Vorlage entsprechender Unterlagen würden diejenigen, welche unter einen der aufgeführten Punkte fielen, von den Besatzungsbehörden die Ausreisegenehmigung bekommen.

Diese Bekanntmachung setzte uns sofort in Bewegung. Sie löste eine Freude aus, wie sie schon lange nicht mehr empfunden worden war. Wir waren davon wie berauscht. Das Wissen, endlich in die Freiheit gehen zu können, endlich nach Hause zu kommen, vermittelte ein ganz neues Lebensgefühl, es beflügelte uns und spornte uns an. Was durch Hunger, Elend und Sorgen tief verschüttet lag, drängte nun mit Macht an die Oberfläche.

Mutter holte die Besitzurkunden über Cavaco und Tschasi aus dem Köfferchen, das bei jedem Angriff mit in den Luftschutzkeller genommen worden war, und ließ davon sogleich Fotokopien herstellen. Auch die Pässe, welche einer Verlängerung bedurften, wurden nicht vergessen. Dann gingen die Dokumente an die zuständige Behörde ab, die ihren Sitz in Hamburg hatte.

Kurz danach erlebten wir eine weitere große Freude: Jola stand eines Tages vor unserer Tür. Er kam braungebrannt aus der ägyptischen Gefangenschaft. Aus dem Jüngling war ein ernst dreinschauender Mann geworden. Jola fuhr schon wenige Tage später zu Ingrid nach Aventoft und blieb gleich dort. Die Hochzeit sollte so bald wie möglich gefeiert werden, zu groß war die Sehnsucht nach Liebe und Glück.

Es ging jetzt Zug um Zug. Ein Vierteljahr nach Jola kehrte auch Peter heim. Er war entnazifiziert worden, und in seinen Papieren stand der Vermerk: »Als unschuldig befunden«. Gerd war inzwischen drei Jahre alt, er saß steif und scheu auf Peters Arm und schaute ihn mit großen Augen aufmerksam an.

Nach einigen Tagen reichten wir auch für Peter einen Antrag auf Ausreiseerlaubnis ein. Wir selbst hatten noch nichts von unseren eigenen Anträgen gehört.

Peter schlug die Rückkehr nach Aventoft vor. Von da aus wollte er – statt des ursprünglich geplanten Jurastudiums – einen der Umschulungslehrgänge mitmachen, die zu der Zeit wie Pilze aus dem Boden schossen. Vom Maurer bis zum Schuster oder Schreiner konnte alles erlernt werden. Es waren einfache Handwerksberufe, die für Deutschlands Wiederaufbau benötigt wurden. Viele berufslose Heimkehrer, die von der Schulbank zum Militärdienst gekommen waren, besuchten diese Kurse. Peter meinte: »Ich werde einen Maurerlehrgang mitmachen, das kann uns in Angola von Nutzen sein.« So zogen wir also nach Aventoft.

Wenig später wurde Jola mit Ingrid getraut. Mutter kam mit Luise dazu, sie holte freudestrahlend einen Brief aus der Tasche und gab ihn mir. Er enthielt die Ausreisegenehmigungen für Mutter, Gerd und mich. Peters Antrag wurde abgelehnt, was ihm einen ziemlichen Schock versetzte. »Das ist nicht schlimm«, sagte Mutter, »Thea und Gerd fahren voraus, dann hast du ja auch Familie ersten Grades im Ausland und kannst einen neuen Antrag stellen.«

Von Ingrids Mutter lebten seit vielen Jahren Brüder in Nordamerika. Sie boten Jola eine gute Existenzmöglichkeit an und luden ihn ein, mit Ingrid nach Amerika zu kommen, sobald er die Ausreiseerlaubnis bekäme. Jola sagte zu und nutzte die Wartezeit auf die Ausreise damit, die gleiche Umschulung wie Peter zu machen. So fuhren sie zusammen nach Segeberg, wo diese Kurse abgehalten wurden. Dort bezogen sie ein Quartier und kamen nur an den Wochenenden nach Aventoft.

Leider war die Rückkehr nach Angola trotz der Ausreiseerlaubnis noch immer mit Hindernissen verbunden, die viel Zeit verschlangen. Da die Reisen von Angola aus bezahlt werden mußten, ging es kaum voran. Durch den Tod von Milevsky waren wir nun von Martins abhängig, und der war Portugiese. So liebenswert diese Menschen auch sind, bedeutete für sie morgen nicht morgen, sondern irgendwann. Außerdem verwaltete er unsere Geschäfte aus Gefälligkeit, und damit konnten wir keine Forderungen stellen. Man mußte ewig lange warten, um auf eine an ihn gerichtete Frage eine Antwort zu erhalten.

Eines Tages aber besuchte uns Mutter und brachte einen Brief von Martins mit. Damit erhielten wir endlich eine Bilanz unseres Kassenstandes. Es war in all den Jahren wenig Geld zusammengekommen. Fortwährende Reparaturen am Motor für die Wasserpumpe sowie verschiedene Dinge, die in Ordnung gebracht werden mußten, hatten große Summen verschlungen. Das vorhandene Geld reichte für die Reisekosten einer Person und höchstens noch für den Fahrpreis eines Kindes. Gerd war nun fünf Jahre alt. Mutter sagte: »Fahr du mit Gerd voraus, damit Peter einen neuen Antrag einreichen kann, ich werde hier noch aushalten, bis ich nachkommen kann.« So war Mutter. Obgleich sie sich vor Sehnsucht nach Cavaco verzehrte, trat sie zurück.

Noch am gleichen Tag wurde an Martins geschrieben, er möchte, so schnell es ihm nur möglich wäre, die Reisen für Gerd und mich einzahlen. Am nächsten Tag suchten wir einen Notar auf, bei dem Mutter eine Vollmacht ausstellen ließ, laut der ich mit allen Rechten versehen war.

Nach weiteren vier Wochen trafen die Fahrkarten ein. Diesmal handelte Martins ausnahmsweise schnell. Peter wollte uns nach Antwerpen bringen, wo wir an Bord eines holländischen Schiffes gehen sollten.

Ich begab mich gleich ins Zimmer und begann mit dem Kofferpacken. Peter kam dann dazu, unterbrach mich bei der Arbeit und sagte: »In Husum gab ich dir damals in treue Obhut das Döschen mit den Kieselsteinen. Kannst du es mir bitte wiedergeben?« Wie seltsam das nur war. Diese Steinchen gehörten so sehr zu unserer Geschichte, es ging tatsächlich etwas von ihnen aus, das sich in all den Jahren erhalten hatte. Was es auch immer für Mysterien zwischen Himmel und Erde geben mag, die mit dem Verstand nicht zu erfassen sind, hin und wieder steht man spürbar vor der Schwelle des Unbekannten, Höheren, Unfaßbaren. Es schien, als gingen von diesen Kieseln wirklich magnetische Kräfte aus.

Jola, der immer noch keine Ausreiseerlaubnis besaß, schaute uns beim Abschied traurig nach. Mutter dagegen war sehr tapfer, sie strahlte.

Die Reise nach Antwerpen verlief in einer zwiespältigen Stimmung. Peter schien düsteren Gedanken nachzuhängen. Er hatte Zweifel, ob er die Ausreisegenehmigung bekommen würde. Endlich waren wir an Bord der »Kota-Gede«, so hieß der holländische Frachter, auf dem es nur zwölf Kabinen für Passagiere gab.

Als der Gong schlug, der die Nichtpassagiere aufforderte, von Bord zu gehen, verabschiedeten wir uns, und Peter stellte sich hinter einer Lagermauer auf, um sich vor dem Wind zu schützen, der heute besonders stark blies, und schaute zu uns herauf. Als sich das Schiff langsam von der Kaimauer löste und von Schleppern aus dem Hafen gezogen wurde, griff er in seine Brusttasche, holte das Kieseldöschen heraus und hielt es hoch. Es wurde nun zu einer Art Nabelschnur, und ich meinte seine Worte zu hören: »Sie sind ein Stückchen von Afrika und von …«

Unterdessen war das offene Meer erreicht. Mit Gerd an der Hand, begab ich mich zur Schiffsnase. Dort, beim Hochspritzen der Wellen, beim Ein- und Auftauchen des Schiffes, überkam mich nun ein Gefühl von Befreiung, von Erlösung aus der Enge und Misere des Krieges und seiner Auswirkungen. Nun war auch das überstanden, und ein neues Lebenskapitel nahm ab heute seinen Anfang, wenn auch ganz anders, als es die Zukunftspläne in all den Jahren vorgegaukelt hatten. Denn daß ich die Rückkehr ohne Peter antreten sollte, war eine Notlösung, die die Freude über die ersehnte Heimkehr trübte.

Die Rückkehr

In den ersten Tagen war die See stürmisch, und alle Passagiere erlagen der Seekrankheit. Dakar wurde erst nach drei Wochen erreicht, es war der erste afrikanische Hafen, den die »Kota-Gede« anlief. Dort erhielt ich zu meiner Überraschung schon einen Brief von Peter, er hatte mir noch in Antwerpen geschrieben, als das Schiff gerade ausgelaufen war. Die Post war gleich von der dortigen Agentur an Bord gebracht worden, noch bevor die Zoll- und Gesundheitsbehörde den Passagieren erlaubte, an Land zu gehen.

Als die Behörde ihre Formalitäten beendet hatte, war ich mit Gerd an der Hand die erste, die afrikanischen Boden betrat. Wir gingen eine ziemlich belebte Straße entlang, auf deren Gehsteigen die Eingeborenen mit ihren Waren saßen, die sie zum Verkauf anboten. Es war ein sehr buntes Bild, das mir zwar vertraut war, mich nach so langer Zeit aber seltsam berührte. Die Frauen waren in farbenprächtige Tücher gehüllt und palaverten vergnügt und unermüdlich miteinander. Die Fliegen saßen scharenweise auf allem, was da ausgebreitet lag, besonders auf den Süßigkeiten. Es war ein Bild, an das man sich erst wieder gewöhnen mußte. Schließlich fanden wir eine Post, auf der ich meine Briefe aufgeben konnte, und dann schlenderten wir gemächlich durch die

Gegend, denn es tat gut, wieder festen Boden unter den Füßen zu spüren.

Unsere Reise nach Lobito dauerte neun Wochen. Sämtliche Häfen der afrikanischen Westküste wurden angelaufen, jedesmal wurde dann tagelang be- und entladen. Endlich war das ersehnte Lobito in Sicht. Die Landzunge konnte man schon gut erkennen. Wir lehnten an der Brüstung, Gerd saß auf meiner Hüfte wie ein kleiner Reiter und war recht aufgeregt. Sogar ich bekam kalte Hände wie schon lange nicht mehr.

Lobito hatte sich unterdessen zu einer modernen und saubereren Großstadt mit Hochhäusern entwickelt. Als die Eltern eingewandert waren, bestand es aus einigen Wellblechbuden, und die Angekommenen waren bis zu den Fußknöcheln im Sand versunken.

Unser Pächter Sauer war zum Empfang nach Lobito gekommen und übergab mir gleich einen Brief von Peter, der an Martins Adresse gegangen war und worin er mitteilte, daß er den neuen Antrag für seine Ausreise bereits eingereicht habe.

Die so lange ersehnte Ankunft auf Cavaco erfolgte bei Dunkelheit. Von der Pflanzung war daher nichts zu erkennen. Was man aber beim Betreten des Hauses sogleich sah, war der Zustand der Verwahrlosung. Türen und Fensterrahmen waren von Termiten angefressen, Scheiben kaputt, kurz, es war ein Bild des Verfalls.

Sauer war erst kurze Zeit auf Cavaco. Er hatte den Betrieb schon bei der Übernahme in diesem Zustand vorgefunden. Seine Vorgänger betrieben Raubbau und hinterließen ein Chaos. Elf Jahre Abwesenheit ist eine lange Zeit für ein Land mit einem Klima wie Angola.

Von den hinterlassenen Möbeln war kein Stück mehr zu sehen. Es hatte wohl keiner der vielen Pächter, die Cavaco

kurze Zeit bewirtschafteten, geglaubt, daß wir den Krieg überleben und hier wieder auftauchen würden.

Die erste Nacht auf Cavaco war erfüllt von all den vertrauten Geräuschen, denen unsere Sehnsucht in so vielen
Jahren gegolten hatte. Da waren die Zikaden, die Frösche,
die Nachtvögel … Lange konnte ich nicht einschlafen. Den
schlummernden Gerd neben mir, lauschte ich auf die afrikanischen Nachtgeräusche.

Die Eingeborenen hatten sich bei unserer Ankunft trotz der
späten Stunde ums Haus versammelt und begrüßten mich mit
»Menina« (Mädchen), das ich trotz Gerds Existenz für sie
geblieben war. Viele bekannte Gesichter aus der Zeit meiner
Eltern waren darunter, und jede Quilenques-Frau trat vor
und zeigte – in Erinnerung an meine Jungmädchenzeit, in
der ich sie immer zu sehen wünschte – ihre Kieselsteine.
Selten hat mich etwas mehr gerührt als diese Geste. Sie entfachten im Cavaco-Tal ein Batuque für uns, dem ich in den
schlaflosen Stunden doch recht ergriffen lauschte. Wie anders
hatte ich mir in all den Jahren die Rückkehr vorgestellt. Bei
allem Pläneschmieden und jedem Gedanken – immer und
überall war Peter eingeschlossen. Nun saß er noch in Deutschland und mußte auf ein Stück Papier warten. Ob er es je
bekommen würde?

Bei Tageslicht bot die Pflanzung ein niederschmetterndes
Bild. Ich schämte mich ihrer regelrecht. Es gab keine Wege
mehr, auf denen die Eltern so oft bei Mondschein ihre Rund-
gänge gemacht hatten, und was von ihnen noch hier und da
zum Vorschein kam, war von hohem Unkraut überwuchert.
Ums Haus herum gab es große und kleine Löcher, auch Steine
lagen in großer Menge herum, und das Unkraut wuchs beinahe zu den Fenstern herein. Vom Blumengarten war ebenfalls keine Spur mehr zu finden. Nur ein Oleanderstrauch,

den Vater einst eigenhändig gepflanzt hatte, stand in voller Blüte.

Sauer beklagte sich, er habe zu wenig Leute. Sie würden kaum ausreichen, um die notwendigsten Arbeiten auf der Pflanzung zu bewältigen, da bliebe kein Mann übrig zur Sauberhaltung des Hofes.

Die Kündigung, welche Mutter gleich nach Erhalt der Ausreisegenehmigung durch Martins hatte überbringen lassen, war noch nicht wirksam, da bei einer Landwirtschaft wegen der noch zu erntenden Kulturen eine längere Frist vereinbart wird. Wir fuhren daher drei Tage nach unserer Ankunft zu Freunden der Eltern ins Hochland, nach Babaera, wo ich die Frist abwarten wollte. Dort erhielt ich nach vier Wochen einen Brief von Peter, der die freudige Nachricht enthielt, daß er bereits im Besitz der Ausreiseerlaubnis sei. Jetzt erst wurde mir bewußt, wie sehr die Zweifel, man könnte Peter die Ausreise verweigern, in mir genagt hatten. Nun mußte das Geld für seine Reise besorgt werden. Selbst besaß ich so gut wie nichts. Unsere Gastgeber, deren Sisalpflanzung sich noch im Aufbaustadium befand, waren zu dieser Zeit selbst finanziell sehr eingeschränkt. Daher fuhr ich nach Cubal, zum sogenannten Sisalkönig Oskar Kisker. Er lieh mir das Geld ohne weiteres, und zwar zinslos. Ich sagte ihm, daß ich den Zeitpunkt der Rückzahlung noch nicht angeben könne, worauf er gutmütig meinte, daß es damit wirklich keine Eile habe.

Sogleich fuhr ich nach Lobito und zahlte Peters Reise ein. Mir war, als stünde ich auf der obersten Sprosse einer Glücksleiter und schaute verwundert auf die verschlungenen Wege des Lebens, die einmal durch tiefstes Dunkel, dann wieder durch leuchtendes Hell führten.

In einem meiner Briefe bat ich Peter, er möge unter allen Umständen einen vier PS starken Motor für die Wasserpumpe mitbringen, da der von uns hinterlassene im Laufe der Jahre zu Schrott geworden war. Sauer würde seinen Motor mitnehmen, wenn er Cavaco verließ, und ohne Wasser könnten wir nicht existieren. Auch das alte Fahrrad solle er mitbringen, das er aus verschiedenen alten Rädern, die auf dem Heuboden seiner Eltern hingen, zusammengebastelt hatte, als es in den Nachkriegsjahren nichts zu kaufen gab. Wir brauchten unbedingt ein Transportmittel, um schneller als zu Fuß nach Benguela zu kommen. Daß wir, wie es meine Eltern schon getan hatten, wie Robinson Crusoe anfangen müßten, um aus Cavaco wieder das zu machen, was es einmal gewesen war, da außer dem Land und einem Dach über dem Kopf nichts vorhanden war, hätte ich mir nie erträumt.

Zehn Wochen später fuhr ich mit Gerd nach Lobito, um Peter abzuholen. Da die Kündigungsfrist erst in vier Wochen ablief, konnten wir nicht gleich zur Pflanzung und schliefen die erste Nacht in Benguela bei Martins, der uns einlud. Um Peter Cavaco zu zeigen, war es schon zu spät. Die Besichtigung mußte auf den nächsten Tag verschoben werden.

Mir war klar, daß Peter von Cavaco eine paradiesische Vorstellung haben mußte, die durch Bilder und unsere Erzählungen genährt worden war. Zusätzlich hatten wir aus der Kriegsnot und unserer Sehnsucht nach Afrika heraus einen Glorienschein um die Farm gewoben. So hatte sich ein Bild in Peter geformt, das der Realität kraß widersprechen mußte.

Es wäre unbeschreiblich, wie es auf Cavaco aussähe, begann ich Peter auf die Besichtigung, zu der wir nun unterwegs waren, vorzubereiten. Es wäre ganz einfach niederschmetternd, er müsse sich auf etwas gefaßt machen, sonst erleide er einen Schock. Ob er den Motor beschaffen konnte, fragte ich. Ja, der käme mitsamt dem alten Fahrrad in zwei Monaten nach, weil beides auf einen Frachter verladen wurde, erwiderte Peter.

Wir waren zu Fuß unterwegs und überquerten gerade den trockenen Sand des Flusses Cavaco. Peter blieb einen Augenblick stehen und sah mit einer Art Ehrfurcht auf den Fluß, aus dem die Kiesel stammten, die in unserer Geschichte eine solch ungewöhnliche Rolle spielen sollten und denen Peter damals, bei der russischen Einschließung, sein Leben verdankte.

Gerd leistete seinem Alter entsprechend schon recht viel. Er marschierte bei der Hitze ohne zu stöhnen stramm die vier Kilometer mit. Endlich waren wir am ersten Markstein von Cavaco angelangt. Der große Tamarindobaum stand noch immer, an dem sich seinerzeit jener Mann erhängt hatte.

Nachdem Sauers begrüßt worden waren, liefen wir zunächst die Grenzen der Pflanzung ab. Dazu war jedoch eine Catana (Buschmesser) notwendig, um an manchen Stellen überhaupt durchkommen zu können. Es war alles mit Unkraut und Gestrüpp überwuchert, so daß wir voller Kratzer von den Dornzweigen waren und Gerd vor Schmerz zu weinen begann. Oft schaute ich dabei verstohlen zu Peter und versuchte, in seinem Gesicht die grenzenlose Enttäuschung über Cavaco zu lesen. Es gelang jedoch nicht, aus seinem Mienenspiel herauszufinden, was er dachte.

Als alles umlaufen war, fragte ich, was er nun dazu sage. Da griff er langsam, versonnen und wie abwesend nach meiner Hand und erwiderte fast feierlich: »Wenn wir gesund bleiben, werden wir daraus ein Paradies machen.« Seine Worte klangen wie eine Verheißung, und ich nahm mir vor, mit allen Kräften dazu beizutragen, um sie zu verwirklichen.

Am nächsten Tag fuhren wir zum Sisalkönig nach Cubal. Dona Ruth, die Frau von Oskar Kisker, betrieb eine eigene

Viehfarm etwa dreißig Kilometer von Cubal. Sie hatte uns dorthin eingeladen, als ich das Reisegeld für Peter geliehen hatte. Auf »Fazenda Chimbassi«, so hieß die Farm, sollten wir bleiben, bis Cavaco frei wurde.

Durch die flüchtige Übergabe unserer Angelegenheiten durch Milevsky ging uns Tschasi verloren. Der Portugiese, dem Mutter die Farm verpachtet hatte, war ebenfalls verstorben, und Martins wußte davon nichts. Nach einem damaligen Gesetz fiel jedes Land erneut an den Staat, wenn im Verlauf von fünf Jahren keine Steuern dafür gezahlt wurden. Nach Erledigung gewisser Formalitäten und Nachzahlungen könnten wir Tschasi jedoch zu jeder Zeit zurückerlangen, hieß es. Vorläufig aber interessierten wir uns nicht dafür.

»Fazenda Chimbassi« war großzügig angelegt. Die Viehkopfzahl ging in die Tausende. Es gab moderne Viehdippen sowie mit Stacheldraht eingezäunte Weidekämpe, die hunderte von Kilometern ausmachten.

Wir verbrachten Weihnachten und Neujahr noch auf der Farm. Peter und Gerd erlebten dort zum ersten Mal die Tänze der Eingeborenen nach der Bescherung, die, nach dem Genuß von Wein – ohne den ein Fest für sie kein Fest war – stets bis zum Exzeß führten.

Beim Zuschauen bemerkte ich jetzt Dinge, die ich zuvor nie wahrgenommen hatte. Alles, was mir vor dem Aufenthalt in Deutschland begegnet war, schien mir selbstverständlich, ich dachte überhaupt nicht darüber nach. Nun sah ich alles plötzlich mit europäischen Augen. Peter konnte es nicht ertragen, wenn er sah, wie die Fliegen klumpenweise auf den Gesichtern der Säuglinge saßen, die bei ihren Müttern auf den Rücken gebunden waren. Die Mütter guckten ihn jedesmal verständnislos lächelnd an, wenn er auf sie zueilte, die Fliegen verscheuchte und ihnen in Zeichensprache erklärte, daß sie dafür sorgen müßten, die Fliegen von den Kindern fernzuhalten, sie würden Krankheiten bringen. Er rief mich dann jedesmal dazu, da er die Sprache noch nicht beherrschte. Ich sollte ihnen erklären, daß sie die Gesichter der Säuglinge öfter abwaschen müßten, um sie von allem zu befreien, was die Fliegen anziehen würde. Dona Ruth sagte, als sie Peters Kampf gegen die Fliegen bemerkte: »Wenn Sie daran etwas ändern wollen, müßten Sie ein Riesenmoskitonetz über den ganzen Kontinent spannen.« Später gingen sie auf Cavaco – wegen des sonderbaren Verhaltens des neuen Tschindele (Weißen) – dazu über, ständig ein Kopftuch mit sich zu führen, das sie den Kindern schnell über den Kopf warfen, sooft sie Peter begegneten. Manchmal hob er das Tuch an und mußte erkennen, daß die hartnäckigen Viecher sich auch davon nicht verscheuchen ließen.

Es war auf vielen Gebieten sehr schwer, Dinge verbessern zu wollen. Mit Logik war noch immer nicht viel auszurichten, da das einfache Volk, das die überwiegende Mehrheit ausmachte, trotz fünfhundertjähriger Kolonisation nach wie vor seine Stammessitten pflegte.

Am zweiten Januar 1951 war die Kündigungsfrist um, und wir rüsteten uns für den Umzug nach Cavaco. Dona Ruth brachte uns mit ihrer Carrinha hin. Sie gab uns noch allerlei unentbehrliche Dinge mit, wie z. B. Moskitonetze, Decken, Bettwäsche und sogar lebende Hühner mitsamt einem Hahn. Als Anfangskapital liehen wir uns zusätzlich zu den fünfzehntausend Escudos, die Peters Reise gekostet hatte, noch fünftausend. Der Start auf Cavaco begann demnach mit zwanzigtausend Escudos Schulden, den von Dona Ruth mitgegebenen Gegenständen und unserem Arbeitswillen.

Nachdem die Carrinha entladen und abgefahren war, besichtigten wir als erstes jeden Raum im Haus und fanden das frühere Eßzimmer noch im besten Zustand vor. Darin wurde unsere Schlafstätte aufgeschlagen. Daneben, in Großmutters ehemaligem Zimmer, brachten wir Gerd unter.

Am schlimmsten sah das einstige Schlafzimmer der Eltern aus. Es besaß keine heile Fensterscheibe mehr und wies an den Wänden, deren Verputz zum größten Teil abgefallen war, sogar einige Löcher auf.

Bei der Besichtigung dieses Raumes kam mir Vater in den Sinn, und ich sagte zu Peter, daß ich morgen als erstes Vaters Grab besuchen würde.

Nach der Begutachtung der Räume holten wir trockene Bananenblätter aus den Feldern, häuften sie in einer Ecke auf, legten die Laken und Decken von Dona Ruth darauf und befestigten darüber mit allerlei Schnüren, die kreuz und quer an den Wänden verliefen, das Moskitonetz. Es war wahrlich ein Bild für die Götter. Aber wer wie wir einen Krieg und vor allem eine Nachkriegszeit mitgemacht hatte, der wurde von solchen Improvisationen nicht mehr erschüttert. Trotz aller Bescheidenheit, was den »Wohnkomfort« betraf, fühlten wir uns glücklich wie noch nie, waren wir doch von jetzt ab unser eigener Herr, waren freie Menschen. Für uns war das schief hängende Moskitonetz der Baldachin eines Himmelbetts.

Der Besuch auf dem Friedhof war schockierend. Durch Milevskys Tod war Vaters Grab nicht gekauft worden, wie es vereinbart worden war. Ist ein Grab nicht bezahlt, werden schon nach fünf Jahren die Reste ausgegraben und verschwinden spurlos. Danach wird es für die nächste Aufnahme benutzt. Von Gamatis Grab war ebenfalls nichts mehr zu finden. Vater hatte damals ein schönes Holzkreuz anfertigen lassen, auf dem in großen Buchstaben der Name »Gamati« stand. Den mitgebrachten Oleanderstrauß legte ich nun auf den Hügel, der längst einen anderen barg. Im Geiste hörte ich Vaters Worte: »Auf diesem Friedhof möchte ich um alles in der Welt nicht begraben werden.«

Gerd war an diesem Tag mutterseelenallein auf Cavaco geblieben. Der Weg zum Friedhof, der von Cavaco aus in ziemlich großer Entfernung auf der entgegengesetzten Seite von Benguela lag, war zu weit für ihn. Wir hatten ihn vorher gefragt, ob er Angst habe, allein zu bleiben. Tapfer schüttelte er den Kopf und versicherte, er fürchte sich nicht. Darauf mußte er versprechen, wegen der Schlangengefahr und ähnlichen Dingen nicht aus dem Haus zu gehen. Auf ein Versprechen von Gerd konnte man sich unbedingt verlassen. Er hielt es immer ein. Das hatte er zur Genüge bewiesen.

Bei der Rückkehr sahen wir schon von weitem seinen blonden Kopf am Fenster, von wo er nach uns Ausschau hielt. Sobald er uns sichtete, lief er mit einer Geschwindigkeit auf uns zu, mit der er bei einem Wettlauf sicher den ersten Preis bekommen hätte. Es war nicht zu übersehen, wie erlöst sich der kleine Kerl fühlte. Was mochte er in den langen Stunden ausgestanden haben.

Auf dem Heimweg über Benguela hatten wir gleich die ersten Päckchen Gemüsesaat sowie die unentbehrlichsten Lebensmittel wie Zucker, Mehl und dergleichen gekauft. Aus der Pflanzung holten wir unser Obst. Es gab vor allem Bananen, von denen allein man beinahe leben konnte. Dann waren noch Papaias, Guaven, Ananas, Apfelsinen und Ölpalmen vorhanden. Dazu kamen die Eier von Dona Ruths Hühnern. So fürstlich hatten wir in den Nachkriegsjahren in Deutschland nicht gelebt.

Unsere größte Sorge war jetzt der noch immer nicht eingetroffene Motor für die Wasserpumpe. Wenn das vorhandene Obst nicht vertrocknen sollte, durfte er nicht mehr lange auf sich warten lassen. Vorerst wurde das Küchenwasser mit Eimern aus dem Brunnen gezogen.

Peter machte sich sogleich daran, ein Saatbeet herzurichten, in dem von jeder Gemüsesorte nur wenige Körner aus dem jeweiligen Päckchen genommen und eingesät wurden, weil es um diese Zeit noch viel zu warm war. Das beste Gemüse wuchs von Mai bis September. Alles erinnerte mich an Vater, wie auch er, als die ersten Meter vom Urwald gerodet waren, als erstes Saatbeete angelegt hatte.

Das kleine Beet mußte mit Gerds Spielzeuggießkanne gegossen werden, denn wir hatten keine andere. Es war seine Aufgabe, die Erde immer feucht zu halten, was er mit Eifer und Stolz verrichtete.

An den folgenden Tagen machten wir uns daran, die schlimmsten Löcher um das Haus herum einzuebnen. Eine Schaufel oder Hacke gab es auf Cavaco noch nicht. Die Erde wurde in einer alten durchlöcherten Blechschüssel, die wir auf Sauers Abfallhaufen gefunden hatten, transportiert und in die Löcher gekippt.

Die schwarzen Marktfrauen, die zu Sauers Zeiten ihr Obst auf Cavaco kauften, kamen weiterhin. Sie pflückten sich selbst, was sie haben wollten und legten es dann zum Zählen vor. Es waren winzig kleine, aber tägliche Einnahmen.

Peter sprach noch kein Portugiesisch. Es war deswegen meine Aufgabe, zu Fuß und bei größter Hitze das Nötigste in Benguela zu besorgen. Meine Sehnsucht nach dem alten Fahrrad wurde immer größer.

Wir hatten noch keinen Arbeiter, geschweige denn einen Hausjungen oder eine Waschfrau, wie sie selbst die ärmsten Leute besaßen. Zunächst machten wir alles allein. Für Löhne reichte unser Geld noch nicht. Es waren schon allerlei Leute erschienen, die schon bei den Eltern gearbeitet hatten und

eingestellt werden wollten. Aber wir mußten sie auf später
vertrösten.

Mutter bekam regelmäßig Berichte vom Stand der Dinge:
Sie müsse sich noch etwas gedulden, das Geld für ihre Reise
sei noch nicht aufzutreiben. Sobald es möglich wäre, würde
ihre Reise sofort eingezahlt werden. Mutter fehlte mir sehr.
Neben der Sehnsucht nach ihr wäre sie mir auch eine willkommene Hilfe gewesen, tatkräftig wie sie immer war.

Der Geflügelstall, in dem Dona Ruths Hühner vorerst untergebracht worden waren, spottete gleichfalls jeder Beschreibung. Er bestand aus einem windschiefen Stangengerüst,
das mit Stroh umbunden und abgedeckt war. In den Ecken
befanden sich die Nester, die aus Vertiefungen im Boden
bestanden, die mit etwas Stroh ausgelegt worden waren. Jeden
Nachmittag bekamen die Hühner, die frei herumliefen, zusätzlich ein bestimmtes Maß Maiskörner auf den Boden gestreut.
Nach der Fütterung kroch ich in gebückter Stellung durch
die viel zu niedrige Tür des Stalles, um die Eier einzusam-
meln. Einmal war Peter zufällig zugegen und schaute der
Eierernte zu. Als ich im Stall war und schon die Hand aus-
streckte, um ins Nest zu greifen, schrie er durchdringend:
»Halt!« so daß ich vor Schreck zurückfuhr. Im gleichen
Moment sah auch ich die Schlange, die sich im Nest zusam-
mengerollt hatte und nun, durch Peters Schrei aufgeschreckt,
durch das Gerüst nach draußen schlüpfte, wo Peter sie dann
erschlug. Sie hatte alle unsere Eier im Bauch. Da ich von der
Helligkeit in die Dunkelheit des Stalles kam, konnte ich sie
nicht gleich sehen.

Endlich kam die Nachricht, daß das Schiff, auf dem sich
Peters Gepäck befand, morgen in Lobito einlaufen würde.
Früh am Morgen des nächsten Tages fuhren wir dorthin. Die
Entladung des Schiffs war bereits in vollem Gange. An Bord

begaben wir uns nach vorne, wo man in die Ladeluke sehen konnte, stellten uns dort auf und schauten zu.

Immer wieder tauchte das Kranseil in die Luke, förderte Kisten und allerlei Güter zutage, schwenkte herum und ließ sie am Kai nieder, wo sich schon eine Pyramide aus Ladegut gebildet hatte. Plötzlich stieß Peter mich an, deutete auf die Kiste, welche der Kran soeben aus der Luke zog, und sagte freudig erregt: »Da ist der Motor, das ist die Kiste!« Er hatte sie sofort erkannt. Voller Spannung sahen wir zu und bangten, man könnte diese Kiste nicht vorsichtig genug absetzen. Es war, als hinge unser Leben davon ab, diesen Motor heil nach Cavaco zu bringen.

Als der Kran wieder einen Gegenstand aus der Luke zog, hing ein Fahrrad daran. Einsam, allen Augen preisgegeben, hing es am Kranseil. Als wir darin unser Nachkriegsfahrrad erkannten, das Peter aus verschiedenen alten Rädern zusammengebastelt hatte, überkam uns ein mächtiges Schamgefühl. Es hatte einen dicken Ballonreifen am Vorderrad und eine Lenkstange, an der es keine Handgriffe, sondern nur verrostete Eisenenden gab. Alle Schutzbleche fehlten, so daß dem Fahrenden jedes Sandkorn ins Gesicht geschleudert wurde. Wir wollten um Himmels willen nicht als Besitzer dieses Fahrrads erkannt werden, das da wie ein Skelett am Seil hing. Von jedermann wurde es angestarrt, und wir hörten aus allen Richtungen das Gelächter und die treffenden Bemerkungen der Eingeborenen: Es sei ausgehungert, ausgemergelt und ausgedörrt, sagten sie und lachten Tränen.

Solch ein Fahrrad paßte in das Bild Nachkriegsdeutschlands. Dort hatte man Transportmittel gesehen, die jeder Beschreibung spotteten. Hier aber wirkte es wie ein unglaublicher Witz. Es gehörte in einen Karnevalszug, dort hätte es gewiß den ersten Preis bekommen. Dieser Anblick aber war nun doch zu viel. Er schlug uns in die Flucht. Eiligst schlichen wir davon.

Das Gepäck mußte nun durch den Zoll. Auch dabei wußten wir nicht, wo wir hinsehen sollten, als sich der Zollbeamte das Fahrrad von allen Seiten besah und schließlich nach der Marke fragte, die er am Gestell nicht entdecken konnte. Mit schmalen Augen sagte Peter, ich solle ihm übersetzen, das Rad sei ein Zwitter, daß müsse er doch sehen. Und ich erklärte dem Beamten die Entstehung und Herkunft des Rades.

Endlich war auch der Zoll überstanden, und wir mieteten für den Transport des Gepäcks eine Carrinha, die uns nach Cavaco brachte. Peter besah sich nun das Rad – es hatte sogar die Luft gehalten –, stieg auf und drehte einige Runden damit. Es mußte im Laderaum einen Stoß bekommen haben, denn bei jeder Umdrehung streifte das Pedal irgendwo gegen den Rahmen, was ein quietschendes Geräusch auslöste, daß sich anhörte wie: »tschik-tschek-tschik-tachek«. In Ermangelung von Handwerkszeug konnte Peter das Geräusch vorerst nicht beheben. Es mußte also vorerst so gefahren werden wie es war. Wir nannten es unseren: »Rolls-Royce, Typ Tschik-Tschek«.

Nach wie vor erschienen Leute bei uns, die Arbeit suchten. Jetzt, wo wir im Besitz des Motors waren, wurde der erste Arbeiter eingestellt. Er hieß Tomassi und litt an einer Hernie oder Elephantiasis, die sein Geschlechtsorgan deformierte. Der Arme trug einen Beutel, groß wie eine Wassermelone, vor sich her. Es sah beängstigend aus, wie dieses Gewicht bei jedem Schritt hin- und herschwankte. Er fand aus diesem Grund keine Arbeit. Nicht nur des unästhetischen Anblicks wegen, sondern wegen der damit verbundenen geringeren Arbeitsleistung, die bei den Eingeborenen ohnehin nicht groß war. Peter meinte, es müßte ihm doch durch eine Operation geholfen werden können. Als er Tomassi fragte, ob er damit schon einmal bei einem Arzt war, wehrte der entsetzt ab. Das würde er niemals tun, sagte er.

Wir behielten Tomassi also und sollten es auch nicht bereuen. Er zeichnete sich durch Zuverlässigkeit und Gründlichkeit aus. Beides war selten in so ausgeprägtem Maße unter den Einheimischen zu finden. Beauftragte man Tomassi, ein Beet umzugraben und einzuebnen, dann brauchte er zwar einen ganzen Tag dazu, es lag dann aber wie ein lockerer Kuchen da und sah aus, als wäre die Erde durch ein Sieb gegeben worden. Tomassi wurde später nur noch zu Arbeiten herangezogen, bei denen es auf Akkuratesse ankam, und das war der Blumengarten.

Kurz nach unserem Einzug auf Cavaco nahmen wir Kontakt zu einem früheren Nachbarn, Senhor Galvao, auf. Er war zur Zeit der Eltern ein junger Bursche und eifriger Tänzer bei unseren früheren Hausbällen gewesen. Als einmal die Grammophonfeder abriß, war er es, der schnell zu seiner Pflanzung fuhr und mit einer Mundharmonika zurückkam, zu deren Klängen dann weitergetanzt wurde. Inzwischen war er mit Dona Emilia glücklich verheiratet.

Es entwickelte sich bald ein nettes Verhältnis zwischen uns, was am Anfang durch Peters Sprachunkenntnis etwas behindert wurde. Wenn ich als Dolmetscherin fungieren mußte, war die Unterhaltung doch kein rechter Genuß, sondern eher anstrengend. Für Peter war dieser Kontakt aber sehr nützlich. Er lernte dadurch die Sprache schneller und schob hin und wieder schon einige Worte dazwischen, was jedesmal heiteres Gelächter auslöste, denn es hörte sich an, als müsse er sich dabei die Zunge brechen.

Galvao half mit seinen Leuten, den Motor an die Pumpe anzuschließen. Das konnten Peter und ich nicht schaffen.

Der Motor war mit seinen großen Schwungrädern zu schwer, und Tomassi kam dafür sowieso nicht in Frage.

Galvaos waren die liebenswertesten und hilfsbereitesten Nachbarn, die man sich denken konnte. Es wurde bald zur lieben Gewohnheit, daß wir sonntags zusammen zu Mittag aßen.

Im April hatte der Fluß Cavaco Hochwasser, das uns von den Galvaos, deren Pflanzung auf der anderen Flußseite lag, abschnitt. Der Weg über eine entfernt liegende Brücke hätte Stunden in Anspruch genommen.

Eines Morgens teilte ich Peter beim Frühstück mit: »Ischibu, du wirst zum zweiten Mal Vater.« Er unterbrach sein Kauen und schaute entgeistert, ja erschrocken über den Tisch. Es versetzte mir einen schmerzhaften Stich, den ich nicht verbergen konnte. »Aber Ischiba«, sagte er, kam herüber, legte den Arm um mich und erklärte: »Es ist ja nicht so, daß ich mich nicht freuen würde. Nur, in unserer jetzigen Situation paßt es so schlecht.« Mit dieser Erklärung wurde nichts besser. Statt sich zu freuen, machte er sich Sorgen. Es gab kein Jubeln wie damals bei Gerd. Ich hatte plötzlich das Bedürfnis, allein zu sein, und ging ins Schlafzimmer. Dort störte mich auf einmal alles, was mir vor die Augen kam. Das schief hängende Moskitonetz, die Kleider, die an großen Nägeln an den Wänden hingen und die ich schon so lange in Laken einschlagen wollte. Heute sollte es nun endlich geschehen. Die Kleiderbügel waren von uns hergestellt worden. Sie bestanden aus einem Stückchen Holz, um das Papier gewickelt worden war. Mit einem Bindfaden wurden sie aufgehangen. Als ich den ersten Bügel herunternehmen wollte, war alles an der Wand festgeklebt, und ich bekam beinahe einen hysterischen Anfall, als ich feststellte, daß die Termiten durch die Wand gekommen waren und die Kleidung zerfressen hatten. Zum

Glück waren die guten Sachen noch in den Koffern geblieben. Es war ein Tag, an dem alles schiefging. Die Schwarzen sagen dann: »In meinem Herzen ist es dunkel.« Und so war mir nach Peters Reaktion über den in Aussicht stehenden Familienzuwachs zumute. Mit dem zerfressenen Kleiderbündel im Arm hockte ich mich auf einen Koffer und stierte vor mich hin.

Plötzlich trat Peter mit einem Oleanderstrauß herein und hielt ihn mir entgegen, während in seinen Augen die Goldfunken flimmerten. Er hatte inzwischen seine Überraschung verdaut. Es wurde kein Wort gesprochen, was auch nicht mehr nötig war, denn die Dunkelheit im Herzen wurde im selben Moment von der Helligkeit verdrängt.

Der Oleander wurde in einen Krug gesteckt, wo er nach kurzer Zeit Wurzeln trieb. Dann pflanzte ich ihn in den Garten. Vaters Oleanderstrauch war nach wie vor das einzig Blühende auf Cavaco. Als Vasenblume eignete sich Oleander zwar nicht, da er sogleich welkte. Man konnte aber Schalen aufstellen, in denen nur die Blüten auf dem Wasser schwammen, die sich länger frisch hielten und einen wunderbaren Duft verbreiteten. Mit Tschik-Tschek fuhr ich inzwischen schon oft nach Benguela und war froh, überhaupt ein Fahrzeug zu haben, besonders, solange das Hochwasser anhielt und der weite Weg über die Brücke genommen werden mußte. Dazu kam, daß ich jedesmal schwer beladen heimkehrte, was zu Fuß kaum zu schaffen gewesen wäre. Die ersten Hacken, Spaten und was sonst noch nötig war, band ich kunstvoll am Rad fest, mit dem ich mich trotz der Freude, es zu besitzen, doch sehr genierte, denn Benguela hatte sich zu einer wunderschönen gepflegten Stadt entwickelt. Ich ließ es jedesmal bei Martins stehen, dessen Geschäft sich am äußersten Stadtrand befand, und schob es dort weit in seinen Hinterhof.

Von da aus machte ich die Einkäufe zu Fuß und brachte alles zu Martins, wo es aufs Rad geladen wurde. Martins half mir jedesmal belustigt dabei und band mit allerlei Stricken die unhandlichen Gegenstände fest, was bei den langen Stielen der Spaten gar nicht so einfach war, zumal das Vehikel immer noch weder Schutzblech noch Gepäckträger besaß.

Für Martins, der den Lebensstandard meiner Eltern gekannt hatte, gab es keine Zweifel, daß unser jetziger Zustand nur ein vorübergehender war. Bei jeder Gelegenheit sagte er tröstend: »Es ist nur für kurze Zeit!«

Um ein Stück Land für Kartoffeln und Gemüse vorzubereiten, lieh uns Galvao ein Gespann Ochsen, Pflug und sogar seinen Pflüger. Der Saatkartoffel-Lieferant, bei dem Galvao schon viele Jahre Kunde war, ließ sich die gelieferte Ware erst mit der Ernte bezahlen. Das erwies sich für uns als günstig, brauchten wir auf diese Art doch kein Bargeld, das wir ohnehin nicht hatten. Fünfzig Sack Saatkartoffeln bestellte also Galvao für uns mit. Ein Sack enthielt zwischen sechzig und achtzig Kilo.

In dieser Zeit machte Gerd uns Sorgen. Er bekam Malariafieber, und zwar so schlimm, daß er sich vor Schwäche kaum noch auf den Beinen halten konnte. Die Anfälle wiederholten sich trotz der Resochin-Kuren. Geschwächt, wie er war, erlitt er erneut einen heftigen Anfall, so daß schnellstens ein Arzt geholt wurde.

Dr. Silva schaute sich erstaunt bei uns um, als er zu Gerd geführt wurde. Wie lange wir denn schon auf dieser Pflanzung seien, wollte er wissen. Darauf erzählten wir ihm unsere Geschichte. Sprachlos sah er von uns auf unseren »Wohnkomfort« und schüttelte dann lachend den Kopf.

Nachdem er Gerd eine Spritze verabreicht und ein Rezept ausgeschrieben hatte, fragte Peter, wieviel wir für seinen

Besuch zu zahlen hätten. Dr. Silva besann sich einen Augenblick und meinte dann, daß er die Rechnung erst in seiner Praxis ausschreiben könne. Am nächsten Tag kratzten wir alles Geld zusammen, und ich fuhr damit in seine Praxis. Verwundert schaute er auf, als er mich gewahrte, und fragte besorgt, ob es Gerd denn noch nicht besser ginge. Doch, sein Fieber sei fast weg, sagte ich. Warum ich dann trotzdem käme. Ich entgegnete ihm, daß wir die Rechnung für seinen gestrigen Besuch bezahlen möchten. Darauf reichte er mir wohlwollend die Hand und sagte: »Ich habe nie einen Krankenbesuch bei euch gemacht. Viel Glück wünsche ich euch bei eurem Start auf Cavaco.« Damit verbeugte er sich und begab sich in seine Sprechstunde.

Wollte ich berichten, wieviel Entgegenkommen wir von den Portugiesen erlebt haben, würde es gar kein Ende nehmen. Wie oft verzweifelten wir darüber, wenn ein »morgen« für sie nicht morgen bedeutete. Aber dafür erhielten wir von ihnen menschliche Wärme, Höflichkeit und Hilfsbereitschaft im Übermaß.

Im Cavaco-Tal gab es noch keine Elektrizität. Peter sprach beim abendlichen Zusammensitzen im schwachen Licht der Petroleumlampe schon öfter davon, daß er, sobald wir schuldenfrei wären, eigenen Strom über ein Aggregat legen würde. Die Abendstunden nutzten wir zum Pläneschmieden. Dabei ging die Phantasie oft mit uns durch und eilte voraus, den Errungenschaften entgegen, nach denen wir uns sehnten.

Jola und Luise waren nicht an Cavaco interessiert. Irgendwann kam damit die Auszahlung meiner Geschwister auf uns zu. Mutter teilte mir mit, daß sie sich nicht mehr jung genug fühle, um Cavaco zu übernehmen, und uns ihre Hälfte abtreten würde.

Peter war der Ansicht, daß am alten Haus keine Reparaturen mehr lohnten und wir, sobald es möglich wäre, ein neues, zunächst kleines Haus bauen sollten. Später dann, wenn wir in die Lage kämen, ein großes zu bauen, könnte das kleine als Gästehaus und Küche benutzt werden.

Für diesen Gedanken war ich Feuer und Flamme. Wie sehr unsere chaotischen Wohnzustände mein Leben als Hausfrau erschwerten, davon kann sich nur derjenige eine Vorstellung machen, der durch gleiche Verhältnisse gegangen ist. Denn entgegen meiner früheren Aversion gegen alles, was den Haushalt betraf, überkam mich jetzt eine Neigung dazu.

Die Abendstunden wurden von mir dazu benutzt, die Wäsche zu waschen, mit einem Holzkohleneisen zu bügeln, zu stopfen sowie für zwanzig Escudos mit der Hand – eine Nähmaschine hatten wir nicht – Kleider für einige Marktfrauen zu nähen, die mich darum baten. Am Tage gab es für diese Arbeiten keine Zeit. Wir lagen auf den Knien zwischen unseren Arbeitern und pflanzten mit ihnen die Gemüsepflanzen oder was es gerade zu tun gab – auch, um es immer wieder vorzumachen, wie man dieses oder jenes tat, denn die europäische Arbeitsweise war ihnen nach wie vor fremd geblieben.

Vor allem aber, davon überzeugten wir uns täglich mehr, war eine Carrinha nötig. Um die Erzeugnisse absetzen zu können, mußten wir in die Lage kommen, sie zum Abnehmer transportieren zu können. Unsere Vorhaben lagen der Reihe nach fest. Das Nötigste wurde stets zuerst in Angriff genommen.

Unterdessen war das Gemüse herangewachsen und stand großartig. Die Marktfrauen kauften es wie das Obst gern, und die Einnahmen reichten gerade aus, um die sechs Arbeiter, die zum Kartoffelhacken und Anhäufen eingestellt werden mußten, zu entlohnen. In Ermangelung eines Transportmittels blieb jedoch viel Gemüse unverkauft auf dem Feld und schoß in Blüte. Was die Frauen nicht holten, ging verloren.

Was Tschik-Tschek im Laufe der Zeit alles zugemutet wurde, wie voll beladen es aus Benguela nach Cavaco geschoben wurde, weil man aus Platzmangel nicht mehr aufsitzen konnte, läßt sich kaum beschreiben.

Daß ich ein Kind erwartete, war inzwischen nicht mehr zu übersehen. Ich weigerte mich nun, noch weiter auf dem Rad nach Benguela zu fahren. Peter mußte sich von da ab mit dem Wörterbuch in der Tasche allein durchschlagen.

Die Kartoffelernte fiel gut aus, und Galvaos Kunde kaufte sie mit auf. Nachdem die Saat abgezogen war, konnten wir mit dem Überschuß die Schulden beim Sisalkönig bezahlen. Sein Kommentar bei dieser Gelegenheit war: »Von den Vielen, denen ich bis heute geholfen habe, sind Sie die ersten, die unaufgefordert eine Anleihe zurückzahlen.« Diese Worte gingen ganz ohne unser dazutun wie ein Lauffeuer durch Angola und brachten uns überall unbegrenztes Vertrauen ein.

Das Geld reichte auch noch, um Arbeitsgeräte anzuschaffen, wie Ochsen, Pflug und allerlei Notwendiges. Das erste Cavaco-Jahr neigte sich seinem Ende zu. Galvaos verkauften uns zum Freundschaftspreis ein gebrauchtes Ehebett. Es war für sie überflüssig geworden, nachdem sie sich eine neue Schlafzimmer-Einrichtung angeschafft hatten. Nun wurden die Bananenblätter endlich weggetan. Für Gerd konnte schon viel früher ein Einzelbett besorgt werden, denn wir entdeckten eines Tages den Eisenrahmen eines Bettes, das zu unseren zurückgelassenen Möbeln gehörte. Es stand im verlassenen Hof einer verfallenen Pflanzung am Flußrand. Peter bespannte den Rahmen mit Draht, darüber kam ein Strohsack, der aus Kartoffelsäcken zusammengenäht und – wiederum mit Bananenblättern – ausgestopft wurde.

Für unseren nun bald in Aussicht stehenden Neuankömmling fertigte Peter eine Wiege an. Er beschaffte sich eine der Kisten, in denen getrockneter Kabaljau-Fisch (Bacalhau) nach Angola verschickt wurde. Peter schrubbte die Kiste gründlich mit Seifenlauge aus, und danach nagelte er aus zurechtgesägten Brettern Füße daran. Ich ging dann meinerseits daran, den Kasten, der etwa einen Meter lang, fünfzig Zentimeter breit und zwanzig Zentimeter hoch war, mit Stoffresten auszupolstern, und es reichte sogar noch für einen gekräuselten Überhang, so daß außer den Bretterbeinen von der Kiste nichts zu sehen war.

Drei Tage vor Weihnachten wurde das Kind geboren. Es war wieder ein Junge. Als die ersten Wehen einsetzten, schwang sich Peter gleich auf Tschik-Tschek und holte Dona Emilia. Galvao ließ die Zugochsen vor seinen Wagen spannen, fuhr nach Benguela und holte die Hebamme. Sie saß mit aufgespanntem Sonnenschirm auf dem Brett, das als Sitzgelegenheit durchs Wagengitter geschoben worden war, und klammerte sich mit der noch freien Hand am Gitter fest, weil die Cavaco-Straße zu der Zeit mehr Löcher als glatte Flächen aufwies. Bei ihrer Ankunft war sie derartig durchgeschüttelt, daß es ihr beinahe so schlecht ging wie mir. Kurz vor Einbruch der Dunkelheit erblickte Karl-Heinrich, der diesen Namen nach seinen beiden Großvätern erhielt, das Licht der Welt.

Peter mußte nun Hausfrau spielen, denn Dona Emilia konnte nicht bleiben. Er sagte: »Zu Kochen brauche ich nicht, denn ich hab' gar keinen Hunger.« Dann schaute er auf mich und Gerd, der sich hingebungsvoll sein Brüderchen ansah, und fügte in plötzlicher Erleuchtung hinzu: »Aber ihr sollt etwas Schönes zu essen bekommen.« Daraufhin fabrizierte er eine Speise, von der ich heute noch nicht weiß, aus welchen Zutaten sie hergestellt war. Wir aßen sie aber tapfer.

Am nächsten Tag mußte Peter auch die Marktfrauen abfertigen, die zu der Zeit schon in beträchtlicher Zahl kamen. Wo die Senhora sei, wollten sie wissen. Die liege im Wochenbett, erklärte Peter. Vom Zimmer aus konnte ich sie durchs Fenster beobachten. Daraufhin erhoben sich alle, die auf dem Boden saßen, wickelten sich ihre Tücher fester um und kamen vors Fenster, wo sie händeklatschend und bodenstampfend einen Tanz vollführten, zu dem sie das passende Lied erdichteten, das die Vorsängerin vorsang und der Chor wiederholte. Es lautete: »Tuabandula Senhora, wua-tu-tschita o patrao jetu.« (Wir danken dir Senhora, daß du uns einen neuen Patrao gekalbt hast.) In der Eingeborenensprache gibt es für Geburt, ob bei Mensch oder Tier, nur einen Ausdruck: Es fällt alles unter »tschita«.

Als sie Peter nach dem Namen des neuen »Menino« fragten, entstand eine urkomische Situation. Nachdem Peter den Namen ausgesprochen hatte, schauten sie sich ratlos an, und jede wartete darauf, daß eine andere diesen, für ihre Zungen unaussprechbaren Namen sagen würde. Eine Weile wagte es keine, und sie begannen aus Verlegenheit zu lachen, wie sie es immer taten, wenn sie vor etwas Unverständlichem standen. Schließlich nahm die mutigste einen Anlauf: »Galuha ...« dabei blieb sie stecken. Die anderen kreischten jetzt vor gutgemeinter Schadenfreude. Sie aber gab nicht auf und machte einen neuen Versuch: »Galuhangili.« Darauf wußten es jetzt die anderen besser. Eine sagte: »Galigi«, und schon wurde dieser Name im Chor besungen.

Peter, der zu allem anderen nun auch noch Windeln waschen mußte, war dem Nervenzusammenbruch nahe. Die alte Sitte, wonach eine Wöchnerin vor Ablauf des neunten Tages keinen Fuß vor das Bett setzen dürfe – Schwiegermutter hatte bei Gerds Geburt streng darauf bestanden –, wurde jetzt mißachtet, und ich begab mich schon am dritten Tag an die Arbeiten, mit denen sich Peter allzu schwer tat.

In den ersten Januartagen fuhr Peter nach Benguela, um dringende Besorgungen zu machen. Er kam jedoch sehr schnell und ohne die Dinge erledigt zu haben aufgeregt zurück. »Ischiba, ich hab' bei Pinto & Arreias eine Carrinha gesehen, da steht ein Schild drauf mit »vende-se« (zu verkaufen) und der Preis von achtzigtausend Escudos. Es ist eine Gebrauchte, aber noch in gutem Zustand.« Um ein solches Geschäft abzuschließen, würde sein Portugiesisch nicht ausreichen, zumal wir das Geld nicht hatten und sie auf Abzahlung kaufen mußten. Daher meinte er, ich solle doch gleich hinfahren, bevor ein anderer sie uns wegschnappen würde.

Nach der letzten Kartoffelernte war es leicht möglich, einen Überschlag zu machen, was wir bei aller Anstrengung maximal mit der nächsten erzielen könnten. Peter meinte, daß es am besten wäre, wenn sie sich darauf einlassen würden, daß wir den Wagen erst nach der nächsten Ernte bezahlen. Sollte das Geld nicht ganz reichen, würden wir den Rest am Jahresende abliefern. Eine Anzahlung könnten wir uns unter gar keinen Umständen leisten. Es sei sowieso ein ständiger Seiltanz, die Betriebskosten aufzubringen: den Treibstoff für den Motor, die Löhne der Arbeiter und deren Verpflegung, die Kosten für das eigene Leben. Wenn wir auch noch so bescheiden lebten, mußten doch hin und wieder Fleisch, Fisch, Zucker und dergleichen gekauft werden.

Ich machte mich also fertig und fuhr nach Benguela. Tschik-Tschek wurde wohlweislich bei Martins abgestellt, denn sein Anblick hätte uns bei Pinto & Arreias gleich um jeden Kredit gebracht. Von den Teilhabern war nur Pinto anwesend. Ich unterbreitete ihm unser Interesse an der Carrinha. Er schaute recht abwägend und unschlüssig auf mich. Pinto hatte wohl noch nie in seinem Leben ein ähnliches Geschäft mit einer Frau gemacht, die obendrein allein, ohne Begleitung ihres Ehemannes ankam, was er sichtlich nicht recht verstehen konnte. Schließlich sagte Pinto, er müsse erst mit seinem Teilhaber sprechen, ich solle morgen wiederkommen.

Am nächsten Tag waren beide zugegen. Arreias war der Hauptteilhaber. Er fragte, wieviel wir anzahlen könnten, und die Antwort lautete: »Nichts.« Beide schauten verblüfft auf mich. Daraufhin erklärte ich ihnen unseren Plan und meinte, daß wir das Geschäft nur unter den genannten Bedingungen abschließen könnten. Arreias ließ seine Augen eine Weile amüsiert auf mir ruhen, dann sagte er: »Ich bin mit den Bedingungen einverstanden, der Wagen gehört Ihnen, Sie können ihn mitnehmen.« Wir bekamen die Carrinha ohne Anzahlung, ohne Wechsel, ohne eine Unterschrift, nur so, auf Treu und Glauben. Zu der Zeit besaß ich noch keinen Führerschein, während Peter ihn schon während seiner Militärzeit gemacht hatte.

Tschik-Tschek brauchte diesmal nichts anderes zu transportieren als mich und diese Nachricht, die Peter auf dem schnellsten Weg erfahren sollte. »Das hast du mal wieder gut gemacht, Ischiba«, sagte er strahlend und fuhr gleich los, um den Wagen zu holen.

Etwa eine Stunde später war ein Auto zu hören. Ich war gerade dabei, Galigis – wir änderten den Namen in Kaliki um – trockene Windeln von der Leine zu nehmen, als die Carrinha zu uns einbog und vor mir anhielt. Peter machte die Wagentür zum Beifahrersitz auf und sagte: »Steig ein, wir fahren eine Runde bis nach Bimbas.« Der Landstrich lag am Ende des Cavaco-Tals, wo die Berge begannen, durch die sich der Fluß zwängte. Über dem Arm die Windeln, in der Hand die Wäscheklammern, saß ich wie gebannt bis Bimbas im Wagen und spürte nur das eine: Dieser Wagen ist ein großer Schritt nach vorn.

Hinten auf der Ladefläche lag Tschik-Tschek. Wie ein ausgedienter Gaul in den letzten Zügen kam es mir vor, ich schaute mich nach ihm um und verspürte tatsächlich eine sentimentale Rührung.

Von da ab fuhren wir zweimal in der Woche mit einer Ladung Obst und Gemüse zu dem etwa zwanzig Kilometer südlich von Benguela gelegenen Ort Baia Farta. Dort war der Wagen im Handumdrehen leer. Gleich bei der ersten Fahrt nahm uns die große Fischerei von Antunes die gesamte Ladung ab.

Gerd mußte Babysitterdienste verrichten, solange wir unterwegs waren, was meistens einen Vormittag in Anspruch nahm. Bald schon war ein fester Kundenstamm aufgebaut, mit dem verabredet wurde, wieviel Obst und Gemüse geliefert werden sollte. Peter fuhr von da ab allein los. Mit seinem Portugiesisch war er gut vorangekommen, und mit den festen Abnehmern gab es keine größeren Probleme mehr.

Gerd konnte im ersten Cavaco-Jahr wegen unseres Geldmangels nicht in die Deutsche Schule nach Chicuma geschickt werden. Die Schule war auf Privatinitiative der dort ansässigen Pflanzer entstanden. Inzwischen wurde sie von Deutschland mit ausgebildeten Lehrkräften versorgt und auch finanziell unterstützt. In diesem Jahr konnte nun die Einschulung endlich stattfinden, Gerd war nun sieben Jahre alt.

Von Benguela bis Chicuma waren es etwa dreihundert Kilometer. Die Trennung fiel schwer. Überall vermißten wir unseren Blondkopf. Kaliki, den ich zuvor oft in Gerds Obhut lassen konnte, mußte ich jetzt überall mit hinschleppen.

Einmal sollten Tomaten gepflanzt werden. Der Hitze wegen wurde jegliche Pflanzarbeit immer in die späten Nachmittagsstunden verlegt, damit ein zu großer Pflanzgut-Ausfall vermieden werden konnte. Um in der beschränkten Zeit so viele Pflanzen wie möglich unterzubringen, mußten alle Hände zusammenkommen. Da sich die Tomate als lukrative Kultur erwies, sollte in diesem Jahr ein ganzer Hektar damit gefüllt werden.

Mit Kaliki auf dem Arm begab ich mich zum Pflanzfeld, wo Peter schon mit allen Leuten dabei war, die Pflanzen in die bereits vorgegrabenen Löcher zu verteilen. Kaliki wurde auf der mitgebrachten Strohmatte und seinem Kissen im Schatten einer Bananenstaude abgelegt, wo er mit großen Augen jede vom Wind verursachte Bewegung der Blätter staunend verfolgte, und ich begab mich unter die Pflanzer. Wo immer wir selbst dabei sein konnten, verdoppelte sich die Arbeitsleistung der Leute. Ansonsten aber waren sie der Meinung, daß die Weißen am Leben vorbeihasteten und immer nur nach der Uhr schauten. Darin liegt gewiß eine Lebensphilosophie, die nicht von der Hand zu weisen ist. Aber jedes Volk hat seine eigene Mentalität, nach der allein es zu leben vermag.

Das Tomatenfeld wurde vor dem Gongschlag geschafft. Für die Arbeiter war damit vorzeitig Feierabend. Für uns aber nicht. Wir kannten in den ersten Jahren keinen Feierabend und keinen Feiertag.

Nun begab ich mich zu Kaliki und stieß, als ich ihn sah, einen entsetzten Schrei aus. Er war ganz schwarz und kaum noch zu erkennen, die Moskitos saßen zu Tausenden auf ihm. Vollgesaugt von seinem Blut schwirrten sie davon, als ich das schlafende Kind hastig an mich riß. Besonders die Dämmerstunden des Morgens und des Abends waren die Zeit, wo sie ausflogen, um sich ihre Nahrung zu suchen.

Dieses Erlebnis versetzte mir einen Schock, der beinahe einen Kollaps auslöste. Ich war schon lange überfordert. Tausend Dinge mußten zugleich gemacht werden. Etwas kam dabei immer zu kurz. Manchmal konnte ich aus Zeitmangel nicht einmal mehr kochen. Wir behalfen uns dann mit Obst, wobei Peter immer das gleiche sagte: »Es schmeckt doch köstlich, Hausfrau.« Dabei hatte ich, wenn auch spät, doch noch die Liebe zum Kochen entdeckt.

Heute aber war es Kaliki, der zu kurz gekommen war. Wehrlos mußte er sich von den Moskitos zerstechen und aussaugen lassen. Weil er eingeschlafen war, hörten wir nichts von ihm, sonst wäre nach ihm geschaut worden. Die Arbeit fraß uns einfach auf. Glücklicherweise wurde Kaliki nicht malariakrank.

Als er ein halbes Jahr alt war, bekam ich eine Blinddarmentzündung, die wegen der zu spät gestellten Diagnose zur Bauchfellentzündung wurde. Die Operation wurde in Bongo-Hochland von Dr. Parson, einem amerikanischen Missionsarzt, durchgeführt. Dona Emilia kümmerte sich während meiner Abwesenheit rührend um Peter und Kaliki.

In den Tagen, als es sehr schlecht um mich stand, fuhr Peter eiligst nach Lobito und zahlte, trotz unserer Autoschulden, Mutters Reise ein. Er hatte schon keine Hoffnung mehr und brauchte Mutter für Kaliki, falls das Schlimmste eintreten sollte. Als die Gefahr vorüber war, sagte er mir, daß Mutter nun bald ankäme.

Wieder zu Hause und auf den Beinen, freute ich mich sehr auf Mutter und richtete Gerds Zimmer für sie her. Die Bananenblätter wurden durch eine richtige Matratze ersetzt.

Mit dem Wagen konnten wir nun auch größere Einnahmen verbuchen, so daß sich trotz der Autoschulden doch so allerlei Veränderungen nebenher vollzogen. Es gab jetzt schon eine Waschfrau, einen Hausjungen – und sogar genug Teelöffel.

Mutters Ankunft wurde ein Freudentag und mit dem üblichen Batuque gefeiert. Es tat uns gut, daß sie nun endlich heimkehren konnte. Durch unsere Briefe war sie stets über Cavacos Zustand unterrichtet worden. Nun war sie freudig überrascht, denn sie hatte sich alles noch viel schlimmer vorgestellt. Wenn das Haus auch nach wie vor so aussah wie am Tag der Übernahme, so gab es doch keine Löcher und kein Unkraut mehr drum herum. Es stand auch schon allerlei Blühendes davor, worunter sich der junge Oleander, den Peter mir an jenem Morgen brachte, als ich ihm von meiner Schwangerschaft erzählt hatte, bereits mit seinen ersten Blüten hervortat.

Peter hatte aus einer Kiste einen kleinen Wagen für Kaliki hergestellt. Die Räder, aus einem Baumstamm gesägt, wurden mit Gummi von alten Fahrradschläuchen beschlagen. Damit war nun Mutter täglich mit Kaliki unterwegs, der sich königlich freute, wenn er darin gezogen wurde, denn wir hatten dazu nie Zeit.

Kaliki war nun zehn Monate alt und machte seine ersten Stehversuche. Er war ein fröhliches Kind, grünäugig und blond. Zu dieser Zeit stellte ich fest, daß ich erneut ein Kind erwartete. Peter blickte zunächst etwas besorgt drein, als er es erfuhr, lächelte aber dann und sagte: »Vielleicht wird es diesmal eine Christa, die fehlt uns doch noch.«

Peter besaß auch eine glückliche Hand im Umgang mit den Eingeborenen, die für ihn durchs Feuer gingen. Er war in vielen Dingen Vater ähnlich. In einem Gespräch sagte er einmal, er habe sich nie für Afrika interessiert. Erst als ihm so eine seltsame afrikanische Wildkatze über den Weg gelaufen sei und besonders, als er der Besitzer jener Kieselsteine wurde, sei es schlagartig anders geworden und er habe von da ab eine starke Zuneigung zu dem dunklen Erdteil verspürt. Tatsächlich haftete auch an ihm etwas Missionarisches wie an Vater. Aber es gab auch Europäer, die von oben auf die Schwarzen herabsahen. Diese waren allerdings eine recht kleine Minderheit, die meisten hatten Freunde unter den Einheimischen, wie es Gamati für Vater gewesen war. Vor allem aber gab es die unzähligen »Afilhados« (Patenkinder), in die allerlei an Ausbildung investiert wurde.

Eines Tages sagte Peter: »Sobald wir das Allernötigste angeschafft haben, möchte ich richtige Unterkünfte mit Duschräumen für unsere Arbeiter bauen.« Er besprach sich darüber auch mit Sauer, der seine Pflanzung längst verkauft hatte und in Benguela wohnte, uns aber regelmäßig besuchte. Sauer meinte, daß das doch nicht nötig sei, denn die Schwarzen wohnten nun schon Jahrtausende in ihren Strohhütten und schliefen auf dem Boden. So hatten die Europäer sie, als sie Afrika betraten, angetroffen, warum sollte man sie aus ihren Gewohnheiten reißen. Es sei doch eine Anmaßung der Weißen, ihnen die eigene Lebensweise aufzwingen zu wollen. Peter aber war anderer Meinung: Von Aufzwingen sei gar keine Rede, sagte er, es müsse aber doch alles getan werden, um sie voranzubringen.

Immer wieder gab es über dieses Thema Diskussionen, oft sogar heftige, und Sauer, der inzwischen auf ein halbes Jahrhundert in Afrika zurückblicken konnte, sah in Peter einen neuen Besen, der, wie er glaubte, bald abstumpfen würde, weil man nicht lange gegen den Strom schwimmen könne.

Unterdessen rückte der Termin näher, an dem die Zahlung für den Wagen fällig würde. Wir machten uns langsam Sorgen. Meine Operation und Mutters Reise hatten einen Teil des gesparten Geldes verschlungen. Wir stellten Kalkulationen über die bevorstehende Ernte an. Diesmal waren hundert Sack Kartoffeln gepflanzt worden. Sollte die Ernte zehnfach ausfallen wie im vorigen Jahr, könnte es mit Ach und Krach geschafft werden. Es ließ uns keine Ruhe mehr. Wir griffen zur Taschenlampe und machten uns auf zum Kartoffelfeld. Dort gruben wir vorsichtig an mehreren Büschen die angehäufelte Erde weg und zählten die angesetzten Kartoffeln. Danach waren wir zufrieden.

Schon am nächsten Tag kam Arreias: Ob wir nicht eine Teilzahlung leisten könnten, er sei in Schwierigkeiten wegen eines großen Wechsels. Er bekam, was wir hatten. Es machte erst ein Drittel der Gesamtsumme aus. Wir erklärten ihm, daß die Ernte noch nicht verkauft sei. Arreias war mit dem, was er bekam, zufrieden und fuhr ab.

Jetzt hatten wir kein Geld mehr und gerieten mit den Arbeiterlöhnen in Rückstand, was sie von uns nicht gewohnt waren. Wir schilderten ihnen unsere Situation, und sie nahmen es ohne zu murren hin, zumal sie immer regen Anteil an unseren Problemen nahmen, wie es auch schon zu Vaters Zeiten gewesen war. Nach einiger Zeit schon war der Verzug wieder ausgeglichen.

Noch immer mußten wir mit unzähligen Wünschen zurückstecken. Es konnten in den ersten Jahren keinerlei persönliche Anschaffungen wie Kleidung oder Schuhe gemacht werden. Peter besaß noch gute Anzüge und die dazugehörige Fußbekleidung, die aber für das afrikanische Klima viel zu warm waren. Auch ich konnte mich noch sehen lassen mit den guten Sachen, die zum größten Teil noch aus meiner Jungmädchenzeit stammten, da es in den Kriegsjahren und danach ja kaum etwas zu kaufen gab. Der Bestand schrumpfte aber bedenklich zusammen, weil die schonungslose Feldarbeit großen Verschleiß mit sich brachte. Besonders die Rückenpartie verbrannte von der Sonne. Aus den unteren, noch guten Teilen wurden dann noch Blusen in Handarbeit hergestellt. Bei unseren Arbeitssandalen wurden schon lange die gerissenen Lederspangen kunstvoll mit Bindfaden zusammengebunden, um den Schuster zu sparen, und aus Peters abgetragenen Hemden fabrizierten wir aus dem unteren Teil Spielhöschen für Kaliki. Mehr brauchte der kleine Kerl bei der Wärme oft nicht anzuhaben.

Über zwei Jahre arbeiteten wir unter Verzicht auf jegliche Gemütlichkeit, um zunächst in den Besitz von Werkzeugen zu kommen, mit denen wir richtig arbeiten konnten, und dazu gehörte auch der Wagen.

Vom Wassertank, der noch aus Vaters Zeiten stammte und uns damals nebenbei als Schwimmbecken gedient hatte, waren nur noch Mauerreste übrig, in die die Pumpe das Wasser warf. Die Motorpumpe war unten an zwei über dem Brunnen liegenden dicken Brettern festgeschraubt und drückte das Wasser durch ein Vier-Zoll-Rohr etwa fünf Meter hoch in den Tank.

Unsere Sehnsucht nach einem kühlen Bad in der ewigen Hitze war schon lange groß, und nun jammerte auch Mutter danach. Peter kaufte daher einige Säcke Zement und die nötigen Ziegelsteine und machte sich daran, die umgestürzten Wände hochzuziehen. Wir waren voller Vorfreude auf die endlich in Aussicht stehende Bademöglichkeit, denn das frühere Badezimmer war in solch einem verwahrlosten Zustand, daß wir es nicht benutzten und es vorzogen, in die Bananenfelder zu verschwinden. Wir badeten in Gerds kleiner

Wanne, aus der das Wasser mit einer Blechdose geschöpft und über den Rücken gegossen wurde.

Peter achtete sehr darauf, die von ihm hochgezogenen Wände ständig zu besprengen, damit sie im feuchten Zustand – nach Maurerweisheit – gut abbinden konnten. Nach vier Tagen war es soweit, der neue Tank sollte zum ersten Mal mit Wasser gefüllt werden. Wir begaben uns alle, mit Badehosen und Handtüchern ausgerüstet, dorthin.

Peter stieg in den Brunnen hinunter und warf den Motor an. Der erste Wasserstrahl fiel rauschend in den Tank. Überglücklich verfolgten wir, wie er sich füllte, und jubelten einander zu. Peter war kaum hochgekommen, da rief er schon entsetzt: »Zurück!« Der Tank hatte einen Riß bekommen. An der Seite, die dem Brunnen zugekehrt war, brach die Wand auseinander, stürzte mitsamt den Wassermassen hinab und begrub den Motor, der, vom Wasser erstickt, sofort blockierte. Wäre Peter noch unten gewesen, hätte es für ihn kein Entkommen gegeben. Kreidebleich sahen wir der Tragödie zu und hörten völlig erstarrt, wie noch allerlei nachfolgendes Geröll in den Brunnen plumpste. Uns war zumute, als wäre soeben unser Rückgrat durchschlagen worden. Der verlorene Motor war unsere Existenzgrundlage gewesen.

Peter zerfleischte sich in Selbstvorwürfen. Er habe aus der ewigen Geldknappheit heraus zu wenig Zement benutzt, die Mischung sei zu schwach gewesen, und es hätte außerdem auch Eisen mitvermauert werden müssen.

Der Motor war nicht mehr zu reparieren. Es mußte ein neuer angeschafft werden – und das bei unseren Schulden. Unsere Verzweiflung stieg, als weder in Benguela noch in Lobito ein Motor vorrätig war, der für unsere Pumpe die nötigen PS besaß. Es mußte erst einer in Europa bestellt werden. Keine unserer Pflanzen würde eine solche Wartezeit ohne

Wasser überleben. Mit hängenden Köpfen saßen wir abends beieinander, wobei jeder seinen Gedanken nachhing. Ich sah das so ersehnte kleine Haus, das wir nach Abzahlung der Carrinha als nächstes aufs Korn nehmen wollten, in weite Ferne rücken.

Galvao schaute uns betroffen an, als er von der Katastrophe hörte. Nach kurzem Überlegen sagte er: »Laßt euch davon nicht niederdrücken, ich werde meinen Motor abmontieren und euch leihen, bis der bestellte eintrifft.« Fassungslos und zutiefst gerührt starrten wir ihn an und meinten, daß er doch unseretwegen seine Kulturen nicht vertrocknen lassen könne. Darauf erwiderte er, daß seine Kühe – er betrieb zur Hauptsache Milchwirtschaft – dann eben verwelkten Mais und Luzerne fressen müßten, unsere empfindlichen Gemüsesorten würden das Wasser viel nötiger brauchen. Wir waren so sprachlos und konnten es gar nicht fassen, was Galvao uns da anbot.

Peter machte ihm nun einen Vorschlag: Wir würden in Tag- und Nachtschichten bewässern und jede Woche den Motor auswechseln, damit auch seine Kulturen nicht vertrockneten. Das würde man dann schon sehen, meinte Galvao und drang darauf, den Motor gleich zu holen.

Da wir nur zwei angelernte Bewässerer hatten, die sich am Tage ablösten, standen wir von da ab selbst jede Nacht bis zum Morgen mit der Taschenlampe beim Bewässern. Nach der ersten Woche freuten wir uns in doppelter Hinsicht: Erstens waren unsere Kulturen vorerst gerettet, und zweitens konnte man endlich wieder einmal ausschlafen.

Diesen Zustand ertrugen wir sechs Wochen, doch schafften wir es auf diese Weise, daß weder bei uns noch bei Galvaos die Kulturen ernstlich Schaden erlitten.

Entgegen aller Erwartung traf der bestellte Motor pünktlich ein. Es war ein englischer Lister-Motor, der durch seine geringe Umdrehungszahl eine nahezu unbegrenzte Lebensdauer besaß. Er wurde in bar bezahlt.

Unterdessen hatten wir die Kartoffelernte verkauft. Am vorletzten Tag des Jahres zählten wir das vorhandene Geld. So unglaublich es auch scheinen mochte, es reichte so genau für die Abzahlung des Autos, daß nicht einmal ein halber Escudo übrigblieb. Am selben Abend besuchten uns Galvaos, die von unserer Zahlungspflicht wußten. Galvao trat mit einem Stock über der Schulter ins Haus, an dem in Nikolaus-Art ein Beutel hing, den er nun aus dem Stock zog und mitten auf den Kistentisch legte, während er sagte: »Habt ihr das Geld zusammenbekommen? Wenn nicht, kann ich mit dem, was hier im Beutel ist, noch aushelfen. Mehr, als was da drin ist, haben wir nicht.« Ach, sie waren so einmalig! Sie überraschten uns laufend mit solchen Freundschaftsbeweisen. Ergriffen bedankten wir uns und erklärten, daß es nicht nötig sei, dem Beutel etwas zu entnehmen, und daß wir das ihnen zu verdanken hätten, weil sie uns durch das Ausleihen ihres Motors nicht untergehen ließen.

Welche Erleichterung war es, als wir am nächsten Tag schuldenfrei aus Benguela zurückkehrten. Ein Hochgefühl beherrschte uns und gab uns neue Kraft. Gerd, der während der Weihnachtsferien zu Hause gewesen war, wurde wieder nach Chicuma gebracht. Diesmal begleitete ihn Mutter mit Kaliki, der seinen Bruder abgöttisch liebte. Er war untröstlich, als Gerd weg war, und ich mußte den ganzen Tag alles stehen- und liegenlassen, um ihn abzulenken.

Im April kam unser drittes Kind zur Welt. Es wurde die noch fehlende Christa. Peters Freude über das ersehnte Mädchen war so groß, daß er mir ein nagelneues Damenfahrrad schenkte. Mir war damals, als hätte ich einen Mercedes bekommen. Die Pflanzung war sehr groß, und wollte man alles zu Fuß ablaufen, was man im Laufe eines Tages erledigen mußte, dann kam an Kilometern eine ansehnliche Summe zusammen.

Damit war die Zeit gekommen, von Tschik-Tschek Abschied zu nehmen. Es wurde unserem Hausjungen Sapalo überlassen. Er strahlte und schwang sich gleich darauf. Barfuß wie er war, bekam er Angst, sich an der ungeschützten Kette zu verletzen. Er setzte daher nur die Fersen auf die Pedale und drehte die Füße mit gespreizten Zehen nach außen. Es sah zu komisch aus, und Peter rief ihm zu: »Sapalo, du sitzt darauf wie ein Weltmeister!« Da konnte er sich vor Lachen nicht mehr halten und fiel herunter. Wir vergossen dabei Tränen, als er immer wieder versuchte, sich auf dem Sattel zu halten, wobei er an so vieles zugleich denken mußte, denn achtete er auf die Füße, vergaß er das Lenken. Schließlich konnte Peter es nicht mehr länger mit ansehen, wie sehr sich Sapalo abmühte, das altersschwache Tschik-Tschek unter seine Gewalt zu bekommen, und schob ihn einige Runden um den Hof, wobei er zunächst nur steuern sollte.

Am gleichen Tag, an dem Sapalo das alte Rad bekam, dessen Namen er leicht in »Tschiki-Tscheki« abwandelte, wurde nachts um drei Uhr an unser Schlafzimmerfenster geklopft. Peter stieg aus dem Bett und ging hin. »Wer ist da?« Auf seine Frage kam eine lange Litanei in Umbundu, der Eingeborenensprache, von der Peter kein Wort verstand. Ich mußte dazukommen. Es war Tomassi, unser erster Arbeiter, der kein Portugiesisch sprach. Wenn es mit ihm etwas zu verhandeln gab, mußte ich immer dabei sein. Tomassi war vollkommen aufgelöst. Das konnte man an der aufgeregten Art, wie er sprach, selbst bei Nacht wahrnehmen. Er bat uns um unsere Hilfe, denn er hatte sich eine Frau gekauft, für die er sechs Garafoes Wein an ihre Familie bezahlt hatte. (Ein

Garafao faßt fünf Liter.) Heute abend war sie ihm gebracht worden, und nun sei sie verschwunden, einfach abgehauen. Als ihre Familie gegangen war, sagte sie, sie müsse kurz austreten gehen. Sie sei aber bis jetzt noch nicht zurück, und er sei nun der Meinung, daß sie nicht mehr wiederkäme. Dabei war ein Zittern in seiner Stimme.

»Meine Güte«, sagte Peter, als ich ihm die Geschichte übersetzt hatte, »was will er bei seiner Hernie nur mit einer Frau? Vermutlich erschrak sie sich davor und ergriff die Flucht.« Was er denn nun konkret von uns wünsche mitten in der Nacht, fragte ich Tomassi. Wir sollten mit der Carrinha die Frau suchen helfen, meinte er. »Hör mal zu, Tomassi. Du bist doch nicht ganz gesund, du müßtest dich erst operieren lassen, leg dich schlafen, trink zum Trost selbst ein Glas Wein und sieh bei Tageslicht zu, ob du die sechs Garafoes wieder zurückbekommst.« Damit zog er ab, indem er empörte Selbstgespräche führte, die noch lange zu hören waren, denn je mehr er sich entfernte, desto lauter wurde er. Diesmal war es in seinem Herzen gewiß nicht nur dunkel, sondern stockfinster. Am nächsten Tag fehlte er bei der Arbeit, was bei ihm bisher noch nicht vorgekommen war. Aber kurze Zeit danach ließ er sich endlich operieren. Es dauerte lange, bis wir uns an den neuen Tomassi gewöhnt hatten, der nun ohne jenes Gewicht stolz einherging.

Wir wurden ständig und bei den unglaublichsten Situationen als Schiedsrichter begehrt, wobei die europäische Rechtsauffassung der afrikanischen meist widersprach.

Unterdessen waren auf Cavaco Maurer am Werken und die Weihnacht des Jahres 1955 feierten wir bereits in unserem neuen, kleinen Haus. Wie genoß ich es, die erste mit Blumen gefüllte Vase aufstellen zu können. Nach den Kriegsjahren, in denen wir ständig umherziehen mußten, und dem nicht weniger schweren Anfang auf Cavaco, bei dem wir uns wahrlich allerlei zugemutet hatten, wurde dieses kleine Haus für mich zum Paradies.

Parallel zum Hausbau wurden einschneidende Veränderungen auf Cavaco vorgenommen. Eine Mangoallee wurde vom Haus aus in gerader Linie bis zum letzten Brunnen am hintersten Ende der Pflanzung angelegt, von der wir nach einigen Jahren mit Mangofrüchten regelrecht überschwemmt wurden.

Auf der Straßenseite wurde die Einfahrt erweitert und auf beiden Seiten mit Ölpalmen bepflanzt, die später als Palmenallee unser Stolz waren. Es hingen Tausende von Webervogelnestern an den langen Faserblättern der Palmen, deren Bewohner uns jeden Morgen und Abend mit ihrem Gesang erfreuten.

Peter und ich waren »ein gutes Gespann«. Es ging jetzt mit großen Schritten vorwärts, was uns bald den Spitznamen »deutsches Wirtschaftswunder in Angola« einbrachte.

Schon ein Jahr später wurde am großen Haus gebaut. Peter erwies sich als erstaunlich guter Architekt und Baumeister. Er war immer mit Lot und Maßstab unter den schwarzen Maurern, und es entging ihm nicht die kleinste Unebenheit.

Einer der vier Maurer gefiel ihm besonders, da er seine Arbeit am saubersten machte. Er hieß Sebastiao. Eines Abends sagte Peter: »Der Sebastiao könnte eine Lebensstellung bei uns bekommen, er gefällt mir, und auf einer Pflanzung gibt es ja ständig etwas zu mauern. Es sollen auch noch alle Hauptwasserleitungen auszementiert werden, wodurch wir viel Motortreibstoff sparen können, weil dadurch kein Wasser mehr in den langen Leitungswegen versickern kann. Und lebenslänglich wollen wir ja keine Gemüse- und Kartoffelbauern bleiben. Eine Fabrik, die Trockenbananen herstellt, schwebt mir schon lange vor. Das Gemüse ist ein lukratives Geschäft, aber die Konkurrenz wird immer größer. Es hat uns den Betrieb angekurbelt. Auf die Dauer aber ist es eine sklavische Schinderei, denn wenn wir es nicht wie bisher unter rücksichtslosem persönlichem Einsatz betreiben, bringt es nicht annähernd das, was es bis jetzt abgeworfen hat.«

Das waren in groben Zügen unsere Zukunftspläne. Peter sagte: »Laß doch mal den Sebastiao rufen.« Sapalo, der noch das Abendgeschirr abwusch, wurde zur »Sansala« (Arbeiter-Dorf) geschickt, das sich am hintersten Ende der Pflanzung nahe des letzten Brunnens befand. Er schwang sich auf Tschiki-Tscheki, das er mit allerlei Fähnchen und bunten Bändern liebevoll verziert hatte – und inzwischen auch vollkommen beherrschte – und führte seinen Auftrag aus. Es war ein stimmungsvoller Vollmondabend, und wir hockten uns auf die noch nicht verputzte Verandatreppe des großen Hauses, das schon jetzt, im halbfertigen Zustand, ein stattliches Aussehen zeigte. Nach einer Weile kam Sebastiao. Peter forderte ihn auf, sich zu uns auf die Treppe zu setzen. Wir fragten ihn nun, ob er sich für eine Stellung auf Lebenszeit bei uns interessieren würde. Wenn ja, würden wir ihm ein Stück Land abtreten, auf dem er sich ein Steinhaus bauen und dieses anschließend mit Möbeln einrichten könne. Wir würden ihn dabei unterstützen und Gelder vorschießen, die er dann nach und nach abarbeiten könne. Sebastiao schwieg. Er schwieg solange, daß uns der Verdacht kam, er habe das Angebot nicht verstanden. Ich wiederholte es nochmals in Umbundu. Danach dauerte es noch eine Weile. Schließlich schüttelte er zu unserer Verblüffung verneinend den Kopf. Aus welchem Grund er gegen das Angebot sei, wünschten wir zu erfahren, und Sebastiao erklärte, er wäre

mit solch einem Haus und Möbeln darin kein freier Mann
mehr. Wir konnten den Sinn seiner Worte nicht verstehen
und wünschten eine nähere Erklärung, welche Freiheit er
damit meine. Darauf sagte er: »Wenn ich in einer Strohhütte
lebe und auf dem Boden schlafe, dann kann ich, wenn die
Sehnsucht im Herzen einzieht und es dunkel darin wird, die
Hütte einfach abbrennen, und ich bin ein freier Mann. Es
bindet mich nichts mehr, ich lasse nichts zurück.« Mit solch
einem Haus, wie wir es vorschlügen, könne er das nicht mehr
tun. Er könne so ein Haus nicht mehr einfach abbrennen
und wäre damit auch kein freier Mann mehr. »Welch sonder-
bare Gedanken«, sagte Peter verdutzt. Ich aber, als weiße
Afrikanerin, konnte Sebastiaos Worte nachempfinden und
mußte merkwürdigerweise an die Zeit in Deutschland denken,
wo man so oft gegen die einzwängenden Umstände revol-
tiert hatte. Nur wer in der afrikanischen Weite aufwuchs,
konnte ihn verstehen.

»Gut«, sagte Peter zu Sebastiao, »jeder Mensch soll auf
seine Art selig werden, wir haben es gut mit dir gemeint.«
Sebastiao bedankte sich, und wir wünschten ihm eine gute
Nacht. Nachdenklich sagte Peter nach einer Weile: »Ist darin
vielleicht der Grund zu suchen, weswegen die Schwarzen in
so mancherlei noch in der Steinzeit stehen, weil sie jeden
Besitz als Belastung oder Freiheitsberaubung empfinden?«

So konnte man immer wieder auf Dinge stoßen, die ein
großes Einfühlungsvermögen erforderten. Es war das Afrika
von damals, das sich mehr und mehr veränderte, denn die
Entwicklung blieb nicht stehen. Die Tatsache, daß die überwiegende Mehrheit der Bevölkerung nach wie vor in Stammessitten lebt, steht einer Überwindung der Unterentwicklung
im Wege. Auf der anderen Seite aber ginge damit etwas verloren, das den Europäern längst abhanden gekommen ist:

die Fähigkeit zu einem genügsamen Dasein. Wieviel könnten sie von den Schwarzen lernen, wenn sie dafür offen wären, und wie wenig konnten die Einheimischen auf diesem Gebiet von den Weißen lernen, die dem Wohlstand in ständigem Streß hinterherjagen und weder Zeit noch Ruhe finden.

Peter bereitete mich bald moralisch und praktisch darauf vor, den Führerschein zu machen, wogegen ich mich verzweifelt wehrte. Denn es war damals noch Pflicht, bei der Prüfung den gesamten mechanischen Vorgang eines Motors zu kennen, wovon ich keinen blassen Schimmer hatte. Alles Mechanische war für mich von jeher eine fremde, geheimnisvolle Welt.

Unter Peters Führung war ich schon öfter ein kleines Stückchen auf der Cavaco-Straße gefahren. Wenn ich den Wagen aber grundsätzlich in jedes der vielen verflixten Löcher lenkte, schaute Peter zu mir herüber wie ein Dompteur, der die Gewalt über sein Tier verloren hat. Nach kurzer Zeit schon verlor er die Nerven, faßte sich nach jedem überlebten Stoß mit beiden Händen an den Kopf und schaute mich mit Augen an, als ob ich nicht bis drei zählen könnte, was mich vollends um meine Sicherheit brachte, denn ich wußte dann erst recht nicht mehr, wohin ich ausweichen sollte, wenn schon wieder ein beängstigend tiefes Loch auf den Wagen zukam. Nein, mit Peter war es aussichtslos, das Autofahren zu erlernen. Er war einfach zu genau. Aber er erwies sich als hochgradig stur und gab nicht auf. Jedesmal, wenn wir abends noch ins Kino wollten, beeilte er sich und saß, wenn ich zum Wagen kam, bereits auf dem Beifahrersitz. Damit war mir schon der ganze Abend verdorben. Ich bekam Schweißausbrüche und glaubte schon, eine masochistische Ader an Peter entdeckt zu haben, denn ich mußte ans Steuer, ob ich wollte oder nicht, und es schien ihn zu amüsieren. So entschloß ich mich schließlich widerwillig, die Fahrschule zu besuchen.

Nach der Prüfung aber kam ich mir mit dem Führerschein großartig vor. Der Prüfer stellte gottlob die Fragen über die Funktion des Motors sauber der Reihe nach, wie sie im Lehrbuch standen, aus dem ich alles auswendig gelernt hatte. Das Autofahren machte mir dann nach einiger Zeit viel Spaß. Es verlieh mir ein Gefühl von Unabhängigkeit und Freiheit.

An einem Sonntag – Cavaco ruhte von der täglichen Regsamkeit – wanderten wir im Rohbau unseres Hauses herum, dessen Wände jetzt in Dachhöhe waren. Im großzügig angelegten Wohnzimmer machten wir gerade Pläne über die Aufstellung der Möbel, da fuhr ein Wagen bei uns vor. Ein großer, stattlicher Mann und eine Frau stiegen aus. Wir gingen aufeinander zu. Er stellte sich vor: »Emilio Cochat, Sekretär des Gouverneurs von Benguela, meine Frau Malu.« Danach entschuldigte er den Überfall bei uns, aber er hätte nun nicht mehr länger dem Wunsch widerstehen können, die Menschen kennenzulernen, die solch ein Schmuckstück von einer Pflanzung mitten ins Cavaco-Tal gesetzt hätten.

Nach kurzer Zeit war eine lebhafte, amüsante Unterhaltung im Gange, die vor allem von Cochat ausging. Wie aus seinem Namen hervorging, war sein Vater Franzose, seine Mutter aber Portugiesin. Er besaß viel Witz und war ein brillanter Unterhalter. Man kam aus dem Lachen gar nicht mehr heraus. Seine Frau, eine exotische Schöne, bemühte sich um Christa, die sich scheu an Mutter festklammerte. Cochats luden uns am selben Tag ein, sie in Benguela zu besuchen. Von da ab entwickelte sich ein reges, freundschaftliches Hin und Her.

Ein halbes Jahr danach bereiteten wir das Einweihungsfest unseres großen Hauses vor. Es war bereits komplett eingerichtet. Die Möbel waren aus massiven Angola-Hölzern, von Musibi bis Girasonde, angefertigt worden. Letzteres war ein besonders schön geflammtes Holz, dessen Maserung bizarre Formen aufwies.

Heute sollten wir nun zum ersten Mal darin schlafen. Sapalo half die Matratzen – es waren inzwischen echte – aus dem kleinen ins große Haus zu tragen und sagte: »Heute nacht werdet ihr nicht gut schlafen.« Wie er das meine, fragte ich ihn. Darauf erklärte er: »Ihr habt in diesem Haus noch keine Wurzeln geschlagen, bis dahin seid ihr nur Gäste darin. Wenn ihr nach einiger Zeit damit verbunden seid, dann erst werdet ihr gut schlafen.« Auf solche Gedankengänge stießen wir laufend. Bei aller fremd anmutenden Denkweise war doch stets etwas Treffendes daran.

Nach dem Bettwechsel brachte Mutter, einem alten Brauch folgend, eine Schale mit einem Häufchen Salz und einem Stückchen Brot und stellte sie auf den Eßzimmertisch, auf daß es in diesem Haus weder an Brot noch an Lebenswürze mangele. Wir waren an einem Markstein angekommen, den zu erreichen wir keine Arbeit gescheut hatten. Der Einsatz war groß gewesen, und das Resultat wurde nun froh in Besitz genommen. Ich fragte Peter, ob er sich noch an die Worte erinnern konnte, die er damals, als wir die erste Besichtigung Cavacos hinter uns hatten, gesagt hatte. Er überlegte einen Augenblick und fragte: »Meinst du das mit dem Paradies?« Ich nickte. Daraufhin meinte er bescheiden: »Ich hab' halt nur Glück gehabt, allein hätte ich es nicht geschafft, wir haben alle Glück gehabt.«

Zwei Tage vor dem Fest zogen wir ein. Auch die Arbeiter wurden wie zu Vaters Zeiten mit den Dingen bedacht, die ihnen lieb waren. Danach erfreuten sie uns stundenlang mit ihren Tänzen. Es wird bei den Schwarzen bei jeder Gelegenheit ganz einfach das »Leben« gefeiert. Und ist dieses Feiern nicht wie ein Gebet, wie ein Dank an Gott?

Das Fest war sehr stimmungsvoll. Alle Gäste – Galvaos, Cochats, Martins und viele andere – freuten sich mit uns, wie man es selten findet, da der Neid oft zum Hindernis wird. Als schon alle recht angeheitert waren, sagte Martins plötzlich mit schwerer Zunge: »Wo ist das alte Fahrrad? Es muß unbedingt mit einem Lorbeerkranz geschmückt das Fest mitmachen. Ich habe es ja immer gesagt, daß euer anfänglicher Zustand schnell vorübergehen wird. Aber das alte Rad muß heute einen Ehrenplatz bekommen.« Damit begab er sich, schon etwas unsicher auf den Beinen, nach draußen, um danach zu suchen. Er entdeckte es bei der Küche und schob es mit all seinen Fähnchen und Bändern auf die Veranda. Sapalo stürzte ihm nach und erklärte Martins mit ängstlichen Augen, daß es sein Rad sei. Peter eilte dazu und machte Sapalo klar, daß keiner ihm sein Tschiki-Tscheki wegnehmen wolle, er möge es nur heute abend ausleihen, es solle mitfeiern. Wenn er auch nicht verstand, wieso ein Fahrrad mitfeiern könne, begab er sich doch beruhigt zur Küche zurück, während Martins sich damit abmühte, das Rad so auf der Veranda aufzustellen, daß man es vom Wohnzimmer aus sehen konnte. Wie haben wir darüber gelacht. Wir konnten uns gar nicht mehr beruhigen, jeder hielt sich den Bauch und rang nach Luft. Danach kam Martins herein, zog aus jeder Vase eine Blume, kehrte damit auf die Veranda zurück und fummelte solange in Tschik-Tscheks Speichen herum, bis er sie dort untergebracht hatte. Da stand es nun blumengeschmückt, und wir erinnerten uns an die seltsame Laufbahn, die ihm beschieden worden war.

Die Feier dauerte bis in den Morgen hinein, und als die Gäste sich verabschiedeten, kam zu unser aller Erstaunen

Sapalo, der sich hinter der Veranda aufgehalten hatte, und schob sein Tschiki-Tscheki davon.

Nach dem Hausbau kamen nun die Auszahlungen an Mutter und die Geschwister an die Reihe. Luise war inzwischen mit einem Schweden verheiratet und Mutter von zwei Kindern, während Jola mit Ingrid und seinen Töchtern in Amerika lebte. Mutter besuchte ihn und nahm dabei sein Erbteil in Dollars mit.

Jetzt ging Peter daran, die schon so lange geplanten Arbeiterhäuser mit Küchen und Duschräumen zu bauen, trotz Sauer, der kopfschüttelnd hinter vorgehaltener Hand zu mir sagte: »Er ist immer noch ein neuer Besen.«

Als die Unterkünfte gebaut und den Leuten zugeteilt worden waren, machten wir eines Abends einen Spaziergang und gingen die Mangoallee hinab bis zum letzten Brunnen, wo die Arbeiterhäuser standen. Als Peter sah, daß alle Leute draußen auf dem Boden um ihre Feuerstellen in Decken eingewickelt lagen, verschlug es ihm die Sprache. Er traute seinen Augen nicht, und es mußte eine ganze Weile vergehen, bevor er den einen Satz herausbrachte: »Wie ist das möglich?«

Die Leute hatten nur ihre Habseligkeiten in den Häusern untergebracht und schliefen, da die Strohhütten wegen der Neubauten abgerissen werden mußten, unter freiem Himmel. Als sie unsere Anwesenheit bemerkten, richteten sich einige auf. »Warum schlaft ihr denn nicht in den Häusern?« fragte Peter. Es folgte ein langes Schweigen. »Ist euch in den Häusern denn zu warm oder zu kalt?« fragte Peter weiter, und da kam aus dem Hintergrund eine Antwort: Es sei weder zu kalt noch zu warm, es sei wegen der Geister, die es übelnehmen könnten, wenn sie von ihren Stammessitten abwichen.

Peter stand vor einer anderen Welt, der er mit dem Verstand nicht beikommen konnte, die er erst erleben mußte, um zu erkennen, daß alles, was für den Weißen begehrenswert ist, für den Schwarzen keine Bedeutung hat. Auf dem Rückweg sagte er: »Du brauchst ja Sauer nicht unbedingt etwas davon zu sagen, was wir soeben erlebt haben. Er geht mir mit seiner Rechthaberei und seinen Belehrungen manchmal etwas auf die Nerven, wenn er auch oft recht hat, so ist er doch in einer überholten Zeit stehengeblieben.«

Aber wie es auch schon auf Tschasi geschehen war, als unsere Leute zum ersten Mal dem spielenden Grammophon begegnet waren und entsetzt die Flucht ergriffen hatten, später aber sogar ihre Lieblingslieder hören wollten, so geschah es auch mit den Häusern. Einer nach dem anderen zog ein, und nach einiger Zeit mußten sogar noch welche dazugebaut werden, weil die verschiedenen Stämme unter sich bleiben wollten. Immer wieder stießen wir auf den Tribalismus.

Eines Tages kamen Cochats und luden uns ein, in ihren Wagen zu steigen. Sie wollten uns etwas zeigen. Sie fuhren mit uns in Richtung Baia-Farta, wohin wir das Gemüse lieferten, bogen kurz vor dem Ort nach rechts ab und steuerten in eine Bucht, die den klangvollen Namen »Baia-Azul« (Blaue-Bucht) trug.

Noch nie hatten wir etwas Schöneres gesehen. Einsam lag ein herrlicher Strand vor uns, den die Wellen des kristallklaren Wassers umspülten. Außer einer Baracke, die dem Gouverneur von Benguela als Schattenspender diente, wenn er den ausländischen Regierungsgästen hier ein Picknick servieren ließ, gab es nichts. Beim Betrachten der Bucht ging meine Phantasie auf Reisen: Hier könnte es gewesen sein, wo der Häuptlingssohn Ischibu einst der Ischiba auf einem

Kieselsteinhaufen begegnet war, denn es lagen unzählige Steinchen im sauberen Sand, und ich faßte augenblicklich eine Zuneigung zu Baia-Azul.

Wir hockten uns auf einen dünenartigen, sanften Hügel und genossen den Anblick. Cochat sagte: »Wollen wir nicht gemeinsam hier auf diesem Hügel« – dabei stampfte er mit dem Fuß auf den Boden – »ein Strandhaus bauen?« Peter und ich schauten uns wie auf Kommando an, wobei jeder in den Augen des anderen die Lust dazu entdecken konnte. Peter sagte: »Wir würden gern, aber wir wollen erst noch unsere Fabrik bauen.« Cochat machte darauf eine wegwerfende Handbewegung und meinte: »Ich allein mit meinem Gehalt kann es nicht. Aber ihr Kapitalisten, für euch ist so etwas doch ein kleiner Fisch.« – »Kapitalisten?« griff Peter das Wort auf und erwiderte: »Wir haben alles, was aus Cavaco herausgeholt wurde, dort wieder hineingesteckt, zusätzlich unseren Schweiß.«

»Das Leben sollte nicht nur aus Arbeit bestehen«, dachte ich nach Afrikaner-Art. Außerdem fühlte ich mich vom ersten Moment an auf so unglaubliche Weise von dieser Bucht gefesselt. Ich sagte, daß wir doch so ganz nebenbei beginnen könnten, z. B. mit Material, das nicht viel Geld koste. Ich würde an den Tagen, an denen die Carrinha nicht fürs Gemüse gebraucht würde, die Steine aus den Bergen holen und sie hierher fahren. Cochats klatschen beide in die Hände und riefen: »Bravo, Thea, das war ein Wort.« Peter sagte: »Ich hatte gehofft, daß du das sagen würdest.« Und so wurde ganz »nebenbei« mit dem Wochenendhaus begonnen. Cochat kümmerte sich um die Dokumente zur Landlegalisierung, und ich brachte die Steinfuhren nach Baia-Azul. Peter wurde vom Baufieber erfaßt und vergaß, solange das Strandhaus nicht beendet war, die Fabrik. Wir bereuten es nicht, uns nach all den schweren Jahren diesen Luxus gegönnt zu haben. Baia-Azul strahlte eine eigentümliche Atmosphäre aus. Es war wie ein Paradies.

Das Häuschen bestand aus einem Wohnraum, zwei Schlafzimmern, Küche, Bad und einer breiten Veranda, auf der sich das Strandleben hauptsächlich abspielte. Bald konnten wir das erste Wochenende dort verbringen. Mutter war noch nicht aus Amerika zurück. Für Kaliki und Christa – sie wurde von jedermann Nene genannt – wurden Luftmatratzen besorgt und ins Wohnzimmer gelegt. Cochats hatten ihr Schlafzimmer bereits ausstaffiert. Wir brachten unsere Betten erst am Einzugstag mit. Jeder steuerte ein reichliches und raffiniertes Essen bei, auch der Sekt war nicht vergessen worden. Es wurde ausgiebig geschwommen, das Wasser war wie vorgewärmt, ach, es war so herrlich, die Kinder wollten überhaupt nicht mehr raus.

Der Tag war sehr warm, ihm folgte eine schwüle Nacht. Langsam wurde es Bettzeit. Wir wünschten einander gute Nacht. Keiner konnte jedoch einschlafen. Draußen schien der Vollmond, und es war zu schön, von der Veranda hinab aufs Meer zu schauen, das durch das Mondlicht glitzerte, als wären Diamanten darauf gesät worden. Jetzt waren Cochats zu hören, wie sie sich sachte an den schon schlafenden Kindern vorbei auf die Veranda schlichen. Wir folgten ihnen. Emilio und Peter im Schlafanzug, Malu und ich im Baby-Doll, hockten wir uns auf die Verandatreppe und genossen verzaubert die Nacht. Die Unterhaltung wurde mit gedämpften Stimmen geführt. Unbemerkt verstrichen die Stunden, und es war längst nach Mitternacht, als wir uns zum zweiten Mal gute Nacht wünschten.

Wir rochen nach Sonne, Salz und Meer und lagen noch lange wach, lauschten dem Plätschern der Wellen, zufrieden mit uns, dem Leben und der Welt. Nach all den Entbehrungen hatten wir es nun besser und schöner, als wir es uns je zu träumen gewagt hätten. Von da ab verbrachten wir, solange es warm war, kein Wochenende mehr auf Cavaco.

Eines Tages brachte Peter, der von einer Gemüselieferung aus Baia-Farta zurückkam, die Nachricht mit, er habe vertraulich erfahren, daß die Schiffswerft, die zu unseren Kunden gehörte, vor dem Bankrott stünde. Sie schuldete uns eine beträchtliche Summe. »Man müßte ein Boot in Auftrag geben, eine kleine Jacht, um nicht das gesamte Geld zu verlieren«, meinte Peter. »Tu es, so schnell du kannst!« rief ich, und meine Phantasie malte sich bereits die Freuden einer Bootsfahrt aus.

Peter fuhr noch am gleichen Tag nach Benguela und besorgte Bootsprospekte. Unsere Wahl fiel auf eines, das sieben Meter lang und in der Kabinenmitte drei Meter breit war. »Es wird mehr kosten, als sie uns schulden«, gab Peter zu bedenken. Wir kalkulierten, daß bis zur Fertigstellung des Bootes noch Monate dahingingen, in denen wir Gemüse, von dem sowieso zuviel vorhanden war, weiter liefern würden. Sollte dann noch eine Restsumme zu unseren Lasten verbleiben, wäre es nicht mehr schlimm.

Das Boot wurde zwei Tage später in Auftrag gegeben und schon nach drei Monaten geliefert. Unsere Rechnung ging auf. Es wurde zunächst mit einem Außenbordmotor versehen. In Baia-Azul war auch schon ein großer Zementblock versenkt worden, an dem eine Boje zum Festmachen des Bootes hing.

Jetzt begann eine wahrhaft aufregende Zeit. Emilio brachte Kataloge über Angelruten und alles mögliche Zubehör mit. Wir hatten noch keine Erfahrung mit Angeln und ließen uns von ihm beraten.

Die erste Fahrt mit dem Boot ging in Richtung Tschamume, wo seinerzeit Paul Lorenz gelebt hatte, der inzwischen
verstorben war. Es waren bald die Stellen herausgefunden,
wo der Meeresgrund aus Felsen bestand und es die »Garoppa«
(Klippfische) gab, die zu den köstlichsten Fischsorten gehörten. Wie war es aufregend, wenn die Angelrute heruntergezogen wurde und man den Kampf mit dem verzweifelten
Fisch aufnahm, der um sein Leben rang, wenn große Fische,
die oft zwischen zwanzig und dreißig Kilo wogen, herausgeholt wurden. Im Grunde war es ein grausamer Sport. Doch
würde man das Angeln aus diesem Grund aufgeben, so hörte
damit der Fischfang noch lange nicht auf.

Das Boot war nach kurzer Zeit derart mit Fischen voll, daß
wir kaum noch Platz für unsere Füße fanden. Es gab einen
sagenhaften Fischreichtum, wenn man die richtigen Stellen
kannte. Kaum hatte man einen neuen Köder am Haken, da
zog es schon wieder mit Macht. Wir waren alle vom Angel-
fieber befallen, und die Stunden verflogen im Nu. Es tat jedem
leid, daß die Nacht nicht zum Tag gemacht werden konnte,
und wir freuten uns am Montag schon wieder auf den Sonntag. Alle Freunde wurden mit Fischen versorgt, vor allem aber
unsere Arbeiter, die aus dem Tanzen gar nicht mehr heraus-
kamen. Hin und wieder wurde ein Hai oder eine Moräne
hochgezogen, was jedesmal eine neue Angelschnur, Haken
und Blei kostete. Wir kauften uns halb tot an diesen Dingen
und machten die Erfahrung, daß eine Bootshaltung viel kost-
spieliger war, als es ein halbes Dutzend Autos gewesen
wäre. Die Freude an Boot und Angeln war jedoch so groß,
daß wir gern in Kauf nahmen, wenn es deswegen mit der
Fabrik etwas langsamer voranging.

Immerhin waren die Fundamente für die Fabrik und die
Reifehallen schon gelegt. Man konnte sich bereits eine Vor-

stellung davon machen, daß aus Cavaco einmal eine kleine Stadt werden würde.

Zu der Zeit war es auch, als plötzlich eine zehn Hektar große Pflanzung, etwa drei Kilometer von uns entfernt, deren Besitzer verstorben war, versteigert wurde. Sie lag zwischen der Lobito-Straße und dem Meer. Mit Blick auf die geplante Fabrik waren Zubringerbetriebe notwendig, um auf eine Produktionsmenge zu kommen, die einen Export lohnte. Wir ersteigerten die Pflanzung. Damit kam der Bau der Fabrikgebäude aus Geldmangel vorerst fast zum Erliegen. Nur Sebastiao, der »Freie«, arbeitete noch daran weiter.

Unterdessen waren Kaliki und Nene soweit, daß auch sie in die Schule nach Chicuma mußten, womit eine schwer zu ertragende Leere bei uns entstand. Wenn man auch kaum etwas von den Kindern gespürt hatte, die infolge der großen Bewegungsfreiheit auf einer Pflanzung entweder auf Bäumen saßen oder irgendwo spielten, so waren sie doch da gewesen.

Gerd dagegen wurde aus der deutschen Schule genommen und ins portugiesische Gymnasium nach Benguela geschickt, weil dort Kinder über vierzehn Jahre nicht mehr aufgenommen wurden. Da wir nicht die Absicht hatten, Angola je zu verlassen, erachteten wir es als zweckmäßig, wenn zumindest eines der Kinder seine Ausbildung in einer Schule des Gastlandes durchmachte, mit der es später besser zurechtkäme.

Mutter war inzwischen aus Amerika zurück und des Lobes voll über Jola und Ingrid, die sich in den wenigen Jahren ihres dortigen Aufenthalts einen ansehnlichen Wohlstand geschaffen hatten. Sie war auch sprachlos über die bei uns angetroffenen Veränderungen. Vor allem Baia-Azul begeisterte sie sehr. Auch wir wurden ausgiebig gelobt, und sie fügte zum Schluß wieder einmal in ihrem Dialekt hinzu: »Wenn i mai Kinnerli nit hätt ...«

Zu der Zeit waren bei uns etwa achtzig Arbeiter beschäftigt, darunter ein Portugiese aus der Algarve namens Eduardo Reis. Ihm übertrug Peter so nach und nach die Kontrolle über die Arbeiter, damit er sich mehr der Fabrik zuwenden konnte.

Es gab auch wieder wie zu Zeiten der Eltern einen Koch sowie Servierboys in weißen Uniformen mit goldenen Knöpfen. Die Hausangestellten sahen von oben herab auf die Arbeiter, die sie als rückständig ansahen. Sie trugen stolz ihre Uniform, wobei es ihnen die goldenen Knöpfe besonders angetan hatten, die sie ständig mit einem Tuch auf Hochglanz polierten.

Mit mir war auch eine augenfällige Veränderung vor sich gegangen. Regelmäßig besuchte ich nun Friseur, Mani- und Pediküre sowie einen Masseur. Ich war stets wie aus dem Ei gepellt. Meine Garderobe bewies den neuesten Stand der Mode, zumal wir durch Cochats häufig beim Gouverneur eingeladen waren, zu dem wir außerdem oft zum Dolmetschen gerufen wurden, sooft deutsche Journalisten oder irgendwelche Delegationen Angola besuchten. Mit der Thea, die noch vor wenigen Jahren schweißtriefend das vollgepackte Tschik-Tschek von Benguela nach Cavaco geschoben hatte, war ich nun rein äußerlich nicht mehr zu vergleichen.

Auch Peter machte sich nur noch die Finger schmutzig, wenn es unbedingt sein mußte. Er stolzierte meistens in kurzärmeligen Balalaikas einher, die damals viel getragen wurden und ihn vorzüglich kleideten, und kümmerte sich hauptsächlich um die Fabrik.

Eduardo löste Peter von den Gemüsefahrten nach Baia-Farta ab, die ihm schon lange ein Greuel waren. Neben alldem

Vorderansicht großes Wohnhaus

betrieben wir eine Hühnerzucht, die zur Hauptsache mein
Revier war. Ein Brutschrank mit einem Fassungsvermögen
von dreitausend Eiern wurde angeschafft, so daß jede Woche
ein Satz von etwa neunhundert Kücken schlüpfte und wieder
tausend neue Eier in den Schrank gelegt wurden. In zwei
Jahren waren wir auf zehntausend Hühner gekommen und
verkauften Eier und Schlachthähnchen in riesigen Mengen.
Zur Carrinha war längst ein amerikanischer Straßenkreuzer –
wie man diese Autos nannte – gekommen, die in Angola
gerade sehr modern waren.

Auf der ersteigerten zweiten Pflanzung waren vorerst
zwanzig Leute unter der Oberaufsicht eines Portugiesen aus
Madeira beschäftigt. Dort hatten wir gar nicht erst mit Gemüse

Palmeneinfahrt

angefangen, sondern das gesamte Land in schnurgerade Bananenfelder aufgeteilt und bepflanzt. Mit einem Wort: Es war
alles vollkommen, ob in den Betrieben oder unter uns, und
der Segen, der auf allem zu ruhen schien, war nicht nur
sichtbar, sondern auch spürbar. Auch das Verhältnis zu den
Schwarzen, unter denen es zu der Zeit schon allerlei Gebil-
dete gab, die in Staatsdiensten standen, als Postenchefs und
sogar als Richter fungierten, war gut, und es gab regen freund-
schaftlichen Austausch mit ihnen, wodurch das Sprichwort
entstand: »Gott schuf den Weißen und den Schwarzen, der
Portugiese den Mulatten.«

Eines Tages kamen Cochats mit hängenden Köpfen zu uns.
Cochat war nach Sa da Bandeira versetzt worden, was für sie

den Abschied von uns, Baia-Azul und den Angelfahrten bedeutete. Auch wir bedauerten es sehr, waren wir uns doch in all den Jahren sehr nahegekommen, zumal auch Galvaos wegen einer Erbsache für immer nach Portugal zurückgekehrt waren. Wir zahlten Cochats ihren Anteil am Strandhaus aus und waren von da ab alleinige Besitzer von Baia-Azul.

Im Jahre 1958 war die Fabrik fertig. Peter traf Vorbereitungen für eine Deutschlandreise, um einen Ofen zur Herstellung von Trockenbananen zu kaufen. Er korrespondierte diesbezüglich schon längere Zeit mit allerlei Firmen in Deutschland und Schweden. Luises Mann machte uns auf die schwedische Firma Igetro aufmerksam, die Öfen für allerlei Zwecke herstellte. Einen ausgesprochenen Bananentrockner konnte jedoch keine Firma anbieten. Peter meinte, daß wir einen Ofen nehmen müßten, der sich für diesen Zweck umbauen ließe.

Nun fing Peter damit an, mir Dinge zu erklären, die in seiner Abwesenheit beachtet werden müßten. Als es um die Motoren und Autos ging, bei denen in gewissen Abständen ein Ölwechsel vorgenommen werden mußte, da wurde mir angesichts meiner technischen »Fähigkeiten« schon im voraus schwindlig. Als Peter meine Unsicherheit bemerkte, sagte er: »Jeder Mensch wächst mit seiner Aufgabe. Du wirst sehen, es ist überhaupt nicht schwierig.« – »So redet jeder, der sich in technischen Dingen auskennt«, dachte ich, aber ich sagte es nicht und nickte nur eifrig zu allem, was er mir erklärte. Eduardo, dessen Frau Floripes inzwischen aus Portugal nachgekommen war, bekam von Peter den Auftrag, sobald die Kartoffeln geerntet seien, die Felder nur zu pflügen und mit Bananen zu bepflanzen.

Peter war nun schon drei Monate fort. Die Kartoffeln waren geerntet und verkauft. Eduardo begann mit dem Bananenpflanzen. Dabei konnte er die Leute nicht allein lassen, weil jede Reihe nach Schnur und im Abstand von jeweils drei Metern bepflanzt werden mußte. In dieser Zeit übernahm ich die Gemüsefahrten nach Baia-Farta; das damenhafte Getue wurde solange abgelegt und die Ärmel wieder hochgekrempelt, wie in den ersten Jahren auf Cavaco. Gleich bei der ersten Fahrt blieb auf dem Nachhauseweg plötzlich der Wagen stehen. Benzinmangel konnte es nicht sein, der Tank war vor kurzem gefüllt worden. Die beiden Lader, die diese Fahrten immer begleiteten, schauten gespannt auf mich, als ich ausstieg und an der Motorhaube herumfummelte. Nur um vor den beiden Arbeitern, die noch weniger davon verstanden als ich, etwas zu tun, schraubte ich den Verschluß vom Kühlwasser auf und wieder zu, starrte mit ernster Miene und »Kennerblick« auf den Motor, griff hier und dort mal hin, schlug schließlich die Motorhaube wieder zu, stieg ein und startete – und siehe da, es war wie ein Wunder: Der Wagen sprang an und fuhr uns nach Hause. Für die beiden Lader war ich von da an die »große Ingenieurin«, was jedoch nicht das Geringste an meiner Einstellung zur Technik änderte.

Peters Briefe waren kurz, beinahe im Telegrammstil gehalten. Es sei gar nicht so einfach, einen Trockner zu finden, der sich für unsere Zwecke verwenden ließe, schrieb er, und die nächste Firma, die er aufsuchen würde, sei die schwedische Igetro. Endlich traf ein ausführlicher Brief von ihm ein, worin er mitteilte, daß er nun den Trockner bei der Igetro gekauft habe. Sobald die Verschiffung geklärt wäre, würde er sich für die Rückfahrt rüsten. Sieben Monate waren inzwischen seit seiner Abfahrt verstrichen.

Eduardo bekam jetzt den Auftrag, mit allen Leuten ein Großreinemachen auf Cavaco durchzuführen. Alle Bananenfelder wurden durchgehackt, die alten, vertrockneten Blätter

Vom Angeln zurück

abgeschnitten und zur Humusbildung sauber auf den Beet-
rand gelegt. Wie frisch rasiert sah ein Feld danach aus und
wurde zur Augenweide. Auch im Blumengarten war allerlei
verschönert worden. So blühten in Wasserbecken Seerosen
und zartlila Wasserhyazinthen. Das Becken bildete die Mitte
des Gartens und war für seine Bewässerung bestimmt. Es
bekam sein Wasser durch eine unterirdische Rohrverbin-
dung zu der nahe am Haus vorbeifließenden Wasserleitung.
Wenige Tage vor Peters Eintreffen sah Cavaco wie ausgefegt
aus. Aber noch vor seiner Ankunft hatten die Kinder Ferien,
und wir fuhren an den Wochenenden nach Baia-Azul. Das
große Boot war vor Peters Abfahrt aus dem Wasser geholt
und vor dem Haus aufgebockt worden. Wir angelten solange

Baja-Azul

mit dem Schlauchboot der Kinder, das den Namen »Forelle«
trug. Gerd war nicht vom Angeln angetan. Er verbrachte seine
Zeit hauptsächlich mit Lesen oder mit Freunden, während
Kaliki und Nene schon gute und leidenschaftliche Angler
waren. Am Vorabend waren bei Nacht mit der Taschenlampe die Krebse gefangen worden, von denen der Strand
wimmelte. Wir benutzten sie als Köder für die Fische.

Die Krebse waren sehr flink, und es erforderte eine große
Wendigkeit, sie einzufangen. Während ich sie mit dem Schein
der Lampe verfolgte, liefen die Kinder hinterher, warfen sich
mit einem Sack auf die Krebse und kamen dann damit zu
mir, um sie in den Eimer zu schütten, den ich trug. Aber einmal, als er schon zur Hälfte gefüllt war, blieb ein Krebs am

Henkel hängen – oder hatten die Kinder es darauf abgesehen, mich zu erschrecken? – und krabbelte auf meine Hand, so daß ich mit einem Schrei den Eimer mitsamt den Krebsen fortwarf. Die Kinder brachen darüber in schallendes Gelächter aus und konnten sich überhaupt nicht mehr beruhigen. Erst als ich eingeschnappt tat und zum Haus zurück wollte, bettelten sie: »Wir sind jetzt wieder brav.«

Auch beim Angeln wurde immer viel gelacht, weil ich trotz meiner großen Angelleidenschaft nicht in der Lage war, den geangelten Fisch vom Haken zu nehmen. Es war mir unmöglich, diese zappelnden Viecher anzufassen, auch nicht mit einem Tuch, stets mußten die Kinder das für mich erledigen. Einmal verfehlte Kaliki den Fischbeutel und der Fisch schnellte ihm aus der Hand und fiel mir in den Schoß. Ich schrie wie um mein Leben und wäre beinahe aus dem Boot gesprungen, wenn Kaliki ihn nicht wieder erwischt hätte.

Während wir angelten, bereitete Mutter einen bunten Reis, der mit Tomaten, Paprikaschoten und Zwiebeln durchsetzt war, und dazu wurden die frischen Fische gebraten. Es schmeckte in Baia-Azul stets besser als zu Hause.

Ein andermal hatte Kaliki keine Lust, das Schlauchboot am Abend aus dem Wasser zu holen, wo es tagsüber verankert lag. »Mama, das Boot kann heute nacht ruhig im Wasser bleiben, es wird sich schon nicht losreißen«, sagte er, und ich beließ es dabei.

Am nächsten Morgen war Kaliki als erster auf und kaum auf die Veranda, da hörte ich seinen erschrockenen Ausruf: »Mama, das Boot ist weg!« Bevor ich aus dem Haus kommen konnte, lief er schon pfeilschnell den Strand entlang in Richtung Caota, wo es noch eine kleine Bucht gab.

Lähmende Angst fuhr mir in die Glieder bei dem Gedanken, Kaliki könnte das Boot weit draußen sichten und sich trotz der dort herrschenden Haifischgefahr ins Wasser stürzen, um es zu holen. Ich lief so schnell hinter ihm her, wie ich nur konnte, und rief laut seinen Namen. Er aber hörte durch den Gegenwind nichts. Der Abstand zwischen uns vergrößerte sich, er war schneller, sein braungebrannter Körper wurden immer kleiner. Ich wünschte, er würde sich nur ein einziges Mal umdrehen.

Jetzt bog er schon um die Landzunge, hinter der die Caotabucht lag. Meine Angst steigerte sich ins Unerträgliche, denn solange ich ihn noch vor Augen hatte, wußte ich, daß er noch lebte. Erschöpft, dem Zusammenbruch nahe, schleppte ich mich keuchend weiter. Da sah ich Kaliki vor der am Strand liegenden »Forelle« knien, auch er konnte sich nicht mehr auf den Beinen halten. Es standen einige Fischer um ihn herum, die beim nächtlichen Fischfang das Boot auf hoher See aufgetrieben und mitgebracht hatten. Sogar die dazugehörigen Paddel lagen noch darin. Von da ab blieb die »Forelle« nie mehr über Nacht im Wasser.

Peter wurde bei der Ankunft auf Cavaco mit dem üblichen Batuque empfangen. Er sah gut aus und verbreitete um sich ein europäisches Flair, wie es bei jedem wahrzunehmen war, der frisch aus dem alten Kontinent eintraf. Nach einiger Zeit verflüchtigte es sich wieder.

Inzwischen war der Trockner montiert. Wir wußten aber nicht, bei wieviel Wärmegraden eine Banane getrocknet werden muß. Es gab in Angola noch kein solches Unternehmen, bei dem man sich hätte Rat holen können. Tonnenweise mußten die Versuchsbananen auf den schon riesigen Komposthaufen geworfen werden. Kamen die ersten vollkommen verkohlt aus dem Ofen, so waren die nächsten, bei zu wenig Hitze, in kurzer Zeit verschimmelt durch die Feuchtigkeit. Es brachte uns so manche schlaflose Nacht und auch die ersten grauen Haare ein. Nachdem wir solch enorme Investitionen mit all den Fabrikgebäuden und dem Trockner gemacht hatten, wollte uns nun kein Versuch gelingen. Wir mußten sehr viel Lehrgeld bezahlen, und es brachte uns der Verzweiflung immer näher. Nach wochenlangen vergeblichen Versuchen kamen wir endlich dahinter. Wir hatten die ganze Temperaturskala ausprobiert, um schließlich herauszufinden, wann die Banane ein mahagonifarbenes Aussehen bekam, weder zu weich noch zu trocken wurde und ihren vorzüglichen Geschmack bewahrte.

Peter machte sich nun daran, anhand des Schwedenofens, der ursprünglich zum Farbentrocknen hergestellt worden war, selbst Trockner nachzubauen. Er verwandte dazu feuerfesten Stein, versah die Kammern mit Doppelwänden, die er mit Asbest und Glaswolle ausfüllte, um eine gute Isolierung zu erzielen, und errechnete für einen größeren Raum die richtigen Ventilatoren zur Luftumwälzung. Die Trockner waren mit Thermostaten und Fotozellen ausgestattet, so daß sie vollautomatisch liefen und bei Ausfall einer Funktion sogar eine Alarmanlage einsetzte.

Der Schweden-Trockner besaß ein Fassungsvermögen von einer Tonne Frischbananen. Nach der Trocknung schwand das Gewicht auf ein Fünftel. Dagegen faßte der erste selbstgebaute Trockner schon vier Tonnen, der nächste sechs, und so ging es weiter.

Es mußten unglaubliche Summen investiert werden. Ein Beispiel dafür war der Draht, auf den die entschälten Bananen gelegt wurden. Er war schon nach kürzester Zeit von der Fruchtsäure und Feuchtigkeit im Ofen verrostet und färbte auf die Banane ab. In zeitraubender Handarbeit mußten hunderte solcher Rahmen mit nichtrostendem Draht versehen werden. Der Inoxdraht aber war unvergleichlich teurer und verschlang enorme Summen, weil alles in doppelter Ausführung vorhanden sein mußte. Denn während die trockenen Wagonetten aus dem Ofen in die Abpackhalle gefahren wurden, kamen die nächsten schon wieder mit Frischbananen gefüllt in den noch heißen Ofen. Es gab auf diese Weise keine Unterbrechung, und die Produktion lief wie am Fließband.

Nach Ablauf eines weiteren Jahres liefen alle Trockner auf Hochtouren, und unsere Trockenbanane war unter dem Namen »Cavaco« patentiert. Die Firma Sulmar in Benguela und Hamburg lancierte das Produkt in Deutschland, wo hauptsächlich die Reformhäuser zu unseren Kunden zählten.

Mitte Januar 1961 kamen Cochats für einen Monat auf Urlaub und verlebten ihn zum größten Teil in Baia-Azul. Wir kamen an den Wochenenden dazu. Anfang Februar, wir saßen gerade am Frühstückstisch in Baia-Azul und hörten dabei wie üblich die Morgennachrichten, setzte Cochat plötzlich voller Entsetzen seine Tasse ab und lauschte gespannt. Zugleich bat er uns zu schweigen und drehte das Radio lauter. Jetzt hörten auch wir aufmerksam zu. Was da soeben bekanntgegeben wurde, ließ uns erstarren. Im Norden Angolas waren in der vergangenen Nacht Farmer von Aufständischen überfallen und mit ihren Familien auf unbeschreiblich grausame Weise umgebracht worden. Die Unruhen, die zuvor schon im früheren belgischen Kongo geherrscht hatten, waren nun auch in Angola ausgebrochen.

Wie vom Donner gerührt, schauten wir uns an. Niemand wußte, wie weit das unterirdische Netz organisiert und wo der nächste Überfall geplant war. Keiner von uns besaß eine Waffe zur Notwehr.

In den folgenden Tagen brachten die Zeitschriften Bilder, die jedem Betrachter die Haare zu Berge steigen ließen und uns zutiefst erschütterten. Die Aufnahmen zeigten abgeschlachtete Menschen, die im tiefen Busch auf abgelegenen Farmen ahnungslos überfallen worden waren. Frauen und Mädchen lagen nackt auf den Höfen, ihnen waren Besenstiele in den Unterleib getrieben worden. Man sah aufgespießte Säuglinge und Männer, die von Catanas bis zur Unkenntlichkeit zerhackt worden waren und deren Genitalien man abgeschnitten und auf Stöcke gespießt hatte.

Seit längerer Zeit schon wurde über eine illegale Bewegung gemunkelt, deren Ziel ein unabhängiges Angola war. Ein »Los-von-Portugal«, ein zweites Brasilien mit multirassischer Gesellschaft war geplant. Denn die Kolonialzeit neigte sich auf der ganzen Welt ihrem Ende entgegen, die Räder der Geschichte begannen sich zu drehen. Der Terror aber, der wie ein Blitz aus heiterem Himmel kam, stand nicht auf dem Programm dieser Bewegung.

Unsere ersten Gedanken galten den Kindern, die im tiefen Busch von Chicuma auf einer einsamen Kaffeepflanzung mit Namen »Leo Cloof« zur Schule gingen.

Peter bestellte über die Firma Sulmar sofort per Luftfracht Pistolen. Schon wenige Tage später, noch bevor die bestellten Waffen eintrafen, war eine Nachricht im Umlauf, daß sich auch in Cubal ein Überfall ereignet habe. Dies lag auf halbem Wege nach Chicuma, wo sich die Schule befand. Jetzt mußten die Kinder unverzüglich geholt werden.

Im Norden waren die Straßen durch die Aufständischen unpassierbar geworden. Peter sprach sich daher mit Herrn Jessen ab, dessen Kinder sich ebenfalls in Chicuma befanden. Er lieh sich Cochats Dienstpistole und fuhr sogleich mit Jessen in dessen Jeep los.

Auf Cavaco waren seit jener Schreckensnachricht Wachen aufgestellt worden. Wir wechselten uns schichtweise mit den Angestellten ab. Unsere Arbeiter waren genauso erschrocken

wie wir. Sie schliefen in den ersten Nächten in der Bananen-
reifehalle, denn die Rebellen schlachteten auch ihre eigenen
Landsleute ab, sofern sie einem anderen der vielen Stämme
Angolas angehörten als sie selbst.

Am nächsten Tag fuhr ich nach Benguela, um Peter und
die Kinder bei Jessens zu erwarten. An diesem Tag war Gerd
mit der Wache an der Reihe. Seine Waffe war – wie bei uns
allen – eine Catana. Ich fuhr allein und mußte noch eine
Weile bei Jessens auf die Ankunft des Jeeps warten. Weit
nach Mitternacht kamen sie endlich mit den Kindern an.
Auf dem Rückweg nach Cavaco fuhr Peter. Als wir uns auf
halbem Weg der kleinen Pflanzung mit den schwer auszu-
sprechenden Name »Gatschingantschi« näherten, sahen wir
schon von weitem einen Menschenauflauf und viele Fahrzeuge. Peter hielt an und wollte wissen, was los sei. Alle
machten verängstigte Gesichter und sagten, daß sie auf unserer Pflanzung schreckliche Schreie gehört hätten, worauf sie
nach Gatschingantschi geflüchtet wären. »Gerd!« stießen wir
zugleich aus, während Peter den Wagen in einer Weise startete, daß die Räder durchdrehten. Er sagte: »Hol Cochats
Pistole aus der Aktentasche!« Ich tat es und legte sie griff-
bereit zwischen uns.

Wir sahen nichts, als die Autoscheinwerfer in unsere
Palmenallee einbogen. Es war alles ruhig und hell erleuchtet. Seit die Fabrik in Betrieb war, gab es elektrisches Licht
auf Cavaco. Peter hielt mit quietschenden Bremsen ruckartig
vor dem Haus. Gerd saß schlafend auf dem Verandastuhl,
die Catana auf dem Schoß. Der Schlafbedarf bei jungen Menschen ist groß, und es waren schon viele Tage ohne normale
Nachtruhe verstrichen. Etwas beschämt und schuldbewußt,
die Wache verschlafen zu haben, rieb er sich die Augen.
Peter fragte: »Was gab es denn für Schreie auf Cavaco?« Gerd

hatte nichts gehört. Entweder hatte er zu fest geschlafen oder die Menschen waren schon derartig mit den Nerven herunter, daß sie beim Schrei einer Eule die Flucht ergriffen.

Luise lud Mutter nach Schweden ein, sie solle sich nach dort in Sicherheit bringen. Peter schlug ebenfalls vor, die Reisepässe für mich und die Kinder in Ordnung zu bringen, denn es sei leichter, sich allein zu wehren, als eine ganze Familie schützen zu müssen.

Mutter fuhr zunächst allein ab. Ich wollte mit den Kindern erst dann fahren, wenn in der Benguela-Gegend etwas geschehen sollte. Am Haus ließen wir alle Türen und Fenster mit schmiedeeisernen Gittern versehen, was – entgegen unserer Befürchtung, es könnte danach wie ein Gefängnis aussehen – eher dekorativ wirkte.

Peter appellierte jetzt zusammen mit Herrn Jessen für die Verlegung der Schule nach Benguela. Es könne nicht mehr verantwortet werden, wehrlose Kinder im Busch zu lassen, wohin im Notfall keine Hilfe gelangen könne. Der Vorschlag stieß zunächst auf heftige Opposition seitens der deutschen Farmer im Hochland, deren Kinder die Mehrheit in der Schule bildeten. Es mußte endlos und oft sogar hitzig debattiert werden, um die Schulverlegung durchzusetzen. Als die Schule in Benguela war, wurde Peter in den Vorstand und zum Vorsitzenden gewählt.

Endlich trafen auch die Pistolen ein. Wir fuhren damit nach Baia-Azul, um Schießübungen zu machen. Zu der Zeit hörte man schon aus allen Richtungen das Übungsgeknatter. Es waren drei Walther-Pistolen mit einem Magazin für sieben automatische Schüsse. Als erster fing Peter damit an, natürlich traf er jedesmal den Punkt. Dann folgte Gerd. Auch er konnte es schon recht gut. Danach war ich an der Reihe. Bevor Peter mir die Pistole in die Hand gab, hieß er die

Kinder in Deckung gehen. Eiligst flüchteten sie sich ins Strandhaus. Diese Vorsichtsmaßnahme wurde wegen meines technischen Unverständnisses getroffen und gab mir gleich das Gefühl, ein Schlumpschütze zu sein. Als Peter mir erklärt hatte, wie entsichert wurde und was ich sonst noch wissen mußte, sagte er: »Jetzt halte den Lauf auf den Boden, Ischiba, aber nicht auf deine Füße, und warte, bis ich Bescheid sage.« Darauf flitzte auch er ins Haus und rief von dort: »Jetzt!« Einsam stand ich mit dem Eisen in der Hand und schaute erst mal zum Haus zurück, ob sie mir auch alle zuguckten. Ich sah die blonden Köpfe hervorschimmern, sie hockten geduckt hinterm Fenster. Anscheinend drehte ich dabei die Waffe in die falsche Richtung, denn Peter rief außer sich: »Halte den Lauf um Himmels willen auf den Boden und fuchtele damit nicht so herum.« Ich hätte das Ding am liebsten ins Meer geworfen. Mit zusammengebissenen Zähnen zielte ich nun auf das Plakat und schoß hintereinander das ganze Magazin leer. Als sie wußten, daß keine Kugel mehr im Lauf war, kamen alle aus dem Haus. Von den Schüssen hatte tatsächlich einer getroffen. Peter besah sich den Einschuß und meinte scherzend: »Auch ein blindes Huhn findet mal ein Korn.« Nein, für mich war eine Catana eine bessere Verteidigung als solch ein Schießeisen. Aber Peter meinte, ich müsse es nur üben, immer wieder üben. Ich hätte damals ja auch keinen Führerschein machen wollen und sei heute doch eine recht gute Fahrerin.

An den Kriegszustand, der sich hauptsächlich im Norden abspielte, hatte man sich inzwischen gewöhnt. Im Süden merkte man nichts davon, und das Leben ging ganz normal weiter.

Am Ende des gleichen Jahres wurden in der deutschen Schule die Prüfungen für die zehnte Klasse durchgeführt.

Gerd sagte: »Ich möchte gerne an der Prüfung teilnehmen.«
Wir schauten ihn überrascht an, und Peter gab zu bedenken:
»Junge, du hast doch seit fünf Jahren kein Deutsch mehr
gehabt.« – »Laßt es mich trotzdem versuchen«, bat er. Wir
verwehrten es ihm nicht und meldeten ihn zur Prüfung an.
Sprachlos waren dann nicht nur wir, sondern auch die Lehrer,
als er die Prüfung mit den besten Noten bestand. Peter sagte:
»Er scheint nicht nur ›schön wie ein Jesuskind‹ zu sein. Von
wem er das wohl hat?« Dabei setzte er ein Lausbubengesicht
auf.

Wenn wir auch nicht daran dachten, Angola zu verlassen,
so war unsere Zukunft jetzt doch unsicher. Es wurde daher
beschlossen, Gerd nach Deutschland zu schicken, wo er sein
Abitur machen und ein Studium absolvieren sollte. Eine
Europareise war schon 1961 geplant gewesen, doch mußte
sie wegen der ausgebrochenen Unruhen verschoben werden.

Anfang Januar 1962 bestellte Peter einen Mercedes – für
diese Marke hatte er immer schon eine Schwäche gehabt –
und ließ ihn von der Fabrik direkt nach Lissabon kommen.
Dorthin wollten wir ohnehin mit dem Schiff fahren, um eine
Rundreise durch Portugal zu machen und dann über Spanien,
Frankreich und die Schweiz nach Deutschland zu reisen.
Jola gedachte, zur selben Zeit mit seiner Familie aus Amerika
zu Mutter und Luise nach Schweden zu kommen, wo wir
uns nach zwölfjähriger Trennung treffen wollten.

Anfang Mai fuhren wir mit der ganzen Familie auf dem
portugiesischen Schiff »Ana Mafalda« ab. Für die Zeit unserer Abwesenheit war auf Cavaco ein junger Deutscher als
Geschäftsführer eingesetzt worden.

In Lissabon nahmen wir den Wagen in Empfang und fuhren
zunächst in die südliche Algarve, die in der Mandelblüte
stand, was der Landschaft eine zauberhafte Pracht verlieh.

In Portugal ließen wir uns Zeit, besichtigten allerlei historische Sehenswürdigkeiten, von denen Portugal eine Menge zu bieten hat, und fuhren dann über die Pyrenäen gen Norden.

Die Begrüßung in Ringswarft war herzlich. Kaliki und Nene wurden von ihren Großeltern und dem Onkel begutachtet. Sie fanden sie wunderbar. Aber Oma hatte für »ihr Jesuskind« noch immer eine besondere Schwäche. Jola war mit seiner Familie bereits in Schweden eingetroffen. Wir fuhren daher schon eine Woche später dorthin.

Es war für die Kinder schwierig, sich zu verständigen. Unsere sprachen Deutsch, Jolas Englisch und die von Luise Schwedisch. Nur Gerd sprach etwas Schulenglisch und versuchte zu vermitteln.

Schon am nächsten Tag kam ein Schwarm Journalisten und bat um Interviews, wobei allerlei Aufnahmen von uns gemacht wurden. Luise hatte das alles organisiert. Sie legte großen Wert auf solche Dinge, da sie selbst häufig in Zeitschriften als Preisträgerin von Angelwettkämpfen erschien. Am nächsten Tag kam sie stolz mit der Zeitung an, in der unser Gruppenbild zu sehen war, und darunter stand ein langer Artikel mit dem hochtrabenden Titel: »Bananenkönig aus Angola zu Besuch in Schweden.«

Wir machten allerlei Rundreisen im schönen Schweden. Auch nach Småland, wo Luises Mann herstammte, fuhren wir. Die vielen Seen und Wälder verliehen dem Land etwas Verträumtes.

Gerd war schon bei der Friedrich-Paulsen-Schule in Niebüll angemeldet, in der auch schon Peter sein Abitur gemacht hatte. Wir mußten daher früher aus Schweden zurück. Eine Woche später kam auch Jola mit seiner Familie zu Ingrids Eltern nach Aventoft.

Nachdem Gerd ins Niebüller Internat gezogen war, machten wir mit Jola und Ingrid eine Reise durch Süddeutschland. Wir gelangten bis ins Moseltal und nahmen an allerlei Festlichkeiten teil. In Köln erstiegen wir den Dom, was uns einen unheimlichen Muskelkater in den Beinen bescherte, danach wurde die »Bastei« besucht, in der wir zu Abend speisten. Das Lokal lag am Ufer des Rheins. Die Lichter der Stadt auf der gegenüberliegenden Seite spiegelten sich vielfach in seinem Wasser, was den Eindruck vermittelte, als befände man sich auf einem Luxusschiff in einem Hafen. Drei Geiger spielten zu unserem von Kerzenlicht erhellten Mahl. Alles war dazu angetan, romantische Gefühle zu wecken. Jola und Ingrid taten ihren Empfindungen keinen Zwang an, und auch wir fühlten uns in frühere Zeiten zurückversetzt.

Nach dieser Reise fuhren wir mit Peters Bruder Bubi und seiner Braut weiter. Die »Romantische-Straße«, die »Wein-Straße« und wie sie alle hießen, wurden befahren sowie die lauschigsten und urgemütlichsten Lokale der Gegend besucht. Wir waren richtig darauf erpicht, Kultur zu erleben und die deutsche Gemütlichkeit zu genießen. Über Rothenburg, wo wir Großmutters Grab besuchten, ging es nach Kitzingen, dort standen wir an Georgs Ruhestätte. Anschließend kamen wir nach Hohenfeld, wo wir uns in der Steinbrücknerschen Gaststätte einlogierten, deren ehemalige Besitzer längst verstorben waren. Um die vom langen Fahren müden Beine etwas zu vertreten, machten wir einen Spaziergang zum Main hinunter, an dessen Ufer wir uns niederließen. Gegenüber, in Sulzfeld, lag genau jene Stelle, an der ich Peter damals die Kieselsteine gegeben hatte. Es war wie eine Reise in die Vergangenheit. Meine Gedanken mußten sich auf Peter übertragen haben, denn er tippte mich an und fragte: »Kennst du die Stelle da drüben noch?« Als ich bedeutungsvoll nickte, fügte er hinzu: »Von da ab geriet ich in Afrikas Bann ...«

Wenig später kehrten wir nach Angola zurück. Gerd mußte allein zurückbleiben.

Bei der Ankunft in Lobito gab es einen großen Empfang. Cochats waren inzwischen wieder nach Benguela versetzt worden und standen unter den vielen Menschen, die inzwischen zu unseren Freunden zählten.

Nach einigen Jahren sprach Peter immer öfter davon, daß wir mit Blick auf die unsichere Zukunft Angolas ein zweites Standbein haben sollten. Er dachte daran, in Deutschland eine vollautomatische Hühnerzucht in Batteriehaltung aufzustellen und sagte: »Das wäre doch eine Aufgabe für dich, Ischiba.« Wenn mir der Plan auch vernünftig vorkam, so hatte ich angesichts meines technischen Unverständnisses doch etwas dagegen und sagte Peter, daß er die Hühnerzucht besser selber aufbauen solle, ich käme eher mit der Pflanzung zurecht, was ich ja in den sieben Monaten bewiesen hätte, als er den Bananentrockner gekauft hatte. Darauf meinte er, daß ich doch nur auf Knöpfe drücken bräuchte, alles würde von der Firma betriebsfertig hingestellt und liefe vollautomatisch auf Fließbändern. Die Anlage müsse nur in Gang gebracht werden, danach würde sein Bruder sie weiterführen, der als Teilhaber einsteigen wollte, aber noch nichts von Hühnern verstehe. Er ließ nicht mehr davon ab, bestellte Kataloge über Bubi, fing fast täglich davon an, mir den Plan schmackhaft zu machen, und war enttäuscht, wenn ich keine Begeisterung aufbrachte.

Mit der Zeit überkam mich das Gefühl, Peter würde von irgendwelchen Ahnungen befallen werden, und ich begann, den Plan zu erwägen. »Der Haushalt und die Kinder könnten solange von Floripes versorgt werden«, dachte ich und ging die Mangoallee hinunter, wo sie ihr Haus hatte, um mit ihr darüber zu sprechen. Dann gab ich Peter meine Zusage. »Ich verstehe doch nicht so viel von Hühnern wie du«, sagte er dankbar.

Es ging dann alles sehr schnell, und kurze Zeit später kam ich in Hamburg an, wo Gerd mich abholte. Er war inzwischen verheiratet, wohnte in Quickborn bei Hamburg und stand kurz vor dem Abschluß seines Jurastudiums, was einst ja auch der Traum seines Vaters gewesen war, wenn er nicht nach Afrika gegangen wäre. Gleich nach meiner Ankunft bekam ich heftige Schmerzen in der Magengegend. Der herbeigerufene Arzt drang auf sofortige Operation. Es waren Gallensteine.

Einen Tag nach der Operation brachte Gerd die Nachricht, daß ein Telegramm von Eduardo aus Angola gekommen wäre, Peter habe einen Unfall erlitten, und es stünde schlecht um ihn. Gerd setzte alle Hebel in Bewegung und war innerhalb von vierundzwanzig Stunden mit Visum und allem versehen auf dem Flug nach Angola. Er brachte den schwer verletzten Vater gleich mit und lieferte ihn ins Krankenhaus ein, wo er nach drei Tagen seinen Verletzungen erlag. Peter wurde nach Aventoft überführt, wo er neben seinem kurz vorher verstorbenen Vater die letzte Ruhe fand.

Sobald ich das Krankenhaus verlassen durfte, kehrte ich nach Angola zurück. Nach der Ankunft auf Cavaco konnte ich plötzlich Mutter verstehen, der ich in den Kriegsjahren, wenn das Elend gar zu schlimm wurde, im hintersten Winkel meiner Seele manchmal unausgesprochen Vorwürfe gemacht hatte, weil sie nach Vaters Tod die Flinte ins Korn geworfen und Angola verlassen hatte. Nun war auch mir, als ob ich nicht mehr dort leben könne.

Aus allen Richtungen trafen Freunde ein, die von der Tragödie gehört hatten. Doch das nahm der entstandenen

Leere nicht ihre erdrosselnde Macht. Nach einiger Zeit war mir, als sei irgend etwas noch nicht zum Abschluß gekommen. Durch meine Operation hatte ich weder Peters Tod noch seine Beerdigung miterlebt. Einer Eingebung folgend, deren Sinn mir noch völlig unklar war, begab ich mich wie in Trance zur Schublade und holte das Döschen mit den Kieseln heraus, die als Peters Talisman versagt hatten, weil sie ihn nicht vor dem verhängnisvollen Unfall bewahren konnten. Als sie in meiner Hand lagen, sah ich in ihnen nichts anderes mehr als zwei simple Kieselsteine, die Peter einst in einer besonderen Stimmung in Empfang genommen hatte.

Ich stieg also mit den Kieseln in den Wagen und fuhr zum Fluß Cavaco, stellte das Fahrzeug ab und ging das Flußbett entlang bis etwa zu der Stelle, wo ich sie vor so vielen Jahren aufgesammelt hatte. Dort ließ ich mich auf die Knie nieder und begann mit beiden Händen ein Loch zu graben, denn Ischiba existierte nur durch Ischibu. Mit seinem Tod starb auch sie und wurde mit ihm im selben Sand vom Cavaco begraben, aus dem sie einst geholt wurde. Sie gehörten zum dunklen Kontinent und sollten nun in seine Erde zurückkehren. Sie waren ein Stückchen von Afrika und von …

Wenn man mich fragen würde, warum ich das tat, könnte ich darauf keine Antwort geben. Vielleicht war es kindisch, vielleicht auch verrückt. Instinktiv aber mußte ich diesem Lebensabschnitt einen symbolischen Abschluß geben. In meinem Unterbewußtsein war wohl wieder einmal der Selbsterhaltungstrieb am Werk. Mein Dämmerzustand hielt lange an. Es dauerte fast zwei Jahre, bis ich mich mit meiner neuen Lebenslage abgefunden hatte.

Inzwischen kamen die ersten Bananenkühlschiffe nach Angola. Der Frischbananenexport nach Portugal wurde angekurbelt und erwies sich bald als Goldmine, da er bei weitem

nicht mit solchen Unkosten verbunden war, wie die Trock-
nerei. Diese lief jetzt nur, um die Bananen zu verwerten, die
sich für den Frischexport nicht eigneten, da sie entweder zu
reif oder zu kurz waren, wie die am untersten Ende des
Zopfes. Nach einem weiteren Jahr gab es auf Cavaco keinen
nutzbaren Quadratmeter mehr, der nicht mit Bananen bepflanzt worden war.

Wir fuhren jetzt wieder öfter nach Baia-Azul. Durch den
Frischbananenexport gab es allerlei Papiere auszufüllen, die
über eine Bank liefen, zu deren Geschäftsführer Ribeiros
bald freundschaftliche Beziehungen entstanden. Er wurde
mir ein unbezahlbarer Ratgeber, was den Export nach Portugal betraf, von dem ich anfangs so wenig Ahnung hatte wie
von der Technik. Wir fuhren öfter zusammen nach Baia-
Azul. Ribeiros' Kinder, zwei Jungs und zwei Mädchen, wurden für Kaliki und Nene gute Spielgefährten. Sie waren in
etwa gleichaltrig. Von da ab gab es wieder kein Wochenende
mehr ohne Baia-Azul und die Ribeiros.

Kaliki hatte sich zu einem waghalsigen Taucher entwickelt.
Mit seiner Harpune holte er die tollsten Fischexemplare aus
der Meerestiefe, sogar die gefährlichen Moränen. Er hatte
unterdessen die Prüfung der zehnten Klasse hinter sich und
sollte zur Weiterbildung nach Deutschland zu Gerd. Kaliki
mußte sich nun von diesem Leben unter und über dem
Wasser trennen. Die Ribeiros waren zur Verabschiedung nach
Lobito gekommen. Wir fuhren auch diesmal zur Landzunge.
Kaliki trug ein rotes Karohemd, auf das wir schauten, während er sich immer weiter entfernte.

Jetzt war nur noch Nene bei mir, und das Haus wurde zu
groß. Sie schlief jetzt bei mir im ehemaligen Ehebett. Eines
Nachts waren Schüsse in der Benguela-Gegend zu hören.
Zuerst einzelne, dann wie Maschinengewehrfeuer, dazwischen

schwere Detonationen. »Großer Himmel«, dachte ich, »in Benguela wird ein Blutbad angerichtet.« Ich lauschte zu Nene hin, die fest schlief, schlich mich ans Fenster und horchte auf den mörderischen Lärm. Im Geiste sah ich schon die Rebellen wie Ameisen aus den Bananenfeldern kriechen und das Haus einkreisen. Ich schlich zum Schrank, tastete nach der Pistole, doch als sie zu spüren war, wußte ich nicht mehr, wie man damit umgeht, und wagte es nicht einmal, sie anzufassen. Eine selten erlebte grausige Angst hatte mich befallen, so daß mir die Zähne laut aufeinanderschlugen und meine Glieder zitterten. In so einer Situation fühlt man sich ohne männlichen Schutz wie nackt.

Die Schießerei schwoll an. Ich getraute mich kaum noch zu atmen und schlich ins Wohnzimmer, um von dort auf den Hinterhof zu schauen. Durch das Mondlicht konnte man genug erkennen. Dort stieß ich aus Versehen an die Klimaanlage, die unterm Fenster angebracht war, und hätte vor Scheck beinahe einen Herzschlag bekommen. Bevor ich mich davon erholen konnte, schlugen auch noch die Hunde an. Es war wie ein Hexensabbat.

Das Wohnzimmer war durch die großen Fenster auf beiden Seiten beinahe wie ein Glaskasten. In beide Richtungen konnte man zugleich schauen. Vor dem großen Hauptfenster, das fast bis zum Fußboden reichte, bewegte sich jetzt etwas. Ich riß die Augen auf, so weit es nur ging, und erst als das sich bewegende Etwas bis vor die große Glastür kam, wo es sich auf die Fußmatte legte, erkannte ich unseren Boxerhund Falk. Der Anblick des sich ruhig hinlegenden Tieres brachte mich wieder zur Besinnung, und allmählich ebbte die Spannung ab. Die Schießerei ließ langsam nach, und ich legte mich mit sehr gemischten Gefühlen wieder ins Bett.

Am nächsten Morgen, als ich Nene wie immer zur Schule

fuhr, wunderte es mich sehr, in Benguela alles ruhig und heil vorzufinden. Ich fragte den Lehrer, was denn die Schießerei heute Nacht zu bedeuten hatte. »Die Feuerwehr hat geübt«, sagte er. Darauf dachte ich, daß es nun doch an der Zeit wäre, etwas für meine Nerven zu tun.

Eines Tages besuchte mich Senhor Grilo, Hauptverantwortlicher der Stadtgärten von Benguela. Er war ein erklärter Blumenfreund und entdeckte bei uns Sorten aus Deutschland, die sein besonderes Interesse weckten. Er lud mich ein, den Züchtungsgarten der Stadt zu besichtigen, was ich schon am nächsten Tag tat. Dort zeigte er mir die ersten Rosen, die er aus Südafrika kommen ließ. Es waren berühmte Edelrosen.

Grilo schnitt von allerlei Sorten eine Rose ab, so daß ich mit einem ansehnlichen Strauß nach Hause kam. Bis dahin hatte ich die Rose wie jede andere Blume angesehen. Diesmal war es anders. Auf unerklärliche Weise geriet ich von da an in ihren Bann. Schon am nächsten Tag fuhr ich wieder zu Grilo, bat um die Adresse des Rosenzüchters und gab die erste Bestellung von hundert Stück auf, die schon nach drei Wochen per Luftfracht eintrafen. Wie Kostbarkeiten – die sie ja auch wirklich waren – pflanzte ich sie eigenhändig ein, und als sich die ersten Knospen öffneten, wurde es zu einem erfüllenden Erlebnis für mich. Vor soviel vollendeter Schönheit war man versucht niederzuknien. Es ging etwas Beglückendes von der Blüte aus, so, als wolle die Gottheit durch die Rose etwas sagen. Von da an entwickelte ich einen regelrechten Rosenkult, der so nach und nach die entstandene Leere in meinem Leben etwas ausfüllte.

Auf Cavaco war mit Eduardo und Floripes inzwischen alles soweit organisiert, daß es möglich war, in den Schulferien mit Nene einige Wochen in Baia-Azul zu verleben.

Wir mußten nur zu jeder Bananenverschiffung kurz nach Cavaco, um die Dokumente zu unterschreiben, frisches Obst und Gemüse zu holen und freilich auch den Rosen schnell einen Besuch abzustatten.

Aus der ehemaligen Regierungsbaracke war inzwischen ein recht komfortables Strandhaus geworden. Der Staat ließ einen ansehnlichen Häuserkomplex errichten, mit Gästehäusern, Bootshallen, Tennisplatz, mehreren Duschkabinen und einem Häuschen für den schwarzen »Sipaio« (Schutzmann), der für die Bewachung und Sauberhaltung der Gebäude verantwortlich war.

Mit den Jahren war in Baia-Azul viel gebaut worden. Es entstanden die reinsten Schlösser, von denen unser Häuschen in seiner zweckmäßigen Einfachheit abstach. Wir liebten es aber dennoch heiß und innig. Kein Haus in Baia-Azul, und war es noch so schön, wurde so genutzt und genossen wie unseres.

Die Gouverneuse, Dona Yolanda, ließ mich oft zum Canastaspielen zu sich bitten, wenn sie die Wochenenden dort verbrachte. Bei diesen Gelegenheiten lag ich dem Gouverneur oft in den Ohren wegen der Cavaco-Straße, die vor lauter Löchern kaum noch zu befahren war. Jedesmal versprach er, daß sie asphaltiert würde, sobald die Maschinen frei wären, die z. Z. anderswo eingesetzt waren.

In Baia-Azul wurde unentwegt gebadet. Überall parkten Autos, und üppige Picknicks wurden abgehalten. An den Wochentagen dagegen war kaum ein Mensch zu sehen. Eines Nachts, mitten in der Woche, kam ein leichter Sturm auf. Am Morgen – wir frühstückten gerade – kam der Sipaio vom Gouverneur aufgeregt herübergelaufen und sagte, das Boot vom alten Ganjanga habe sich in der Nacht losgerissen, es triebe schon weit draußen. Der Alte habe sich ins Wasser gestürzt, um es zu holen. Der Sipaio habe einen Schrei gehört und gesehen, wie der Alte eine Hand hochstreckte, danach verschwand er im Wasser und tauchte nicht mehr auf. Ob es ein Hai war?

Wir kannten den alten Mann gut. Er machte oft für ein Trinkgeld die geangelten Fische sauber und bekam immer alles Gemüse und Obst, das wir nicht verbrauchen konnten. Er ernährte sich vom Fischfang. Vielleicht hängt er erschöpft am Boot und wird mitgeschleppt«, sagte Nene beunruhigt, und bevor ich recht begriff oder etwas sagen konnte, lief sie zum Schlauchboot, stülpte es sich über den Kopf und rannte zum Wasser. Bald ruderte sie mit aller Kraft dem immer weiter treibenden Boot nach. »Um Himmels willen, das Boot ist doch schon viel zu weit«, dachte ich, lief zum Strand und rief hinterher, sie möge umkehren, aber sie hörte es nicht mehr.

Nene war zu der Zeit sechzehn Jahre alt. Die Hoffnung, sie würde von selbst umkehren, wenn sie erkannte, daß es aussichtslos war, das Boot noch einzuholen, begann mich zu verlassen. Sie war nur noch ein winziger Punkt auf dem Ozean, und wenn sich eine Welle dazwischen schob, gar nicht mehr zu sehen. Meine Angst wurde immer größer. Ich rief den Sipaio, er solle so schnell er nur könne, quer über die Berge nach Baia-Farta laufen, das hinter der südlichen Land-zunge lag, und Antunes berichten, welche Gefahr bestünde, er möge ein Motorboot hinterherschicken. Selbst getraute ich mich nicht vom Fleck, um Nene nicht aus den Augen zu verlieren, und meine Angst steigerte sich immer mehr. Es war jetzt nichts mehr zu erkennen. Einmal meinte ich, sie am großen Boot gesehen zu haben. Aber danach konnte ich wieder gar nichts mehr erkennen. Ohnmächtig stand ich am Strand und mußte zusehen. Unser großes Boot war längst verkauft, als es im Herzen so dunkel war, und ohne Peter hatte es sowieso keinen Reiz mehr.

Meine Augen waren inzwischen ermüdet und schmerzten vom angestrengten Ausschauhalten. Plötzlich war mir, als käme das Boot näher. Ja, ich meinte die kleine »Forelle« erkannt zu haben, die sich davor gespannt hatte und es nach sich zog. Nach einer Weile erkannte ich es deutlich. Nene befand sich mit dem schweren Boot auf dem Rückweg. Es dauerte sehr lange, sie kam kaum vorwärts. Deutlich war es nun zu sehen, wie sie das Paddel ermüdet und mit letzten Kräften bewegte. Sie gab jedoch nicht auf und brachte das schwere Boot tatsächlich an Land. Vom alten Mann aber war nichts zu sehen gewesen.

Der Abschied von Angola rückte jetzt auch für Nene näher. Sie sollte wie ihre Brüder zum Abitur nach Deutschland. Die geschäftlichen Angelegenheiten wurden so geregelt, daß ich sie begleiten konnte. Wir fuhren mit einem der holländischen Schiffe, die zu der Zeit sehr oft die afrikanische Westküste bereisten und auch eine Menge Komfort boten. In Antwerpen holte Gerd uns mit seinem Wagen ab. Er war inzwischen Vater eines Sohnes geworden, der nun zu meinem »Jesuskind« wurde.

Die Besitzer von Gerds Wohnung in Quickborn, eine alte Dame mit ihren beiden Töchtern, wohnten gleich im Nebenhaus. Wir freundeten uns schnell an. Mit ihnen machte ich unvergeßliche Rundfahrten, besonders zu den bekannten Rosenzüchtern Schleswig-Holsteins, Kordes und Tantau. Freilich kamen wir jedesmal mit einer Ladung Rosenkataloge nach Hause. Ich konnte nicht aufhören, sie immer wieder durchzublättern. Ich hatte nur noch Augen für Rosen, wo immer sie zu sehen waren, ob in Gärten oder auf Bildern. Ich war geradezu rosenkrank geworden.

Der nächste Ausflug galt dem Rosarium in Uetersen, von dem ich überwältigt war. Vor so viel Schönheit zu stehen war umwerfend. Dort kam mir der Gedanke, auf Cavaco ein Rosarium anzulegen.

Meine Zeit in Deutschland neigte sich langsam ihrem Ende zu, der Abschied rückte unaufhaltsam näher. Gerd stand vor seinem letzten Staatsexamen. Er machte sich Sorgen und meinte, es stünde schlecht mit ihm, er würde die Prüfung kaum schaffen. Ich bat ihn, mir nach dem Examen ein Telegramm mit dem Ergebnis zu schicken, und versprach ihm, falls er bestehe, eine Angola-Reise mit Frau und Kind.

Bei der Ankunft auf Cavaco traf ich die Pflanzung wie »gefegt« an. Es war rührend, mit wieviel Hingabe Eduardo und Floripes sich um alles gekümmert hatten. Auch die Arbeiter traten zum üblichen Tanz an und meinten, es müsse ein schönes Land sein, wo ich gewesen sei, da ich noch weißer geworden wäre. Mir fehlte die Bräune von Baia-Azul. Floripes hatte die Blumen, vor allem die Rosen, so liebevoll versorgt, wie ich es selbst nicht besser hätte tun können. Es schien, als sei auch sie bereits vom Rosenvirus angesteckt worden. Die Rückkehr wurde mir damit verschönt. Aber dann, als es Abend wurde und jeder sich in seinen Bereich zurückzog, mußte ich feststellen, daß das Haus jetzt unerträglich öde war. Mir schien, es habe sich vergrößert. Nene, die letzte, mit der ich noch Gespräche führen konnte, fehlte mir sehr.

Ich flüchtete mich in die Rosenkataloge und füllte Bestelllisten aus, wobei sich eine so große Gier nach den angebotenen Sorten einstellte, daß ich keine auslassen mochte. Ob es Edel-, Kletter- oder Zwergrosen waren, sie begeisterten mich alle.

Ich begann, den Plan für das Rosarium auf Papier zu zeichnen. Dabei kamen mir plötzlich meine Kindheitsträume in den Sinn. Als Kind war es zur fixen Idee geworden, einmal eine Farm zu besitzen, auf der es vor allem viele Blumen geben mußte. Das Bild, das ich damals in mir trug, erstand nun unverändert im Geiste wieder, mit all seinen Lauben, Treppen und blumenumsäumten Wandelwegen.

Leider mußte ich durch die notwendige künstliche Bewässerung auf allerlei Schönheitseffekte verzichten. Es gab keine Möglichkeit, vom Beetsystem abzuweichen. Das Rosarium würde also wie ein Schachbrett aussehen, wobei man nur durch die Farbkontraste der jeweiligen Sorten in jedem Beet eine optische Wirkung erzielen konnte. Aber es kam mir ja vor allem darauf an, die Rosen um mich zu haben.

Das Rosarium sollte einen Hektar Fläche einnehmen und auf einem Acker angelegt werden, der zwischen dem Haus und der Bimbas-Straße lag, welche an dieser Seite die Grenze der Pflanzung bildete. Die Wasserleitungen sowie die Beeteinfassungen wurden in Beton geplant, so daß man auch nach jeder Bewässerung darin gehen konnte, ohne nasse, schlammige Schuhe zu bekommen. Es ließ sich leicht errechnen, daß es Unsummen von Geldern verschlingen würde. Der Rosenvirus hatte aber schon zu tief von mir Besitz ergriffen. Er machte mich zur Rosensklavin, weshalb ich überhaupt keine Bedenken zuließ.

Endlich traf von Gerd ein Telegramm ein: »Prüfung mit Auszeichnung bestanden.« Ich schrieb ihm einen Brief, worin ich ihn als Tiefstapler ausschimpfte, weil er vorher so schwarz gesehen hatte.

Die Reise wurde wie versprochen eingezahlt, und bald danach holte ich sie vom Flugplatz ab. Es war so wunderbar, sie um mich zu haben. Wir machten eine große Rundreise ins Hochland, über Sa-da-Bandeira, Nova-Lisboa und Novo-Redondo, so daß meine Schwiegertochter einen umfassenden

Eindruck von Angola bekam. Von den Aufständischen hörte man nicht mehr viel, es war, als sei tiefer Friede.

Viel zu schnell verging der Urlaub, der Abschied lag bereits hinter uns. Nun mußte ich mich wieder an die Einsamkeit gewöhnen.

Bevor das Rosarium in Angriff genommen werden konnte, gab es Wichtigeres zu tun, z. B. den Bau einer großen Abpackhalle für die Frischbananen, in der die beladenen Lastwagen bei Regengefahr untergestellt werden konnten. Bisher war das notdürftig in den unzweckmäßigen Gebäuden der Fabrik erfolgt. Diese Halle war schon im Bau. Als sie fertig war, gab es wieder einen Grund, das Rosarium zu verschieben, weil nun größere Lastwagen nötig waren, damit Eduardo bei jeder Verschiffung nicht so oft hin- und herfahren mußte, bis die gesamte Ladung in Lobito war. Auch Gerds Reise war dazwischengekommen und so allerlei, wie der Kauf eines Grundstücks, das in Baia-Azul plötzlich angeboten wurde und genau an unser Strandhaus grenzte. Es sollte für die Kinder sein, wenn sie nach beendeter Ausbildung zurückkämen. Ein Jahr nach Nenes Abfahrt war die Sehnsucht nach ihnen so groß, daß es mich mit Macht nach Deutschland zog. Das Rosarium wurde deshalb wieder zurückgestellt.

Diesmal sollte der Deutschland-Aufenthalt mit einer Rosenreise nach England verbunden werden, die vom »Verein deutscher Rosenfreunde«, bei dem ich Mitglied war, organisiert wurde. Dabei lernte ich auch einige englische Rosenzüchter kennen sowie interessante und ungewöhnliche Menschen, die alle von der gleichen Liebe zur Rose erfüllt waren wie ich. Die Reise wurde zu einem lange nachklingenden Erlebnis.

Wieder auf Cavaco wurde das Rosarium nun endlich begonnen, denn ich sah auch in England so vieles, was ich einbringen wollte. Die Arbeiten daran nahmen ein ganzes Jahr in Anspruch. Ob es richtig war, trotz des Kriegszustandes nach wie vor alles Geld in Cavaco zu stecken, diese Frage stellte ich mir nicht, denn ein Leben außerhalb Angolas, vor allem ohne Cavaco, schien mir undenkbar.

Die bestellten Rosen aus Deutschland waren inzwischen eingetroffen. Bei Kordes und Tantau umfaßten meine Bestelllisten bis auf wenige Ausnahmen das gesamte Angebot des Katalogs. Insgesamt waren auf dem zehntausend Quadratmeter großen Rosarium über tausend Rosensorten gepflanzt worden, die inzwischen in voller Blüte standen. Um mein Gewissen zu erleichtern – ich hatte nahezu meine gesamten Einnahmen ins Rosarium gesteckt –, begann ich mit dem Blumen- bzw. Schnittrosenverkauf. Denn bevor die Rosen sich verdichteten, gab es als Zwischenkultur noch andere Blumen, vor allem die zauberhafte Gerbera. Der Blumenverkauf erwies sich bald als gutes Geschäft, was nicht nur mein Gewissen erleichterte, sondern auch mein Herz erfreute. Nebenbei plante ich eine Rosenausstellung.

Die meisten Stunden des Tages verbrachte ich jetzt im Rosarium. Unersättlich ging ich im Blumenmeer umher und machte auch schon Züchtungsversuche. Das erste Rosensämlingsbeet zeigte bereits seine kleinen Knospen. Es war für mich so aufregend, daß ich oft den Anbruch des Tages nicht abwarten konnte und im Morgengrauen mit einer Taschenlampe zum Saatbeet ging, um festzustellen, ob sich über Nacht die erste winzige Knospe geöffnet hatte. Die kleinen Sämlinge waren mir besonders ans Herz gewachsen, ich empfand sie beinahe wie Kinder. Eduardo bezeichnete das Rosarium als mein Sanktuarium, womit er gar nicht Unrecht hatte, denn es war mir wirklich so etwas wie ein Heiligtum geworden.

Cavaco beschäftigte zu der Zeit über hundert Leute, zusätzlich etwa fünfzig Frauen, von denen die Ältesten mit der Sauberhaltung des Rosariums beauftragt wurden. Es sah daher immer sehr gepflegt aus.

Jedesmal, wenn ich in Baia-Azul mit dem Gouverneur zusammen kam, jammerte ich eindringlicher wegen der schon so lange versprochenen Asphaltierung der Cavaco-Straße. Es sei eine Rosenausstellung beabsichtigt, sagte ich, aber mit solch einer Löcherstraße würde sich ja kein Mensch getrauen zu kommen.

Kurz danach – ich traute meinen Augen nicht – begannen die schweren Straßenmaschinen auf der Cavaco-Straße zu wühlen. Nach kurzer Zeit war sie fertig. Jetzt war es ein Genuß, darauf nach Benguela zu fahren. Bei meinem horizontblauen Mercedes konnte man nun endlich die Farbe erkennen, die bis dahin ständig von einer Staubschicht verdeckt worden war, sooft man ihn auch waschen ließ. Kaum fuhr man einige Meter auf der Staub-Löcherstraße, sah der Wagen genau so aus wie zuvor.

Die Rosenschau sollte in die Zeit der Sommerferien von Kaliki und Nene fallen, die mich besuchen wollten. Wir waren im Jahr 1972. Eine selbstgezogene Rose gedachte ich der Gouverneuse, Dona Yolanda, zu weihen, als Dank für die Asphaltstraße. Dona Yolanda sollte bei der Schau die Patenschaftszeremonie vollziehen. Die Rose war von zartlila Farbe und entwickelte 102 Blütenblätter, was bei diesen Blumen äußerst selten ist. Dazu war sie mit einem intensiven Duft ausgestattet, wie ich ihn so stark noch bei keiner erlebt hatte. Zwei Fehler aber waren ihr eigen: Sie war weder besonders wuchsfreudig noch blühwillig. Brachte sie aber einen Blütenstand hervor, wurde sie zu einem Erlebnis.

Meine selbstgezogenen Rosen gingen inzwischen in die Tausende. Das Rosarium wurde zu klein. Ich brachte es nicht

über mich, die weniger wertvollen Pflanzen einfach auszu-
merzen, wie es die Züchter tun, die nur die allerbesten stehen
lassen und in den Katalog aufnehmen. Ich fand sie alle schön.
Unter den Sämlingen gab es die seltsamsten Exemplare in
Farbe und Form. Von ihnen machte ich unzählige Aufnahmen.

Als die Zeit herangerückt war, traf Nene als erste ein,
Kaliki hatte noch Prüfungen. Da die Ribeiros nach Luanda
versetzt worden waren, fuhren wir jetzt öfter mit Peltzers,
einem jungen deutschen Ehepaar, das wir schon länger kannten, nach Baia-Azul.

Wegen der bevorstehenden Rosenschau beschäftigte sich
Nene damit, die Etiketten für die Rosen auszuschreiben, was
eine enorme Arbeit war, da vor jedem Gesteck Name und
Züchter der Rose stehen sollten.

Zwei Wochen später wurde Kaliki mit dem Abitur in der
Tasche erwartet sowie eine Schulfreundin von Nene, die mit
ihm ankommen sollte. Wie freuten wir uns, als sie gemeinsam auf Cavaco eintrafen. Schon am nächsten Tag fuhren die
jungen Leute nach Baia-Azul, nach dem sie Sehnsucht hatten.
Die Portugiesen sagen: »para matar saudades« (um die Sehnsucht zu töten).

Die Rosenausstellung sollte am Sonntag stattfinden. Es
waren nur noch zwei Tage bis dahin, und ich hatte keine
Vorstellung davon, mit welchem Arbeitsaufwand so etwas
verbunden war. Es mußten noch Tische für die verschiedenen Rosensorten beschafft und aufgestellt werden, die Vasen
waren mit Wasser zu füllen und zu beschriften, und die
Trockenbananen-Abpackhalle, die sich für die Schau flächen-
mäßig am besten eignete, mußte ausgeschmückt werden.
Am Ausstellungstag mußten dann in den frühen Morgenstunden nur noch die Rosen geschnitten werden, um sie so

taufrisch wie möglich zur Schau zu bringen, die um elf Uhr eröffnet werden sollte.

Am Sonntagmorgen standen wir alle sehr früh auf. Mit allen verfügbaren Eimern begab ich mich ins Rosarium, schnitt die Rosen und steckte die vorbereiteten Namenszettel daran. Kaliki und Eduardo sowie einige Arbeiter ergriffen die gefüllten Eimer und rannten damit zu Nene in die Halle, die dann, von ihrer Freundin und Floripes assistiert, die Rosen in den Vasen arrangierte.

Leider war an »Yolanda«, die heute von der Gouverneuse getauft werden sollte, weder Blüte noch Knospe. Sie mußte durch »Mainzer Fastnacht« vertreten werden, die ihr zumindest in der Farbe glich.

Wir schafften es mit Mühe, bis kurz vor elf Uhr damit fertig zu werden, als auch schon die ersten Autos die Palmenallee hereinfuhren. Ich war selbst überwältigt, als ich nach dem Schnitt in die Halle trat. Ständig hörte man dann von den Ankommenden, vor allem von den Damen, Ausrufe des Entzückens.

Die Rosenschau wurde ein großer Erfolg. Obgleich wir dafür weder im Radio noch in Zeitungen Reklame gemacht hatten, kamen so viele Autos, daß sie auf unserem so großen Hof keinen Parkplatz mehr finden konnten und viele ihre Fahrzeuge draußen auf der Straße stehenlassen mußten. Die meisten fuhren nach der ersten Besichtigung sofort wieder nach Benguela, von wo sie nach kurzer Zeit mit einer Wagenkolonne zurückkamen. Sie holten Verwandte und Freunde herbei, die es nicht verpassen sollten, diese Ausstellung zu sehen.

Der Höhepunkt war der Taufakt. Ich überreichte Dona Yolanda den Kelch mit dem Taufwasser, das sie mit den Fingerspitzen über die Rose sprengte, wobei allerlei Blitzlichter gingen, und anschließend wurde ich, wie es nun einmal die Art der Portugiesen ist, vom Gouverneursehepaar unter Beifall der Zuschauer umarmt, wobei sich beide für die erwiesene Ehrung bedankten.

Merkwürdig war, daß mir in diesem Augenblick die Zeit in Rahlstedt in den Sinn kam, wo ich noch verbissen danach getrachtet hatte, den Gipfel des Filmruhms zu erklimmen. Hier, in dieser Stunde, wurde meine Rose geehrt, ihr galt der Beifall. Es erfüllte mich mit kindischer Dankbarkeit, denn sie gehörte für mich zu den schönsten Gottesschöpfungen.

Es war die erste Rosenschau Angolas, und es wurde noch lange darüber gesprochen. Immer wieder wurde ich von Blumenkunden, die jetzt in noch größerer Zahl kamen, gefragt, wann es denn wieder eine Ausstellung gäbe, es sei doch so schön gewesen. Dabei hatte ich, als ich die Schau plante, kaum an wirtschaftlichen Erfolg gedacht. Es war nur der Wunsch, die Rose den Menschen nahezubringen, wie es sich von einer richtigen Rosensklavin auch gehört.

Kurz nachdem die Kinder wieder abgeflogen waren, erreichte mich ein Telegramm von Luise: »Mutter im Krankenhaus, steht schlecht, hat Krebs.« Gleich am nächsten Tag machte ich mich auf nach Schweden. Ich traf Mutter noch bei vollem Bewußtsein an. In den Stunden an ihrem Krankenlager konnte ich ihr nochmals versichern, daß sie die beste und geliebteste Mutter der Welt sei. Gemeinsam verlebten wir noch ihren achtzigsten Geburtstag, und vierzehn Tage danach war sie erlöst. Wie in einem Film sah ich Szenen aus ihrem Pionierleben vor mir ablaufen: den Hausbrand in Chicuma, als ihr die Haare halb versengt übers Gesicht hingen, wie sie immer und überall zur Stelle war, in selbstloser Bescheidenheit.

Nach ihrem Tod hielt ich mich noch kurze Zeit bei den Kindern in Quickborn auf und machte mich dann auf die

Rückreise. Wieder allein auf Cavaco, verschrieb ich mich erneut mit Haut und Haaren meinem Rosarium. Es gab zauberhafte Überraschungen in einem großen Rosensaatbeet, in dem Tausende von Sämlingen in ihren ersten Blüten standen. Unter ihnen gab es so manches vielversprechende und ungewöhnliche Exemplar. Es läßt sich kaum beschreiben, mit welcher Intensität, Begierde und Erwartung ich auf die kleinen Erstlingsblüten schaute.

Zwei Jahre später fuhr ich wieder einmal zu den Kindern nach Deutschland. Dort hörten wir am 25. April 1974 überrascht, daß in Portugal eine Revolution ausgebrochen sei. Wir horchten auf. Besonders Gerd schaute nachdenklich zu mir. Es war zu der Zeit weder abzusehen noch vorstellbar, welche Konsequenzen diese Revolution nach sich ziehen würde.

Ich wollte mich davon jedoch nicht aufhalten lassen und fuhr zurück. Auf Cavaco nahm das Leben zunächst noch seinen normalen Verlauf. Aber was Angolas Zukunft betraf, zogen am Horizont bereits recht dunkle Wolken auf. Das Land sollte unabhängig werden. Damit waren die meisten Europäer auch einverstanden, sie strebten es schon lange an, wenn auch illegal. Nun aber hörte man ständig von blutigen Zusammenstößen unter den rivalisierenden schwarzen Bewegungen, von denen es drei gab: die FNLA, die UNITA und die MPLA.

Es sah zunächst so aus, als würde es nur einen Machtwechsel geben, bei dem die Weißen im Lande bleiben sollten. Besonders der UNITA-Führer Dr. Jonas Savimbi betonte bei jeder Ansprache, daß Angola seit Jahrhunderten allen gehörte und auch in Zukunft allen gehören solle, es sei wahrlich groß genug, auf daß alle und noch viel mehr darin Platz fänden. Die Europäer seien nicht nur notwendig, sondern auch erwünscht. Aus diesen Worten sprachen nicht nur

Klugheit und Weitsicht, sie richteten sich vor allem gegen jeden Rassismus, der mehr und mehr zu einer afrikanischen Krankheit wurde, die überall, wo sie ausbrach, Hunger, Elend und Tod nach sich zog.

Zunächst glaubte also jeder an eine Koalitionsregierung, an der auch die weißen Angolaner beteiligt werden würden, und an einen multirassischen Staat, in dem es auch in Zukunft keinen Rassismus geben würde und jeder sich als freier Angolaner fühlen konnte, ganz gleich, welcher Hautfarbe er angehörte.

Inzwischen gab es Sommerferien in Deutschland. Nene verspürte Heimweh und wollte nach Angola kommen. Kaliki hatte in diesem Jahr andere Urlaubspläne.

Zwei Tage nach Nenes Ankunft lag unsere Boxerhündin Lady vergiftet auf dem Hof. Sie war ein Zuchttier mit Stammbaum, das Mutter seinerzeit aus Amerika mitgebracht hatte. Stets war sie mir wie ein Schatten gefolgt.

In der gleichen Nacht geschah etwas Merkwürdiges. Wir hatten kaum die Lichter im Haus ausgeschaltet und waren zu Bett gegangen, als der Strom ausfiel. Cavaco war plötzlich in Finsternis gehüllt. Aus Sicherheitsgründen waren jede Nacht alle Veranden und die Fabrik erleuchtet. Nene, die zu der Zeit schon den Führerschein besaß, kam sofort mit der Taschenlampe zu mir, und während sie sich hastig den Morgenrock überzog, sagte sie: »Mama, nimm die Pistole und schieß jeden nieder, der sich dir zu nähern versucht.« Damit war sie schon aus der Tür, lief zum Wagen und fuhr zu Eduardos. »Mein Gott«, dachte ich, »ist das nicht zu leichtsinnig, in einem solchen Moment aus dem Haus zu laufen?« Es gehörte wahrlich viel Mut dazu, bei allem, was man jetzt zunehmend an grauenvollen Geschichten hörte. Bald kam Nene zurück und fuhr den Wagen so vor das

Palmenalle und Rosarium

Motorhaus, daß es beleuchtet wurde. Eduardo stieg aus, begab sich im Schlafanzug zum Motor und versuchte, ihn anzuwerfen. Vom Haus aus konnte ich alles beobachten. Endlich kam Nene herüber, löste mich bei der Hauswache ab, und ich begab mich zum Motor. Floripes saß ebenfalls im Wagen. Eduardo war schon völlig aus der Puste. Es gehörte viel Kraft dazu, die schweren Schwungräder durchzudrehen und sie auf eine bestimmte Geschwindigkeit zu bringen, bevor man den Einschalthebel betätigen durfte. Er war verzweifelt und meinte, daß er das nicht verstehen könne, weil er gerade an diesem Morgen sämtliche Ventile gesäubert habe. Es gäbe doch gar keinen Grund dafür, daß der Motor nicht anspringe. Nun fragte ich, wie weit die Bananen im Ofen seien. Und

Eduardo erwiderte, daß keine Schimmelgefahr mehr bestehe, sie sollten morgen abgepackt werden. »Dann laßt uns wieder zu Bett gehen und morgen bei Tageslicht nachsehen, was mit dem Motor los ist«, sagte ich und fuhr die beiden treuen Seelen zu ihrem Haus zurück.

In dieser Nacht habe ich kein Auge mehr zugetan. Hin und wieder leuchtete ich mit der stärksten Taschenlampe den Hof ab, aus Angst, im Schlaf von einem Überfall überrascht zu werden.

Recht düstere Gedanken gingen mir in diesen schlaflosen Stunden durch den Kopf. Mit einer so schnellen Wendung zum Schlechten hatte keiner gerechnet. Nenes Ferienaufenthalt in Angola war nicht mehr zu verantworten. Sie mußte das Land wieder verlassen, und zwar so schnell wie möglich. Zu diesem Entschluß war ich in dieser Nacht gekommen, wenn mir auch aus tiefster Seele davor graute, dann wieder allein auf Cavaco in dem großen, leeren Haus zu sein.

Es dämmerte noch, als Eduardo heraufkam und sich am Motor zu schaffen machte. Er fand keine Ruhe, solange der Fehler nicht gefunden war. In alles, was er tat, setzte er stets seinen ganzen Ehrgeiz. Seine Frau und er liebten Cavaco wie wir und waren stolz darauf.

Endlich sprang der Motor an und alle Lichter flammten auf. Eduardo kam zu mir herüber und sagte: »Jemand hat die Gasölzufuhr abgedreht, es muß einer von unseren Leuten gewesen sein, oder jemand, der wußte, wo sich der Hahn befindet.« Der zweihundert Liter fassende Gasöltank war aus Platzmangel an der hinteren Außenseite des Motorhauses angebracht worden und mit einem Zulaufrohr durch die Wand mit dem Motor verbunden. An diesem Rohr gab es einen Hahn, durch den man die Gasölzufuhr auf- oder abdrehen konnte.

Wieder spürte ich drückend, daß Nene nicht länger bleiben durfte. Noch am gleichen Tag fuhr ich nach Benguela, um ihren Flug zu buchen. Der Andrang bei den Reisebüros war bereits so groß, daß es mich einen ganzen Tag gekostet hätte, wenn ich mich der endlosen Menschenmenge hätte anschließen müssen. Ob Weiß, Schwarz oder Braun, massenhaft verließen sie jetzt Angola, hastig, wie man ein sinkendes Schiff verlassen würde. Ja, auch die Schwarzen, vor allem die Gebildeten, flohen vor dem, was in Aussicht stand.

Eine der Damen im Reisebüro kannte ich gut. Es war Noemia, meine frühere Schulkameradin aus der Liga-Schule. Sie gehörte zu meinen Blumenkunden und war eine große Rosenliebhaberin. Ich fuhr zur Post, rief von dort das Büro an und ließ mich mit ihr verbinden. Nachdem sie mein Anliegen vernommen hatte, sagte sie:»Ich werde alles tun, um deine Tochter noch dazwischenzuschieben, aber vor vier Wochen ist es aussichtslos, noch einen Platz zu bekommen.« – »Meine Güte, was kann in vier Wochen noch alles passieren«, dachte ich mit großer Beklemmung, denn die Situation in Angola verschlechterte sich nicht nur von Tag zu Tag, sondern von Stunde zu Stunde.

Nach der Revolution in Portugal und der damit in Aussicht stehenden Unabhängigkeit Angolas hatte keiner daran gedacht, das Land zu verlassen. Warum sollte man in einem freien Angola nicht genausogut leben können? Hatte man denn nicht in all den Jahren ein gutes Verhältnis zu den Einheimischen aufgebaut? Nein, es dachte keiner daran, Angola zu verlassen. Jetzt aber war es plötzlich anders. Jetzt dachten alle zugleich daran, da plötzlich ein Gerücht wie ein Lauffeuer durchs Land ging, wonach der UNITA-Führer Savimbi bei einer Versammlung mit seinen Landsleuten in der einheimischen Umbundu-Sprache gesagt haben soll:

»Hat man vor, einen Hasen zu schlachten, darf man ihn nicht vorher verscheuchen.« Savimbi hatte bisher ständig an die Weißen appelliert, sie sollten das Land nicht verlassen, es solle weiterhin ein Nebeneinander und Füreinander geben wie bisher. Alle weißen Nicht-Kommunisten, und das war die überwiegende Mehrheit, sympathisierten mit der UNITA. War es nur ein Gerücht, daß von der Gegenpartei aufgebracht worden war, oder hatte Savimbi das wirklich gesagt? Wie auch immer, es wollte doch keiner riskieren, als Hase geschlachtet zu werden.

Ganz überraschend bekamen wir von Noemia durch einen Boten Bescheid, daß es am Mittwoch für Nene einen Flug gäbe. Die Menschen, die diese Plätze gebucht hatten, seien umgebracht worden, sie seien lebendig durch Kreissägen gedreht worden. Mir wurde brechübel und kalter Schweiß brach mir aus.

Nenes Abflug löste eine derartige Depression in mir aus, daß mich nicht einmal mehr das Rosarium zu trösten vermochte. Teilnahmslos ging ich darin einher. Nur eine Frage ging mir fortwährend durch den Sinn: Würde auch für mich der Abschied von Angola unvermeidbar werden? Die Ribeiros waren längst nach Portugal zurückgekehrt. Sie sagten schon vor Monaten, als sie ihre Ferien in Baia-Azul verlebten, ich solle daran denken, rechtzeitig meine Zelte abzubrechen. Es sei besser, das Land in Ruhe zu verlassen, so schwer es auch fallen möge, als eventuell totgeschlagen zu werden. »Ihr seid unverbesserliche Pessimisten«, hatte ich aufgebracht gerufen, und mich verbissen gegen solche Gedanken gewehrt.

Laufend wurden nun von den verschiedenen Parteien Versammlungen abgehalten, einige zur Aufklärung, andere zur Aufhetzung. Auf jede Pflanzung kamen die Parteiführer.

Auch auf Cavaco begehrten sie die große Abpackhalle für diesen Zweck, und sie wurde ihnen zur Verfügung gestellt. Die erste Partei, die auf Cavaco eine Versammlung einberief, war die UNITA von Dr. Jonas Savimbi. Damals hielt man ihn für einen der fähigsten Männer Afrikas. Bei jeder Ansprache, die er hielt, betonte er, daß die Europäer unbedingt dazugehörten und auch die angolanische Staatsangehörigkeit bekämen, wenn sie es wünschten, daß sie beim Aufbau einer neuen Nation unentbehrlich seien, denn fünfhundert Jahre Zusammenleben sei eine lange Zeit, sie habe die Rassen miteinander verbunden. Diese Gedanken konnte man auch in Savimbis Büchern nachlesen. Die Reden der UNITA-Sprecher verliefen in diesem Sinne. Wir saßen auf den langen Holzgestellen, auf die bei einer Verschiffung die gepackten Bananenkartons gestapelt wurden, und die Arbeiter klatschten fleißig Beifall. Die UNITA-Leute zeichneten sich durch Höflichkeit aus und gaben sich Mühe, einen friedlichen Übergang zu einem unabhängigen Angola zu propagieren. Es war schwer, ihnen nicht zu glauben. Die Zweifel aber wuchsen und wurden mit jedem weiteren Tag unerträglicher. Nach der Versammlung lud ich die Sprecher zu einem Bier auf die Veranda ein, da ich an einem guten Verhältnis interessiert war.

Schon wenige Tage danach wurde die Halle wieder begehrt. Diesmal war es die MPLA-Partei von Augustinho Neto. Eine ganze Woche vor der Versammlung wurden sämtliche Wände mit Bildern der Parteiführer vollgeklebt und mit allerlei Fahnen und Parteiparolen dekoriert. Am Versammlungstag schickten sie Boten zu mir, die sämtliche Stühle aus dem Haus für die Parteisprecher holen sollten. Es wurde nicht darum gebeten, sondern ganz einfach gefordert. Für sie waren die Holzgestelle nicht gut genug, auf denen wir alle bei der UNITA-Versammlung gesessen hatten. Man ließ mir ausrichten, daß ich dem Palaver beiwohnen müsse. In diesen und in anderen Dingen unterschieden sie sich kraß von der UNITA. Um der Gerechtigkeit willen muß gesagt werden, daß man der höchsten Führung wohl nicht anlasten durfte, was sich die Delegation der MPLA in Benguela leistete. Sie brachte ihre Partei in Mißkredit und rückte sie in ein äußerst schlechtes Licht. Es schien, als habe sich ausgerechnet in der Benguela-Delegation verbrecherisches, rassistisches Gesindel eingefunden. Denn von anderen Orten war auch über diese Partei des öfteren Positives zu hören gewesen.

Als alle Stühle hinübergebracht worden waren, begab auch ich mich dorthin. Ich war darauf bedacht, keinen vor den Kopf zu stoßen, um diese Übergangszeit so gut es ging zu überbrücken. Da saßen sie nun alle der Reihe nach auf meinen Stühlen und ließen mich stehen. Einer der Parteivertreter schaute hin und wieder verlegen zu mir her. Nachdem ich ihn recht eindeutig fixierte, erhob er sich und bot mir seinen Platz an, was ihm einen rügenden Blick seines Vorgesetzten einbrachte. Da saß ich nun zwischen ihnen und hörte mir ihre Vorträge an. Sie sprachen in Umbundu und glaubten wohl, ich verstünde sie nicht. »Seht ihr, Genossen«, rief der Sprecher triumphierend, »seht ihr, wie die Weißen jetzt zittern, wie sie aus dem Lande flüchten, das sie mit eurem Schweiß ausgebeutet haben.« Nach solch einer Phrase wurde der Sprecher von lautem Beifall unterbrochen. Sie klatschten nun genauso wie bei den UNITA-Sprechern, obgleich die heutigen Reden in eine ganz andere Richtung gingen, und ich traute meinen Augen nicht, als ich sah, wie Tomassi am lautesten jubelte und sich ganz hysterisch benahm, er, der einst aus Mitleid eingestellt worden war und nun schon so viele Jahre bei uns lebte. Dann war da noch Lobito – er hieß so, weil er in Lobito geboren worden war –, er litt an

Rheuma, konnte seine Knie nicht durchdrücken und auch die Füße nicht hochheben. Er schabte daher über den Boden und zog deshalb stets eine Staubwolke hinter sich her. Auch ihn hatten wir aus Mitleid eingestellt. Oft gab es Probleme, weil keine leichte Arbeit anlag, die ihm entsprochen hätte. Jetzt war auch er es, der am lautesten Beifall klatschte. Es gab noch andere, die wir aus Erbarmen eingestellt hatten, da sie sonst nirgends angenommen worden wären. Jetzt taten sie so, als seien wir schuld an allem. Wer weiß, was diesen armen Teufeln alles eingeredet worden war.

In dieser Nacht klopfte es an meinem Schlafzimmerfenster. Es war weit nach Mitternacht. Zunächst dachte ich, es sei Eduardo, und ging hin. Dort sah ich die reglose Gestalt eines Schwarzen. Ich konnte sein Gesicht nicht erkennen, da ich kein Licht machte. Bei allem, was in dieser Zeit täglich und in stets schlimmeren Versionen geschah, wurde mir vor Schreck so übel, daß ich mich am Fensterrahmen festhalten mußte. Auf meine Frage: »Wer ist da?« begann die Gestalt zu sprechen, und ich erkannte Sapalos Stimme. Er sprach gedämpft, aber sehr eindringlich: »Senhora, es kommt ein Wind auf, der zum Sturm werden wird. Es ist vorerst besser, du gehst in dein Land zurück, übers große Wasser, dorthin, wo du hergekommen bist. Aber »noque otjuga« (komm zurück), sobald der Sturm sich gelegt hat.« – »Ich werde darüber nachdenken, Sapalo«, antwortete ich mit bebender Stimme und reichte ihm durch das schmiedeeiserne Gitter des Fensters die Hand zum Dank, die er mit beiden Händen umschloß. Danach nahm er Tschiki-Tscheki, das an der Hauswand lehnte, und war bald in der Finsternis verschwunden. Von da ab verfolgten mich Sapalos Worte auf Schritt und Tritt. Es war, als hätte Sapalo Kenntnis von einem Plan, der an mir vollzogen werden sollte.

Als ich am nächsten Morgen aus der Tür trat, saß Lobito, der Rheumamann, zusammengekauert auf der Verandatreppe. Es war noch sehr früh, Eduardo hatte noch nicht zum Arbeitsbeginn geläutet. Nachdem auch er gestern dermaßen zu den Hetzreden der Parteisprecher Beifall geklatscht hatte, brachte ich es nicht über mich, ihn anzusehen. Ich dachte plötzlich an Paul Lorenz: »Sie sind kein Vertrauen und keine menschliche Behandlung wert«, hatte er damals gesagt, als die Mucubais seinen Bruder Alfred umgebracht hatten. Lauter solche Dinge gingen mir durch den Kopf. Ich wollte gerade wieder ins Zimmer zurück und die Tür mit Gewalt vor Lobito zuschlagen, als er sich aufzurichten versuchte, was bei ihm immer länger dauerte als bei einem gesunden Menschen. Aber heute schaffte er es nicht, und ich schrie ihn zum ersten Mal an: »Bleib sitzen Lobito, was willst du von mir?« Er sah flehend auf und wiederholte solange: »Senhora, Senhora, Senhora«, bis er erkannte, daß ich ihn nun aufmerksam beobachtete, dann stammelte er: "Senhora, wir müssen Beifall klatschen, viel, viel klatschen, sonst geht es uns nachher schlecht.« Nun geschah etwas, das ich nach allem, was in dieser Zeit passiert war, nicht mehr für möglich gehalten hätte. Meine Füße eilten wie von selbst zu Lobito, ich half ihm von der Treppe hoch und sagte: »Schon gut Lobito, geh jetzt und klatsche weiter, so oft es nötig ist!« Dabei zitterte meine Stimme, über die ich auf einmal keine Gewalt mehr hatte. So wehrlos wie er war auch ich in den Strudel geraten, der jede geschichtliche Umwälzung begleitet. Die bis dahin bestehende gesetzliche Ordnung war über Nacht aufgelöst worden. An ihre Stelle trat nichts Gleichwertiges oder irgendein Ersatz. Es herrschten Anarchie, Willkür und unbeschreibliche Grausamkeit.

Am gleichen Nachmittag kam Sauer, dessen Besuche immer seltener wurden, denn er war inzwischen sehr alt und machte einen kranken Eindruck. Seine Gesichtsfarbe zeigte einen bläulichen Schimmer. Sein Geist aber sprühte Feuer. Seit jene Greuelbilder in den Zeitschriften zu sehen gewesen waren, welche die abgeschlachteten Menschen zeigten, die beim Ausbruch der Unruhen im Norden überfallen worden waren, war er zum Rassisten geworden. Wir saßen auf der Veranda bei einer Tasse Kaffee, und ich hörte mir seine Reden an. Es war erschreckend, wie unflexibel er der neuen Entwicklung gegenüberstand. Er ereiferte sich dermaßen, daß ich befürchtete, er könne jeden Moment einen Kollaps erleiden.

Plötzlich fuhr ein ziemlich teurer Wagen die Palmenallee herein. Einer der Parteisprecher vom Vortag und Amelia, eine meine früheren Arbeiterinnen, stiegen aus. Ich bot ihnen, trotz Sauers offenkundiger Mißbilligung, Kaffee an. Nein, Kaffee möge er nicht, er wolle Bier, sagte er mit gewichtiger Stimme. An beiden Handgelenken trug er mehrere Uhren, und auch die Finger strotzten vor Ringen, vor allem Damenringen, die er wegen der kleineren Maße auf dem kleinen Finger übereinandergeschoben hatte. Er fummelte fortwährend an seiner Sonnenbrille herum. Entweder paßte sie ihm nicht richtig oder er wollte auf die Ringe aufmerksam machen, denn er spreizte die Finger auf eine Art, die mich zum Lachen reizte. Ich rief Sapalo und ließ ihm Bier bringen. Während er trank, betrachtete er das Wohnzimmer, zu dem die Tür offenstand, und er sagte mit besitzergreifendem Blick: »So möchte ich auch einmal wohnen.« Das war nun für Sauer zuviel. Er bohrte seine schon recht trüben Augen auf den Potentaten und sagte zunächst noch erstaunlich ruhig: »Als die Eltern der Senhora hier anfingen, war alles dichter Urwald. Was hat euch denn daran gehindert, nicht auch so zu wohnen, und zwar bevor die Europäer nach Afrika kamen? Nichts

gibt es doch mehr in Angola als Urwald und Niemands-
land.« Sauer wurde immer lauter und begann, nach Luft zu
schnappen. Der Parteimann versuchte, sich in Herrenpose
zu werfen, was ihm völlig mißlang. Es schien, als würde er
sich dessen bewußt, denn er knöpfte nun demonstrativ seine
Jacke auf, um die darunter auf Mafia-Art umgehangene Pistole
sichtbar zu machen und sich damit Respekt zu verschaffen.
Als Sauer das sah, brach er, zu meinem abgrundtiefen Entsetzen, in krächzendes Gelächter aus. Es war nicht mehr
schallend wie damals, als er zum ersten Mal meine Sommersprossen erblickt hatte. Ich erstarrte und rechnete jeden
Augenblick damit, erleben zu müssen, wie der alte Nachbar
und Landsmann vor meinen Augen zusammengeschossen
wurde. Da Sauer, trotz seines langjährigen Aufenthalts in
Angola, kein Umbundu sprach, benutzte ich dieses Idiom
und sagte beschwichtigend: »Er ist ein alter, kranker Mann.«
Darauf rief ich wieder nach Sapalo und ließ mehr Bier bringen, um von der Situation abzulenken. Auf Deutsch bat ich
Sauer, er möge um Gottes willen keine Tragödie herauf-
beschwören, denn an diesen hier würde er doch nur seine
Worte verschwenden. Während der Parteimann genußvoll
trank, sagte Sauer wie im Selbstgespräch leise: »Welches
Schicksal wohl die früheren Besitzer der Uhren, der Ringe
und des Autos erlitten haben mögen?« Wie gut, daß unser
Gegenüber kein Deutsch verstand.

Als das Bier ausgetrunken war, sagte der Parteimann, er
sei gekommen wegen Amelia, die sechs Jahre bei mir gearbeitet habe und vor drei Monaten die Arbeit niederlegte, weil
sie ein Kind gebar. Nun habe sie eine Nachzahlung von sechs
Jahren Feriengeld zu beanspruchen. Es gab damals noch keinerlei solche Gesetze, da die Arbeiter kamen und gingen,
wie es ihnen in den Sinn kam. Ich sollte also am folgenden

Tag zur MPLA-Delegation kommen, um diese Angelegenheit in Ordnung zu bringen. Darauf erhob er sich, näherte sich der Tür und ging zu unserer Verblüffung ins Wohnzimmer. Dort zog er ein Buch aus dem Regal, buchstabierte endlos darin herum, wobei er lautlos die Lippen bewegte, um zu beweisen, daß er lesen konnte, warf es dann verächtlich aufs Sofa, als er merkte, daß es in deutscher Sprache war, und schaute sich im Raum um, als würde er einen in Aussicht stehenden Besitz betrachten. Zwischen Sauer und mir wurden Blicke gewechselt, die keiner Worte bedurften. Wir waren wie leblos sitzengeblieben und verfolgten ihn mit den Augen. Aufreizend langsam kam er schließlich wieder heraus, ging die Verandatreppe hinunter und warf mir im Befehlston über die Schulter noch zu: »Also morgen bei der Delegation.« Dabei lag in seinem Blick etwas, daß mir das Blut in den Adern gefrieren ließ. Mir war, als sei soeben mein Todesurteil gefällt worden. Es war bekannt, daß jeder, der zu dieser Delegation geladen wurde und nicht zur MPLA gehörte, dort furchtbar behandelt, ja einige sogar zu Tode geprügelt wurden. Es gab keine Autorität mehr, es herrschte die totale Gesetzlosigkeit.

Als er endlich weg war, bekam Sauer einen Anfall. Er riß seinen Hemdkragen auf, wischte sich mit kraftlosen Händen den Schweiß, der ihm aus allen Poren drang, von der Stirn und rang nach Luft. Erschrocken rief ich nach Sapalo, der nun half, Sauer ins Zimmer zu geleiten und aufs Sofa zu legen. Nach einigen Stunden ging es ihm besser. Aber er sah sich nicht in der Lage, mit seinem Rad heimzufahren. Ich fuhr ihn mit dem Wagen zurück und spürte, als ich mich von ihm verabschiedete, daß ich ihn nicht wiedersehen würde.

Dann fuhr ich sofort zur UNITA-Delegation und berichtete von der Vorladung der MPLA. »Das seien doch Gesetze, die überhaupt noch nicht existierten, von wegen Feriengelder nachzahlen!« brauste der UNITA-Mann auf. Ich solle unter gar keinen Umständen zur MPLA-Delegation, er würde dafür sorgen, daß diese Vorladung niedergelegt würde. Ich fuhr also nicht hin und hörte auch nichts mehr davon.

Nene war diesmal nicht nach Deutschland geflogen, sondern nach Lissabon zu ihrer inzwischen verheirateten Jugendfreundin Beca, die Angola schon vor längerer Zeit verlassen hatte. Nene wollte ihre Ausbildung in der deutschen Schule in Lissabon beenden, da Gerd, bei dem sie wohnte, von Quickborn nach Wedel umgezogen war, womit der Schulweg für sie zu weit wurde. Jetzt schrieb sie mir, ob ich denn nicht kommen wolle und ihr helfe, ihr Leben zu ordnen. Sie würde gern eine Wohnung oder ein Zimmer haben. Außerdem, so schrieb sie weiter, dürfte ich unter gar keinen Umständen den Tag der Unabhängigkeit in Angola verleben, der ja schon am elften November, also in zwei Monaten, sei. Man könne voraussehen, daß es drunter und drüber gehen würde und mein Verbleiben dort mit Lebensgefahr verbunden wäre. Wieder kamen mir Sapalos Worte in den Sinn. Es war ja jetzt schon lebensgefährlich. Erst nach diesem Brief begann mein Wille zu wanken, den Übergang zu Angolas Unabhängigkeit auf Biegen und Brechen am Cavaco durchstehen zu wollen. So fuhr ich also nach Benguela, um große Koffer zu kaufen, mit denen ich einiges an Bettwäsche und dergleichen für Nenes Wohnung abschicken wollte. In Benguela erlebte ich dann eine böse Überraschung: Es gab außer Lebensmitteln nichts mehr zu kaufen. Die Geschäfte waren sozusagen über Nacht zu Geisterläden geworden. Überall gähnten mir die leeren Regale entgegen. Nicht einmal eine einfache Holzkiste war mehr zu bekommen. Die Menschen hasteten mit verstörten Blicken durch die sauberen

Straßen von Benguela, der schönen Stadt am Meer, mit ihren gepflegten Gärten und Anlagen. Keiner hatte mehr ein Auge dafür, keiner konnte es fassen, daß das geliebte Land sich in solcher Geschwindigkeit auflöste.

In einer verantwortungslosen Hast wurden die Kolonien in die Freiheit entlassen, ohne für die weiße Minderheit auch nur den geringsten Schutz einzubauen, wie es z. B. in Rhodesien-Simbabwe geschehen war. Dort gab es keine Hungersnot. In Angola wurden Tausende und Abertausende um ihr Lebenswerk gebracht, das viele über Generationen hinweg aufgebaut hatten. Für die befreiten Völker war das ein verhängnisvolles Unheil, denn der Weiße hatte die Länder mit europäischen Strukturen versehen, die nun ohne ihn kaum noch funktionierten. Der schwarze Bruder wurde im Stich gelassen. Der Abschaum kam an die Oberfläche und drückte den Ländern einen so gräßlichen Stempel auf, daß sie sich nur schwerlich davon erholen oder befreien konnten. Die gutmütigen, höflichen und noblen Afrikaner mußten den Leidensweg Christi gehen, sie wurden vom Abschaum erdrückt.

Zu spät kam das grausige Erwachen über mich. Da ich mich gegen jeden Gedanken, das Land zu verlassen, gewehrt hatte, wollte ich die Wahrheit nicht sehen. Ich hatte mich mit sträflichem Fanatismus in die Absicht verbissen, in Angola zu bleiben. Zusätzlich hatte mir meine Rosenbesessenheit Scheuklappen angelegt, so daß ich kaum noch wahrnahm, was um mich herum geschah.

Nun bat ich Eduardo, er möge die Kisten, in denen die Plastikschachteln zur Verpackung der Trockenbananen aus Portugal geliefert wurden, aus dem Lager holen. Ich wollte versuchen, zumindest damit einiges aus dem Land zu bringen. Eduardo hatte die Kisten auf die Veranda des kleinen Hauses gestellt, und ich machte mich ans Packen. Das Rosarium lag genau gegenüber. Die zehn alten Frauen, die darin arbeiteten, richteten sich plötzlich alle zugleich auf und sahen zu mir herüber. Die Älteste, sie hieß Tschisonde (Beißameise), hatte das Sagen bei der Gruppe. Sie setzten sich in Bewegung, Tschisonde vorneweg, und kamen im Gänsemarsch zu mir, umringten mit entsetzten und ungläubigen Gesichtern die Kisten, setzten sich sogleich um mich herum auf den Boden, wie es ihre Art war, und Tschisonde fragte: »Willst auch du uns verlassen, Senhora? Willst auch du uns im Stich lassen?« Wie mir bei dieser Frage, beim Ausdruck ihrer Gesichter zumute war, ist schwer zu beschreiben. Ein Gefühl der Blutleere stellte sich sogleich ein, das in jenen Tagen fast zum Dauerzustand wurde. Ich kam mir vor wie ein Feigling. All meine Kräfte mußte ich aufbringen, um zu erklären: »Es wird ein neues Land geboren, das von euch geführt wird, jede Geburt ist mit Schmerzen verbunden, ich komme zurück, wenn es vorüber ist und der Respekt zwischen Schwarz und Weiß wiederhergestellt ist.« Da schlug Tschisonde mit der flachen rechten Hand auf ihren linken Unterarm – womit die schwarze Haut gemeint ist – und rief aus: »Sie können es nicht Senhora, sie können es nicht!«[2] – »Sie werden es lernen«, sagte ich lauter, als es nötig war, und wiederholte es noch einige Male. Es sollte sie trösten – meiner Stimme aber fehlte die Überzeugungskraft. War es die Weisheit der alten Frauen, oder waren sie nur noch nicht von dem Giftpfeil des schwarzen Rassismus getroffen worden? Sie begaben sich doch in große Gefahr – ja Lebensgefahr –, ihre Anhänglichkeit dermaßen zu offenbaren. Wie konnte ich ihnen helfen oder sie schützen, wo ich doch selber in noch viel größerer Gefahr schwebte durch meine weiße Haut? Ich war zu dieser Zeit vogelfrei, war über Nacht zum Freiwild geworden.

Sapalo stand die ganze Zeit scheinbar teilnahmslos an der Küchentür. Er spielte mit einem kleinen Zweig und war völlig abwesend. Was mochte wohl in ihm vorgehen?

Die Frauen blieben noch eine Weile stumm sitzen, schüttelten hin und wieder den Kopf, dann sagte Tschisonde: »Tuente japa« (gehen wir), und sie kehrten resigniert ins Rosarium zurück.

Nun standen die gepackten Kisten und konnten nicht verschickt werden. Es gab auf Monate hinaus auf keinem Schiff mehr Platz. Im Hafen von Lobito türmten sich die Gepäckstücke der Flüchtlinge, die auf einen Schiffsplatz warteten, schon unter freiem Himmel, da alle Lager bereits bis zur Decke gefüllt waren. Das Gepäck wurde aufgebrochen und ausgeraubt. Ich suchte nun in Benguela die Firma Aires & Fereira auf, ein Fuhrunternehmen, mit dem wir schon viele Jahre Trockenbananen nach Luanda schickten. Ich vereinbarte mit ihnen, die Kisten nach Luanda zu bringen, wo sie in ihrem Lager bis zu meinem Eintreffen stehen sollten. Wie sie von dort weiterkommen würden, wußte ich nicht. Als die Kisten abgeholt waren, kümmerte ich mich um einen Flug. Damit sah es nun äußerst schlecht aus. Bis weit übers Jahresende hinaus war alles ausgebucht. Noemia, über die Nene noch einen Platz bekommen hatte, war inzwischen schon selbst geflüchtet. Angesichts der Aussichtslosigkeit, aus diesem zum Hexenkessel gewordenen Land zu kommen, befiel mich unermeßliches Grauen. Auch den Gedanken, mit dem Wagen bis Windhoek zu fahren und von dort abzufliegen, mußte ich aufgegeben. Es war hoffnungslos, keine Straße war mehr sicher. Unzählige waren schon beim Versuch, auf diesem Weg fortzukommen, abgefangen, ausgeplündert, ja sogar umgebracht worden, was ohnehin zu der Zeit an der Tagesordnung war.

Blumen oder Trockenbananen am Cavaco zu holen, getrauten sich nur noch die Mutigsten. Jeder, der noch zu kommen wagte, beschwor mich, um Himmels willen nicht mehr auf solch einer einsamen Pflanzung zu leben, zumindest aber sollte ich zum Schlafen nach Benguela kommen. Alle stellten mir dafür ihre Häuser zur Verfügung. Von da ab bat ich die Eduardos, mit im großen Haus zu schlafen. Sie bezogen Nenes Zimmer. Durch das Zusammenrücken fühlte man sich etwas geborgener. Ich wollte nicht in Benguela übernachten und die Eduardos auf Cavaco alleine lassen: Ihr einziger Sohn war mit nur zwanzig Jahren in diesen Tagen ganz plötzlich an einer Vergiftung gestorben. Es war schwer, ihren Schmerz mitzuerleben. Für sie hatte das Leben nun jeden Sinn verloren. Sie dachten nicht an eine Flucht, weil sie das Grab ihres Sohnes nicht verlassen wollten. Es war ihnen gleichgültig geworden, was auch immer geschehen mochte.

Eines Tages kam Senhor Belem, Fluglehrer in Benguela, um Blumen zu kaufen. Im Gespräch mit ihm erfuhr ich, daß seine Flugschule längst geschlossen war und er jetzt seinen Lebensunterhalt mit Taxiflügen zwischen Benguela und Luanda bestreite. Sofort bestellte ich einen Flug nach Luanda. Wie es von dort weitergehen sollte, wußte ich nicht. Peltzers, die zu der Zeit in Luanda lebten, konnten vielleicht weiterhelfen, Eduardo wurde nun mit Vollmachten versehen und gebeten, nach Benguela zu ziehen und von da aus die Pflanzung zu führen. Er weigerte sich jedoch entschieden, Cavaco zu verlassen, versprach aber, seine Frau Floripes zu ihren Verwandten in die Stadt zu bringen. Schon zwei Tage nach dem Gespräch mit Belem flog ich nach Luanda. Vor dem Abflug von Benguela kam es aber noch einmal zu einem erschütternden Erlebnis. Die wenigen Freunden, die noch da waren, hatten sich am Flugplatz versammelt, um mich zu verabschieden. Wir umarmten uns noch einmal und sprachen die üblichen Abschiedsworte, bevor der Pilot kam. Da erblickte ich einige Meter von uns entfernt an der Hallenwand Tschiki-Tscheki, das alte Fahrrad von Sapalo, mit seinen inzwischen sehr verblaßten und zerfetzten Fähnchen und Bändern. Sapalo aber konnte ich nirgends entdecken. Endlich kam der Pilot, und wir gingen auf das kleine Flugzeug zu, das etwa zwanzig Meter vor uns stand. Da hörte ich plötzlich: »Lalabo, a Senhora!« Es klang wie ein Aufschrei. Ich blieb stehen und drehte mich um. Sapalo wiederholte: »Lalabo, a Senhora!« (Lebewohl, Senhora!) und winkte mit beiden Armen, die er über dem Kopf kreuzte, immer hin und her, hin und her. Wieder überkam mich das Gefühl der Blutleere. Ich stellte meine Reisetasche auf den Boden und tat es ihm nach, winkte ebenfalls mit beiden Armen über dem Kopf hin und her und rief: »Lalabo, Sapalo, lalabo!«

Als wir endlich eingestiegen waren, kam ich mir wie ein Automat vor. »Nur jetzt über nichts mehr nachdenken, über gar nichts mehr nachdenken«, gebot ich mir.

Beim Abflug von Benguela bat ich Senhor Belem, er solle über Cavaco eine Schleife fliegen. Da ich das kleine Flugzeug für mich allein gemietet hatte, folgte er meinem Wunsch. Er flog dann sogar drei recht niedrige Runden. Da unten lag nun die Pflanzung, die Vater dem Urwald abgerungen hatte, und die Peter und ich dann zum Paradies ausgebaut hatten. Die Rosen leuchteten zu mir herauf, mein Atem stockte eine Weile, während die schimmernden Gebäude und die grünen Bananenfelder immer ferner rückten. Plötzlich mußte ich an Sauer denken, den ich nicht mehr gesehen hatte, an seine verzweifelte Auflehnung gegen die Zahnräder der Geschichte. Sein Verhalten damals war in dieser Stunde wie ein Orakel,

Der Fluß Cavaco

und ich sah im Geiste wie in einer Vision den Urwald vor-
rücken, der sich Cavaco so nach und nach wieder zurückholen würde.

In Luanda wohnte ich bei Peltzers, die mich vom Flug-
platz abholten. Sie waren wie immer rührend hilfsbereit.
Peltzer arbeitete damals bei einer deutschen Schiffsvertretung
und konnte auf einem deutschen Frachter, der gerade am
Luanda-Kai lag, noch Laderaum für meine Kisten beschaffen.
Schon am nächsten Tag sollte er auslaufen, was uns zwang,
in aller Eile und durch viele Hintertüren – da die Büros
schon geschlossen hatten – die Ladepapiere zu besorgen.
Am nächsten Morgen mußten die Kisten aus dem Aires &
Fereira-Lager abgeholt und zum Hafen gebracht werden. Das
war ein weiter Weg. Das Lager lag ziemlich außerhalb der
Stadt, im »Bairo da Cuca«. Es erwies sich als sehr schwierig,
einen Mietlastwagen zu finden, der es noch wagte, in dieses

Stadtviertel zu fahren. Dort sei bereits alles zerschossen, und keiner wollte sein Leben riskieren. Um Luanda herum hörte man Tag und Nacht die Schießereien zwischen den feindlichen Parteien. Sogar ein südafrikanisches Flugzeug war bei der Landung angeschossen worden. Es war, als ob jeder, der eine Schußwaffe erlangen konnte, sich an der Gewalt berausche. Endlich war einer bereit, mit mir dorthin zu fahren, nachdem ich ihm eine astronomische Summe für diese Fahrt angeboten hatte. Es war sehr schwer, überhaupt erst einmal zum »Bairo da Cuca« durchzukommen, und noch schwerer, das Lager zu finden. Man sah keinen Menschen, den man hätte fragen können. Schließlich fanden wir es doch, und die Kisten wurden eiligst aufgeladen. Unter Beschuß brachten wir das höllische Stadtviertel hinter uns. Es war wirklich ein Wagnis gewesen.

Kaum waren die Kisten vor dem Schiff abgeladen, wurden sie auch schon auf die große Zeltplane gerollt, damit eingeschlagen und mit dem Kran hochgezogen und verstaut. Kurz danach lief der Frachter aus. Er hatte nur noch auf die Kisten gewartet. Passagiere wurden keine mitgenommen. Die Kisten gingen nach Hamburg und nicht nach Lissabon, wohin sie eigentlich sollten. Jetzt mußte ich mich um einen Flug kümmern. Auch hier war es wieder Peltzer, der mich zum Lufthansabüro brachte. Dort konnte ich nur noch einen Flug über Südafrika bekommen, und zwar mit der Reiseroute: Luanda–Johannesburg–Frankfurt–Lissabon. Dieser enorme Umweg mußte genommen werden, da auch hier jede direkte Verbindung bereits auf lange ausgebucht war. Also buchte ich, und zwar auch gleich für zurück: Lissabon–Luanda–Benguela, mit einjähriger Gültigkeitsdauer, denn es war meine Absicht, nach der Unabhängigkeit nach Angola zurückzukehren.

Mein Flugzeug sollte schon am nächsten Morgen um acht Uhr starten. Peltzers brachten mich rechtzeitig zum Flugplatz. Sie hatten für vier Tage später einen Flug nach Brasilien gebucht. Schon bei der Ankunft ging aus dem Signalschild hervor, daß der Flug nach Johannesburg erst am Nachmittag gehen würde. Ich blieb gleich dort. Das Risiko war zu groß, bei dem zu der Zeit herrschenden Durcheinander konnte sich der Flug noch einmal verschieben. Um zwölf Uhr leuchtete eine erneute Ansage auf, der zufolge Johannesburg für acht Uhr abends angekündigt wurde. Die Zeitverschiebungen zogen sich die ganze Nacht hindurch. Im Flughafenrestaurant aß ich irgend etwas und legte mich wie alle anderen Wartenden hin und wieder auf eine harte Holzbank, sooft es eine freie gab. Nach vier Tagen traten Peltzers ihre Brasilienreise an und waren sehr erstaunt, mich noch immer auf dem Flugplatz zu finden. Sie flogen ab, und ich schaute nach wie vor mit zermürbten Nerven auf die Tafel der Abflugzeiten. Oft mußte ich dabei in Deckung gehen, so nahe schlugen die Geschosse ein.

Nach acht Tagen kam endlich das Flugzeug, in das ich – kurz vor einem Nervenzusammenbruch – endlich einsteigen konnte. Erst als es über den Atlantik flog und man sicher sein durfte, daß es von keinem Geschoß mehr erreicht werden würde, ließ die Spannung nach. Zuversicht und Tapferkeit? Von diesen Tugenden war in jenen Tagen nichts mehr geblieben. Sie sind kein Dauerbesitz des Menschen.

Die Flugroute zog sich entlang der Küste gen Süden. Es war ein wolkenloser Tag. Man sah Straßen, Städte und Dörfer, sogar die Pflanzungen, die einsam in die Landschaft gebettet lagen. Novo Redondo zog an mir vorüber. Nach kurzer Zeit war Lobito mit seiner Landzunge in Sicht, dann kam Catumbela mit den endlosen Zuckerrohrfeldern und bald darauf das grüne Cavaco-Tal, das an die Stadt Benguela grenzte. Der Fluß Cavaco schlängelte sich wie ein gelbes Band hindurch. In seinem Sand liegen Ischibu und Ischiba begraben, die einem Märchen angehören, das wie eine Fata Morgana durch meine Sinne zog. Tief in mir war es dumpf, aber deutlich zu spüren: Dies war ein Abschied für immer. Trotz der Rückflugkarte wußte ich es auf einmal.

Wie die Zusammenhänge zwischen Körper und Seele auch beschaffen sein mögen, das wird wohl nie erklärbar sein. Mir war, als sitze nur mein Körper in diesem Flugzeug. Meine Seele jedoch ging mit den tief empfundenen Worten: »Lebe wohl Cavaco, lebe wohl Angola, lebe wohl Afrika!« nach unten und blieb dort, wo sie zu Hause war. Im Geiste wiederholte ich diese Abschiedsworte so lange, bis ich eingeschlafen war. Ich sprach sie in der Umbundu-Sprache. Sie gab meiner Verbundenheit mit dem afrikanischen Kontinent mehr Gewicht, mehr Tiefe, mehr Liebe. »Lalabo Cavaco, lalabo Angola, lalabo Afrika …«

Anmerkungen

1 Die Mucubais sind ein Negerstamm in Südangola, der nichts mit den anderen Stämmen zu tun haben wollte und sich völlig in seinem Gebiet isolierte, das weder von einer Mission noch von irgendwelchen Europäern oder anderen Schwarzen aufgesucht wurde. Nur ganz selten kam jemand, der sich nach dort verirrte, wieder zurück. Die Mucubais lebten ausschließlich von Vieh. Zu der Zeit machten sie alle Jahre ihre Raubzüge, trieben auf abgelegenen Farmen das Vieh der Weißen und Schwarzen in ihr Gebiet, schlugen den Hirten oder wer auch immer sich zur Wehr setzte, die Köpfe ab und spießten sie vor ihren Hütten oder am Wegrand auf.

2 Mit dieser Ansicht kam ein tiefer Aberglaube zum Vorschein, wonach sie glauben, ihre Haut sei verflucht und nichts würde ihnen gelingen. Wer lange in Afrika gelebt hat und Gespräche mit ihnen führte, wird von diesem Aberglauben wissen. Er wird auch in einem Buch über den Herero-Aufstand im früheren Deutsch-Südwest-Afrika erwähnt. Es trägt, wenn ich mich recht erinnere, den Titel »Morenge«. Dieser Aberglaube soll seinen Ursprung in der Bibel haben.

Inhaltsverzeichnis